Antonio Enríquez Gómez

American University Studies

Series II
Romance Languages and Literature
Vol. 193

PETER LANG
New York • San Francisco • Bern • Baltimore
Frankfurt am Main • Berlin • Wien • Paris

Nechama Kramer-Hellinx

Antonio Enríquez Gómez

Literatura y sociedad en
El siglo pitagórico y
Vida de don Gregorio Guadaña

PETER LANG
New York • San Francisco • Bern • Baltimore
Frankfurt am Main • Berlin • Wien • Paris

Library of Congress Cataloging-in-Publication Data

Kramer-Hellinx, Nechama.
   Antonio Enríquez Gómez : literatura y sociedad en El siglo
pitagórico y Vida de don Gregorio Guadaña / Nechama Kramer-
Hellinx.
      p. cm. — (American university studies. Series II, Romance
languages and literature ; vol. 193)
   Includes bibliographical references .
   1. Enríquez Gómez, Antonio, 1600-1663—Criticism and
interpretation.   2. Enríquez Gómez, Antonio, 1600-1663. Siglo
pitagórico.   3. Enríquez Gómez, Antonio, 1600-1663. Vida de D.
Gregorio Guadaña.   I. Title.   II. Series.
PQ6388.E5Z75   1992   863'.3—dc20   92-12056
ISBN 0-8204-1868-4   CIP
ISSN 0740-9257

Die Deutsche Bibliothek-CIP-Einheitsaufnahme

Kramer-Hellinx, Nechama:
Antonio Enríquez Gómez : literatura y sociedad en El siglo pitagórico
y vida de Don Gregorio Guadaña / Nechama Kramer-Hellinx.—
New York; Berlin; Bern; Frankfurt/M.; Paris; Wien: Lang, 1992
   (American university studies : Ser. 2, Romance languages and
literature ; Vol. 193)
   ISBN 0-8204-1868-4
NE: American university studies/02

PQ
6388
.E5
Z75
1992

The paper in this book meets the guidelines for permanence and
durability of the Committee on Production Guidelines for
Book Longevity of the Council on Library Resources.

AGRADECIMIENTOS Y RECONOCIMIENTOS

Quisiera agradecer a todos los profesores y colegas que me han apoyado profesional y emocionalmente, a lo largo del camino: Al profesor Ernesto Guerra Da Cal, que me introdujo por primera vez en el conocimiento de la excepcional figura de Antonio Enríquez Gómez, por sembrar en mí el deseo de profundizar en el estudio del Siglo de Oro y por su indispensable amistad; al profesor Isaías Lerner director de mi tesis doctoral y mi mejor amigo, por guiarme con incesante respaldo, imprescindibles consejos e irrefutable paciencia; al profesor Haim Beinart por facilitarme el entendimiento de la Inquisición española y por ofrecerme su franca amistad; al profesor Yosef Kaplan, por su amabilidad, e indiscutible ayuda; al profesor Glen Dille por haberme ofrecido, con sinceridad y generosidad copias de muchas obras del autor, junto a consejos profesionales; al profesor Maxim Kerkhof que con su gran gentileza me mandó una copia del manuscrito de "La Inquisición de Luzifer"; al profesor Francisco Márquez Villanueva, por instruirme en la teoría pitagórica; a mi colega el Dr. Alberto Barugel cuyo ejemplo me guiaba a conseguir mi doctorado y publicar este libro; a la profesora Constance Rose por haberme mandado unos de sus insuperables artículos.

Mi reconocimiento, también, al profesor Charles Amiel por autorizarme el empleo de su sobresaliente edición moderna y crítica del *Siglo Pitagórico*; a *Revue des études juives*, por autorizarme el uso del artículo de Israel Révah, "Un pamphlet contre l'Inquisition de Antonio Enríquez Gómez: La seconde partie de la *Política angélica*."; al Archivo Municipal de Amsterdam, por autorizarme el empleo del manuscrito MS. O 826, "Ynquisición de Luzifer y visita de todos los diablos."; a la Biblioteca Nacional de la Universidad Hebrea de Jerusalén, por permitirme la reproducción del retrato de Antonio Enríquez Gómez.

Finalmente, agradezco a mi marido Willy Hellinx, y a mis hijos, Monique y Dorian Kramer su mucha paciencia y mayor resignación por haberles privado de mi atención.

ÍNDICE

Incumbit capiti Cælo dimissa Corona
Non alia uates Cingit Apollo suos

Antonio Enríquez Gómez.
Retrato reproducido en las *Academias morales*, 1642.
Cortesía de la Biblioteca Nacional de la Universidad Hebrea de Jerusalén

CAPITULO I

LA BIOGRAFIA TUMULTUOSA DE ENRÍQUEZ GÓMEZ

"Y hallé entonces, temiendo condenarme,
que la ciencia mayor, era salvarme."[1]

La biografía de Antonio Enríquez Gómez, tal como se solía presentar en varias obras de literatura española, se distingue considerablemente de la biografía reconstruida en 1962, por Israel S. Révah.[2]

Nicolás Antonio, coetáneo de Enríquez Gómez, en su *Bibliotheca hispana nova*, le designa "Lusitanus."[3] Diogo Barbosa Machado en *Bibliotheca lusitana histórica crítica e cronológica*, declara que Enríquez Gómez "naceo em Portugal."[4] Aún unas publicaciones muy recientes, le consideran entre los autores portugueses.[5]

Los demás biógrafos que de él escribían suponían que nuestro autor había nacido en Segovia, de padre judaizante portugués, llamado Diego Enríquez Villanueva.[6] Se sabía que poco después de la muerte de Lope de Vega, Enríquez Gómez, conocido también como Enrique Enríquez de Paz, se ve obligado a salir de España. Amador de los Ríos y la mayoría de los biógrafos fijan la fecha en 1636, ya que en una de las epístolas de la Academia cuarta, de las *Academias morales* publicada en 1642, advierte el autor:

Que anda ese mar sobervio alborotado
no me hace novedad, señor Leonardo;
que no hay firmeza en el humano estado.

En seis años de ausencia es permitido
trocarse esa lumbrera luminosa.[7]

Menéndez y Pelayo reclama que al instalarse en Francia, Enrique Enríquez de Paz toma el "nombre de guerra," Antonio Enríquez Gómez.[8] Barrera y Leirado también afirma que por aquella fecha Enrique Enríquez de Paz ha tomado otro nombre de pila callando su segundo apellido.[9]

Menéndez y Pelayo alega que nuestro autor se vio obligado a expatriarse por causa de una intriga cortesana. Se puede presumirlo, afirma Don Marcelino, de unas alusiones que hace el poeta contra "áulicos y envidiosos, y por la sátira poco embozada que hizo Enríquez Gómez de la privanza del Conde-Duque de Olivares, en el *Siglo pitagórico*."[10] Puigblanch también declara que se expatrió por "habérsele movido una persecución en la corte."[11]

Narciso Díaz de Escobar señala la culpa de esta huida a "las opiniones judaicas que ya empezaban a transparentarse."[12] Trae como prueba los versos puestos en la boca de Danteo en una de las epístolas de las Academias donde se catalogan las razones de su destierro.

Terrible por mi mal se llamó el día
Que de la amada patria te ausentaste
Por gusto de tu propia fantasía.
El norte rigoroso que tomaste
Alabo con razón; del mar saliste,
y en él con justa causa me dejaste
cuerdo en huir de la tormenta fuíste;
Celebro tu prudencia generoso,
Pues con ella los daños redimiste.
Después de tu partida venturosa,
El mar se alborotó de tal manera,
Que aún dura su borrasca lastimosa.[13]

Barrera y Leirado concuerda que se desterró "Enríquez prudente y preventiva-mente por temor de la persecución que le amenazaba si llegaban á traslucirse en él las opiniones judaicas, á que sin duda le habían inclinado los consejos y el ejemplo de su familia."[14] Trae como prueba el prólogo a las *Academias morales* donde dice Enríquez:

> Extrañarás (y con razón) haber dado a la emprenta este libro en extranjera patria; respóndate la elegía que escribí sobre mi peregrinación, si no voluntaria, forçosa, y si no forçosa, ocasionada por algunos que, inficionando la República, recíprocamente falsos, venden por antídoto el veneno á los que militan debajo del solio.[15]

Amador de los Ríos también echa la culpa de su destierro a la persecución de judaizantes y dice:

> No bastaron estos [capitanía y hábito de San Miguel] á ponerle á cubierto de los tiros del Santo Oficio: Complicado en la causa de otros judaizantes, apenas tuvo tiempo de salir de España, peregrinando muchos años por varias naciones y dirigiéndose al fin á Amsterdam, centro común de perseguidos.[16]

En Francia se refugia en la corte de Luis XIII y doña Ana de Austria, que le ofrecieron su protección, y donde llegó a ser consejero del rey y su Mayordomo.

Según se creía, Antonio Enríquez Gómez se mantuvo en Francia hasta 1656, cuando partió rumbo a Amsterdam. Adolfo de Castro y Rossi señala que el 14 de abril de 1660, salieron a ser castigados por la Inquisición en Sevilla ochenta personas de ambos sexos:

> Muchas estatuas fueron reducidas a cenizas en representación de los reos que andaban fugitivos en tierras estrañas, donde afortunadamente no alcanzaba el bárbaro azote de la Inquisición. Uno de estos fué el capitán Enrique Enriquez de Paz, más conocido por el nombre de Antonio Henriquez Gomez.[17]

Continúa Castro con una anécdota desde entonces repetida por casi todos los críticos. Hallándose en Amsterdam, se topa Enríquez con un amigo recién llegado de España. Le dice éste: "¡Oh señor Henriquez; Yo vi quemar vuestra estatua en Sevilla!" Respondió con gran carcajada nuestro Antonio: "¡Allá me las den todas."

A partir de 1660, no se oye de Antonio Enríquez Gómez. Varios críticos que de él escriben afirman que sin duda alguna murió en Amsterdam entre hermanos de fe. Menéndez y Pelayo dice: "No cabe duda que murió judío en Amsterdam."[18]   Amador de los Ríos afirma: "Parece fuera de duda que Antonio Enríquez Gómez nombre con que se es conocido en la república literaria murió en tierra extraña."[19]

En 1848, Adolfo de Castro y Rossi sugiere que hacia 1660, Antonio Enríquez Gómez había vuelto a España donde vivió discretamente bajo el seudónimo de Fernando De Zárate. Trae de prueba los Indices expurgatorios del siglo XVII donde se identifica a Zárate con Enríquez Gómez. "Don Fernando de Zárate, que es Antonio Enríquez Gómez. Su comedia: *El Capellán de la virgen, San Ildefonso*, se prohíbe."[20] A la vez, se publica bajo el nombre de Zárate la comedia *A lo que obligan los celos*, comedia que había declarado suya Enríquez Gómez en la introducción a *Sansón Nazareno*. Don Ramón de Mesonero Romanos en la introducción a *Dramáticos posteriores a Lope de Vega,* desmiente esta teoría insistiendo en que haya gran diferencia entre los dos tanto en el estilo como en la temática.[21] Barrera y Leirado también insiste:

> ¿Cómo un escritor israelita severa y escrupulosamente concienzudo
> cual Enríquez hubiera podido violentarse hasta el punto de escribir las
> comedias tituladas: *El Gran Sepulcro de Cristo, Santa María
> Magdalena, El Vaso y la Piedra...?*[22]

En 1962, se publicó el artículo de Israel Révah donde se nos presenta una biografía en gran parte distinta de la aceptada hasta entonces, y con él surge de nuevo la teoría de Adolfo de Castro que identificaba a Fernando de Zárate con Antonio Enríquez Gómez. En una nota al pie de la primera página de su artículo nos indica Révah que sus datos biográficos se sacan de un estudio en preparación sobre Enríquez Gómez y su familia, y nos promete que: "Dans cette étude seront publiés les nombreux documents inédits, grâce auxquels on peut reconstituer la vie du Marrane et de sa famille.[23]

La primera declaración de Révah contradice todo lo creído anteriormente: "Antonio Enríquez Gómez n'était pas portugais,"[24] ni sus antepasados lo eran. Efectivamente, declara que su abuelo paterno, Diego de Mora nació cerca del lugar de nacimiento de Dulcinea del Toboso, en Quintanar de la Orden. Charles Amiel declara que sus antepasados paternos se establecieron en la Mancha antes de la expulsión de los judíos en 1492 y vivieron allí hasta fines del siglo XVII. Principalmente, residían en los pueblos de Alcázar de Consuegra (hoy Alcázar de San Juan), de Quintanar de la Orden, Almagro, Albacete, y Almazán. Durante siete generaciones sucesivas habían tenido problemas con la Inquisición por crímenes de herejía.[25] Constance Rose señala que las persecuciones de la familia comenzaron unos años después de la expulsión de los judíos de España, con el encarcelamiento por judaizante del ascendiente de nuestro autor, Hernando de Mora. El nieto de éste, Juan de Mora es acusado y condenado en 1556 en Quintanar, por inhabilidad. Una hermana y un hermano suyos también fueron acusados y sometidos a juicio por la Inquisición.[26]

Révah señala que Diego de Mora, era miembro de una comunidad criptojudía española que mantuvo con éxito su fe secretamente, durante el siglo XVI. Lamentablemente, hacia 1588, la Inquisición le encarceló con un grupo de unas treinta personas y Diego de Mora murió en la prisión del Santo Oficio. Julio Caro Baroja informa sobre los testimonios recordados en los archivos inquisitoriales contra Diego de Mora, condenado por ser rabino de la comunidad criptojudía, el 30 de agosto de 1590, en Quintanar de la Orden, Provincia de Toledo. Un testigo, Juan López de Armenia de la villa de Alcázar de Consuegra, sobrino de Diego de Mora, se presentó a la Inquisición y le declaró que él:

> Pertenecía a una familia de cristianos nuevos que habían vivido durante tiempo sin practicar el judaísmo. Pero hacía cosa de trece años un tío suyo, vecino de Quintanar, les había ido a ver e hizo una labor de catequesis. Desde entonces procuraron en la casa vivir en la ley de los judíos, guardando los sábados, guardando los primeros días de la luna, no comiendo tocino, guardando las tres pascuas del año, y llevando a cabo con frecuencia purificaciones y lavatorios. Observaban, asimismo, los ritos de lavar la carne de sangre, quitar la ladrecilla, y encender candiles los viernes... Sabía varias oraciones en romance, que recitó fragmentariamente al tiempo de su testificación, como aprendidas de su tío Mora; poseía un libro de los Salmos, en romance también, servía de degollador en algunas ocasiones.[27]

Otro testigo dio testimonio contra Diego de Mora: "Juan del Campo confesó de plano sus actividades judaizantes, en las que también le había instruido Diego de Mora. Celebraba en su casa la Pascua de las cabañuelas y la del cordero y degollaba los animales del modo ritual..."[28]

Rose informa que tantos los hijos de Juan de Mora —Luisa, Juan, Francisca y Francisco— como los de Diego de Mora —Luisa, Beatriz, Julián y María— fueron sometidos a juicio por judaizar. En total, treinta y cinco personas de la familia de Mora fueron acusados y sometidos al juicio inquisitorial y doce de ellos fueron condenados a la muerte por herejía. De los condenados ocho fueron hombres, entre ellos Diego de Mora y Francisco de Mora, y cuatro mujeres. [29] Durante la procesión, la muchedumbre atacó a los penitentes y mató a pedradas a dos de ellos, Francisco de Mora y Beatriz. Aquí Rose identifica a Diego de Mora —presumido ser el abuelo paterno por Révah— como el bisabuelo de Enríquez Gómez, y a Francisco de Mora, el que fue apedreado, como el abuelo paterno de nuestro autor: "To put matter in more personal perspective, Diego Enríquez y Diego de Mora were the great-grandfathers of Antonio Enríquez Gómez, Juan and Hernando de Mora were his great-uncles, and Francisco de Mora, the man who was stoned to death, was his grandfather."[30]

Heliodoro Cordente concuerda con Rose en cuanto a la identidad de Francisco de Mora como el abuelo paterno, pero aclara, a la vez, que había dos Francisco de Mora y que el abuelo, efectivamente, es Francisco de Mora Molina. Cordente es el primer investigador que ha publicado los legajos conquenses de los antepasados de nuestro autor: La confesión de Francisco de Mora Molina (abuelo); El proceso de Diego Henríquez y Antonio Enríquez (padre y tío); El proceso de Diego Enríquez de Villanueva (padre). Su obra es imperativa para corregir errores en cuanto a la historia de los antepasados de nuestro autor:

> Todos ellos se encuentran el Archivo Diocesano Conquense. En ellos se registran cuantos datos se precisan para completar el origen genealógico de Antonio Enríquez Gómez así como para conocer nuevos aspectos sobre su infancia y juventud e incluso sirven para subsanar pequeñas incorrecciones cometidas por Révah y sus seguidores... Sin embargo, conviene precisar que el abuelo de Antonio Enríquez Gómez no era Diego de Mora, sino Francisco de

Mora Molina, ni Diego de Mora Molina murió en las cárceles inquisitoriales puesto que fue relajado en estatua varios años depués de su muerte natural.   También es preciso indicar que el bisabuelo, por parte de madre de nuestro estudiado dramaturgo era un platero conquense, también llamado Antonio Enríquez y que la fecha de su nacimiento dada por Révah puede cotrastarse con diferentes fechas sacadas de las confesiones registradas en el proceso inquisitorial de su propio padre y la de otros documentos, variando entre 1600 y 1602.[31]

El bisabuelo, Antonio Enríquez se muda de Cuenca y se instala en las Cuatro Calles en Toledo, donde se casa con María Xuarez. Su hija, Leonor Enríquez es la abuela paterna de nuestro autor. Al morir Antonio Enríquez, María Xuarez se casa con Francisco de Mora, natural de Quintanar de la Orden, adonde se trasladan con la hija Leonor. Leonor se casa con un sobrino de su padrastro, Francisco de Mora Molina, que es efectivamente, el abuelo de nuestro autor. Del matrimonio nacen Diego Mora Enríquez el padre del autor y Antonio Mora Enríquez, el tío.   Al tener los niños 7 y 8 años, sus padres son acusados por judaizantes y encarcelados por el Santo Oficio. Mientras Francisco muere en la hoguera inquisitorial, Leonor se encuentra en la cárcel perpetua de Cuenca, adonde se trasladan los muchachos, Diego y Antonio. Durante su cautiverio, Leonor se casa con otro condenado a la cárcel, su primo hermano, López de Armenia, el antes mencionado delator de Diego de Mora, y delator de su primer marido Francisco de Mora Molina.   Para proteger a sus hijos Leonor les cambia el apellido a Enríquez Villanueva, eliminando el apellido Mora. Leonor, se muda a Sevilla con su hijo Antonio, y Diego, ahora tejedor de lienzos se instala en la calle de las Lecheras (ahora calle del Retiro), cerca de la plaza de Santo Domingo, donde su tío, Alonso de Mora, también acusado y reconciliado, tiene una tienda de mercaduría.   Aquí aprende Diego los ritos judíos, incluso el de degollar corderos. Diego se casa a la edad de 15 años con una cristiana vieja, Isabel Gómez y tienen un hijo, nuestro ilustre autor, Antonio Enríquez Gómez. Más tarde la familia se muda de la calle de las Lecheras a la calle de San Juan.[32] Por Por el hecho de este matrimonio, Révah observa irónicamente: "Antonio Enríquez Gómez era a medias 'cristiano nuevo.'"[33] Y en otro lugar: "il même pas de pure race 'neochrétienne.'"[34]

Antonio Enríquez Villanueva, el tío de nuestro autor, quien queda fiel a la fe criptojudía, después de la muerte de su madre, en 1613, viene a visitar a su hermano en Cuenca y es detenido con él por la Inquisición, por 'inhabilidad', ya que se vistieron de modo lujoso, con ropa de lana y sombreros altos, cosa prohibida a los hijos de herejes condenados.   Parece que no los habían castigado.[35]   En 1619, Antonio huye a Francia, donde se hace uno de los líderes prominentes de la comunidad criptojudía en Bordeaux, y obtiene la ciudadanía francesa.   También toma parte en la preparación de una lista de 'los portugueses' —nombre dado a los judaizantes ibéricos— para ganar la protección de la corona francesa durante la guerra.   Documentos del tiempo señalan que él y sus dos hijos aún viajaron a Livorno, Italia, a pasar el rito de la circuncisión, obligatorio en la ley judía.[36]

El tres de julio de 1622, Diego es denunciado por Pedro Crespo "natural de Gascueña" que "por descargo de conciencia" declara al Santo Oficio que al tener que matar un cordero, "Diego Anrriquez lo mato por detras devaio del cocote a uso de judios y que dejando de ver que los presentes auian reparado en ello se auia desmayado sobre algunos escalones."   También le denuncian otros testigos por haber asado una perdiz en aceite en vez de lardearla con tocino y por haber insistir en enseñar a su mujer, Isabel Gómez, oraciones judías.   Diego confiesa que, efectivamente, lo ha hecho bajo la influencia de su hermano, ahora fugitivo en Francia, pero que es un buen cristiano casado con una cristiana vieja.[37]   La Inquisición, le condena al sambenito y a la cárcel perpetua de Cuenca, por un año y le confisca no sólo sus bienes, sino también los de su esposa, Isabel Gómez, y parte del dote de Isabel Basurto, la esposa cristiana vieja de nuestro autor, que había sido invertido en el negocio de padre e hijo.   Diego no se arriesga más la vida, deja a su hijo único, Antonio Enríquez Gómez encargado de sus asuntos en España, y se exilia a Nantes, Francia.   Allí, ya viudo, se casa con una cristiana nueva portuguesa, Catarina Da Fonseca, de la comunidad judía de Amsterdam. Les nacen tres hijos, Miguel, Esteban, nacido en 1631, y Diego bautizado en Nantes en 1634.   Esteban y Miguel, más tarde, fueron encarcelados también por la Inquisición: Esteban, con Nuestro autor en España, y Miguel en Portugal.

Antonio Enríquez Gómez pasa su juventud entre Cuenca, Sevilla y Madrid.

En su niñez no recibe adecuada educación formal, pero en su juventud, por sus propios esfuerzos, adquiere conocimiento en varios campos. Declara el autor en el prólogo a *La culpa del primero peregrino*: "Pues mis estudios más son sobrados alientos de mi natural, que científicos aciertos de la ciencia."[38] Repite lo mismo en el prólogo a *Sansón Nazareno*: "Que si mis padres en los primeros años me negaron el estudio; No trabajé poco en mi Juventud sobre las noticias más importantes de las ciencias, y en el natural no debo poco a la naturaleza."[39] En Sevilla, vive y trabaja con su tío paterno Antonio Enríquez Villanueva. En 1618, se casa en Zafra con una cristiana vieja, Isabel Basurto, "natural del lugar de Cebolleros, en las montañas de Burgos."[40] Ella era hermana de Pedro Alonso Basurto, cura de Aracava y de Rozas, cerca de Madrid, y comisario del Santo Oficio. La esposa trae consigo un dote bien impresionante de 800 ducados, 200 en bienes de casa y 600 al contado.[41] Antonio Enríquez Gómez invierte el dote en un negocio de textiles de lana y de seda y otros productos importados de Francia, e Isabel le ayuda en el negocio.

La familia se establece con el padre de nuestro autor en la Red de San Luis, cerca de la Puerta del Sol, en Madrid. Del matrimonio nacen tres hijos, Diego, Leonor y Catalina. El 16 de septiembre de 1622, Enríquez Gómez trae pleito contra la Inquisición de Cuenca, tratando de recuperar parte de los bienes confiscados en el proceso de su padre: "...Bienes que se enbargaron y confiscaron de Diego Enríquez de Mora."[42] El reclama su derecho "de la dote y bienes gananciales de Isabel Gómez," su madre, cristiana vieja, que ella le ha dejado en su testamento. También protesta la confiscación, entre los bienes confiscados de su padre, del dote de Isabel Basurto, la esposa cristiana vieja de nuestro autor y de 500 ducados que ella y su empleada han invertido en el negocio de la familia con su trabajo. Efectivamente, la que representa a Antonio Enríquez Gómez en su pleito con la Inquisición es su esposa: "Isabel Alonso Basurto muger de Antonio Enríquez Gómez en virtud de su poder, dijo que yo presente ante V.M. una requisita del Doctor Ortega Juez de Bienes confiscados del Santo Oficio y Tribunal que reside en la ciudad de Cuenca."[43] La Inquisición calculó el valor de los bienes de Enríquez Villanueva en 476.879 maravedíes, y sus gastos durante su encarcelamiento en 415.532 maravedíes, quedando así apenas 61.347 maravedíes para compartir entre la Inquisición y Antonio Enríquez Gómez. Con .

tal de que la parte de nuestro autor sería la cantidad mezquina de 30.673 maravedíes. Antes de su encarcelamiento, Diego Enríquez ha fiado ciento treinta y una libras de seda, de valor aproximado de 4.585 reales, al comerciante Miguel Fernández de Fonseca para venderla en Lisboa. La Inquisición obligó a Fernández a pagar su deuda al hijo, Antonio Enríquez Gómez. Con este dinero, McGaha supone que Antonio e Isabel probablemente comienzan de nuevo un negocio que sostiene a la familia modestamente.[44] En ese tiempo, Enríquez Gómez hace viajes frecuentes a Francia por motivos comerciales. No hay duda que en esas ocasiones había visitado a su padre, en Nantes, y a su tío Antonio Enríquez de Mora, en Bordeaux.

Sin obstante, la vocación espiritual verdadera de nuestro autor, con la cual ganaría la inmortalidad, era la literaria. Confiesa en el prólogo a *Sansón Nazareno*: "Poeta soy: pero si no me puedo escusar de ser mortal, justo será que busque una pequeña luz de la inmortalidad." En Madrid, Antonio Enríquez Gómez sigue una carrera literaria bien lograda, publicando obras en prosa y verso, y ve representadas en la escena de Madrid, muchas de sus veintidós comedias. En la introducción a las *Academias morales*, escrita por el judaizante portugués Manuel Fernandes Vilareal, amigo de Enríquez Gómez, se refiere al éxito teatral logrado en Madrid:

> Cierra cada una de las quatro Academias con una Comedia, que escrive con tanta superioridad, que por muchas vezes se llevó los aplausos apesar de sus émulos. Los teatros de Madrid son el más seguro testimonio, pues tan repetidamente se vieron llenos de victores y de alabanças. Eran embidiadas, pero también eran aplaudidas[45]

En el prólogo de la misma obra se jacta el autor de un laurel de poesía que ha ganado en Cuenca:

> Si el laurel te pareçiere verde, en quarenta años, aún ay primavera: lo que te podré asegurar, es que el Monarcha de la Poesía me le dio entre dos Ríos y un Monte poblado de edifiçios, pues la primera vez que le vi, fue en Cuenca, Ciudad tan favoreçida deste Planeta, que se miró tan hermoso en Iucar, como en Tajo.

En su prólogo a *Sansón Nazareno*, publicado en 1656, recuerda nuestro autor la época de Madrid y cataloga todas las obras allí publicadas:

> Las mías fueron veinte y dos, cuyos títulos pondré aquí para que se conoscan por mías, pues todas ellas ó las más que se imprimen en Sevilla les dan los impresores el título que quieren y el dueño que se les antoja. El Cardenal Albornoz, primera y segunda parte, Engañar para Reynar, Diego de camas, el Capitán chinchilla, Fernán Méndez Pinto primera y segunda parte, Zelos no ofenden al Sol, El Rayo de Palestina, Las Sobervias de Nembrot, A lo que obligan los zelos, Lo que passa en media noche, El cavallero de gracia, La Prudente Abigaïl, A lo que obliga el Honor, Contra el Amor no ay engaños, Amor con vista y cordura, La fuerza del heredero, La casa de Austria en España, El sol parado, y El Trono de Salamón primera y segunda parte. Estas fueron hijas de mi ingenio et de breve se darán a la emprenta en dos volumes.

En el mismo prólogo hace referencias a su participación en las academias literarias de Madrid, como la de Apolo, secretariada por don Antonio de Mendoza, en que participaban Lope de Vega, "el Adán de la comedia", Calderón de la Barca, Luis de Góngora, Juan Pérez de Montalbán, y Luis Vélez de Guevara. También se asocia con Isaac Cardoso y Miguel de Silveira cuyo *Macabeo*, él considera entre los cinco mejores poemas heroicos del mundo: "Silveyra heroïco, y tanto que à sido el mas vehemente espíritu que cantó acción heroïca por tan levantado estilo... Pero en raçón de Poema heroïco Castellano ninguno llegó al Machabeo."

Dille comenta que a pesar de tener indicaciones que por lo menos ocho de sus comedias fueron estrenadas en España antes de 1635, su nombre nunca aparece en las listas contemporáneas de dramaturgos de su época. La primera vez que aparece su nombre en una obra publicada es en la *Fama póstuma*, de Montalbán, en 1636, donde aparece un soneto suyo a la muerte de Lope de Vega.[46]

El 12 de mayo de 1634, Antonio Enríquez Gómez fue convocado como testigo en el proceso del financiero portugués Bartolomé Febos, cuyo padre Antonio Rodrigues Lamego era uno de los jefes de la comunidad criptojudía en Rouen, y cuyo tío, Luis de Febos, era vecino de nuestro autor y en cuya casa había tertulias de artistas, hombres de letras y comerciantes, entre ellos Isaac Cardoso y Miguel de Silveira.[47] En los procesos inquisitoriales cada testigo tuvo que entregar una lista de todas las personas que supieran algo relevante al acusado. Parece que un tal Luis de Ves, oyó a un fulano, Juan Aventot llamar a Febos 'judío' cuando éste no le quiso pagar una deuda. Aunque Luis de Ves no conocía a Febos, había oído a Enríquez Gómez mencionar su nombre, y por lo tanto la Inquisición decidió llamar a nuestro autor de testigo. Cuenta Caro Baroja que Cardoso y Silveira también fueron llamados a dar testimonio en aquel proceso. Por otra parte sabemos que el padre de Febos era uno de los líderes de la comunidad criptojudía en Rouen, donde también había otro grupo de conversos que sinceramente practicaban el catolicismo. Uno de ellos era Antonio de Fonseca, padre de un comerciante madrileño, Jerónimo de Fonseca. El hermano de éste, monje en Galicia, encarcelado por judaizar, confesó que su padre en Rouen, también judaizaba. Jerónimo tratando de establecer la devoción a la fe cristiana por parte de su padre, causa el comienzo de una investigación inquisitorial, al otro lado de los Pirineos. Agentes de la Inquisición española, Juan Baptista Villadiego y Diego Cisneros comienzan una cadena de acusaciones, encarcelamientos y procesos contra la comunidad conversa de Rouen, en 1633, al fin de que se establece una lista de los culpados de herejía. En esta lista encontramos el nombre de Lamego, el padre de Bartolomé de Febos.

Cecil Roth, en su artículo "Les Marranes à Rouen," refiere a este proceso contra los judaizantes en Rouen, e insinúa que las acusaciones de herejía de parte del eclesiástico español Diego Cisneros, el espía de la Inquisición española, era un pretexto para confiscarles sus bienes en España. Caro Baroja echa la culpa a la envidia profesional entre varios grupos de comerciantes conversos en Rouen. Roth señala que la vida de los judaizantes en Rouen no era muy agradable, ya que oficialmente tuvieron que mantener en secreto su fe por miedo de persecución. Los comerciantes de Rouen, resentidos por la pérdida de parte de sus negocios a causa de los exilados portugueses y españoles no les querían otorgar ciudadanía, y estaban contentos de las condenas. Sin embargo, el 12 de julio del mismo año, por intervención de la monarquía francesa, se absuelve a casi todos los acusados. Con eso continuó floreciendo la comunidad criptojudía de Rouen. Como hemos dicho, entre los acusados se nombra a Antonio Rodrigues Lamego, sobre cuyo proceso tuvo nuestro autor que dar testimonio.[48]

El pavor de Antonio Enríquez Gómez "Mercader de lonja de cosas de Francia, que bive en la entrada de la calle de San Luis, por la Puerta del Sol, en casa de Diego Rodríguez Solís," al ser llamado a dar testimonio era inmenso.[49] No obstante, la Inquisición sólo quería simple testimonio y Enríquez Gómez se salva contando "lo cual fue público y notorio," tanto de Febos como de un proceso intentado a la comunidad marrana de Rouen en 1633. No obstante, los recuerdos de lo acontecido a sus padres, sus abuelos y bisabuelos y la atmósfera antijudaizante debía resultar muy sofocante para Enríquez Gómez, quien alrededor de 1635 decide expatriarse a Francia, a pesar de la guerra entre España y Francia. Sin embargo, es interesante que en 1637 su nombre, "Anto. enrriquez a la Red de s. Luis," aparezca en la lista de judaizantes portugueses con conexiones con Francia. La lista fue formada por un inquisidor a base de las declaraciones de un mercader, judaizante portugués, reconciliado, Manuel Rodriguez, natural de Biarres, Francia.[50] Nuestro autor aprovecha la ocasión de su expatriación, como él mismo confiesa más tarde, en 1661, en su interrogación al ser encarcelado por la Inquisición, para no pagar deudas de más de 500.000 reales a unos mercaderes de tela de Segovia, que le han dado en consignación mercadería de lana: "Que en Segovia deve más de quinientos mil reales a diferentes personas de paño y lana que le fiavan viviendo en Madrid el año treinta y cinco, y que por no los pagar, se ausentó y mudó."[51] Su esposa cristiana vieja y sus dos hijos Diego Enríquez Basurto y Leonor le acompañan. La tercera hija de Enríquez Gómez, Catalina se queda en Madrid donde está casada con un cristiano viejo familiar del Santo Oficio, Constantino Ortiz de Urbina, que sirve de corresponsal comercial de Antonio Enríquez Gómez en España.

En Francia, reside al comienzo en Peyrehorade y en Bordeaux donde vive su tío, Antonio Enríquez de Mora, por entonces uno de los jefes de los fugitivos criptojudíos.

Bajo la influencia de su amigo, el criptojudío portugués Manuel Fernandes Vilareal, cónsul de Portugal en París, Antonio Enríquez Gómez se pone a favor de la restauración portuguesa. Para celebrar la llegada de los primeros embajadores de Portugal enviados por Joâo IV, el duque de Braganza, después de la revolución portuguesa contra la monarquía española, en el primero de diciembre de 1640, Vilareal influye sobre Enríquez para que escriba el *Triumpho lusitano*, publicado en París y en Lisboa, en 1641.[52] El poema describe con exageración las recepciones a los embajadores portugueses de parte de los franceses, pero a la vez celebra con mucha sinceridad la victoria de la justicia y de la libertad sobre la tiranía, la opresión y la injusticia de España.[53] Vilareal fue el primero en comunicar la insurrección al Cardinal Richelieu, enemigo mortal de Olivares, que apoyó e influyó en la sublevación portuguesa. Para pedir, no solamente un apoyo moral, sino también militar y monetario, al Cardinal Richelieu, Vilareal se encarga de escribir un volumen poético laudatorio de Richelieu, *El Político Christianíssimo o Discursos Políticos sobre algunas acciones del Eminentíssimo Señor Cardenal Duque de Richelieu*, en que Enríquez Gómez contribuye un poema laudatorio también.[54]

En Bordeaux, Enríquez pertenece a un grupo de cristianos nuevos de España y de Portugal llamado la "Nación portuguesa". Su primo y asociado comercial, Francisco Luis Enríquez de Mora, hijo de Antonio Enríquez de Mora, también pertenece a esa asociación. Los dos pagan en 1641 un impuesto de 1225 "livres," decretado sobre la "Nación portuguesa" de Bordeaux, por declaración real de 1641, para obtener el derecho de naturalización.[55] Es en Bordeaux que Enríquez Gómez publica las *Academias morales de las musas*, en 1642, dirigidas a Ana de Austria, reina de Francia y de Navarra, y que tratan en un marco pastoril de los temas del exilio, de la naturaleza humana y de la crítica social.[56] Contiene poemas y cuatro comedias, cada una al final de una Academia.

Hacia 1644, Antonio Enríquez Gómez sale de Bordeaux y se instala en Rouen, entre los miembros de una colonia criptojudía de gran importancia. Oelman señala que desde el 2 de marzo de 1644, hay unas referencias a nuestro autor documentadas en los Archives départementales de la Seine-Maritime, pero ninguna antes de esta fecha, concluyendo que desde aquel entonces residía en Rouen.[57] El logra éxito como comerciante y un *arrêt* del Parlamento de Rouen hace referencia a las vastas actividades comerciales de Enríquez Gómez y su primo Francisco Luis Enríquez de Mora: "Leurs traictes d'espiagne, flandres, hollande, Allemaigne, nantes, la Rochelle et autres lieux où lesdits henriques ont acoustumé de négocier." En París, tienen negocios con los hermanos Jacques y Louis Guimarain, a quienes

autorizan pagar unas cuentas, el 22 de febrero de 1649. Después de los acontecimientos de la Fronde, que aparentemente afectan sus negocios, piden al Parlamento un aplazamiento del pago de unas deudas.[58] Rouen era, en aquel
entonces, no sólo un centro comercial de textiles, sino también un centro cultural
donde se publicaban libros franceses y donde se encontraban unos de los mayores
pensadores de la época, como los hermanos Pierre y Thomas Corneille y Blaise
Pascal. En un soneto que aparece en *Discours du Vuide*, de Pierre Guiffart
(1647), Enríquez Gómez describe el experimento de Pascal con la gravedad,
adonde asistía él al lado de muchos dignatarios, médicos, y consejeros del
Parlamento. También está presentado un tal De la Coste, que según Oelman,
puede ser el mismo A.G. de la Coste que ofreció sonetos en *El siglo pitagórico*,
y en *La torre de Babilonia*.[59] El arzobispo de Rouen, François de Harlay, el
patrón de Laurent Maurry que era el impresor de nuestro autor, reunía alrededor
de él muchos intelectuales y es de suponer, según Charles de Beaurepaire, que
Enríquez Gómez también participaba en aquel círculo intelectual.[60] En 1646,
cuando Laurent Maurry publica una antología de Soror Violante do Ceo, Nuestro
autor también contribuye un soneto laudatorio. En general lo vemos participar en
la vida intelectual de Rouen. Aquí él vive en la Rue St. Vincent, acompañado por
su esposa, su hija Leonor y su hijo Diego Enríquez Basurto que se casa en 1645
con Margarita, hija de Alonso Romero, judaizante de Bordeaux y de María da
Fonseca.[61] Cecil Roth, para describir el carácter literario que mantiene la
colonia judaizante en Rouen, da el ejemplo de Antonio Enríquez Gómez:

> Parmi ses plus illustres contemporains se trouvait Antonio Enríquez
> Gómez, soldat et auteur dramatique, qui fut brûlé en effigie par
> l'Inquisition à Seville, tandis qu'il cherchait au dehors la liberté de
> pratiquer impunément la religion de ses pères. C'est à Rouen qu'il
> publia plusiers de ses oeuvres, dans lesquelles apparait un intérêt
> croissant pour le judaïsme, entre 1644 et 1649. [*La culpa del primer
> peregrino* (1644); *El siglo pitagórico* (1644); *La política angélica*
> (1647); *La torre de Babilonia* (1649); *Sansón nazareno* (1656).[62]

Diego Enríquez Basurto, hijo de nuestro autor, también era poeta. En *El siglo
pitagórico*, aparece un soneto suyo, y como su padre la temática de su obra se

inspira en el Viejo Testamento.   Su obra más conocida es *El triumpho de la Virtud, y paciencia de Job.*   Cecil Roth le trae como ejemplo de los que le dieron el carácter literario a Rouen: "C'est à Rouen que Diego Enríquez Basurto, fils d'Antonio Enríquez Gómez qui l'accompagnait, publia en 1646 son El triumpho de la Virtud, y paciencia de Job."[63]

En 1644, Enríquez Gómez publica *La culpa del primero peregrino*, un poema teológico sobre la caída de Adán.   El mismo año también publica *El siglo pitagórico.*[64]   En 1645, publica el *Luis dado de Dios*, una obra al aparecer panegírica en honor de Louis XIV, hijo de Louis XIII y Ana de Austria.[65]   La obra trata del modo justo de gobernar.   Hay dos versiones distintas de la misma obra como han señalado Reis Torgal y Constance Rose.   Una versión, en unas hojas, se dirige directamente a la Inquisición.   La otra está dirigida a la monarquía, y fue mandada a Lisboa.[66]   En esta obra por la primera vez aparece el nombre del autor con el título de   "Cavallero de la orden de su Magestad Cristianissima de avito de St. Miguel."   Amador de los Ríos cree que ganó el hábito de San miguel, en premio a sus servicios militares en España.[67]   Barrera y Leirado opina que es posible que al escribir *El triumpho lusitano*, Joâo IV le confiriera esta condecoración.[68]   Menéndez y Pelayo alega que Louis XIII, el rey de Francia le honró con el hábito.[69]   Rose duda la autenticidad del título y declara que es ficticio.[70]   Oelman afirma que recibió el título de la "Ordere de Saint Michel" de la monarquía francesa "Which was so liberally awarded in France that by the end of the seveteenth century it was considered to be of second rank and suitable only for honoring servants, writers, artists, magistrates, and the like."   Sin embargo, el hecho que Enríquez Gómez era extranjero, señala "considerable honor... which suggests that he had rendered some important service to the French Crown," posiblemente en sus actividades con la embajada portuguesa.[71]   De todo modo, no importa como lo hubiera conseguido, lo importante es su participación en la vida política y social de la Corte.   Rose señala también que Enríquez Gómez fue designado " seigneur de la ville de Rouen," hecho que da testimonio a su riqueza y posición social.[72]

En 1647, publica Enríquez Gómez la *Política Angélica*, que escandaliza a la Inquisición, que lo incluye en el Indice de libros prohibidos.[73]   Dice Révah que este libro ni fue analizado por ningún estudio moderno dedicado a Enríquez Gómez ya que no tuvieron entendimiento de él hasta que él mismo publicó su artículo: "Les études modernes consacrées à Antonio Enríquez Gómez ne mentionnent que pour memoire cette Política Angélica: il est clair que leur auteurs n'ont pu prendre connaissance d'aucune de ses deux parties."[74] Sin embargo, dice Révah, en los años inmediatos a su publicación, en 1647, fue bien conocido por su ataque acerbo contra la Inquisición. Trae de ejemplo al portugués Dom Francisco Manuel de Melo, que el 10 de septiembre de 1657, en su dedicatoria a *El hospital das letras* hace dos alusiones a la *Política angélica* y a *El siglo pitagórico*.[75]

En 1647, el rey de Portugal manda una carta al rey francés con su embajador, el Marqués de Niza, acompañado por Manuel Fernandes Vilareal, amigo de Antonio Enríquez Gómez, pidiendo la destrucción de los moldes sobre los que se imprimió la *Política angélica*, y de los ejemplares ya impresos.[76] Los moldes no se destruyen, y el libro se publicó a pesar de todo, como lo declara Antonio Enríquez Gómez en la introducción del *Sansón nazareno*, impreso por Laurent Maurry en 1656. Dice Révah que "cette indication était confirmée par des bibliographes portugais et certains Index d'ouvrages prohibés par les Inquisitions péninsulairs."[77] Es muy indicativo de la rebeldía espiritual de nuestro autor, notar que él dedica la primera parte de la *Política* a Messiere Jean-Louis Faucon sier de Ris, el mismo presidente del Parlamento de Rouen a quien fue mandada la carta del rey, pidiendo la destrucción de la obra. Antonio Enríquez Gómez, sarcástico mordaz, por excelencia. Como él lo declara: "y hallé entonces, temiendo condenarme,/ que la ciencia mayor, era salvarme."[78] Révah creía que hoy en día hay sólo tres copias existentes de la primera parte, y Rose sugiere que hay dos.[79] Sin embargo, encontré una copia adicional en la Biblioteca Nacional y Universitaria de la Universidad Hebrea en Jerusalén. Lleva la aprobación en francés del Fr. Gvillavme Dv. Vair, indigne Religieux de S. François, hecha en Roüen el 8 de agosto de 1647 y la dedicación a Messire IEAN Lovis Favcon, cauallero y Señor de Ris, Consejero de su Majestad Christianissima en su Consejo de Estado, y Primero Presidente en el Parlamento de Normandia. La página al Lector declara: "...En esta primera parte van cinco Diálogos sobre esta materia, el Título es angélico, valime del por abonar lo escripto, suppliendo la Doctrina de los graues autores las faltas de mi ingenio; si te pareciere mal esta primera parte, prometo no darte el segundo disgusto, que la perfecta materia de Estado del hombre, es llegarse a conocer assi mismo, procurando ante poner á la passion de sus escriptos la justa censura de los doctos, vale." Inmediatamente, comienzan los cinco diálogos. Los diálogos primero y segundo acaban en la página 70. En la página 71, aparece el título "Diálogo tercero," pero en la rúbrica de las siguientes páginas de este diálogo, sigue diciendo "Diálogo segundo", hasta la página 105. Diálogo cuatro comienza en la página 106, en cuya rúbrica y en la de la página 108 dice "Diálogo quatro," pero de la página 110 y adelante dice "Diálogo quarto". Diálogo quinto corre de la página 154 a la página 187.[80]

Desafortunadamente, en el proceso inquisitorial de Manuel Fernandes Vilareal, condenado a la hoguera por la Inquisición portuguesa, se emplea contra él su asociación personal y literaria con Antonio Enríquez Gómez. En él se insinúa también que no realizó su misión y no llevó a cabo su papel de mensajero del rey de Portugal al rey de Francia, en cuanto a la destrucción completa de la *Política angélica*.

El ataque contra la Inquisición y las sugestiones de reforma que ofrece en la *Política angélica*, no conmovió de ningún modo a la Inquisición española. Dice Révah "que le pamphlet d'Antonio Enríquez Gómez n'eut guère de répercussion. L'Inquisition espagnole ne subit aucune atteinte après 1647."[81] Continúa Révah diciendo que la Inquisición portuguesa sí perdió su poder de confiscación de bienes entre 1649 y 1656, pero esto no fue por el panfleto de Antonio Enríquez Gómez sino por la campaña de los jesuitas, bajo la jefatura del Padre Antonio Vieira, y por la difícil situación económica de Portugal. Señala Caro Baroja que "el combativo jesuita" se enfrentó con la Inquisición con apologías y peticiones en favor de los cristianos nuevos, tanto por su poder comercial como hombres de negocio que puedan salvar la mala economía del país, como por su derecho como cristianos. Ataca a la Inquisición por haber montado un sistema perverso de declaraciones secretas por testigos secretos, juzgando a la persona no por su religiosidad, sino por su sangre y confiscándoles los bienes. Es muy posible que Antonio Enríquez Gómez escribiera su *Política*, bajo la influencia de Antonio Vieira, ya que éste visitó a Rouen el año anterior, 1646, donde comunicaba con la comunidad criptojudía.[82]

En 1648, se escribe probablemente, según Oelman, el *Romance al divín mártir, Judá Creyente*, en que declara sus creencias religiosas.[83]

El próximo año, 1649, se publica *La Torre de Babilonia*, que incluye las dos partes de la comedia *Fernán Méndez Pinto*, cuya temática principal es el exilio.[84] En el mismo año escribe la mayor parte de *Sansón Nazareno*, que no se publica hasta 1656, cuando Laurent Maurry recibe el último canto.

El manuscrito recién encontrado de la "Ynquisición de Luzifer y visita de todos los diablos", un ataque acerbo contra la Inquisición, aunque no fechado, debe ser de los mismos años, ya que no trata de encubrir su crítica y sarcasmo.[85]

En este punto de la vida de nuestro autor, Révah nos descubre unos datos biográficos muy distintos de los conocidos hasta su artículo. En 1649, cuando todos los biógrafos le tienen todavía en Francia y, desde 1656, en Amsterdam, Révah dice que Antonio Enríquez Gómez volvió a España y se estableció en Sevilla bajo el nombre de Don Fernando de Zárate. "Il eut ainsi le privilège de se voir brûler en effigie dans le spectaculaire auto de fe du mois d'avril 1660."[86] Con esa renovación biográfica deshace Révah la curiosa anécdota comenzada por Adolfo de Castro de "Allá me las den todas." Nos parece que todavía es posible que después de volver a España, Enríquez Gómez hiciera unos viajes a Amberes, donde vivía su esposa y a Amsterdam, donde se descubrió su recién manuscrito, y donde vivía la familia de su madrastra. Es posible que en 1660, al darse cuenta de las investigaciones inquisitoriales se escapara por una temporada a Amsterdam, sólo para volver después del auto de fe, en que se quemó su efigie.

Constance Rose se pregunta por qué habría tomado Enríquez Gómez el riesgo de dejar la seguridad y la alta posición en la corte francesa y de volver a las trampas de la desapiadada Inquisición española. "And given the fact that he well understood the workings of the Spanish Inquisition it is somewhat difficult to comprehend just why he undertook such a risk."[87] Sugiere ella unos factores que le hayan conmovido. El miedo "concerning the erosion of his own language," y más aun el deseo "to participate directly in a creative millieu and the need to see his plays staged must have been overpowering." Más que todo, alega Rose, era la identificación que tenía Enríquez Gómez con Fernán Méndez Pinto y su regreso triunfal a España, la Patria. "Had not his Fernán Méndez Pinto returned to the Peninsula in triumph?" Su propósito de escribir la comedia *Fernán Méndez Pinto*, continúa Rose, se basaba en la esperanza de que el rey de Castilla seguiría la razón y la justicia y recibiría a los conversos exilados con brazos abiertos. The result was an identification of such intensity with his own fictive creation that Enríquez Gómez succeeded only in convincing himself to leave the France which had honored him for his homeland.[88]   Su regreso a España fue tan increíble que Constance Rose al fin declara que puede ser la fatal voz del destino que le motivara.   "Perhaps he had to play out the ironic possibilities that life had in store for him."[89]

Charles Amiel sigue la línea biográfica de Révah y confiesa que debe su conocimiento de la vida de Antonio Enríquez Gómez "à exceptionnel connaisseur qu'était I. S. Révah."[90]   Según Charles Amiel el regreso a España fue motivado por cuestiones económicas.   Enríquez Gómez con su primo Francisco Luis Enríquez de Mora, tuvo una compañía que había sufrido una bancarrota comercial hacia 1649.   Aprovechando la ocasión, Constantino Ortiz de Urbina, su corresponsal comercial en España y marido de su hija Catalina, guarda para sí parte de los ingresos.   Antonio Enríquez Gómez decide volver a España a recobrar personalmente su dinero y su fortuna.   También espera él reconciliarse con la Inquisición, "grâce a une présentation spontanée."[91]   Va a Pastrana a casa de unos parientes suyos, y de allí a Aracava donde Pedro Alonso Basurto, su suegro, quien era comisario del Santo Oficio, le disuade de su intención, ya que arriesgará la vida.

McGaha acredita el regreso a España a las problemáticas relaciones comerciales entre nuestro autor y Ortiz de Urbina, e identifica a éste como el objeto de un ataque contra un malsín embustero hijo de Midas, en el prólogo a *La torre de Babilonia*.[92]   Enmendando las relaciones comerciales con su yerno, se instala en Sevilla donde participa tanto en comercio como en producción literaria.   Emplea unos seudónimos, entre cuales el más prevaleciente es Don Fernando de Zárate.   También usa el nombre de un capitán holandés, Willem (Guillermo) Vansbillen, y Enrique Enríquez de Paz.[93]

En 1649, tratando de establecerse económicamente, nuestro autor manda a Portobelo, mercancía de seda de valor de 30.000 reales.   Al volver la flota, el rey confisca un millón de reales de la ganancia, prometiendo por medio de un juro pagarle un porciento por año. En 1651, Enríquez Gómez quiere volver a vivir con su esposa que se ha quedado al otro lado de los Pirineos, y por lo tanto vende su parte del juro a Constantino Ortiz de Urbina por 30 reales, aunque su valor era mucho más, para que con ello se establezca el futuro de su nieto, hijo de

Constantino. También da un préstamo de 1.500 pesos a su primo, Juan de León Cisneros, cuando éste parte para Perú. Cuando Enríquez Gómez se lo pide de vuelta, Juan de León se lo niega. Tal vez, por la mala consciencia, en 1661, éste pide a un amigo en Sevilla que le entregue a Fernando de Zárate una herencia que ha recibido, por unas obligaciones que le debe y ya que Zárate sufre pobreza.[94]

Antonio Enríquez Gómez continúa viviendo como desconocido en Sevilla. A pesar de los espías de la Inquisición española, que vivieron entre la comunidad criptojudía en Francia y dieron información de las andanzas de los judaizantes españoles a la Inquisición, no se le descubre. El 13 de abril de 1660, aún tiene la experiencia de atestiguar su propia efigie quemar en el auto de fe en la plaza de San Francisco en sevilla.[95]

No obstante, dice Amiel, a Enríquez Gómez lo pierde su misma vocación literaria: "L'homme de lettres être perdu par les lettres."[96] La Inquisición española supo de una comedia sobre San Ildefonso y que había dos dramaturgos que habían escrito sobre este asunto: Lope de Vega y un tal Fernando de Zárate. De éste se supo que vivía una vida bien retirada y sumamente discreta. Su retrato se parecía al de Antonio Enríquez Gómez. Aprovechando la ocasión que vivía en casa con una mujer que no era su esposa, una tal María de Ocú, le detuvo la Inquisición por concubinato con todos los que vivían en la casa, en la parroquia de San Juan de la Palma, el 21 de septiembre de 1660. Entre las cosas secuestradas encontramos unas comedias y loas y unos cuadros de arte. Al ser interrogado por el inquisidor Don Bernardino de León, declaró que era Antonio Enríquez Gómez, conocido comúnmente como Fernando de Zárate, y que tenía 60 años de edad. Declaró que no poseía ninguna propiedad, que vivía de la caridad de otros, que debía 300 reales a un francés llamado Pierre, 210 reales a Juan de Vega Beltrán, quien se lo prestó por comida, 2.500 reales de renta, y 360 reales a un tabernero llamado Alonso. También declaró que estaba casado con Isabel Alonso Basurto que en este momento se encontraba en Amberes.[97] Como no tenía propiedad, La Inquisición vende las comedias que ha encontrado en su casa, a varias empresas y compañías teatrales. Por lo menos 23 de sus comedias fueron publicadas en los 15 años inmediatos a su muerte.[98] Entre los detenidos, en 1662, era Esteban Enríquez, su hermanastro. El 9 de febrero de 1662, Esteban confiesa la identidad de Antonio Enríquez Gómez, y haber sido instruido sobre la ley de Moisés por Leonor Enríquez de Rouen. Añade que vivía con Enríquez Gómez desde hacía once años. En su testimonio cuenta Esteban Enríquez que hace seis u ocho meses, al cruzar los dos el Arquillo de la Montería, Antonio Enríquez Gómez le dijo que él era muy pobre y que tan pronto como llegara la flota de América con lo que trae para él, partiría de Sevilla para Nápoles. Sería tentar a Dios quedarse en España, ya que si le detuviera la Inquisición, sólo el cielo podría socorrerle. Cuando había estado en Francia, le continuó contando, Enríquez Gómez había escrito un libro contra la Inquisición. Admite Esteban que ya la esposa de Enríquez Gómez, Isabel Basurto, le había contado en Rouen que este libro lo había enviado Antonio Enríquez Gómez a España a uno de sus tribunales y por lo tanto ella también teme que la Inquisición le mate.

A pesar de este miedo ante la Inquisición, Enríquez Gómez confiesa su identidad y su herejía y ofrece su arrepentimiento. La Inquisición sevillana acabó su proceso el 15 de marzo de 1663 sin que lo condenaran a la hoguera.

El 18 de marzo, un año y medio desde que entró en la cárcel del Santo Oficio, Antonio Enríquez Gómez sufre "un dolor de costado."[99] Los inquisidores le tienen compasión y le reconcilian. El cura le confiesa y le da la extrema unción. El 19 de marzo 1663, muere nuestro autor. Lo entierran en Santa Ana de Triana, a las seis de la noche, en una sepultura separada.

El 14 de julio de 1665, Antonio Enríquez Gómez fue reconciliado en efigie, en un auto de fe celebrado en la iglesia de San Pablo de Sevilla.

Se desconoce actualmente donde se encuentran los manuscritos originales del proceso de Antonio Enríquez Gómez. Los documentos existentes son las copias mandadas a la Suprema en Madrid, no los originales.

En 1663 y en 1665, dos de sus primos, Francisco Luis Enríquez de Mora y Juan de León Cisneros aparecieron ante la Inquisición de Lima y ofrecieron nuevo testimonio contra el autor ya muerto.[100] La Suprema manda añadir estos nuevos testimonios "al proceso de Antonio Henríquez Gómez, alias Don Fernando de Zárate, reconciliado en estatua en la Inquisición de Sevilla."[101] Sin embargo, la Inquisición sevillana rehúsa reabrir el caso, y deja por fin descansar en paz a nuestro autor, al que denomina Charles Amiel "marrano ejemplar." "Telle fut la destinée d'Antonio Enríquez Gómez, marrane exemplaire, fidèle à la foi de ses ancêtres... adversaire et victime de l'obsédante Inquisition."[102]

NOTAS

[1]Antonio Enríquez Gómez, *Academias morales de las musas*, (Bordeaux: Pedro de la Court, 1642), p. 262.

[2]Israel S. Révah, "Un pamphlet contre l'Inquisition d'Antonio Enríquez Gómez: La seconde partie de la 'Política angélica,'" *Revue des études juives*, Ser. 4, I (1962):81–168.

[3]Nicolás Antonio, *Biblioteca hispana nova* (España: Joachimum de Ibarra, 1783), 1:128.

[4]Diogo Barbosa Machado, *Bibliotheca lusitana histórica, crítica e cronológica* (Lisboa Occidental: Antonio Isidoro da Fonseca, 1741), p. 297.

[5]Joâo Palma Ferreira, *Do picaro na literatura portuguesa* (Lisboa: Biblioteca breve, 1981), p. 43. También se encuentra en su artículo, "Antonio Henrique Gomes," *Novelistas e contistas portugueses dos séculos XVII e XVIII*, Biblioteca de autores portugueses (Lisboa: Imprenta nacional, casa de Loeda, 1981), p. 196. Ulla Trullemas declara lo mismo en "A propósito do picaresco na literatura portuguesa," *Coloquio-Letras* 71 (enero de 1983):69.

[6]José Amador de los Ríos, *Estudios históricos, políticos y literarios sobre los judíos de España* (Madrid: Imprenta de M. Díaz y Comp., 1848), p. 570. Cayetano Barrera y Leirado, "Antonio Enríquez gómez," *Catálogo bibliográfico y biográfico del teatro antiguo español. Desde su origen hasta mediados del siglo XVIII* (1860; rpt. ed. facsímil, Madrid: Editorial Gredos, 1969), p. 134. Don Marcelino de Menéndez y pelayo, *Historia de los Heterodoxos españoles* (Madrid: Librería católica de San José, 1880–1881), 2:611. Gabriel María Vergara y Martín, *Ensayo de una colección bibliográfica-biográfica de noticias referentes a la provincia de Segovia* (Guadalajara: Taller tipográfico de colegio de huérfanos, 1903), p. 291. Narciso Díaz de Escobar, "Poetas dramáticos del siglo XVII: Antonio Enríquez Gómez," *Boletín de la Real Academia de la Historia* 88 (abril-julio, 1926):838.

[7]*Academias morales*, pp.419–420.

[8]Menéndez y Pelayo, p. 611.

[9]Barrera y Leirado, p. 135. Es interesante notar que el nombre Enrique de Paz aparece en una lista de Gente de origen judío en América, de mediados del siglo XVII. No sabemos si se refiere a nuestro autor. Vide Julio Caro Baroja, *Los judíos en la España moderna y contemporánea*, 3 vols. (Madrid: Arión,

1969), 3:355.

[10]Menéndez y Pelayo, p. 611.

[11]Antoni Puigblanch, *Opúsculos Gramático-satíricos* (1828; rpt. ed., Barcelona: Curial documentos de cultura facsímil, 1976), 2:373.

[12]Díaz de Escobar, p. 839.

[13]*Academias morales*, pp.415–416.

[14]Barrera y leirado, p. 135.

[15]"Prólogo," *Academias morales*, sin paginación.

[16]Amador de los Ríos, p. 571.

[17]Adolfo de Castro y Rossi, *Historia de los judíos de España, desde los tiempos de su establecimiento hasta principios del presente siglo* (Cádiz: Imprenta de la revista médica, 1847), 1:188.

[18]Menéndez y pelayo, p. 611.

[19]Amador de los Ríos, p. 573.

[20]Don Ramón de Mesonero Romanos, Prólogo, *Dramáticos posteriores a Lope de Vega* (Madrid: Biblioteca de autores españoles, 1951), p. xxxii, dice que Adolfo de Castro y Rossi en sus anotaciones a *Gil Blas*, señala esta coincidencia. Barrera y Leirado, p. 137, lo verifica: "Adolfo de Castro es sus notas a *Gil Blas*, sobre cierta especie relativa al autor que nos ocupa, existente en los Indices expurgatorios de fines del siglo XVII, y que yo he comprobado en el index novissimus, del año de 1747. Prohíbense allí la *Política angélica* y *La Torre de Babilonia*, de Enríquez; y más adelante se estampa el artículo siguiente (en la letra de Z): 'Don Fernando de Zárate. (Es Antonio Enríquez Gómez). Su comedia, *El capellán de la virgen, San Ildefonso*, se prohíbe.'"

[21]Mesonero Romanos, p. XXXIV.

[22]Barrera y Leirado, p. 139.

[23]Révah, "Un pamphlet," p.81. Lamentablemente, Révah muere sin publicar el libro prometido ni los documentos inéditos de donde ha sacado los datos biográficos. Constance Rose siguió las huellas de Révah y descubrió las referencias a la biografía de Enríquez Gómez en el Archivo Histórico Nacional de Madrid: "Antonio Henríquez Gómez vecino de Madrid contra Miguel Fernández de Fonseca, portugués, sobre 131 libras de seda," AHN, legajo 3658, no. 16

(1624); "Copia del secuestro de los bienes de Antonio Enríquez Gómez, vecino de Sevilla, alias Fernando de Zárate," legajo 2067, no. 25 (1660); "Autos de oficio de justicia del Real Fisco sobre el embargo de un juro de 19071 maravediés de renta en la media Anata de mercedes del año de 1650=cincuenta y vno por efetos de la confiscación de don Fernando de Zárate Alias Antonio Enríquez Gómez." Legajo 1872, no. 35 (1677). Encontró otros legajos en el Archivo Diocesano de Cuenca [ADC], legajo 313, no. 4549; legajo 314, nos. 4553-55; legajo 315, nos. 4560 y 4562; legajo 316, no. 4572; legajo 317, no. 4585 bis; legajo 318, nos. 4586 y 4587; legajo 319, nos. 4606 y 4607; legajo 320, nos. 4618-4620, legajo 321, nos. 4620 bis y 4621; legajo 322, no. 4632; legajo 324, no. 4651; legajo 326, no. 4682; legajo 328, nos. 4703,4704, y 4705; legajo 329, no. 4706 (bis); legajo 331, no. 4733 y 4734; legajo 384, no. 5440: "Enríquez, Diego y Antonio. Quintanar de la Orden. 1613. Inhabilidad. Inconcluso." Legajo 409, no.5750, "Diego Anríquez, natural de Quintanar de la Orden, vezino de la villa de Madrid, 1623, Judaizante. Reconciliado." Vide Constance Rose, "Dos versiones de un texto de Antonio Enríquez Gómez: Un caso de autocensura," *Nueva revista de filología hispánica* 30 (1981):534-545; "The Marranos of the Seventeenth Century and the Case of Merchant Writer Antonio Enríquez Gómez, *The Spanish Inquisition and the Inquisitorial Mind,* ed. Angel Alcalá (Nueva York: Columbia University Press, 1987), pp. 53-72; Rose, Constance y Maxim Kerkhof eds., Introducción, *Antonio Enríquez Gómez: "La Inquisición de Lucifer y visita de todos los diablos"* (Amsterdam: Rodopi, 1992). Vide el excelente artículo de Michael McGaha, "Biographical Data on Antonio Enríquez Gómez in the Archives of the Inquisition," *Bulletin of Hispanic Studies* 69 (1992):127-139, en que McGaha da un resumen de los legajos 3568, 2067 y 1872 del AHN. Este artículo fue publicado después de terminar este libro. Nuevos descurimientos bibliográficos sobre los antepasados del autor, basados en los archivos de Cuenca, se documentan en el libro de Heliodoro Cordente, *Origen y genealogía de Antonio Enríquez Gómez, alias Fernando de Zárate* (Cuenca: Alcalá Libros, 1992). El libro se publicó después de haber terminado mi libro. Sin embargo, por la riqueza de información biográfica que incluye, es imperativo incluir unos trozos de esta obra enriquecedora.

[24]Ibid.

[25]Charles Amiel, ed., Introduction, *El siglo pitagórico y Vida de don Gregorio Guadaña* (Paris: Ediciones hispanoamericanas, 1977), p. xv. Todas mis citas textuales en cuanto a *El siglo* provienen de esta edición, con la autorización del editor. Al citar de esta obra, pondré la letra S. y el número de página, seguidos en el mismo texto.

[26]Constance Rose, "The Merchant Writer," pp. 58-59. Señala que la riqueza de sus datos biográficos proviene de: Sebastián Cirac Estopiñán, *Registros de los*

documentos del Santo Oficio de Cuenca y Sigüenza, vol. 1 (Cuenca, Barcelona, 1965), legajo 234, no. 2996; Dimas Pérez ramírez, *Catálogo del Archivo de la Inquisición de Cuenca* (Madrid, 1982); José Torres Mena, *Noticias conquenses* (Madrid, 1886), p. 335; y de los legajos del ADC, mencionados en la nota 23.

[27]Julio Caro Baroja, *Los judíos*, 1:450.

[28]Ibid., p. 451.

[29]Sin embargo, en la Introducción, a *La Inquisición de Lucifer*, p.viii, dice que el número de los condenados a la muerte era trece: ocho hombres y cinco mujeres.

[30]Rose, "The Merchant Writer," p. 59.

[31]Cordente, p. 88.

[32]Ibid., pp. 9-11.

[33]Israel S. Révah, "La herejía marrana en la Europa católica de los siglos XV al XVIII," *Herejías y sociedades en la Europa preindustrial: Siglos XI-XVIII*, compilador Jacques Le Goff (Madrid: Siglo veintiuno de España Editores, SA, 1987): 253.

[34]Révah, "pamphlet," p.81.

[35]Rose, "The Merchant Writer," p. 59, cita de Cuenca, leg. 384, no. 5440: "Enríquez, Diego y Antonio, Quintanar de la Orden, 1613. Inhabilidad. Inconcluso."

[36]Timothy Oelman, ed. *Romance al divín mártir, Judá Creyente [don Lope de Vera y Alarcón], martirizado en Valladolid por la Inquisición* (Rutherford, N.J.: Fairleigh Dickinson University Press, 1986), p. 31.

[37]ADC, legajo 409, no. 5750, "Diego Anrriquez, natural de Quintanar de la Orden, vezino de la villa de Madrid, 1623, Judaizante. Reconciliado." Reproducido por Cordente, pp. 50-84.

[38]Antonio Enríquez Gómez, Prólogo, *La culpa del primero Peregrino y el* · *pasajero* (Rouen: Laurent Maurry, 1644), sin paginación.

[39]Antonio Enríquez Gómez, Prólogo, *Sansón Nazareno*, (Rouen: Laurent Maurry, 1656), sin paginación.

[40]"Copia del secuestro de los vienes de Antonio Enríquez Gómez, vecino de Sevilla, alias Don Fernando de Zárate," Archivo Histórico Nacional (de aquí en

adelante AHN), Inquisición, leg. 2067, no. 25 (1660).

[41]"Antonio Henríquez Gómez vecino de Madrid contra Miguel Fernández de Fonseca, portugués, sobre 131 libras de seda," AHN, leg. 3658, no. 16 (1624).

[42]Ibid.

[43]Ibid.

[44]Michael McGaha, Introduction, *Antonio Enríquez Gómez: The Perfect King: El rey más perfecto* (Tempe, Arizona: The Bilingual Press, 1991), p. xii.

[45] "'Apología' por el Capitan M. F. De Villa-Real, su mayor Amigo," *Academias morales,* sin paginación.

[46]Glen Dille, *Antonio Enríquez Gómez* (Boston: Twayne Publishers, 1988), p.17.

[47]Julio Caro Baroja, *Los judíos*, vol. 3, p. 331, Cita de AHN, Inquisición de Toledo, leg. 146, no. 4, fol. 185v–186r.

[48]Cecil Roth, "Les Marranes á Rouen: Un chapitre ignoré de l'histoire des juifs de France," *Revue des études juives* 88 (1922):126.

[49]Révah, "Pamphlet," p.83.

[50]Caro Baroja, *Los judíos*, 3:336-338.

[51]AHN. Inquisición, "copia del secuestro," leg. 2067, no. 25 (1660).

[52]Antonio Enríquez Gómez, *Triumpho lusitano: recibimiento que mandó hacer Su Majestad el Crisstianisimo Rey de Francia, Luis XIII,a los embajadores extraordinarios, que S. M. el Serenisimo Rey D. Juan el IV de Portugal le envió el año de 1641* (Paris, 1641; Lisboa: Lourenço de Anveres, 1641).

[53]Vide Nechama Kramer-Hellinx, *"Triumpho lusitano*: Antonio Enríquez Gómez, partidario da liberdade e da justiça," *Nos* (1990-91):96-101.

[54]Sobre Vilareal vid. Israel Révah, "Manuel Fernandes Vilareal, Adversaire et Victime de l'Inquisition Portugaise," *Iberida, Revista de Filología*, tome I, (1951), Río de Janeiro, pp.34-54 y 181-207; Sobre Richelieu vid. Israel Révah, *Le Cardinal Richelieu et la Restauration de Portugal* (Lisboa: Institute Français au Portugal, 1950).

[55]Israel Révah, "Pamphlet," p.84.

[56]Vide Constance Rose, "Antonio Enríquez Gómez and the Literature of Exile," *Romanische Forschungen* 85 (1973): 63–77.

[57]Timothy Oelman, *Romance*, p. 22, nota 18.

[58]Ibid., p.24, notas 27, 28, 29 y 30.

[59]Ibid., p.23.

[60]Ibid., p.24.

[61]Ibid.

[62]Roth, " Les marranes," p.134.

[63]Ibid.

[64]Antonio Enríquez Gómez, *El siglo pitagórico Y Vida de Don Gregorio Guadaña,* (Rouen: Lavrent Maurry, 1644).

[65]Antonio Enríquez Gómez, *Luis dado de Dios á Luis y Ana y Samuel dado de Dios à Elcana y Ana*, (Paris: Rento Baudry, 1645).

[66]Constance Rose, "Dos versiones,"; L. Reis Torgal, "A literatura marranica e as ediçoes duplas de Antonio Henriques Gomes (1600–1663)," *Biblos* 55 (1979): 197–228; Nechama Kramer-Hellinx, "Antonio Enríquez Gómez y la Inquisición: Vida y literatura," *Peamim* 46–47 (Spring 1991):196–221 (en hebreo).

[67]A. de los Ríos, p.571.

[68]Barrera y Leirado, p. 135.

[69]Menéndez y Pelayo, p. 611.

[70]Rose, "The Merchant Writer," p.61.

[71]Oelman, *Romance*, p.23.

[72]Rose, "The Merchant Writer," p.61.

[73]Antonio Enríquez Gómez, *La política angélica*, Primera y segunda parte (Rouen: Laurent Maurry, 1647).

[74]Révah, "Pamphlet," p.87.

[75]Ibid.

[76]Ibid., pp.93–94.

[77]Ibid., p.99.

[78]*Academias*, p.262.

[79]Révah, "Pamphlet," p. 89; Rose, Kerkhof, "Introducción," *Inquisición de Lucifer*, p. xvii.

[80]Antonio Enríquez Gómez, *Política Angélica: Primera parte: Dividida en 5 diálogos,* Dedicada a Messire IEAN Lovis Favcon,cauallero y Señor de Ris, Consejero de su Majestad Christianissima en su Consejo de Estado, y Primero Presidente en el Parlamento de Normandia, por Antonio Henriqvez Gómez, Cauallero de la Orden de Su Majestad, del habito de S. Miguel, Consejero y Mayordomo ordinario (Roan: En la imprenta de L. Mavrry Año 1647). Con Aprobación. La misma Biblioteca posee cuatro ediciones de *Las academias morales*; 1642, 1668, 1690, 1734: *La culpa del primer peregrino,* 1735: *El siglo pitagórico,* 1682: También posee "prestados" los dos manuscritos del *Romance al divín mártir, Judá Creyente*: el de Amsterdam, Seminario israelita, Etz Haim, Amsterdam, MS. 48 A 23 ; y el de Livorno, que se creía destruido durante la segunda guerra mundial, pero efectivamente, se encuentra también en la biblioteca de la Universidad Nacional de Jerusalén, Israel, MS. Hambourg mic. no. 26.239, que efectivamente, creemos que es el manuscrito perdido que usó Cecil Roth en su "Le chant du cygne de Don Lope de Vera," *Revue des études juives* 97 (1934): 97-113. Mi colega Cartsen Wilke me informó de la existencia de este manuscrito en Israel.

[81]Révah, "Pamphlet," p.112.

[82]Caro Baroja, *Los judíos,* 2:339-343.

[83]Oelman, *Romance*, p.23.

[84]Antonio Enríquez Gómez, *La torre de Babilonia* (Rouen: Laurent Maurry, 1649). Vide Antonio Enríquez Gómez, *Fernán Méndez Pinto, comedia famosa en dos partes*, ed. L. Cohen, F. Rogers y C. Rose (Cambridge,Mass.: Harvard University, 1974).

[85]Vide Maxim Kerkhof, "La *Inquisición de Luzifer y visita de todos los diablos*, texto desconocido de Antonio Enríquez Gómez. Edición de unos fragmentos," *Sefarad* 38 (1978): 320–331. Vide B. N. Teensma, "Fragmenten uit het Amsterdamse convoluut van Abraham Idaña, alias Gaspar Méndez del Arroyo," *Studia Rosenthaliana* 11, no. 2 (julio 1977):127-156. Vide Rose y Kerkhof, Introducción, *La Inquisición*, pp. xv-xx, opinan que el manuscrito fue escrito o en 1642, 0 en 1643 o después de haber publicado *La torre de Babilonia*, en 1649. Rechazamos las dos primeras fechas, por el declarado contenido bélico de la obra. Sí que parece más lógica la fecha posterior a 1649.

[86]Révah, "Pamphlet," p.112.

[87]Cohen, Rogers y Rose, *Fernán Méndez Pinto*, p. 56.

[88]Ibid.

[89]Ibid., p. 57.

[90]Amiel, Introduction, *El siglo*, p. xxi.

[91]Ibid., p. xix.

[92]McGaha, *Rey perfecto*, pp. xliii-iv.

[93]Ibid., p. xliv, nota 79.

[94]Ibid. p. xliv.

[95]Amiel, *El siglo*, comenta que este auto de fe fue el último que tomó lugar en esta plaza. p.xix.

[96]Ibid., p. xx.

[97]AHN, Inquisición, "Copias del secuestro," leg. 2067, no. 25.

[98]Glen Dille, ed. Introduction, *Antonio Enríquez Gómez: La presumida y la hermosa*,(San Antonio, Texas: Trinity University Press, 1988), pp. 25–26.

[99]Révah, "Pamphlet," p. 113.

[100]AHN, Inquisición, Cartas, libro 693: "Memoria de Juan de León Cisneros, Judayzante," Lima, 1661.

[101]Révah, "Pamphlet," p. 114.

[102]Amiel, *El siglo*, p. xxi.

CAPITULO II

INQUISICION, MALSINES, JUSTICIA Y SOCIEDAD EN *EL SIGLO PITAGORICO* Y OTRAS OBRAS LITERARIAS DE ANTONIO ENRIQUEZ GOMEZ

"Vivimos entre muertos, comemos muertos, vestimos muertos, lisonjeamos muertos, y con tener a nuestra vida tanto cadáver, queremos vivir para siempre" (S.,123).

Entre los factores más decisivos en el destino de Antonio Enríquez Gómez, la Inquisición, los malsines y la consiguiente falta de justicia, son los más evidentes. En España del siglo XVII, los judaizantes eran impotentes frente al poder de la Inquisición. A pesar de su ira y resentimiento del oprobio y de la falta de justicia de parte del Santo Oficio, no pudieron reclamar ni quejarse de la discriminación y de la desigualdad religiosas tan prevalecientes en la sociedad. El derecho de expresarse, tan importante en nuestros días era muy ajeno al ambiente inquisitorial. Los judaizantes no se atrevían a quejarse públicamente ni del tratamiento negativo que recibían ni de la injusticia del Tribunal. Una queja podía llevarse a uno a un proceso, al encarcelimiento y aun a la muerte en la hoguera. Antonio Enríquez Gómez resentía y odiaba esta Institución religiosa que le había despreciado y desheredado. La única arma con que podía expresar su ira era su pluma. Su obra literaria refleja siempre, sea abiertamente o disimuladamente su rabia y su congoja. En España que forzaba a sus judíos a convertirse o exiliarse, el converso y sus hijos no tenían derechos, sólo penas. Lo inevitable de su nacimiento a una familia de cristianos nuevos, el hecho de haber nacido cristiano nuevo, fue el origen de todas sus desdichas. Lamenta su destino de haber nacido a una patria que le considera como ahijado sin derechos, ya que su sangre estaba 'contaminada" por la impureza del judaismo de sus antecedentes. Sólo los que tenían la sangre pura tenían derechos humanos.

> Ay de mí; que vine al mundo
> a solicitar tragedias.
> Nací llorando el delito
> antes que le cometiera.[1]

Nos preguntamos, ¿por qué ataca nuestro autor la Inquisición con tanta amargura? ¿No había otros, al fin y al cabo, cuya familia sufría peores adversidades, y que recibían su destino resignadamente? La respuesta es sencilla. Hay los que reciben el odio de su ambiente con paciencia y resignación, y luego hay los que luchan por sus derechos. Enríquez Gómez es idealista, es soldado que quiere cambiar el mundo, y su mundo es España, la patria de su nacimiento. El es judaizante, pero más que todo es español. Se encuentra forzado a dejar la patria amada y la única que ha tenido:

> Extrañarás (y con razón) haber dado a la emprenta este libro en extranjera patria. Respóndate la elegía que escribí sobre mi peregrinación, si no voluntaria forçosa; y si no forçosa, ocasionada por algunos que inficionando la República recíprocamente falsos, venden por antídoto el veneno á los que militan debajo el solio.[2]

El amor a su patria no se disminuye en el exilio de Francia, a pesar de tener el favor de Louis XIII. ¡Su Zion es España! El gobierno, la Monarquía, la Inquisición, los malos consejeros, los tribunales injustos todos son los origenes del mal, no el país amado, España. Anhela volver a su país. Se siente atrapado en el exilio. Toda su adversidad proviene de la institución inquisitorial y de los malsines creados por ella. Su resentimiento hacia ellos aumenta cada vez más. Concuerda Jesús Antonio Cid que la literatura en general le servía a nuestro autor para exponer sus experiencias vitales: "Lo que eran tristes experiencias personales se objetiva ahora en ataques generales, escasamente velados, pero siempre hábiles, contra las inquisiciones portuguesa y española."[3] En su primera obra significativa en tierra extranjera, *Academias morales de las musas*, de 1642, critica la Inquisición con tiento, embozadamente. Con lo que García Valdecasas nombra "arte del despiste," expresa su crítica de la España oficial de los inquisidores.[4] Tan disimulada fue la queja que, como señala Valdecasas, fray Juan Bautista Palacio, el calificador del Santo Oficio en 1646, la denomina "leyenda muy entretenida, y apacible, y en nada contraria á nuestra santa Fé Católica."[5]

En *La culpa del primer peregrino* (1644), nuestro autor lamenta de la injusticia inquisitorial, pero todavía sin nombrarla declaradamente.

> Ay de los tribunales imperfectos,
> A donde los delitos son secretos,
> Salas donde se mira
> En espejos de sombra la mentira,
> I donde andan los vicios y maldades
> Rebueltos en fingidas sanctidades.[6]

En el mismo año, 1644, al publicar *El siglo pitagórico y Vida de don Gregorio Guadaña*, sigue disimulando su crítica a la España inquisitorial. En un molde de novela burlesca expone resentimientos profundos y diatriba vigorosa. No obstante, nuestro autor no alcanza siempre a contener con cautela esta crítica ardiente de la justicia en su patria. Repetidamente, se refiere a la Inquisición. Cuando tiene oportunidad, le echa sus flechas empapadas de veneno. Cuando ataca a los malsines, los denomina como tales "malsines." No obstante, no tiene todavía la seguridad ni el coraje de nombrar directamente a la Inquisición. Por lo tanto, emplea rodeos y circunloquios figurativos.

Casi dos años más tarde, en 1645, publica su *Luis dado de Dios*, en 1647, las dos partes de la *Política angélica*, y en una fecha desconocida y probablemente más tardía, la "Ynquisición de Luzifer y Visita de todos los diablos". Ahora ya no se detiene. Abiertamente se refiere a la Inquisición, a los malsines creados por sus decretos, y a la justicia que desapareció del Imperio español. En tiempos en que nadie se atrevía a criticar en viva voz la Inquisición, él lo hace en letras de molde. Dice Valdecasas: "También, con la *Política Angélica* se atrevió a escribir sin rima y sin ambajes su exasperado sentimiento."[7]

Preguntamos ¿cuál fue la causa de este cambio de estrategia en su crítica?

Tanto en 1644 como en 1645 y en 1647, el autor vive en el destierro, en Francia, bajo una monarquía cristiana católica, donde se respeta la Inquisición. Dirigirse de este modo tan directo, ¿fue atrevimiento o esperanza? A nuestro parecer, esperanza, aunque vaga, de que la monarquía española leyera sus consejos al buen príncipe y los siguiera. En la *Política angélica*, sus consejos van no sólo a los reyes sino también a la Suprema. Nuestro autor ya se había cansado de vivir en el exilio y quería volver a una España limpia de procesos inquisitoriales. Por lo tanto, al lado de la crítica, ofrece sugestiones de reforma, esperando sinceramente la enmienda de sus abusos.

Révah reconoce que la segunda parte de la *Política angélica*, era "un pamphlet qui serait certainement jugé subversif dans la Péninsule hispanique" y que era un mensaje "destiné en premier lieu aux Rois de la Péninsule hispanique, mais dont le Marrane eut l'audace d'envoyer des exemplaires à l'Inquisition espagnole, en un temps oú il ne songeait pas encore à retourner en Espagne."[8]

Rose reafirma esta esperanza de parte de nuestro autor:

> So convinced was Enríquez Gómez of the power of the pen that he dedicated *La política angélica* to the 'Cristianssimus principes, Católicos Monarcas, escudos de la fe, y columnas de la militante Iglesia de Roma' and retained copies of the officially supressed part of the work for the purpose of sending them to the Spanish and Portuguese monarchs. In his folly he imagined that they would institute the reforms he suggested, curtail the power of the Inquisition and correct its abuses if they were better informed on the subject.[9]

Señala Domínguez Ortiz que la *Política angélica* fue prohibida por un edicto inquisitorial de 1667, "por haber descubierto el autor en este libro su ánimo judaico" y que *La torre de Babilonia* fue vedada en otro edicto de 1672 porque "sabe a judaismo." Sin embargo, "sus poesías líricas y la obra satírica *El siglo pitagórico*, en la que va incluida la *Vida de don Gregorio Guadaña*, corrieron libremente."[10] Esto indica que la Inquisición no descifraba el ataque oculto entre líneas, de *El siglo pitagórico*.

Para poder reconocer y descifrar sus diatribas encubiertas entre bromas y circunloquios en *El siglo pitagórico*, hay que considerar primero las obras en que los ataques son más evidentes. Miremos primero su crítica emitida abiertamente en *Luis dado de Dios*. Es una obra panegírica en que el autor describe un gobierno ideal del monarca francés Louis XIII y su reina Ana de Austria. Se aprovecha de la oportunidad para mandar una de sus diatribas más potentes contra la Inquisición. Con palabras vigorosas, ataca abiertamente a los malsines pero entre líneas a la Inquisición, a quien nombra Satanás:

> Los que turban la tranquilidad de una República, son los Malsines, éstos como Ministros de Satanás, rebuelben los Consejos, y alborotan los Estados, andan continuamente espiando acçiones, notando Semblantes, acechando ojos, caluniando labios, y explorando pensamientos... Estos SEÑOR hazen de la Iustiçia tirania, de la rectitud falsedad, y de las obras Iustas sacrilegios: Ganan voluntades á logro de chismes, Madrugan á caluniar vidas como si fueran á ganar perdones: Solicitan la gracia de los Ministros, fundados en robos y latroçinios; Dan color à su vida con el pinzel de su lengua, y pintan como pintores falsos, la ymagen del engaño cubierta con la sombra de la mentira... Destruyose el ympero Romano en tiempo de Nerón por esta especie de gente, amparaualos el tirano y sus sequazes, contra todos los fieles consejeros del Senado, dauanle aduitro para confiscar haciendas, y quitar vidas, en achaque de estado y Religíon, y abriendo puerta á la culpa fundada en ynterés metían á saco los naturales y Estrangeros. La Principal causa por que Nerón dio muerte a su Maestro Séneca, fue por auerle á consejado los malsines que aumentaría al patrimonio de los viçios de su casa, Cinco millones que goçaua el Philosofo... No es Iusto que los Príncipes que están en lugar de Dios, administren por semegantes medios, la dignidad Real, pues sólo en materias de estado, como tan soberanas, se deue dar crédito á lebes yndíçios, pero en todas las demás no se rompe sin gran prueba el derecho de las gentes (*Luis*, 70-72).

De este párrafo vemos que Enríquez Gómez considera que la destrucción del imperio español es el resultado inevitable de la tiranía de la Inquisición y de sus malsines, "los ministros de Satanás." El imperio romano se destruyó por la tiranía de Nerón, el español, por la de la Inquisición. Los dos abusaron del nombre de Dios, confiscando haciendas y quitando vidas para servir su propio interés. Es irónico que emplea la figura de Nerón, el primero que precipitó la persecución de cristianos, para personificar a la Inquisición. Nerón fue culpado por causar el incendio de Roma y por echar la misma culpa a los cristianos. Tal como Nerón que asesinó a miembros de su propia familia, a su madre y a su esposa, y causó el suicidio de su propio preceptor, así el Tribunal causa la muerte de sus ahijados, los descendientes de los conversos. El príncipe es el brazo de Dios en la tierra, y como tal debe proteger los derechos de la gente. Un príncipe que se deja influir por consejos satánicos y dañinos, es injusto. Hay que recordar que la resolución de la vida de Nerón fue pedir la muerte en manos de su propio fiel esclavo. Tal vez hay aquí una amenaza encubierta a la Inquisición, en cuanto a su destino. En otro lugar ataca al gobierno que creó y permitía la existencia de los malsines:

> Qué premio puede aguardar un Reyno que premia malsines alimenta
> cuadrillas de ladrones (como dice Agustín), destierra vasallos
> deshonra linajes, enzalza libelos... confisca bienes, hace juicios
> secretos, no oye las partes, calla los testigos, vende noblezas,
> condena nobles, alimenta gabelas y arruina el dercho de las gentes
> (*Luis*,118-119).

En algunos lugares de la obra introduce quejas y acusaciones de los imperfectos gobiernos tiranos. De repente, brota delante de nuestros ojos una crítica fuerte contra el Santo Oficio. Saúl, el tirano hipócrita que asesina sin merced, representa la Inquisición. En el lenguaje de Enríquez Gómez todos los tíranos históricos y bíblicos —Nerón, Amán, Nembrodt, Antíoco, Nabucodonosor— representan la Inquisición. Así él no tiene que nombrar a la Inquisición, sólo nombra a Saúl, y ya entendemos que habla del Santo Oficio.

> Estos Saúles con afrenta quieren sangre, devorando como lobos
> crueles las obejas ynocentes. Aconsejan a los reyes que salgan a ver
> en públicos teatros lastimosas tragedias, y lloran que pase plaza de
> piedad la tirania (*Luis*, 57).

Aquí, no hay duda que se refiere a los autos de fe que tomaban lugar en la plaza mayor de la ciudad y que servían para castigar a los herejes y a la vez para entretener al pueblo. El rey fue invitado a observar estos espectáculos, y a veces muy contra a su voluntad. El culpa a la Inquisición de hipocresía ya que en el nombre de la fe en Dios mata a sus criaturas: "¿De qué sirve zelar la fe para matar al inocente?" (*Luis*, 57). Recuerda a los inquisitores que Roma fue destruida por la tiranía de Nerón y sus consejeros, que representan el Santo Oficio. Les advierte que tal será el destino de todos los tiranos, incluso ellos. Esta parte fue tan bien disimulada que el libro recibió la aprobación inquisitorial y se publicó sin obstáculo.

Reis Torgal y Constance Rose, separadamente, han descubierto que había dos versiones de *Luis dado de Dios*.[11] En una, las páginas 133-145 se dirigen a la Monarquía y justifican la rebelión de un pueblo oprimido (Portugal) contra su opresor (España). En la segunda versión, la que usamos aquí, estas páginas se dirigen y atacan directamente a la Inquisición. El autor emplea el versículo 3, del capítulo VII de Samuel: "Quitad los Dioses agenos, y a Asthrothde entre vosotros," y le da su interpretación. Inmediatamente, declara que hay que gobernar por justicia y religión, y no por avaricia y el propio interés. Recuerda a los reyes que ellos recibieron su poder del Creador y que "El hará Ynquisición de vuestros juicios y de vuestras obras, y escudrinará vuestros consejos"(*Luis*,137). Para enfaticar su mensaje emplea dos veces "El hará Ynquisición", y la segunda vez lo hace en letras mayúsculas: "EL HARA YNQUISICION". Para clarificar con quien habla dice: "A vosotros tyranos se enderecan mis palabras, con vosotros hablo" (*Luis*, 137), y continúa con amenazas:

> Por que siendo Ministros del Reyno, no jusgasteis rectamente ni guardasteis rectamente la ley, ni caminasteis conforme a su consejo. Espantoso y de repente vendrá sobre vosotros el juicio del todo poderoso... Lo mismo es que decir, de la misma manera que jusgasteis, seréis jusgados (*Luis*, 137).

Habla en la primera persona "yo" y pregunta directamente a los inquisidores: "Pregunto, los que jusgaron secretamente, y condenaron públicamente, mesclando entre la sanctidad fingida el odio y el ynterés y inequidad como serán jusgados en el Tribunal supremo?" (*Luis*,137). Aquí él ataca todos los métodos de la

Inquisición que insistía en que todos los testimonios, los testigos, las denuncias, las cárceles, los cópmlices y los pleitos inquisitoriales tuvieran que mantenerse bajo secreto, pero por otro lado, la vergüenza y la deshonra fueran públicas. Nuestro autor amenaza a los inquisidores del Santo Oficio que en el Día del Juicio Final serán castigados del mismo modo que habían castigado a los judaizantes, sin clemencia.

Advierte al Tribunal que se puede ganar almas no con la hoguera sino con la dulzura de la fe y el amor humano. Cuando forzaron a los judíos a convertirse, les prometieron respeto e igualdad pero ahora sólo les dan vergüenza y muerte en vez de caridad. La conversión forzada, la deshonra, las hogueras, las persecuciones y las torturas traerán la destrucción de la Monarquía. Dios no apoya esta tiranía: "No quiere Dios coraçones reducidos por fuerça sino voluntariamente" (*Luis*, 140). No con castigos sino con la caridad hay que proteger a las ovejas perdidas. No con la confiscación de bienes, sino con clemencia. La confiscación de bienes es una innovación de Satanás, el enemigo de la humanidad. Eso influye en los jueces que juzgan no por la justicia sino por Mamón. Los inquisidores sacrílegamente abusan del nombre de la religión para satisfacer tanto su odio como su avaricia, ya que muchos de los perseguidos eran hombres de negocios con propiedad. ¡Qué modo tan fácil de enriquecerse, ejecutar al hereje y confiscar su hacienda! Los cofres de la Inquisición se inflaron con los bienes confiscados, y mientras había riqueza había pleitos de herejía.[12] ¿Cómo se atreve un gobierno cristiano a quemar ,deshonrar, empobrecer y a exiliar a la gente que declara públicamente que es cristiana. Si el converso confiesa delante de Dios, el Juez Mayor, la iglesia debe perdonarle y no cofiscarle su hacienda, ya que sólo el Creador debe juzgar la conciencia de uno. Deshonrar públicamente y juzgar en secreto más es de corazones paganos que de católicos.

El niega la autoridad de la Inquisición en cuanto al alma del hombre y amonesta: "Pregunto, si el delito de Religión carga sobre el espíritu, qué juridición tienen los jueces sobre los bienes" (*Luis*,144). Estos bienes según la ley humana, la religiosa y la del Concilio de Toledo pertenecen a los hijos. Y sarcásticamente pregunta: "No se puede salvar el alma sin confiscacion" (*Luis*,144). ¿Qué tiene el dogma católico con la hacienda de uno?: "Si Dios desea solamente el arrepentimiento cómo se a de desear el bien del próximo" (*Luis*,144).

Si el séptimo mandamiento dice "no robe", ¿cómo es que la justicia terrestre roba la hacienda del hombre para poder perdonarle? El que se arrepiente diciendo que había pecado necesita caridad y perdón, no robos. ¿No se puede perdonar sin robar? Aquí de modo repentino, cesa su monólogo a la Inquisición y vuelve a hablar como al comienzo de la obra, de problemas políticos y económicos.

En 1647, Antonio enríquez Gómez publica *La Política angélica*, y aquí de nuevo, juega con dos versiones de la obra: Parte primera y Parte segunda.[13] La segunda consiste de capítulos dos y tres de la primera, y es una diatriba potente y directa a la Inquisición española. Desafortunadamente, la Inquisición se da cuenta de eso y manda confiscar la obra y destruir las tablas en que la imprimieron. Las tablas no se destruyeron y la obra se publicó de un modo u otro, y nuestro autor aún tenía el atrevimiento de mandar unas copias al Santo Oficio.

La política no es sólo un simple ataque contra la Inquisición. El autor basa cada argumento en la didáctica y el dogma católicos. Trae justificaciones del Antiguo Testamento, del Nuevo Testamento, de los dichos de los Apósteles, de los Santos, de los filósofos griegos, y de los historiadores romanos. No ataca el Catolicismo, sino las leyes inquisitoriales. El muestra gran conocimiento del dogma y de la literatura católicos, de modo que no puedan decir que es un ataque de judaizante ignorante y hereje, sino tendrán que aceptar sus consejos basados en la propia religión católica de la Inquisición. Reafirma Révah: "On pourait dire, s'il n'avait un judaisant pour auteur, qu'il constitue une véhémente protestation de la conscience catholique contre l'Inquisition et le racisme péninsulaires."[14]

Antonio Jesús Cid, al analizar la *Política angélica*, comenta la apelación al sentimiento de religiosidad de la adversaria Inquisición: "Aunque su virulencia sea única, la cólera contenida apela sólo al mundo de creencias del adversario; no era necesario, muestra, salir de él para develar las iniquidades y horrores de la práctica inquisitorial contra los descendientes de conversos."[15]

La obra se desarrolla mientras un diálogo entre Teogio -la teología- y Filonio -la filosofía-, que representa al autor y ofrece sus consejos. La descriminación religiosa, el anhelo del Santo Oficio a aceptar sólo una religión, trajo la conversión forzada de los judíos y en eso creó dos clases basadas en la "pureza de sangre"; los cristianos viejos y los cristianos nuevos, perseguidos sin ley y sin caridad por el Tribunal. El Santo Oficio estableció los estatutos de limpieza de sangre, que señalaron a los cristianos nuevos como herejes, los amonestaron con la hoguera, con la confiscación de bienes y con la vergüenza pública, y ,a la vez, les prohibieron títulos y oficios de importancia. La política de la Inquisición no reconoce la libertad religiosa. La política de los ángeles, por otro lado, es juzgar al hombre según sus obras no según su sangre: "No todos los humanos coraçones están ligados en una sola Religión, en una lealtad, ni en una fe; como públicamente no se observe y guarde otra Religión que la del príncipe, por sólo indicios de la imbidia no se arruynan las familias" (*Política*,146).

Dios creó a las almas con libre albedrío a obrar según su propia conciencia. Su obligación es ante Dios quien les dio aliento. Si yerran, el Creador las guía con amor y ternura, como Padre Todopoderoso de sus criaturas. Los monárcas como seres humanos pueden gobernar los hechos del hombre, pero no recibieron el derecho sobre las almas y su libre albedrío. Si ya forzaron a convertirse a los judíos hay que tratarlos con amor, no con el látigo: "Por pertináz que sea el hereje, debe ser admonestado por todos los medios de amor, no de rigor" (*Política*,118). Y en otro lugar añade: "Porque me parece que los príncipes aunque soberanos, no deben ser en lo espiritual rigurosos ni tan señores de las almas que las obliguen por fuerza a seguir la religión que no profesan" (*Política*,110).

Enríquez Gómez se dirige directamente al Santo Oficio y pregunta si quieren salvar al alma ,quién le dio el derecho de confiscarle al reo la hacienda. ¿Cuál es la relación entre el alma y la hacienda? Si la Iglesia se ve responsable por la salvación del alma, ella tiene que tratar sólo de aspectos espirituales de ésta, no de materiales. La herencia de uno pertenece a su familia. Nerón confiscó bienes, pero él era pagano. Sin embargo, en una monarquía catolíca que cree en Jesús que despreciaba la materia, es un escándalo confiscar los bienes del penitente. Es contra el Dogma y sólo alimenta la avaricia de la Inquisición que sufre de "Insaciable codicia de los bienes" (*Política*,137). Y vuelve el autor y recuerda que Jesús "No daban salvación por plata ni fe por dinero" (*Política*,135).

Con la tentación del interés materialista la Inquisición sin caridad destruye la honra y confisca los bienes: "Siendo el interés particular una polilla ambiciosa que contamina y rompe la más segura conciencia" (*Política*,135). Advierte de nuevo que donde haya ministros confiscando haciendas habrá "Robos ambiciones y no pocas falsedades" (*Política*,135).

Para evitar la confiscaciones de los bienes el que pecó no quiere confesar y así su alma se pierde y no recibe la salvación. El que no pecó por el miedo a las torturas se confiesa. Por un lado las torturas traen confesiones falsas y por el otro el pecador no confiesa, con tal que la religión y el alma salen engañadas. Y si ya se confesaron como ovejas perdidas, ¿por qué hay que sacrificarlas? Lamenta el autor que Jesús mismo con ira les diría: "Vosotros no sois pastores de mi iglesia; lobos sin ella sí" (*Política*,125).

Los procesos inquisitoriales no se conforman con el espíritu benevolente del Creador. El Antiguo Testamento y El Testamento Nuevo prohiben acusaciones y testigos secretos. Aún en el Día de Juicio ,dice Agustín, el culpado debe oír las acusaciones. Esta política de "Adivina quién te dio o te acusó" (*Política*,124), no es de Cristo. Si el reo no adivinó todas las acusaciones y por lo tanto no confesó lo llevaron al brasero. Grita con pena el autor: "Yo os he dicho que los quemaban por no haber adivinando con los testigos" (*Política*,127). Y más adelante declara: "Pero negación de testigos y muerte deminuto, no se hallará en toda la política de Lucifer" (*Política*,130).

San Pedro declaró que hay que perdonar los delitos no sólo siete veces, sino setenta. La Inquisición, que no tiene nada de santa, por la mínima acusación, castiga a los acusados, los marcha en procesiones vestidos de sambenitos, les da deshonra cada día del año, al tener los sambenitos y las acusaciones colgados en las iglesias, y castiga la herejía de los padres en el cuerpo de los descendientes. Sólo por la culpa de Adán sufre la humanidad. Desde entonces, cada uno es responsable por sus propios vicios. Aún si el padre pecó y su alma yace en el purgatorio, el alma del hijo puede llegar al paraíso. El autor declara que la Inquisición no obra por el bien de la religión, sino por el motivo de deshonrar a los conversos: "Que no lo hacen por honra de Dios, sino por deshonrar los linajes... las familias de la reducida nación, arrojándola del Amor católico a los abismos del odio" (*Política*,140).

Lamenta el autor el desentierro de los cadáveres de los culpados para exhibirlos en las procesiones y quemarlos en la hoguera inquisitorial. Con anxiedad y repugnancia pregunta si la quema de huesos secos y carne podrida va a ensalzar y enriquecer la religión. ¿No es mejor enterrar el vicio que publicarlo?

¿Pueden los huesos sentirse algo?   Grita con gran pena el autor: "¡Oh! dolor grande !Oh! ¡Calamidad terrible! que pueda tanto la pasión y el odio, que por deshonrar los linajes que no pecaron, no pudiendo vengarse de los vivos, se venguen de los muertos" (*Política*,148).   Advierte el autor que el que excava el hoyo (sepultura), puede caerse en él.

Hace comparaciones entre la política de Cristo y la de la Inquisición y nota que mientras Cristo perdonó al penitente, la Inquisición lo quema en diminuto. Cristo declara la igualdad entre los seres humanos, la Inquisición distinguía para deshonrar a los linajes.   Cristó pidió "ama a tu hermano", la Inquisición pidió "delata a tu hermano".   Jesús buscaba la paz, la Inquisición, la guerra.   Jesús buscaba las ovejas perdidas, la Inquisición hacía de sus amigos, enemigos:

> ¡Oh! ¡miserable gobierno! ¡Oh! ¡pueblo cruel! ¡Oh! ¡invidia conocida!
> y por fin mi sentimiento; ¡Oh! ¡Monarquía sin caridad, Reino sin
> justicia y Tribunal sin misericordia! ¿Adónde tienes la vista de la
> razón intelectiva? Abre las luces del espíritu, sal de las tinieblas en
> que vives, considera que la mayor ruina que puede venir a la
> Monarquía, a la República, a la Nobleza, y en fin a la salvación de
> las almas es excluir, apartar y vituperar los linajes. Este es el más
> bárbaro arbitrio, que entre la Cristiandad ha sembrado, introducido y
> asentado el Demonio... ha puesto en las iglesias(en lugar de santos)
> pinturas diabólicas, (como son llamas de fuego y figuras del infierno),
> ha deshonrado los vivos, ha sacado en estatua los ausentes, ha dado
> a entender al pueblo inocente las herejías de los reos (*Política*,149).

Al comparar la política de Jesús con la de la Inquisición no nos admiramos que la primera es mejor.   Antonio Enríquez Gómez no se detiene aquí.   En un manuscrito no publicado en su vida, "Ynquisición de Luzifer y Visita de todos los diablos," él compara la política del Santo Oficio con la de Satanás y concluye que ésta es más humana.[16]   El manuscrito de 65 hojas se desarrolla como una serie de sueños en que el autor es guiado por el diablo Parrafiscotado a muchos lugares donde testimonian los hechos de la Inquisición.   En compañía del diablo Cienfuegos, visitan las casas de herejes —una mujer pecadora de carne, un santón hipócrita, un luterano—, y acaban por encarcelar a más de cincuenta y cinco prisoneros. El diablo queda perplejo de la injusticia de la Inquisción de este mundo y la compara a la Inquisición de Lucifer y concluye que la de este mundo es la monarquía de las tinieblas y de la muerte, mientras la de Lucifer es una justa:

> Allá se condenan los bienes de los culpados y aquí los de los ynocentes. Allá se perdona al que se arrepiente de su pecado y aquí se condena al que se arrepiente de lo dado y y se perdona al que lo a dado como demás. Allá la Inquisición es secreta y aquí es secreta y pública. La una es santa y la otra pecadora. Allá los familiares prenden con mandamiento real, pero aquí los familiares prenden como lascivos los reales mandamientos. Allá limpian las almas de las herejías y aquí de el dinero las bolsas. Y no te espantes,que no ay maior herejía que quitarle a uno su hazienda (*Ynqui.*,13r).

Con tal que, la Inquisición infernal condena sólo a los culpables y perdona a los arrepentidos, mientras la Inquisición de España condena a los inocentes y absuelve a los que pagan y sobornan. Mientras en el infierno los procesos son personales y secretos, la Inquisición mundial juzga en secreto, pero publica la vergüenza delante de todo el mundo. La Inquisición infernal es santa, la mundial es pecadora. La del infierno juzga por el mandamiento real de Dios, la mundial abusa el mandamiento mundial del monarca. En el purgatorio obran para purgar a las almas, en la Inquisición mundial para robar el dinero al penitente.

En la casa del hipócrita explica el diablo al autor que por la culpa de la Inquisición llegó la destrucción espiritual y económica a España:

> No te espantes de lo que as visto, que el siglo está condenado a hipocresía perpetua; todos nacen hipócritas, biven hipócritas, enferman hipócritas y mueren hipócritas. En saliendo de el vientre de la madre los verás vestidos de ynocencia y no lo es sino capa que cubre la hipocresía que viene dentro... Esta companía de santos ay en el siglo. Malos somos nosotros, pero ángeles malos y hobramos como tales. Y aun estos hacen hobras peores, pues pueden hacer bien por naturaleza y nosotros no podemos dejar de hacer mal por ella porque fuimos criados para ello... Y pues avemos tocado sobre

Ynquisición quisiera preguntar a la vuestra Quién la mete a castigar las almas de los herejes siendo nuestras? Si es por salvarlas, procuren comvertirlos, y en caso que no quieran, aquí estamos nosotros para castigarlos, que somos ministros de Dios como el verdugo lo es de la justicia. Qué necesidad tienen los Ynquisidores de meterse en nuestra jurisdición castigando nuestras almas, si ellas como enemigo de Dios an de venir a parar a nuestras manos? Quién le dio potestad para castigarlas primero que nosotros?... Digo que la Ynquisición de el siglo es una baraja de naipes donde andan barajadas las mentiras por verdades y las verdades por mentiras (*Ynqui.*,20v-21r).

La Inquisición española creaba un ambiente de hipocresía que inunda a la sociedad, en todos sus aspectos. La peor hipocresía, que efectivamente, toca de sacrilegio, es obrar en nombre de Dios y con la apariencia de salvar a las almas, pero con la clara intención de robar haciendas. Es el oficio de la justicia celestial, dirigida por el Creador, juzgar a las almas, y no de la justicia mundial, dirigida por los débiles intereses humanos.

En la casa del santón Barrancos de la Pena, otro diablo declara que la Inquisición del Infierno es más humana que la de este mundo: "Si vuestra Ynquisicion castiga las herejias, la nuestra las perdona." Y añade: "Una cosa que a los bienes de los condenados no tocamos" (*Ynqui.*,14r).

En otro sueño los inquisidores regatean con el luterano en "un estilo mercantil" (*Ynqui.*,27v). A pesar de las torturas, el luterano se rebela y les dice que ellos siguen la ley de Mahoma que tiranizó con la espada y enseñaba "La negación del testigo con el tormento" (*Ynqui.*,28r). Dice que aún en el Infierno se declara el nombre de los testigos: "Que el diablo acusa al hombre y que en el Tribunal de Dios se le hace cargo de sus culpas, y que allí se le nombra los quien las cometió, cómo y cuándo y si sido el testigo que le acusa el mismo diablo" (*Ynqui.*,28v). Con gran desprecio el hereje acusa al inquisidor de avaricia y le pregunta: "Qué pretendes Vmd. salvar mi alma o condenar mi dinero... y no me pudiera salvar con el arrepentimiento sin dar la hacienda... De quién tiene Vmd. enamorado de mi alma o de mi hacienda?" (*Ynqui.*,29v-31v). La respuesta del inquisidor es:

Dos par de grillos y una cadena que con ellos irá a las cárceles

secretos adonde pagará sus pecados y de allí saldrá en el auto de fe
con un sanbenito aquestas cuando le haga Dios mucha merced o al
quemador como Benito Ferrer adonde le harán polvos (*Ynqui.*,30r).

Enríquez Gómez en boca del luterano contesta y se mofa de la Inquisición.
Primero declara que los autos de fe no son de fe sino de cuerpo. Añade
sarcásticamente que nadie puede andar con sambenito ya que éste se falleció hace
mucho. En Génesis se dice que el hombre es polvo y al polvo volverá, pero no
a la ceniza. Los mismos autos de fe son prueba indiscutible de la falta de caridad,
y por lo tanto, de la irreligiosidad y el ateismo de parte de la Inquisición:

> Si Vmd. me tiene por hereje, yo te tengo por ateista, que es la nata
> de las herejías y si quiere que pruebe el argumento, Oiga Vmd. tiene
> echado o dado 175 San Benitos, 104 sentencias de muerte o de
> viudas, 24 mujeres casadas y el resto a hombres de Estado conde-
> nando a la muerte y tambien a los bienes(*Ynqui.*,31v).

Insulta a la Inquisición enamorada de su hacienda, y pregunta cómo las cadenas
al cuerpo pueden salvar la espiritualidad del alma. Le advierte a la Inquisición que
por rebeldía aunque no fuera hereje, va a transformarse en uno, como reacción a
la inclemencia inquisitorial que causa: "A hacer de cristiano judío y de judío
moro y de católico hereje... Y no se le podrá dar título de Santa Ynquisicion sino
pecadora... ofensora de la fe en vez de ser defendora de ella" (*Ynqui.*,34r). El
autor se admira al comparar las dos Inquisiciones: "La Ynquisicion del siglo con
los de la Ynquisicion del Ymfierno, y los mire y vide... que ninguno distinguía los
unos de los otros" (*Ynqui.*,34v).

Otro diablo, Barrademonio añade su critica y desprecia la vocación de los
inquisidores:

> Mira, los Ynquisidores más estudiaron para verdugos que para
> teólogos, juristas ni philosofos, porque el teológo busca la razón
> espiritual, el jurista el derecho natural y el philosofo la causa natural;
> pero el Ynquisidor no busca sino cómo a de prender, condenar,
> matar, encorozar, azotar, quemar, ensanbenitar y robar... entre
> nosotros pasan plaza de juezes de el quemadero (*Ynqui.*,36r).

Continúa el demonio su crítica, aclarando por qué los nombres de los diablos paralelan los de los inquisidores: "Pues no puede ningun ynquisidor andar sin diablo, ni diablo sin ynquisidor" (*Ynqui.*,37r).

Más tarde los diablos observan la tortura con el potro de una manceba de 16 años en la casa de la Inquisición. Con cada vuelta las sogas penetran más en el cuerpo desnudo de la doncella avergonzada. Aún los diablos no pueden soportarlo.[17] Barrademonio declara que tiene orden de Lucifer a hacer Inquisición de la Inquisición mundial. El pide audiencia con los inquisidores que se la otorgan. El les pide una justificación por el desentierro de cadáveres. Si Dios ya juzgó a las almas en el reino celestial, ¿cómo se atreven ellos a traerlas de nuevo a este mundo para juzgarlas en este corte inferior? ¿Quién les autorizó juzgar las almas ya que ellas son bajo el dominio de Dios? Es un descaro sacarlas del mundo de la verdad para traerlas aquí a este mundo de mentira. Los culpa: "Este Tribunal es peor que la muerte... Aun con la muerte no puede el hombre escapar su ira"(*Ynqui.*,47v). Son inquisidores del Valle de Josefat, y en vez de acompañar a los herejes deben caerse en la misma hoguera que han preparado.

Se mofa de la estupidez y el sacrilegio de la Inquisición que toma el hábito de un santo, San Benito, la cruz de otro, San Andrés, y la coroza que parece de obispo y los hacen acompañar en las procesiones a herejes, judíos, hechiceros, sodomitas, moros, y llamas y diablos infernales.

Hace una lista de las indicaciones de herejía publicadas en los Edictos de Gracia y de Fe por la Inquisición para capturar herejes: El que cierra su puerta al salir de casa; el que barre hacia adentro y no hacia afuera de casa; el que se pone camisas limpias —entonces la limpieza es herejía—; el que no come tocino —como si la sensibilidad y la repugnancia al tocino es herejía—; el que degolla a las gallinas con cuchillo —como si fuera el garrote mejor—; el que cocina en aceite; el que se lava las manos antes de comer; el que usa servilletas y manteles con hilos azules; el que pide ser enterrado en tierra virgen y que manda lavarle el cadáver; el que viste a los muertos con traje nuevo; y el que ayuna de puesta de sol hasta puesta de sol.

Los diablos continúan hacer comparaciones con la Inquisición del siglo para probar al soñador que los inquisidores del Infierno son mejores:

Allá quien confiesa su culpa es perdonado y aquí quien la confiesa es

SanBenitado, y a veces quemado. Allá quien se arrepiente de sus pecados le acrocienta Dios los bienes y la vida y aquí quien confiesa los ynquisidores y sus ministros se los roban y le acortan los días de la vida. Allá con el llanto y la penitencia se saca honra, y aquí deshonra... El que entra en la casa de Dios, entra libre y sale libre y aquí el que entra preso sale preso, y finalmente allá está el espíritu santo y aquí el diablo (*Ynqui,*,51v-51r).

Para burlarse de los inquisidores el diablo entra en el cuerpo del hereje torturado y les habla por la boca de éste: "Qué se me da a mí que el turco beva vino o no lo beva, el hebreo vista camisa en sábado o no la vista, ni el luterano crea o no crea" (*Ynqui.*,54v). Declara: "Esta casa roba, luego es ladrona, quita vida luego es homicida, quita honras luego no la tiene, maldije luego es maldita"(*Ynqui.*,53r). Con desprecio les avisa: "Vosotros sois cristianos del Santo Oficio, no lo sois, sino de Luzifer" (*Ynqui.*,55r). El les promete que cuando lleguen al Infierno van a aprender allí cómo juzgar justamente. De nuevo, los insulta diciendo que su única motivación es el dinero de los conversos:

> No tiene culpa el preso, sino el dinero... No le hizo hereje el testigo
> que le acusa, sino el tesoro que le hallan. No deshonra la sangre que
> tiene sino Vmd... No le quieren salvar el alma por fe sino por el
> dinero sin fe... No le dan la libertad por gracia sino por desgracia.
> No le dan el hábito por San Benito sino por San Quito (*Ynqui.*,63v).

Con gran desprecio el diablo patea al inquisidor y con humo azul vuelve al Infierno donde con los otros diablos esperan la caída de la Inquisición en sus manos para castigarla del mismo modo que ella ha tratado con los herejes.

Como hemos dicho, en *El siglo pitagórico*, también hay crítica de la Inquisición, pero de modo más oculto. Ya en la dedicatoria dirigida al Monseñor François Bassompierre, avisa Enríquez Gómez el propósito moralizador de la obra:

> Que se pasa/uan los viçios, las tiranias y de más herrores desta cla/se,
> azertara, porque vemos la especie humana, tan sujeta a estos daños,
> que podemos dezir que las transmi/graciones espirituales en los
> cuerpos, son falsas, (como/ lo son) y verdaderas las materiales(S., 3).

En el mensaje "A los que leyeran," reitera su intento reformador:

> El siglo pitagórico sale a luz reprouando er/rores y aprouando
> Virtudes, doctrina que de-/uen seguir los que se quisieren librar de la/
> Transmigración de los Vicios, que estos sin/ duda son los que pasan
> de vnos cuerpos a otros y no / las Almas como lo entendió el
> Philosofo.   Mi yntento asi-/do moraliçar el asunto, sacando de una
> opiñión falsa, / una Doctrina verdadera(S., 4).

Una de las transmigraciones más elaboradas de la obra es la del malsín.   La
palabra "malsín" procede de la lengua hebrea, con el significado de delator.   Se
introdujo a la lengua española a través de los judíos peninsulares.   Dice Charles
Amiel que el vocablo se empleaba más por los autores conversos.

> Le terme malsín que appartenait naturellement au vocabulaire des
> nouveaux chrétiens pour lesquels les mouchards étaient une réalité
> quotidienne, apparaît en revanche moins fréquemment chez les auteurs
> classiques que d'autres désignations 'romanes' plus évocatrices:
> soplón, cañuto, buscavidas, etc. (S., 321).

La palabra malsín en su forma verbal aparece sólo dos veces en la Biblia:
(*Melshoni baseter reeu oto azmit*).   "Reduciré al silencio al que en secreto
detrae a su prójimo."[18]   מלשוני בסתר רעיהו אותו אצמית
Y en los Proverbios: (*Al talshen eved el adono pen yecaleleja veashamta.*)
"No acuses al siervo ante su amo; si no te maldecirá y sufrirás el castigo."[19]
אל תלשן עבד אל אדונו פן יקללך ואשמת
La palabra en su forma plural aparece en el rezo de "Amida" o "Las dieciocho
bendiciones." *(Velamalshinim al tehie tikva).*   "Y que los delatores no tengan
esperanza."   ולמלשינים אל תהיי תקוה
Esta bendición se repite tres veces al día en el ritual judío.   Haim Beinart señala
que en el siglo XVII a pesar del peligro que suponía poseer el libro de oraciones
(Sidur), "many had prayerbooks in their possession."   Y añade, "many knew by
heart and understood prayers like 'Shema Israel,' the 'Amida' or 'Eighteen
Benedictions' (as they called it) and the prayer for dreams, as recited in the
benediction of the Cohanim."[20]

Vemos aquí el origen de la familiaridad de los conversos con el vocablo y con la aversión hacia este tipo de hombre. Por añadidura, el Viejo Testamento tiene abundantes referencias derogatorias a falsos testigos, a calumniadores, y a las malas lenguas ‏לשון הרע‎ (*lashon hara*).[21] El delator que daña la vida de otro por la fuerza verbal es una persona despreciada tanto por Dios como por los hombres.

Antonio Enríquez Gómez en su obra parece obsesionado por los malsines. Este odio a los malsines brota a lo largo de su obra. Se lo advierte en una de las epístolas de la "Academia cuarta," donde echa la culpa de su exilio de España a los falsos testigos:

> El siglo, como ves, langosta cría
> y no es mucho que sale un falso amigo
> espigas del honor con tiranía.
> Yo no fié jamás del enemigo;
> porque un malsín, en mi opinión, no es gente:
> con justa causa este consejo sigo. (*Academias,* 420).

Reafirma Amiel y dice: "Bornons-nous à dire ici que le poète eut toute sa vie l'obsession des mouchards, 'canalla maliciosa' (*Academias*, 66), 'infame canalla' (*Culpa*, 41); c'est pour prévenir leurs dénonciations qu'il s'exila en France" (S., 320). Oelman, hablando de la obra literaria de Enríquez Gómez en general, se da cuenta de dos rasgos esenciales de ella: "The echoes of persecution by the Inquisition, the fear and loathing for the talebearer who may bring it about."[22] Jesús Antonio Cid, declara que las "referencias al tipo del malsín, obsesión omnipresente en nuestro autor."[23] Révah, comentando de *El siglo pitagórico* y *La culpa del primer peregrino*, también reafirma: "Dans ces livres, comme dans toute son oevre, apparaît constamment, le type litéraire du 'mouchard' (el malsín: le mot, on le sait, est d'origine hebraique)."[24] Lo interesante es que inmediatamente al acabar de hablar del malsín Révah discute la Inquisición, como si fuera una secuencia lógica.

El malsín es la segunda transmigración del alma. Ya la entrada del alma en el cuerpo del malsín recién creado se materializa de un modo depravado. No nos indica cómo debe entrar una alma en su dueño, sólo que al introducirse en el cuerpo no acertó "por línea recta," erró en "lo que buscaba" y "así quedó mi alma a lo italiano" (S., 23).   Amiel sugiere que haya aquí alusión a las costumbres sodomitas atribuidas a los italianos.   En este caso la creación del malsín fue realizada perversamente.

El arma mortal del malsín es la lengua que murmura sobre la vida de los demás.   Ya que se escapa aire al susurrar escondidamente, el vocablo soplar viene a tener el sentido de malsinar.   Hablando de la creación de nuestro malsín dice el autor que se formó

> a un soplo vivo
> un individuo esquivo
> ....
> un soplón, cuyo doble
> corazón sin segundo
> peste malsín comunicaba al mundo (S., 23).

Como soplo significa malsinería, el viento, que es un soplo inmenso, tiene el sentido de malsinería superlativa, y el malsín se denomina "Bóreas," el Dios de los vientos del norte: "siendo un Bóreas a cuantos buenos, / por delitos ajenos" (S., 24).   Cuando se exonera un culpado el malsín que no aguanta la tranquilidad de la gente, resucita con sus soplos las falsas acusaciones: "Y de un soplo que daba / la culpa que murió resucitaba" (S., 25).   Desarrollando la imagen del malsín-soplón, Enríquez Gómez ahora la extiende y lo llama cañuto, ya que éste funciona mediante soplos.   Con sus imputaciones destruye vidas y deja a viudas y a huérfanos, morir de hambre sin el padre de familia que los sostenga.

> ...   Este cañuto
> fue malsín de las almas y de las vidas;
> dejó viudas y güérfanas perdidas;
> pegósela sin ley al más amigo;
> preciábase de ser falso testigo;
> daba avisos a todos los tiranos;
> untábase las manos;
> y con la lengua, inreparable herida,

de la sangre, inocente fue homicida,

siendo con él, en una y otra treta,

Dionisio de Sicilia, anacoreta (S., 28-29).

¿Quiénes fueron esos malsines? ¿Cómo llegaron a tener tanto poder sobre la vida de la gente? ¿Quiénes fueron los tiranos que se festejaban de las malas lenguas de los cañutos? En el léxico de Antonio Enríquez Gómez "tirano," como ya ha señalado Révah, quiere decir Inquisición.[25] No solo la palabra en general sino también nombres propios de famosos tiranos de la historia clásica y antigua como Nerón, Nabucodonosor, Saúl y Antíoco.

En toda sociedad hay gente que murmura y comenta la vida de los demás. Es un aspecto inevitable de la naturaleza humana. Bajo la autoridad de la Inquisición, esta tendencia se desarrolló como una ciencia perversa. La Inquisición incitó a la gente a malsinar.   Ella creaba un ejército de testigos falsos que, por motivos distintos, más personales que religiosos, destruían la vida de otros seres humanos. En aldeas y ciudades se encontraban informadores que espiaban las acciones de sus compatriotas.

Cuando se establecía un tribunal se decretaba un "Edicto de Gracia" por una temporada de treinta a cuarenta días.   El edicto invitaba a los ciudadanos conscientes de haber cometido acciones heréticas a presentarse ante la Inquisición, para confesar sus delitos y poder recibir un tratamiento misericordioso de parte de ella.   Su responsabilidad era avisar no sólo sus infracciones sino también las de otros, y entregar lista de personas con quienes se asociaban.   Después de la expiración de los días de gracia, la Inquisición castigaba con toda severidad a los culpados no confesados.[26]

Más tarde, después de 1500, de vez en cuando, se publicó un "Edicto de fe" pidiendo a la gente, bajo amenaza de excomunión, denunciar a las autoridades cualquier persona culpable de ofensas heréticas.   Hay que recordar que el mero hecho de llevar vida sospechosa era un delito.   Reafirma Cecil Roth: "For the accused had been guilty of behaving in a suspicious manner and this in itself was an offence for which penance was required."[27] Adjunta al Edicto de fe, iba una lista detallada de prácticas mediante las que se reconocían herejes: Cambiar y vestirse de mejor ropa los sábados; Preparar el viernes la comida de sábado, en ollas grandes sobre fuego pequeño; Limitar el trabajo el viernes por la noche y

el sábado; Encender velas con mechas nuevas los viernes. Cambiar las sábanas
y las servilletas los viernes: Celebrar la fiesta del pan ácimo; Ayunar el día del
perdón (Yom Kipur), cuando no comen y se perdonan uno al otro; Igualmente
ayunar los días de las fiestas de Ester (Purim), de Tissabav (El nueve del mes
hebreo Av), y Rosessena (El Nuevo Año judío); Rezar según la Ley de Moises,
parados delante de la pared, inclinándose hacia adelante y atrás, tomando unos
pasos adelante y atrás; Matar las gallinas según la Ley judía; No comer y tener
aversión a los cerdos, conejos, mariscos, y pescados sin escamas; Lavar los
cadáveres de los muertos y enterrarlos en tierra virgen; Decir que el Mesías
verdadero todavía no ha llegado, y que Elías sí es el verdadero que vendrá a
redimir al pueblo de Israel; Negar que Cristo sea el verdadero Mesías, el Padre
y el Espíritu Santo; Declarar que la usuria no es pecado; Negar que haya paraíso
y purgatorio; Csarse de nuevo, estando la esposa todavía viva; Nombrar al recién
nacido, la noche de su séptimo día....[28] Irónicamente, los Edictos de fe y de
gracía eran unas de las mejores fuentes de donde los judaizantes podían aprender
sobre las costumbres de sus antescedentes.

La sombra de la Inquisición cubría la tierra. La justicia oficial dio ímpetu
inicial a una atmósfera devastadora de espionaje entre hermanos. Toda la
población aprendía a reconocer a los secretos judaizantes. El Edicto de fe
amenazaba a los que no querían participar. Dice Henry Kamen:

> Threatened with the penalty of excommunication against those who
> did not denounce heretics, whether themselves or others... If anyone
> saw a neighbour practising the acts noted in the instruction he was to
> denounce him to the Inquisition.[29]

Este método sicológico tan cruel como efectivo, despertaba miedo, odio y
sospechas en los más débiles, que creyendo así salvarse denunciaron a amigos y
a parientes. Una realidad de denuncias entre vecinos y entre miembros de la
misma familia era un lugar común. Lo describe Kamen:

> The records of the Inquisition are full of instances where neighbours
> denounced friends, and members of the same family denounced each
> other. Many of these cases would have arisen through sheer malice

or hatred. But there were the others, more significant and terrible, where fear of denunciation alone became the spur to confession and counter denunciation. The 'term of grace' had an important clause which set the seal on all this. To denounce oneself as a heretic was not enough to enable one to benefit from the terms of the Edict of Grace. It was also necessary to denounce all those accomplices who shared the error or had led one into it.[30]

Esa ciega confianza en las denuncias de malsines pone en duda la validez de sus testimonios. A esa realidad se refiere Antonio Enríquez Gómez al hablar de la destrucción social causada por los malsines. Ellos deshacen las vidas ajenas. Todo lo que el hombre compone y construye, ellos con una calumnia lo destruyen. Toda esa maldad viene de los tribunales del siglo, de la Inquisición.

> Perseguía inocentes,
> aunque fuesen sus deudos y parientes,
> y con ansias mortales
> en todos los del siglo tribunales,
> le daban franca audiencia,
> por limpiar con embustes la conciencia,
> y en ellos acusaba por su modo,
> a diestro y a siniestro, el mundo todo (S., 25).

Beinart reaccion contra "exageraciones sobre malsines o soplones," expresadas por Julio Caro Baroja, y agrega que hay que emplear con discreción la palabra malsín, ya que obraban no por voluntad, sino por "obediencia a un sistema":

> ¿Cómo es posible tildar de malsines a una multitud de testigos, cuando la propia Inquisición ordenaba a todo el que tuviera conocimiento de un judaizante —por haberlo visto, u oído, o por cualquier otro medio— e incluso el que tuviera sospechas, presentarse y testificar ante el tribunal? Aquellos que no se presentasen eran considerados fautores y heréticos y muchos fueron por ello juzgados. A los que testificaron, la Inquisición les prometía una absolución... no podemos calificar a un pueblo entero de malsines o soplones.[31]

Sean malsines o forzados testigos, Enríquez Gómez los concebía como gente malvada con intenciones perversas y maliciosas, y así los describe en sus obras. En el pacto entre malsines e Inquisición, el inocente sufre más que en un pacto con Satanás, porque éste le da crédito a uno hasta después de la muerte, pero la cuadrilla inquisitorial le arranca al inocente todo, alma, vida y bienes, de una vez: "Por delitos ajenos,/ pagaron de contado / lo que el diablo tomó sobre fiado" (S., 24).   Efectivamente, así que se llevaba a un fulano preso, la Inquisición le secuestraba todos los bienes, tanto los materiales como los espirituales.

El malsín se compara a un perro perdiguero que anda buscando perdices. Aquél caza judaizantes, olfateando sus casas y buscando yerros cometidos por ignorancia o malicia.   Como a un perro, le dan confianza y le ofrecen su hospitalidad.   Es gente aparentemente amiga que le deja entrada libre, de la cual él abusa, para revelar sus secretos a la Inquisición.

> Andaba por las casas como perro
> y perdigaba un yerro
> tan bien que con *la muerte lo quemaba*;
> honras y vidas sin honor quitaba
> [el subrayado es mío] (S., 24).

No hay duda de que la muerte quemadora es una alusión a la ejecución desalmada en el quemadero de los autos de fe inquisitoriales.   Siendo el espectáculo público, la honra de la familia entera sufría.   Los condenados "de vehementi" llevaron puesto el sambenito o saco bendito, denominado el "hábito" en las sentencias oficiales.[32]   Esta fue una innovación de la Inquisición española.   Era un capotillo de color amarillo con una cruz de San Andrés.   Si el penitente escapaba la pena del brasero por confesión, tenía pintado en el sambenito un "fuego revuelto," con las llamas dirigidas hacia abajo.   A los condenados al brasero, se les pintaba diablos echando herejes al fuego infernal.   Todos llevaron una coroza adornada igualmente al sambenito.   Para mortificarlos más, los penitentes tenían que ponerse el sambenito, en público, en ocasiones especiales, particularmente los domingos y durante las fiestas religiosas.   Eso sirvió sólo para añadir a su difamación, "exposing him to universal scorn and derision," como comenta Roth.[33]   Después de las ejecuciones de las penas, los sambenitos se colgaron en las iglesias de los condenados, con inscripciones de sus delitos y penas impuestas. Continúa Roth: "The family of the wearer being thus marked out as objects of lasting humiliation and suspicion."[34] Un modo de degradación fue el azotamiento público del penitente. Otra humillación, que les mortificaba a los condenados fue la llamada "vergüenza" pública, a la cual, dice Cecil Roth los penitentes preferían la muerte:

> The verguenza ('shaming') was a similar penalty with the omission of the lashes. The guilty, both men and women, were paraded through the town stripped to the waist and bearing the insignia of their offence, while a crier proclaimed the sentence and details of the crime before them. Sometimes a gag was applied, this being regarded as an additional humiliation. Such was the abhorrence with which this public shaming was regarded that many considered death a mercifiul alternative.[35]

El malsín de *El siglo pitagórico*, como los históricos, buscaba yerros en la vida de todos. Por lo tanto, se lo denominaba "buscavidas." Sin discriminación en cuanto a edad, sexo y amistades, malsinaba a amigos, niños, mujeres y hombres:

> Un día malsinó cuarenta amigos,
> ....
> que hasta su mismo hermano malsinaba;
> ....
> sin perdonar, en uno y otro sexo,
> la infancia alegre, el venerable viejo,
> la doncella más casta y más honrada,
> ni a la virtud de la mujer casada (S., 26).

Efectivamente, Kamen recuerda casos de dos niños, una de nueve años y uno de catorce años, en la prisión de Valladolid, por dos años sin calificación de su delito.[36] Más tarde cuenta de mujeres entre la edad de setenta a noventa años sometidas a la tortura del potro.[37]

Nadie escapa la envidia de los malsines. Estos, para ganar entrada a los secretos de la gente, la lisonjean y se fingen lamentar sus aflicciones: "Y después de prendellos y roballos, / iba como traidor a consolallos" (S., 24).

Irónicamente, en el caso de nuestro autor, parece que la malsinería fue parte de su experiencia personal. McGaha sospecha que hay insinuaciones en el prólogo de *Las Academias morales* que su exilio fue motivado por haber sido ultrajado por malsinerías de un amigo dramaturgo y luego por el mismo Olivares, a la Inquisición:

> The quotation seems to indicate that a false friend, probably a rival playeright, betrayed him by selling "poisonous" information about him to someone near the throne. It seems reasonable to surmise that someone complained to Olivares about *La soberbia de Nembrot* and that Olivares or one of his henchmen then denounced the play to the Inquisition as heretical, because it denied the divine right of kings.[38]

Agrega McGaha que también hay insinuaciones de amenazas con malsinerías por parte de su propio yerno, Constantino Ortiz de Urbina, en el prólogo a *La torre de Babilonia*.[39] Sabemos también que la detención y la acusación de su herejía fue facilitada por la confesión de su hermanastro, Esteban Enríquez, con quien vivía bajo el nombre de Fernando de Zárate en Sevilla. Después de su muerte, tanto en 1663 como en 1665, las confesiones de sus dos primos, Francisco Luis Enríquez de Mora y Juan de León Cisneros, detenidos por la Inquisición de Lima, Perú, le comprometieron de nuevo.[40] De tal modo, el malsín, parte tan íntegra de su trabajo literario, tomaba parte activa en su destino concreto.

Para Enríquez Gómez la falta de justicia en la tierra es una guerra declarada con el poder divino. Los malsines malsinaban por el tribunal que aparentaba obrar en nombre de Dios. Pero, sabiendo la naturaleza irreligiosa de sus obras, no podían ni alzar los ojos al cielo: "Nunca alzaba los ojos de la tierra,/ porque tenía con el cielo guerra" (S., 25). La culpa de ese escuadrón infernal cae en el Santo Oficio mismo. Su sed nunca se saciaba. Exigía cada vez más almas y más bienes. Rompía los lazos sagrados de la familia y torcía todos los sentimientos humanos. Henry Charles Lea había comentado también esta situación:

> There was usually little hesitation on part of the penitent to incriminate his family and friends, for they might, for all he knew, be themselves under trial and informing on him, so that any reticence on

his part would convict him of being a diminuto with all its fateful consequences.[41]

Afirma Beinart: "Thus, the trial of a husband would often follow that of his wife, or vice versa. All family ties were broken and no allegiances whatsoever were honoured."[42] E insiste:

The Inquisition always sought for witnesses from these closed circles, and it brought children to testify against their parents, wives against husbands, husbands against their wives —thus bringing distrust into families and disrupting family ties.[43]

Volviendo a *El Siglo Pitagórico*, el alma, que es el narrador que representa al autor, se disgusta con su dueño, el malsín, y lo ataca, lamentándose:

Dime, fiscal de todas las virtudes,
sabandija infernal de las saludes,
lobo con capa de cordero tierno,
fuelle, yesca y pajuela del infierno,
polilla del honor, sacabocados
de los nobles y honorados,
sanguijuela cruel de sangre humana (S., 26-27)

Para Enríquez Gómez el malsín es el instrumento que sostiene la hoguera inquisitorial. El es la yesca que arde fácilmente, la pajuela que enciende y el fuelle que sopla aire. El brasero de la Inquisición, es el del infierno. Con su perversidad destruye la honra de los honrados, y derrama la sangre humana. Aquí se borra la distinción entre Inquisición y malsín. ¿Quién es efectivamente la "sanguijuela," el Tribunal o su instrumento, el malsin? La justicia inquisitorial ni merece su nombre. Es la peor del mundo: "Y justicia tan mala, / que ninguna en el mundo le iguala" (S., 27). Es justicia que entrega "adbitros viles y indecentes"; es una justicia que quita "el derecho de las gentes" (S., 27).

La justicia y los malsines son los peores de la tierra. Por causa de ellos España sufre de mala economía y de guerras.

Tú eres el más mal hombre de la tierra,

> la hambre, peste y guerra
> de la especie mortal (S., 29).

Efectivamente, agrega Cecil Roth que la confiscación de bienes por la Inquisición, no sólo trajo hambre a las familias de los acusados, sino que también afectaba la economía del país entero:

> It was a weapon which struck at the whole of a man's family, reducing them from affluence to beggary; while through its means the economic life of the whole country was liable to be thrown into sudden disorganization.   No other single factor, perhaps, was so instrumental in draining the Peninsula of its wealth during the course of the sixteenth, seventeenth and eighteenth centuries. [44]

El trabajo malvado de la tiranía, la Inquisición, no se realizaría sin la ayuda incesante de los malsines, "hidra cruel de toda monarquía, / cabeza que alentó la tiranía" (S., 29).   Cada ejército tiene su clarín que anuncia la guerra.   La milicia inquisitorial está en guerra con la población.   Su clarín es el malsín que le alimenta con sus denuncias, y hace posible su justicia injusta:

> Si malsines no hubiera
> un cuarto no valiera
> la más recta justicia:
> siempre alienta el clarín a la milicia (S., 31).

Tanto como la tiranía, el malsín también es el "verdugo de los malos y los buenos" (S., 29), ya que los dos traen muerte y destrucción al pueblo.   El sistema judicial no tiene ningún respeto por la especie humana.   El alma, que es el portavoz de nuestro autor, amenaza al malsín y le recuerda la justicia final: "Respeta la justicia soberana / que no te ha de valer la especie humana" (S., 28).

Un caballero cristiano anda en busca de fama y gloria.   Antonio Enríquez Gómez no entiende los motivos de los malsines, ya que en el homicidio no se gana ni fama ni gloria que valgan.   Los inquisidores, por lo menos ganan tesoros.   El malsín ni eso.

> ¿No me dirás qué fama o qué memoria,

qué tesoros, qué premios o qué gloria

tienes buscando vidas

con una retahila de homicidas? (S., 29)

El malsín confiesa que la malsinería brota de la envidia, "pues hierve del cabello a los talones / la envidia, como ves, a borbollones" (S., 30). Tiene envidia al dinero del rico que vive "sin cuenta." Tiene envidia al oficio mantenido por un individuo que no tenga sangre cristiana pura.

El que es indigno de su noble oficio,

y sin sangre recoge el beneficio,

dice a su mismo paje:

Fulanito conoce mi linaje; (S., 30)

Se prohibían ciertos oficios a los que no eran cristianos viejos, y a los parientes y descendientes de gente acusada de herejía. Más que todo, se les prohibían oficios eclesiásticos:

They were not allowed to enter the Holy Orders. They were excluded from any public dignity. They were not permitted to become Physicians, apothecaries, tutors of the young, advocates, scriveners, or farmers of revenue.[45]

Con unos versos describe nuestro autor el ambiente de sospechas y de temor perpetuo en que sobrevivían los judaizantes. Con todos los sentidos preparados para detectar un espía, un informador, entre ellos, nadie podía confiar en nadie. Había que esconder no sólo las costumbres, sino los pensamientos también. Al entrar un desconocido, se paraba la conversación. Los que no frecuentaban la iglesia comenzaron a asistir más frecuentemente. La vida personal se hizo un asunto público. No había donde esconderse. La gente tenía que aparentar enmiendas, para no caer en boca de malsines. Declara nuestro malsín a su alma:

Más vidas he enmendado,

mas hombres he sacado de pecado

que tu tienes razones,

siendo malsín, modero las pasiones (S., 30).

Goza el malsín su poderío sobre la gente y sigue jactándose:

> Reprimo libertades
> y anulo con el miedo liviandades.
> Si uno quiere en la honra hacer estrenos,
> dice: Fulano es un malsín, callemos.
>
> ....
> Uno que no es devoto
> en viéndome, hace voto
> de rezar treinta días,
> porque yo no le cargue de herejías,
> y el otro impertinente,
> en viéndome llegar, en voz doliente
> dice: Nadie lo ignore,
> que hay malsín en la rueda ojo avizore (S., 30-31).

Al morir nuestro malsín, nadie lamenta su muerte. Nadie asiste a su entierro. Le temen aunque esté muerto.

> En fin, los alcagüetes de la muerte,
> Monacillos de suerte
>
> ....
> le enterraron con hachas malsinadas,
> pues ni fueron traídas ni alumbradas (S., 33).

¿Serán los alcahuetes de la muerte los agentes de la Inquisición, que sirvan a la iglesia por "suerte" y no por merecerlo? Antonio Enríquez Gómez tiene el don de sugerir con unos versos herméticos una situación no ficcional. El entierro solitario y sin público, se hace con "hachas malsinadas," que no se dejan conocer.

Muchos de los malsines mismos eran cristianos nuevos que tenían entrada franca a casas y vidas de los demás conversos. Por saciar unos rencores personales, ostentar su propio cristianismo o ganar favores de la Inquisición, delataban infracciones verdaderas o falsas de sus correligionistas. Afirma Américo Castro:

El más dañino habitante de la judería era el 'malsín' o calumniador...

Tan arriesgado y difundido estaba el tipo del malsín, que la palabra
entró a formar parte del español, junto con su derivado malsinar... El
malsín denunciaba a sus correligionarios a las autoridades cristianas...
La delación aportaba al malsín una recompensa en dinero, o el placer
de la venganza. Las autoridades hebreas lo perseguían con todo el
posible rigor, mientras los oficiales del rey procuraban beneficiarse
del malsín y de su víctima, ya que las propiedades de unos y otros
eran presas igualmente apetecibles.[46]

El malsín converso por excelencia es Estefanio Ensalmo, el bisabuelo de don
Gregorio Guadaña. Era saludador, es decir, curandero engañador, que cura
mediante soplos divinos. En un juego conceptista nos descubre que es malsín, ya
que emplea soplos, malsinerías, que llevan a su víctima a un proceso inquisitorial:
"Que dende la barriga de su madre venía soplando; aprendió este oficio con un
alguacil de los vagamundos en Sevilla, y de un soplo suyo resucitaba un proceso"
(S., 77). El doble sentido de soplo es evidente: por su malsinería se inició un
proceso inquisitorial. Era tan profesional en sus denuncias secretas, que "ninguno
le llevó ventaja en soplar hacia dentro" (S., 77).

Por insistencia de la Inquisición, todos los testimonios, los testigos, cómplices
y pleitos inquisitoriales tenían que mantenerse bajo secreto. Como señala Hibbert
la Suprema prohibía que se divulgaran los nombres de los testigos y el contenido
exacto de sus denuncias, ni que se discutiera un proceso bajo investigación.

> The publication of the names of witnesses was forbidden... When the
> victim of the investigation had been proved guilty, an account of the
> evidence against him might be published as long as the names of the
> witnesses were withheld, together with any information which might
> lead to their identification.[47]

A pesar de ello, a nuestro Estefanio Ensalmo, le parecía mal malsinar en
secreto, y comenzó a hacerlo públicamente. Lo hizo, según dijo por reverencia
a la cruz y a la cristianidad. Su verdadero motivo era la codicia: "Pero pareecién-
dole mal soplar en secreto, determinó de soplar en público; armóse de la hechura
de un crucifijo de latón y púsose en el Arenal de Sevilla a saludar bolsas" (S., 77).

Por sus descuidos cayó, él mismo en las garras de la Suprema, donde padeció tormentos inquisitoriales.

De nuevo, vemos como el autor con un mero detalle novelesco, aparentemente poco significativo, "soplar en público," critica una realidad histórica. En los ojos de la Inquisición malsinar en público era un delito grave, castigado por la misma Suprema. El aparente motivo de no divulgar la identidad de los testigos era protegerlos de la rabia de los malsinados. En efecto, el propósito era facilitar el trabajo de investigación e intimidación de la Suprema. Los que discutían las denuncias, cometían una ofensa grave. Afirma Cecil Roth:

> The trial and everything connected with it, took place under conditions of the greatest secrecy. This, indeed, became one of the greatest terrors of the Inquisition according to the Spanish model: All the parties concerned —witnesses, accusers, and accused— were sworn to observe the most profound confidence. Any breach which came to ears of the authorities was liable to be punished with the outmost severity, just as heresy itself.[48]

Volviendo a nuestro Estefanio Ensalmo, le encontramos ahora en la cárcel, padeciendo tormentos inquisitoriales. Bajo torturas, continuó delatándose y confesando. No obstante, la sed de la Inquisición no se saciaba. Uno podía confesar delitos sin fin y denunciar a mucha gente. Pero, si la Inquisición esperaba que le divulgara cierta infracción, o si sospechaba la implicación de más delincuentes y el reo no acertaba, la tortura continuaba. Aparentemente, Estefanio Ensalmo no confesó lo que los inquisidores esperaban: "Le saludó el fuego de forma que ninguno le viera hacer el canario que no dijera que rabiaba; y por más soplos que daba, el fuego no se quería dar por saludado" (S., 78). El fuego aquí es la Inquisición, que por más denuncias que le ha declarado el bisabuelo no estaba satisfecha. No se sentía bien informada, "por saludado." Ya que saludador es informador, el participio pasado saludado llega a tener el significado de informado. Henry Charles Lea describe este círculo vicioso:

> One of the most essential requisites to completeness of confession, was the denunciation of all accomplices, that is, of all whom the

penitent knew to be heretics or addicted to heretical practices. This, as we have seen, was required of all who came in under Edicts of Grace, and, in the Instructions of 1500, the inquisitor was ordered, when anyone confessed, to examine him exhaustively as to what he knew of his parents, brothers, kindred and all other persons, and this evidence to be entered in registers apart from the personal confession.[49]

Se refiere Roth a la misma situación, cuando escribe:

When a confession did not cover other persons who were implicated in the same charge, the torture might be, and frequently was, continued in 'captum alientum' (as it was termed) in order to elicit fresh evidence against them.[50]

Volviendo al bisabuelo Estefanio el saludador, ahora ya liberado de la cárcel, le hallamos disfrazado de devoto y continuando su malsinar: "Habíase vestido un saco, con que llevaba a saco todas las bolsas; llamábanle por la ciudad 'el hermano Estefanio', y no tuvo tantos la Santa Hermandad" (S., 79). Nuestro devoto solía encontrarse en la plaza de San Francisco, mendigando. Charles Amiel señala que al otro lado de la plaza, se situaba la Casa de la Real Audiencia, y que Enríquez Gómez puede así aludir a la falta de rectitud de sus oficiales: "Y hacía llorar los escribanos los pecados de aquel día, que no era poco" (S., 79). Amiel también señala en la nota al pie otra coincidencia, bastante conmovedora y relevante. El auto de fe del 13 de abril de 1660, donde se quemó la efigie de Antonio Enríquez Gómez, fue el último auto de fe en esta plaza (S., 79).

Nuestro autor no cesa de aludir a lo largo de la obra a la Inquisición y a los malsines. En la transmigración de la dama Quiteria, la alcahueta le aconseja cómo sobrevivir. Como todas alcahuetas, ella es muy astuta y reconoce las debilidades humanas. Su primera observación es que "el siglo está falto de cascos" (S., 41). Es decir, un siglo poco juicioso. Nombra imposibilidades de la vida contemporánea y la improbabilidad más grande con que acaba es "sin malsín a todo el universo" (S., 42).

El alma enojada con la alcahueta corruptora de la inocencia virginal de

Quiteria, le amenaza: "Doite a una flota de demonios" (S., 42).   Esto nos recuerda los dibujos de demonios en los sambenitos de los relajados.   He aquí la descripción de esos sambenitos en la obra de Llorente:

> The third was for the impenitent.   It was similar to the others, with
> a bust, and the flames in the natural direction to shew that the person
> who wore it was to be burnt alive;   grotesque figures of devils were
> also painted on the san-benito and coroza.[51]

Como si el proceso inquisitorial fuera el único modo de castigar transgresiones, sigue amenazando con él, el alma: "Y quedara gustoso de quemalla, / si fuera inquisidor de tan vil gente" (S., 42).

La hoguera inquisitorial y su drástico modo de ejecutar a la gente, dejó, sin duda alguna, una impresión profunda en la memoria de Antonio Enríquez Gómez.   Aprovecha ocasiones distintas para recordar y criticar, aunque sea con sutilezas, los decretos de la Inquisición.   Cuando el alma le advierte a Quiteria que mejore su camino por el miedo del fuego infernal, ella asocia éste con el inquisitorial e inmediatamente trata de probar su limpieza de sangre.

> Condenarme ni espero
> el fuego que tú dices,
> y aunque mis disculpas solenices:
> ¿He matado algún hombre con veneno?
> ¿dije mal de lo bueno?
> ¿como el pan descansado?
> ¿uso de hechicerías?
> ¿no confieso tus culpas y las mías?
> ¿no doy, si acaso pido?
> ¿eché a la piedra algún recién nacido?
> ¿no oigo misa? ¿no rezo? ¿soy tirana?
> ¿no he nacido cristiana? (S., 47).

La referencia aquí es a la lista adjunta al Edicto de Fe, que describe modos con que se reconocen los herejes.   Los judaizantes eran culpados de envenenar a los cristianos; de hablar mal del Hijo y del Espíritu Santo; de comer pan ázimo, que aquí lo llama descansado, figurativamente, por no levantarse.[52] La hechicería se declaró "herejía" oficialmente en 1585, por Sixtus V, en su bula llamada "Coeli et terrae."[53] Caro Baroja analiza varios procesos de hechicería, ya que "el caso de brujos, hechiceros y astrólogos estuvo también encomendado a la Inquisición, así como el de las brujas."[54] Los herejes no asistían suficientemente a las misas, ni rezaban ni confesaban. El echar a la piedra puede ser que se refiera a la circuncisión del recién nacido, o a la acusación que los judíos mataban a los recién nacidos cristianos para emplear su corazón y sangre en sus ritos religiosos, tal como el asunto del "Santo niño de la Guardia" de 1491, que se usó para la expulsión de los judíos de España.[55] Al fin de su auto defensa, aclara la dama que todos los hechos citados indican que ha nacido cristiana pura.

En la transmigración del valido, la referencia clara es al conde duque de Olivares, el valido de Felipe IV. Antonio Enríquez Gómez verifica que el valido vino al gobierno con intenciones virtuosas, pero acabó por perder su virtud y seguir las reglas infernales del siglo.

> Fue entrando en el gobierno
> rezando en estas horas del infierno,
> y cuanto más sus reglas observaba,
> tanto más de virtud se desnudaba (S., 52).

Al llegar al poder, el conde duque trató de limitar la autoridad de la Suprema. Sin embargo, no tuvo éxito y el poder de ésta se aumentó. Efectivamente, bajo el reino de Felipe IV (1621-1668), la Inquisición adquiere mayor autoridad. Informa Roth: "The Duque de Olivares, endeavored to restrict its might, which had by now become overpowering. It survived the attempt, however, with its status enhanced rather than otherwise."[56] También lo afirma Hibbert: "It was during this reign that the Inquisition reached those heights of power it was never to touch again."[57]

Marañón señala que Olivares tuvo fama de protector de los israelitas:

> La acusación de protector de los israelitas corrió en muchos de los papeles y conversaciones que caracterizaron a los años de impopula-ridad del valido...En las cartas de Jesuítas, generalmente tan puntua-

les, encontramos esta noticia dirigida al Padre Pereyra, en agosto de 1634: 'Valido anda que entran los judíos en España. Lo cierto es que entran y salen a hablar al Rey y darle memoriales; y hoy vi uno con toca blanca, a la puerta del cuarto del Rey; pena me dio.'[58]

Caro Baroja también estudia la protección dada a los judíos por la intervención de Olivares:

> Así se explica que la benevolencia del Conde-Duque para con los judíos fuera objeto de sátiras, como la contenida en *La cueva de Meliso*, que alude a los que habían llegado a Madrid desde Salónica con la idea, sin duda, de recibir trato parecido al que se daba a los 'portugueses.'[59]

Y añade en nota al pie número 57, de la misma página:

> Ya don Adolfo de Castro, en su extraño libro sobre el Conde-Duque de Olivares y el rey Felipe IV, págs. 133-134, habló de la protección dada por Olivares a los judíos... Domínguez Ortiz, *La clase social de los conversos*... págs. 111-117, discurre eruditamente sobre el asunto, y antes (págs. 103-107) sobre el advenimiento de Felipe IV en relación con las leyes sobre limpieza de sangre, etc.

Desde el punto de vista histórico, los intentos de Olivares contra la Inquisición y por los cristianos nuevos fueron valerosos. El conde duque de Olivares ignoró protestas de la Suprema y planeó devolver a los financieros judíos a España. En 1634 y en 1641, él comenzó a negociar con los judíos de Africa y de Levante, para persuadirlos que volvieran a España bajo garantías. Esta política tan radical y ciertamente no popular, contribuyó a la caída de Olivares en 1642.[60] Con él desapareció de España la esperanza de igualdad religiosa y racial. Fue el conde duque quien trató de eliminar el criterio de limpieza de sangre. Lo afirma Kamen:

> It is significant that the only period in Hapsburg Spain when discusions were undertaken by the government with a view to limiting the extreme racialism of 'limpieza' and curbing the authority of the Inquisition, was under Olivares... 1628 is the most important date in

the history of the Portuguese financiers. In that year, Philip IV granted them freedom to trade and settle without restriction, hoping thereby to win back from foreigners a section of the Indies trade. Thanks to this, the New Christians extended their influence to the principal trading channels of Spain and America. However successful they may have been in business, they could nevertheless not escape the consequences of their racial origin, and several of them had to suffer the rigours of the Inquisition.[61]

Olivares fue el único que trató de abolir la Inquisición. En unas ocasiones se atrevió a exigir que se revocaran unos procesos pendientes de la Suprema. Cuenta Hibbert del sastre quien introdujo el cuello de la Golilla a la corte de Felipe IV. Envidiosos los demás sastres le denunciaron a la Inquisición por hechicerías. Esta como solía hacer con cualquier malsinería, le llevó inmediatamente a la cárcel inquisitorial. Olivares exigió y consiguió revocar el proceso.[62] En otra ocasión insistió, a pesar de las protestas del Inquisidor general, Sotomayor, en quemar los documentos de unos procesos y revocarlos. La Inquisición le tuvo odio y esperó la ocasión de desembarazarse de él. Hibbert resume la reputación del valido para con la Inquisición:

> It was said that one of Olivares' projects was to abolish the Inquisition altogether, and that he would seize an opportunity of advising the king of this course. But Philip was the kind of man who clung to religion; to indulge in religious ceremonies after an extravagant debauch, comforted him. He felt that whatever the state of Spain, she was still a Catholic country. He would never have consented to the abolition of the Inquisition, the iron rule of which kept the country Catholic. The Inquisition, naturally did not forget the man who had done so much to perturb it.[63]

Los cofres del gobierno y de la Inquisición se inflaron con los bienes confiscados de la gente malsinada. Ya que el valido era parte del gobierno cuando se aconteció esa bajeza Antonio Enríquez Gómez le echa la culpa: "tirano eres" (S., 58). Tenemos que recordar que en el vocabulario del autor, "tirano" significa

Inquisición.[64] Olivares se hizo brazo de la Suprema, en su mente. Hay que recordar que Enríquez Gómez apoyaba la sublevación portuguesa contra España, y que el que había quitado la libertad y había impuesto tributos a Portugal, Cataluña y Aragón era efectivamente, Olivares y no el monarca:

> Fue cargando los pueblos de tributos
> con sólo el parecer destos cañutos,
> y ellos de mano en mano
> le fueron dando nombre de tirano (S., 52).

Irónicamente, Olivares era en verdad "their last protector."[65] Por sus intenciones de ayudar a los banqueros conversos, la Inquisición labraba y buscaba modos de deshacerse de él. Repetidas peticiones se presentaron a Felipe IV, hasta que en 1642, se rindió y exilió a su valido. Cuenta Elliot:

> On 17 January 1643 the King at last took the decision that had been
> so long awaited: Olivares was given leave to retire to his estates, and
> on 23 January he left Madrid for exile, never again to return to the
> capital where he had reigned for twenty-two years. [66]

La sed de la Suprema no se satisfacía todavía. Pedía sangre y lo logró. Informa Marañón que le han,

> achacado, con sañudo cinismo, las consabidas inculpaciones de hereje,
> acomodadas a las heterodoxias propias del tiempo; se le tuvo por
> indudable hechicero, y como tal fue denunciado, cuando ya estaba
> caído, a la Inquisición[67].

Antes de encarcelarle se murió el conde duque de Olivares desilusionado. Llorente describe las circunstancias:

> The minister was disgraced in 1643... memorials were presented to
> the king, accusing him of the most heinous crimes. The tribunal,
> where... also seized this opportunity to prosecute him; He was
> denounced to the Inquisition as a believer in judicial astrology... The
> Count Duke died before the order for his arrest could be issued.[68]

Elliott, en un tono casi melancólico resume el fin de Olivares:

> Stunned by his dismissal, he still sought to vindicate his policies, which found an eloquent exposition in a tract entitled the *Nicandro*, written to his instructions and under his inspiration. But nothing now could set the clock back. Exiled farther away, to his sister palace at Toro, he died on 22 July 1645 under the shadow of madness. Sopassed the first and the last ruler of Habsburg Spain who had the breadth of vision to devise plans on a grand scale for the future of a world-wide Monarchy: a statesman whose capacity for conceiving great designs was matched only by his consistent incapacity for carrying them out to a successful conclusion.[69]

Con su caída en 1643, los financieros portugueses en España se encontraron sin patria y sin las garantías prometidas por Felipe IV y Olivares. La Inquisición gozaba de la ocasión y se enriquecía con sus bienes. Dice Kamen:

> The wealthier among them were eliminated one by one... The 1650s saw the beginning of whole sale arrests and trials which constituted nothing less than a reign of terror for the Portuguese conversos minority in Spain.[70]

A pesar de las indicaciones históricas, nuestro autor ataca acerbamente al conde duque de Olivares, como cómplice de la tiranía, lo que nos deja la impresión de que había un asunto personal entre los dos. Hay que recordar que los padres de Antonio Enríquez Gómez perdieron sus bienes por la Inquisición, y que él se quedó en España, tratando de recobrar la herencia de su madre que era cristiana vieja. Esto le colocó bajo el ojo vigilante de la Inquisición, ya que, como indica Llorente, los que desafiaron las decisiones de la Suprema tuvieron que someterse a la investigación de ésta.[71] Desafortunadamente, él no llegó a recuperar nada substancial. No hay duda de que sentía resentimiento fuerte por esta injusticia, y puede ser que haya trasplantado su odio al valido, por el mero hecho de que él estaba en el gobierno. McGaha supone que la enemistad entre los dos comienza cuando *La soberbia de Nimbrod* fue delatada a Olivares por su ataque a la Monarquía, y que éste la denunciaba a la Inquisición por herejía.[72]

Jesús Antonio Cid es de opinión que el ataque a Olivares proviene de seguir tendencias tópicas contemporáneas:

> La tendencia de dejarse llevar por la corriente de pensamiento más tradicional tras las huellas de su reverenciado Quevedo... Ningún escritor tampoco más preocupado, descontemos ahora el necesario disfraz, por las cuestiones de linaje, en contradicción palmaria con sus obras doctrinales. El propio Olivares, única esperanza de los conversos en muchos años, es objeto en *El siglo* de uno de los ataques más enconados que pueden leerse contra la persona a quien se debió un pequeño, y único, ensayo de distensión racial bajo el Gobierno de los Asturias.[73]

Esta ingratitud sólo se puede aceptar, si entendemos que mediante el ataque a Olivares, está efectivamente atacando a la Monarquía. Su desprecio a Felipe IV se puede descifrar entre las líneas de muchas de sus comedias. No se atreve a criticar abiertamente al monarca. Tanto más fácil culpar al valido, que a esta hora ya había sido despedido, y no al monarca mismo que permitió y apoyó la injusticia inquisitorial. Olivares perdió el favor del monarca, de la reina y del pueblo español en general. Tanto más fácil criticarle, a él, y no a los que todavía participaban en el poder. Hay que recordar que Olivares fue despedido por el monarca en 1642, dos años antes de la publicación de *El siglo pitagórico*. Además, es conocido que los conversos nunca han culpado al rey por sus desdichas. García Valdecasas en su obra analiza esta actitud:

> Tradicionalmente los reyes fueron en Castilla y en Aragón los protectores de los judíos y, después, de los conversos. Los cristianos nuevos que se refugiaron lejos de España achacaban la culpa de sus males a la plebe. Con excepción de alguna injuria dedicada a Isabel la Católica —no a don Fernando—, por mucho que se revise la literatura sefaradí no se encontraran invectivas contra la realeza hispana y sí muchos elogios. Además, es un lugar común en los escritos de estos desterrados jactarse de favor que recibieron de los monarcas y los papas.[74]

La actitud negativa de nuestro autor por el valido era idéntica a la del pueblo español, que echaba toda la culpa a Olivares. Dice Elliot: "Throughout Castile he was hated as a tyrant."[75] Añade Marañón que el "Conde-Duque, sin duda el más odiado de los hombres públicos desde que hay noticias de la historia de España.[76]" Hibbert también describe este ambiente:

> Everything that went wrong was blamed on Olivares... The people in the street cried that he must go... The people were murmuring against Olivares. He needed money to face the French; the Portuguese had escaped from Spanish domination; the currency had been debased; many people were in prisons in Madrid because they had either refused to pay or could not pay the taxes demanded of them; and for all these misfortunes the people blamed Olivares... The people were demanding his head, and the Inquisition would not have forgotten that he had once tried to destroy it.[77]

Existe la posibilidad de que Enríquez Gómez echara la culpa de la ruina de los financieros portugueses a Olivares. ¿No fue él, quien los sedujo a venir a España a invertir su dinero y su influencia financiera? La promesa de garantías desapareció con la confiscación de sus bienes. La derrota política de Olivares trajo la muerte y la pobreza a los judaizantes. Nuestro autor describe a Olivares como el codicioso que ejecutó la confiscación y secuestro de bienes. Antes de compartir en el gobierno, "se armó de un Maquiavelo" (S., 52), que denunció la inmoralidad y el pragmatismo de las monarquías, y exigía más espíritu de moral cristiana. Más tarde, comenzaron a influir los arbitristas, "gente tan desalmada, / que antes de serlo vino condenada" (S., 52). Bajo su influencia, se permitió injusticias en los tributos y confiscación de bienes: "Almas sisaba, vidas consumía" (S., 55).

A pesar de que sin la autoridad de la Monarquía, la Inquisición no podría funcionar, el autor la considera víctima: "Triste monarquía" (S., 53), y a los agentes inquisitoriales, "los propios diablos del infierno," a quienes el pueblo odiaba y "le llamaba Antecristo" (S., 55). En vez de seguir a la moral política cristiana de Maquiavelo, se puso,

Maquidiablo día y noche,

robando a troche moche
con dos granos de juicio los vivientes,
estragando el derecho de las gentes? (S., 57).

Marañón informa que a Olivares también se atribuía valores infernales, y se le nombraba: "El diablo de la muleta."[78]

Advierte el autor que esto de robar a la gente por cualquier pretexto, va contra la religión: "Amontonar tesoros en invierno, / para matar con ellos el verano, / ¿es gobierno político cristiano?" (S., 57). Dios es el único que puede gobernarnos. "Sólo Dios es valido de sí mismo;" (S., 56). El brazo de Dios en la tierra es el rey, y él mismo tiene que gobernar, no la Inquisición: "El rey es el padre de la monarquía /. . . / Dejemos gobernar al propio dueño" (S., 60). Cuando los validos tratan de controlar el mundo, sólo traen destrucción y ruina. Aquí, de nuevo nombra al valido pero, efectivamente, habla de la Inquisición. El diablo en el cielo y Adán en la tierra trataron de gobernar en nombre del propio Dios, y los dos causaban desgracia, "uno arruinaba el cielo y otro el mundo" (S., 57). La Inquisición no puede decretar las leyes de Dios. Sus decretos sólo fomentan odio, pobreza y agravios incesantes.

Durante el reino de Felipe IV y de Olivares, aconteció la guerra con Francia, Cataluña se sublevó, en junio de 1640, pidiendo independencia, en Aragón surgía la inquietud y Portugal ganó su independencia al fin del mismo año. Como hemos señalado, Enríquez Gómez, bajo la influencia de su amigo portugués, Manuel Fernandes Vilareal, apoya la sublevación portuguesa e incluso escribe su *Triumpho lusitano*, en 1641, celebrándola. Siendo siempre partidario de la justicia y de la libertad humana, le resulta natural declararse en favor de la restauración portuguesa, y con eso seguir la enemistad con Olivares.[79] Estas sublevaciones fueron causadas por la codicia vigente en la autoridad. "Fue turbando la paz, siendo la tierra / teatro de la guerra." Y hablando de Cataluña y Aragón:

Los pueblos, de cansados,
andaban despeados,
y cuando llevantarse pretendían,
con los pechos tan grandes no podían (S., 53).

Elliott sostiene que el fin de Olivares era establecer una Monarquía fuerte con "un rey, una ley, y una moneda."[80] El tesoro de Castilla ya estaba agotado. El quería que todos en el reinado participaran monetariamente en contribuciones a la Monarquía. Sus consejeros le apoyaban:

> During recent years, financial ministers and 'arbitristas' alike had insisted that it was the duty of the other parts of the Monarchy to come to the relief of an exhausted Castile... that provincial laws and liberties should be abolished, and the constitutional and fiscal organization of other parts of the Monarchy be brought into conformity with that of Castile.[81]

El 1626, Olivares propuso un proyecto llamado "la unión de Armas" mediante el cual cada provincia proporcionaría y mantendría cierto número de soldados para la defensa de la Monarquía, y de todas las regiones incluidas en ella. La cooperación militar podría traer la unión final entre todas las provincias de la Monarquía. Sin embargo, su propósito se encontró con harta resistencia de parte de las provincias en general y de Cataluña en particular. En un dictamen secreto dirigido por Olivares al rey y fechado el 25 de diciembre de 1624, entre otros modos para lograr obediencia de parte de Cataluña sugiere aquél:

> El tercer camino, aunque no con medio tan justificado, pero el más eficaz, sería hallándose V.M. con esta fuerza que dije, ir en persona como a visitar aquel reino donde se hubiere de hacer el efecto, y hacer que ocasione algún tumulto popular grande y con este pretexto meter la gente, y en ocasión de sosiego general y prevención de adelante, como por nueva conquista asentar y disponer las leyes en la conformidad de las de Castilla y de esta misma manera irlo ejecutando con los otros reinos.[82]

La coincidencia entre esta propuesta y las circunstancias concretas de la rebelión de Cataluña en 1640, ayudó a manchar la fama de Olivares en los ojos de la posteridad. Enríquez Gómez sabía emplear concretos hechos históricos, pero darles sus propios enfoque e interpretación. Habla del modo inmediato con que se ejecutó injusticias en la sociedad. Si la gente se quejaba de sus juicios, se encontraba con la muerte, "la despachaba para el otro mundo" (S., 53). Puede ser que hable aquí de modo decisivo de la Inquisición de resolver desacuerdos mediante la muerte. Por otro lado, puede ser que se refiera al modo injusto con que se trataba a los enemigos personales tanto de Felipe IV como de Olivares.[83] Sea lo que fuere, la injusticia reinaba: "Y si alguno sus juicios mormuraba / a dar cuenta a mi Dios lo despachaba" (S., 53).

Compara al valido con el tirano Nabucodonosor: "Bien que jamás perdí de la memoria / del rey Nabuco la divina historia" (S., 53). Este, como la Inquisición, quería deshacerse de astrólogos y magos. El, porque no pudieron interpretar sus sueños; ella, porque la astrología, la magia y la predicción del futuro se consideraban herejía. Tanto la Inquisición como Nabucodonosor, perseguían a los judíos por no reverenciar su religión. Igual a la Inquisición, Nabucodonosor mandó quemar a tres judíos: Sidraj, Misaj y Abed-Nego, en el horno encendido, por herejía. Los tres avisan a Nabucodonosor el mismo mensaje que Antonio Enríquez Gómez manda a la Inquisición: "Pues nuestro Dios, al que servimos, puede librarnos del horno encendido y nos librará de tu mano."[84] Nabucodonosor descubrió al fin de sus días, que el cielo es el único que manda. Nuestro autor espera que la Inquisición aprenda la misma lección: "Tu reino te quedará cuando reconozcas que el cielo es quien domina. Por tanto, ¡oh rey! sírvete aceptar mi consejo: redime tus inquidades con misericordia a los pobres, y quizá se prolongará tu dicha."[85] También llama al valido "Nerón." Révah señala que Nerón representa la Inquisición.[86] Por lo tanto, por deducción, Olivares representa la Inquisición, que tal como el déspota Nerón establecía persecuciones religiosas en el reino. McGaha, por otro lado, señala que el podo 'Nerón' le fue atribuido por creer que había nacido en el palacio de Nerón en Roma.[87]

Toda la población conoce y opina sobre los métodos del valido, o más correctamente, de la Inquisición. Es un perspectivismo que nos recuerda el modo en que discutía la primera parte de *Don Quijote*:

> El pueblo mal previsto
> le llama Antecristo;
> la nobleza, Nerón; los niños coco;
> los viejos venerables, necio y loco;
> Santo los adbitristas;

gran hombre para mal, los ataístas;
las damas, ambicioso;
los tontos, poderoso;
y todos, aún aquí tiemblo de oíllo,
le deseaban ver en Peralvillo (S., 55-56).

Sus calificativos suman antecristo, tirano, coco, por el miedo que crea, necio y loco, por la destrucción que causa, ambicioso y poderoso. Los únicos que admiran sacrílegamente su injusticia y le nombran "santo," son los arbitristas. Marañón señala la actitud que Olivares tenía ante los consejos de los arbitristas: "Daba, en efecto, el Conde-Duque beligerancia inmediata a todo arbitrista que se le presentase con planes, los más fantásticos que pudieran forjarse, para arreglo de los desastres públicos y singularmente de los monetarios."[88] El último verso muestra la sutileza amarga de nuestro autor. Todo el mundo quiere verle en Peralvillo, situado cerca de Ciudad Real. Señala Amiel que allí la Santa Hermandad litigaba contra los delincuentes. Es el sitio de la justicia inquisitorial. El pueblo quiere verle justiciado allí. Los arbitristas le desean de juez allí. El mismo nombre del lugar le causa escalofríos al alma, que representa al autor, quien nos dice "aún aquí," en Francia, tan lejos en tiempo y espacio, "tiemblo de oíllo."

Con la declaración "Porque lo manda mi señor valido" (S., 58), repetida numerosas veces, se justifican matanzas, el cobro de tributos a los pobres labradores, el despojo al doliente y su final en el cadalso, y el cortar la cabeza al inocente descuidado. Lo hace todo y, a la vez, continúa "rezando en Maquiavelo" (S., 59). Le advierte el alma que de este modo, no llegará al cielo, ni ganará perdones, sino que,

ganarás, noramala para el diablo
(perdone este vocablo),
un odio general en todo el mundo
un dolor sin segundo
un nombre de tirano,
un tesoro profano,
una vida cansada,

una acción invidiada,

una muerte penosa,

una riqueza odiosa,

una loca esperanza,

y, después de caída su privanza,

una cuenta muy larga a Dios de todo,

....

en el infierno mismo sepultado

donde serás esclavo eternamente

del propio Lucifer y de su gente (S., 59-60).[89]

Antonio Enríquez Gómez consigue, mediante estas imprecaciones, mostrarnos su profundo odio a la justicia inquisitorial. El edifica una maldición sobre la otra, hasta mandarlo, al fin, al infierno, adonde la Inquisición ha mandado a muchos, y adonde en "Ynquisisción de Luzifer", él manda a la propia Inquisición.

Bajo la insistencia de la Inquisición y de la reina Isabel, Felipe desterró al conde duque de Olivares de la corte: "con un decreto decretó su ida" (S., 64). El dolor profundo que sufría le llevó en poco tiempo a la muerte: "brevamente se puso la mortaja" (S., 64). Al caer del poder todas sus amistades le han dejado:

Notando que su entierro

fue como su destierro:

secreto, sordo, triste, desgraciado,

y más que desgraciado, mormurado (S., 65).

Con sutileza mórbida, nos recuerda, de nuevo, en los dos últimos versos, los procesos inquisitoriales, donde reinaban el secreto, la sordidez, la tristeza, la desgracia y más que todo la murmuración, que empapaba de vergüenza a los delincuentes. Es interesante comparar estos versos al entierro histórico de Olivares descrito por Marañón:

Tanta conmoción atmosférica y el funeral infortunado sin música, con el capellán y 'los dos clerizontes', dio rápidamente aire de mito a la leyenda del Conde- Duque. Espíritus adversos o amigos rodeaban la memoria del valido y, apenas muerto, le hacían cobrar nueva vida fantástica y convertíanle en duende también. Y así leemos una apostilla del Padre Pereyra, que en Madrid, 'los muchachos dicen que se pasea por el campo de Santa Bárbara en un coche de fuego el Conde-Duque, llevando a carnero en el estribo. Es tal el miedo —añade— que si no se aseguran que acabó también el cuerpo, aún no están seguros de que resucite.'[90]

No hay duda de que el personaje de Gregorio Guadaña proviene de linaje de cristianos nuevos. El padre de Gregorio era "doctor de medicina," su madre, comadre, su tío, cirujano, su abuela, celestina y su primo, alquimista. Familia hereje por excelencia. Américo Castro señala que tanto los judíos como los conversos hebreos ejercían frecuentemente la medicina. Los médicos de los reyes y de la aristocracia solían ser de origen hebreo. Ser de esta profesión señalaba impureza de sangre: "Es muy sabido que la medicina fue uno de los menesteres más practicados por los judíos cultos, y más descuidados por los españoles cristianos."[91] Y más tarde, "Los hebreos conversos continuaron cultivando la medicina... Cultivar la medicina y dominar las lenguas hebrea y árabe era rasgo inconfundible de tradición judaica."[92]

Nos dice Gregorio que podía, como tanto otros conversos, comprar papeles de nobleza y de limpieza de sangre, pero rechaza la tentación: "Bien podía mi vanidad pintar en su escudo zorras, zorrillas, perros, gavilanes, castillos y otras sabandijas, pero sería igualarme, y aun condenarme, por la vía ordinaria" (S., 81). Como otros conversos, tanto Gregorio prefiere que le juzguen por sus obras y no por su sangre: "Y si tengo nobleza, lo dirán mis obras en el discurso de mi vida, pues a mi flaco juicio, el más bien nacido fue siempre el que vive mejor" (S., 82). En la transmigración del médico, no hay duda de que este "rubibarbo endoctorado" (S., 231), era cristiano nuevo. Quiere el médico ganar su pan sin miedo de la codicia inquisitorial, y por lo tanto, resuelve adquirir una ejecutoria con dinero:

> Ganó su ejecutoria a puñaladas,
> que lo mismo son píldoras doradas;
> por lo menos, ninguno entre infieles
> sacó más adjustados los papeles (S., 226).

Tan bien ajustados fueron, que no cayó en las garras de la Inquisición a pesar de matar a tantos pacientes con sus abusos.

El soberbio también "compró a peso de plata la nobleza" (S., 239). En la boca de un anciano pastor, oráculo de las montañas, resume el autor su actitud en cuanto a la relación entre virtud y ejecutoria:

> Si imagináis, señor mío, que la más limpia ejecutoria, puesta al sol de la virtud, no descubre muchos lunares feos, estáis engañado; porque si la una es cédula que da el mundo en el tribunal de la vanagloria, la otra es cédula real que da la divinidad en el supremo trono de los cielos; la una adquiere una pequeña gloria del siglo, y la otra un eterno descanso (S., 283).

De modo novelesco detallado, nos describe Gregorio la reacción y las medidas que toma la Inquisición, al recibir malsinerías. Estando Gregorio en la venta, en compañía del juez, le pide éste acompañarle en una ronda nocturna. Como funcionario del Consejo Supremo tiene que realizar el encarcelamiento de dos caballeros denunciados por tres malsines, secretamente: "Salimos con todo secreto a prender los dos caballeros que ordenaba el Consejo... Llevaba el juez tres cañutos del lugar... Llamaron los malsines: y como los conocían por amigos, siendo traidores, abrieron luego" (S., 105). Como hemos dicho antes, los malsines fueron conocidos de la víctima, a quien malsinaban. Aquí, la gente perseguida abre la puerta con facilidad, porque conoce a los malsines, sin reconocer su bajeza, la malsinería. Los delincuentes se esconden. Gregorio, que queda observando el espectáculo, le advierte al malsinado, escondidamente, del peligro que le espera y éste se escapa por la ventana, no sin decir a Gregorio: "Conozco que sois noble" (S., 106). Preguntamos por qué le ayudó Gregorio. La respuesta es clara. Le tenía compasión por ser correligionario. Inmediatamente, aparecen el juez, su tropa, y el malsín, quien señala el dormitorio de don Juan, el malsinado. "Colaba un soplo de mal aire por la escalera; veníale siguiendo el juez y demás tropa. Llegó el malsín al aposento y dijo..." (S., 106). Debe notarse el desprecio que el autor tiene a los malsines en la expresión "Soplo de mal aire." Es interesante notar el paralelismo entre estas aventuras nocturnas, ésta y la de la dama suntosa que le sigue, que de primera vista, parecen ser no más que aventuras picarescas, y las visitas de los diablos con los inquisidores en la

"Ynquisición de Luzifer". Al comparar los acontecimientos de las dos obras, no hay duda ninguna que esta visita nocturna con el juez, le sirve al autor para criticar la Inquisición.

El delincuente de la aventura nocturna del *Siglo* se escapa. No obstante, para la Inquisición, un malsinado, al ser denunciado, era culpable y con él todos los de la casa. Por añadidura, se le secuestraban los bienes. Nuestro juez no es distinto. Ya que no detuvo al delincuente, lleva presos a los criados y embarga los bienes. Los bienes confiscados, a pesar de pertenecer según la ley a la monarquía, fueron apoderados por los oficiales, y sólo un porcentaje mínimo llegaba a los cofres de la monarquía.[93] Nuestro juez y su compañía depositan las alhajas pesadas con un vecino, y roban las demás. Llorente documenta las leyes de secuestro decretadas en 1561 y seguidas hasta sus días:

> 6th. The inquisitors shall sign the decree of arrest, and address it to the 'grand alguazil' of the holy office. When it relates to a formal heresy, this measure shall be immediately followed by the sequestration of the property of the denounced person...
>
> 7th. The 'alguazil' shall be accompanied, in the execution of the decree of imprisonment by the recorder of the sequestrations, and the stewards. He shall appoint a depositary...
>
> 8th. The recorder of the sequestrations shall note all the effects separately, with the day, the month, and year of the seizure.[94]

Es interesante con cuánta exactitud y precisión describe nuestro autor estos procedimientos: El secuestro inmediato de bienes; la documentación de los artículos; el depósito y, al fin, la deshonestidad de los oficiales:

> Hubo tres depositarios: el escribano, el alguacil y un vecino, que se llamó en lo último del depósito, para las alhajas de más peso; que los ministros de justicia no se entregaron de cosa que no pudiese ir en la faldiquera (S., 106).

La Inquisición sospechaba que cuando uno cometía yerros sus vecinos y parientes eran cómplices de todo modo. Por lo tanto, el juez llamado por Gregorio "juez persiguidor" (S., 91), busca otras víctimas y dice Gregorio: "Y prendimos diez y seis inocentes visitando tres casas" (S., 106).

La justicia injusta es un tópico conocido en toda literatura a lo largo de los siglos. En el siglo XVII español, como señala Pelorson, el desprecio y la sátira de la justicia se expresa en multitud de obras literarias: "... les divers aspects que prenait le thème des *Letras* et du *Letrados* juriste dans la grande littérature de l'époque de Philippe III les plus illustres (Alemán, Cervantes, Quevedo, Tirso, Góngora, Lope de Vega)."[95] Y más adelante: "On serait tenté de penser que la littérature sous Philippe III était uniformément hostile aux *letrados* juristes."[96]

Sin embargo, no hay uniformidad temática en el tratamiento de la justicia, sino diversidad de expresiones, según la naturaleza específica del específico autor. Tampoco puede la literatura servir como exacta documentación histórica de la justicia, ya que su empleo proviene en muchos casos de la tradición literaria en cuanto al tema:

> Or un examen approfondi de cette littérature révèle qu'il n'y a pas unanimité des jugements, mais une grande diversité de positions, qu'il pourra être intéressant d'explorer, ne serait ce que du point de vue de l'histoire litéraire, compte tenu de la célébrité de certains des auteurs... Mais cette diversité même rend bien difficile l'utilisation de cette littérature comme un 'document' auquel on pourrait d'emblée ajouter foi. D'autant que la satire de la justice y a souvent un arrière fond culturel et qu'il devient dès lors bien malaisé de faire la part exacte de la conjoncture dans les accusations.[97]

Añade más adelante: "... toute la galerie des portraits littéraires satiriques d'avocats. Chaque grand écrivain du temps y a apporté sa touche personnelle."[98]

El ejemplo por excelencia de esta tendencia indiscriminadamente crítica de la justicia y sus oficiales, se encuentra en la obra de Quevedo. Pelorson señala que la sátira del letrado, es efectivamente la crítica discreta de todo el brazo de la justicia que origina en la Monarquía. No hay crítica directa de la justicia real, sino una sátira burlesca de sus subalternos, tal como alguaciles escribanos, jueces, abogados y corchetes, e incluso, las cuadrillas de la Santa Hermandad:

> Si les problèmes de 'gouvernement' et surtout de 'justice'... intéres-

sent la littérature espagnole au temps de Philippe III, le personnage du *Letrado* juriste, sous les diverses formes professionnelles qu'il pouvait présenter (professeur de droit, avocat, juge, magistrat, etc.) y fait une apparition plutôt discrète... Ce que nous observons alors, c'est une attitude de réticence, sinon de franche réprobation. Cette attitude se manifeste à divers niveaux: d'abord dans les griefs qu'aligne une satire littéraire, soit directe, soit insidieuse, soit encore parodique, du fonctionnement de la justice... Les formes les plus directes et les plus virulentes de cette satire visent les subalternes de la justice royale, les alguazils, les greffiers, les procureurs de causes, les recors ('corchetes'), ou encore les archers de ces milices paysannes (en plein déclin à l'époque), qu'on appelait les 'cuadrilleros de la Santa Hermandad'... La reproche fondamental qui est fait à ces exécutants, c'est d'être plus voleurs que les voleurs eux-mêmes, d'encourager les vices dont ils vivent... Ceux qu'on appelait par antonomase *letrados*, à savoir les avocats, faisait aussi, bien souvent, les frais d'une satire directe... Sur tous ces points la littérature ne faisaient que prolonger les griefs virtuellement contenus dans la réglementation de la profession du barreau et dans les menaces de sanction qu'énumérait la législation royale... Mais il serait aisé de démontrer que la plupart d'autres écrivains du temps pratiquaient eux aussi, à l'occasion, cette façon enveloppée de mettre en cause les étages supérieurs de la justice à partir de la satire des subalternes et des juges inférieurs.[99]

Antonio Enríquez Gómez se deja llevar por una parte por esta tradición literaria, pero a la vez, cuando se refiere a la justicia, lo hace con distinto y muy específico enfoque. Su preocupación es la justicia inquisitorial cuya corrupción ataca. Su condición de converso y su exilio voluntariamente involuntario —ya que se desterró por salvarse la vida— fueron causa de que su tratamiento del tema de la justicia fuese más concreto y menos tópico. Su preocupación por la cuestión de linaje, causa primaria de su obra literaria, no le deja tratar livianamente el tema de la justicia. Afirma Jesús Antonio Cid: "En el caso de Enríquez Gómez hay que atribuir la nueva perspectiva crítica de algunas de sus obras, y su avance ideológico a su peculiar situación étnica y, sobre todo, al distanciamiento proporcionado por la experiencia del exilio."[100]

La Inquisición creaba un ambiente hostil y falta de justicia social hacia el converso. El único modo que tiene nuestro autor de combatir la injusticia es la palabra escrita. En unas obras lo hace abiertamente y en otras embozadamente. Hablando de *Luis dado de Dios*, dice Oelman:

> This treatise... also develops the theme of "good governance," of which justice towards *all* subjects (as well as avoidance of favouritism and corruption) is an essential part, in the author's view. Clearly his concern is wider than the Portuguese issue and the multiple allusions to the Inquisition and to malsines (tale-bearers) suggest a preoccupation with the treatment of New Christians, which is made manifest in the *Política angélica*. There he attacks the Inquisition precisely for its persecution of New Christians... The concern seen in these works with political and religious justice has its parallels in his poetry, where it takes a more personal form... *El siglo pitagórico* is mainly a satirical work... but here again the dominant themes are those of Social Justice... and the attack on corruption (perhaps with inquisitional bureaucracy in mind)... Thus one sees in the poetry of Enríquez Gómez a concern with Social Justice and the status of the poet as "converso" within a hostile society...we have the image of the purely "converso" writer: the echoes of persecution by the Inquisition, the fear of and loathing for the tale-bearer who may bring it about.[101]

La Inquisición y la Monarquía tienen obligación tanto religiosa como civil ante la gente. La admisión de malsines y de testigos secretos permite que reinen la mentira y la injusticia. Dice Révah que en la *Política angélica* el autor muestra que "cela va à l'encontre du droit civil," y que "La justice humaine doit s'efforcer d'imiter la justice divine."[102] En *Luis dado de Dios* dice Enríquez Gómez claramente: "Rey Iusto, es una excelencia inteletiba, deriuada de la sabuiduría de Dios... En el arte de Reynar, militan la Magestad y el poder, en el nombre de Iusto, el de Iustiçia y misericordia." (*Luis*, 3). Los reyes reciben su poder de Dios y por lo tanto, "Están en lugar de Dios," (*Luis*, 54), y "más tienen de divinas que de humanas, por que el horden diuino los yllustro y separó de las demás gentes" (*Luis*, 26).

La Monarquía entregó a la Inquisición una autoridad casi ilimitada. Afirma Domínguez Ortiz: "The extraordinary authority of the Inquisition derived to a large extent from the unconditional support given it by the Crown."[103] Añade Kamen:

> From the beginning the tribunal was so closely allied with and so dependent on the crown that later historians came to regard it as a secular tribunal more than an ecclesiastical one... The crown had absolute powers of appointment and dismissal of inquisitors.[104]

Roth aclara que hay que distinguir entre la Inquisición Pontifical y la española. Aquélla fue decretada por la Sede Pontifical y por lo tanto, era tribunal esencialmente eclesiástico. La española, fue nombrada por la Monarquía, y por lo tanto, el Tribunal "is a branch of the Civil Power, independent of external authority, even at times opposes the dictates of the Papal curia itself."[105]

La Inquisición abusaba la autoridad judicial que le había otorgado la Monarquía, haciendo "de la Iustiçia tiranía,", "Y justicia tan mala / que ninguna en el mundo le iguala" (S., 27). Enríquez Gómez condena estas injusticias, de modo novelesco en *El siglo pitagórico*. Ya que no está dispuesto todavía a criticar abiertamente a la justicia vigente en su patria, deja al alma servirle de portavoz. Ella expone la doctrina del autor y sirve de narrador a lo largo de la obra, con la excepción del episodio de Gregorio Guadaña. Aquí, el alma le entrega la palabra a Gregorio mismo, que narra sus aventuras. En esta transmigración, Gregorio es el portavoz oficial del autor.

Volviendo al episodio de la ronda nocturna, vemos que Enríquez Gómez señala mediante esta aventura las consecuencias injustas de maliciosas malsinerías y justicia injusta. Al escaparse el delincuente, perseguido por el juez y su compañía, los que tenían rencor personal, fuera por amor rechazado o envidia, aprovecharon la ocasión para saciar su venganza con denuncias al Tribunal. Albortada la vecindad cuando se supo que había mensajeros de la Suprema, se les acerca un malsín con el rostro cubierto y denuncia a una dama: "Llegóse al juez un hombre rebozado, pues no hay celos que no traigan su rebozo, y díjole" (S., 106). No le importa al juez la evidente venganza personal. Inmediatamente, van a la casa de la denunciada. Este frenesí de la Inquisición por la caza de delincuentes, dejaba a toda la sociedad en estado de inseguridad perpetua. Nadie escapaba al alcance del Santo Oficio. La persona más devota, más cristiana, más limpia podía perderse por una malsinería.

La casa de la dama malsinada estaba amueblada lujosamente con artículos del Oriente: ornamentos de nácar, rasos de cenefa de oro, muebles de ébano y marfil, estrado turco, suelo arábigo, cama de Damasco y catre de la India. Toda esta suntuosidad indica gente hereje de origen morisco o hebreo, ya que los conversos participaban en el comercio con el Oriente. Verifica Beinart: "Often we find complaints, expressed in Inquisition records, that conversos are trading and thus aiding enemies of Spain and Portugal. Converso merchants brought merchandise from the Netherlands, France and the colonies in Asia and the New World to the Peninsula".[106]

Continuando el episodio de la ronda nocturna, el juez y su compañía llaman a la puerta de la dama malsinada. Los sale a recibir una vieja hechicera, "destas que mudan caras todas las noches" (S., 107). Al penetrar en la alcoba de la dama, tan suntuosa como su sala, la encuentran en la cama. Ella se sorprende de la visita de la justicia en su dormitorio y exclama: "¡La justicia en mi cama! Téngolo por imposible, siendo ella el tribunal de los gustos y no de los justos" (S., 108). La dama aparenta hablar de su cama, pero efectivamente dice que el tribunal trabaja por los gustos, por los bienes ganados y no por los justos. Es un modo cuidadoso de atacar al tribunal y su justicia no suprema. El juez con sutilezas le trata de explicar que viene en busca de "su amante, su galán o su diablo." Se asusta la dama, ya que el Santo Oficio castigaba con toda furia a los endemoniados, y grita: "¿Su diablo? Pues, ¿tiéneme por endimoniada o por hechicera?" "¡la pila del agua bendita!;¡presto, presto, que hay diablos en casa!" (S., 108). La vieja reacciona prontamente y le echa el agua a los diablos, al juez y a su tropa: "¡Arredro vayas, Satanás! —dijo la vieja llenándonos de agua—; ¿diablos aquí?; abernuncio, libera nos Domine" (S., 108). A pesar del aspecto cómico, hay insinuación muy seria de que la justicia es satánica.

El juez amenaza primero a la dama con torturas inquisitoriales, y luego a la vieja mediante un proceso de condenados, por la calle: "Sosiéguese que la justicia tiene dos pinceles en casa del verdugo para retocallos cuando se le antoja. ¡Ah, madre —dijo el juez—, cómo me parece que habéis de pasear las calles antes de tiempo!" (S., 109). No hay duda de que esta justicia es la del Santo Oficio. Más tarde, vemos que el soldado en la venta, al no satisfacerse sus deseos románticos, amenaza a la tía de Beatriz con un proceso de condenadas: "Ah madre, que preparada estáis para salir a fiestas populares" (S., 118). Es una sociedad donde el individuo siempre vive bajo intimidaciones. Cada agravio personal, se convierte en amenaza de denuncia a la Suprema.

Gregorio observa cómo se soborna la justicia. Por veinte doblones a cada uno, tanto el escribano como el alguacil dejan escapar al galán escondido. El juez, quien vino en busca de víctimas, sea lo que sea, ya que le escapó el galán, manda "Prended esa vieja hechicera!" La vieja le avisa "que agora todos somos de una color." Puede ser que sea referencia a que la sangre de todos está teñida con sangre de herejes. Poco más adelante, añade la vieja "que aquí no se vive sino en tinieblas" (S., 110). Aquí todos viven siempre con miedo, siempre a oscuras, escondiéndose del brazo de la justicia. Las tinieblas es la Inquisición. Más tarde, en la venta, el estadista también se refiere a la Inquisición cuando dice que andar con ella es estar vestido de tinieblas. Este vocablo "tinieblas," recuerda la oración encontrada en los archivos inquisitoriales, citada por Haim Beinart. El converso ruega a su Dios: "No tengo ahora más que pedirte, grande Señor, sino que me ampares y me socorras y me libres de las tinieblas del día y de la noche y perdóname de todos mis pecados."[107]

Volviendo a la justicia en casa de la dama suntuosa, observamos que toda la escena progresa mofándose de la injusticia de la justicia. El juez pide al escribano que dé fe de lo acontecido. Este contesta: "Si le doy... testimonio será verdadero, pues no lo vi" (S., 111). La mentira en boca de escribano es verdad. El letrado se lamenta de no haber podido asir al galán porque ya vino preparado para prender y quemar al reo: "Yo traigo en mi faldiquera eslabón, yesca y pajuela" (S., 112). Debe notarse que a pesar de tener un ataque aparentemente tópico del letrado, los instrumentos que él usa se refieren a la hoguera inquisitorial. Afortunadamente, nadie es encarcelado esa noche por la industria de la dama, que sabía que la justicia siempre se compraba. Le regala al juez una camisa de Holanda, y a la vez, insinuaciones sexuales: "Desnude Vmd. el pellejo de la culebra, y vistas de mi mano este lienzo hereje, labrado con estas manos cristianas, aunque pecadoras" (S., 113).

Al día siguiente, la tía astuta de doña Beatriz, una joven enamorada de Gregorio, le comenta a éste: "Dígame, pecador, ¿qué gusto saca de rondar al lado de la justicia?," insinuando que el que anda al lado de la justicia, es pecador. Luego añade la vieja que la religión reverenciada por ellos es la de los intereses, no la del Creador: "El señor Dinero se está donde mi Dios es servido" (S., 115). El estadista también le advierte que rondar con la justicia es encontrarse al lado de la inmoralidad de las tinieblas:

> Señor don Gregorio, no es buena razón de estado rondar por amistad, siendo curiosidad del gobierno y no razón moral. Yo soy estadista, pero nunca condeno el día por salvar la noche, no siendo gala de juicio vestille de tinieblas a costa del sueño, pues nuestra vida consiste en la conservación del individuo, y más cuando Vmd. deja sus servidores pendientes de su fortuna (S., 117).

Las referencias a la intimidación inquisitorial brotan en cualquier discurso. Cada ocasión justifica un ataque sutil al Santo Oficio. La discusión aquí recuerda la famosa discusión sobre las novelas de caballerías en *Don Quijote*. Como allí, el discurso ocurre en la venta; los participantes representan distintas facciones de la sociedad; y cada uno contribuye su perspectiva de lo discutido. Siguiendo el discurso del estadista y de la vieja Celestina, se interpone un filósofo, hablando de la transmigración de las almas en referencia a la conducta sexual de Beatriz. Entra un fraile a quien le interesaba Beatriz carnalmente, y por competencia amorosa personal con el filósofo, inmediatamente, le ataca de herejía: "Bien digo yo que no hay filósofo que no toque en hereje... Y mire lo que hablo, que soy calificador del Santo Oficio; yo no sufriré una herejía a mi padre que venga del otro mundo" (S., 119). El miedo al Santo Oficio está extendido por todas partes. Se abusa del poder religioso para solucionar disputas materiales. El letrado se burla de la edad de Beatriz. El narrador inmediatamente aprovecha la ocasión para atacar a los malsines, por boca de Celestina: "Justicia de Dios venga sobre todos que levantan falsos testimonios" (S., 120). Todos los malsines de la Inquisición son testigos falsos, que merecen la rabia del Supremo, por no seguir sus leyes: "No dirás falso testimonio contra tu prójimo."[108]

La vida como la concibe Antonio Enríquez Gómez es muy amarga. En boca del filósofo la sociedad entera parece un cementerio perpetuo. La vida está envuelta de muerte. Asimilamos la muerte, la ingerimos, la respiramos, la absorbemos del medio ambiente, por nuestros poros. Somos cadáveres andantes paseándonos por una sociedad de muertos. Por tanta muerte, anhelamos, con preocupación mortal, la vida incesante: "Vivimos entre muertos, comemos muertos, vestimos muertos, visitamos muertos, lisonjeamos muertos, y con tener a nuestra vista tanto cadáver, queremos vivir para siempre" (S., 123). Hay que notar la semejanza con las referencias a la hipocresía, en *Ynquisición*.

El estadista, a su vez, interpreta la vida de un modo más calculado y pragmático:

> Necesario es que para castigar a muchos malos peligren algunos
> buenos, pues muchas veces paga el inocente brazo el delito que
> cometió la cabeza... Y si por sustentar el todo de la virtud peligrare
> alguna parte, no se escandalice el necio, que como nuestra vida es una
> continua guerra, no se puede hacer sin escándalo de la salud, y falta
> de muchas fuerzas. Por ensanchar la monarquía del cuerpo se pone
> a riesgo la del alma, que es tan horrible el estado del linaje humano,
> que atropella el divino (S., 125).

El punto de vista del estadista es el de la monarquía. Hay que eliminar el mal de la tierra, y si con él sufren los inocentes, no puede escandalizarse, ya que la vida es una guerra en que mueren los buenos al lado de los malos, y se cometen muchos crímenes:

> Como si para vencer un ejército de enemigos se pudiera conseguir sin
> robos, muertes y escándalos. ¡Oh, si la guerra se pudiera hacer sin
> tributos!... Por cierto, estado divino es atropellar con justicia los unos
> y los otros. Cuando las monarquías se declaran guerra, cada una tira
> a su conservación, aunque se arruine la parte inocente... No se gana
> el cielo sin buenas obras; pero, ¿quién no había maltratado infinitas
> virtudes primero que lo consiga? Pues para ganar una fortaleza se

pelea con los buenos y malos sucesos, y entre ellos peligra el justo y
el injusto (S., 126).

Al presentarnos con las justificaciones injustas que la monarquía ofrece para
absolverse de la mala conciencia de la matanza de tantas almas inocentes, nuestro
autor critica al monarca si nombrarle. Los reyes permiten a la Inquisición declarar
guerra a los herejes, y si en el hecho cazan a unos inocentes también, el rey se
excusa, pensando que el fin lo justifica. En nombre de la salvación del pueblo de
la contaminación hereje, envenena la Suprema a la sociedad.

El soldado justifica al estado, declarando que en la guerra acontecen muchas
injusticias, tanto corpóreas como espirituales. Cuando se encuentra en la batalla,
hay que, no sólo matar, sino también robar a las víctimas. Parece que se refiere
a las hogueras y confiscaciones. Se mofa de nuestro autor que pide justicia:

Andáos a justificar albedríos, a salvar inocentes y castigar culpados,
cuando la guerra no repara en muertes, robos, latrocinios, y otros
delitos desta clase. Entrad saqueando un lugar, preguntando por los
buenos para salvallos, y por los malos para castigallos (S., 127).

El brazo ejecutivo justifica la eliminación de inocentes y el latrocinio de
bienes, en nombre de la guerra santa. Mediante este perspectivismo logra Antonio
Enríquez Gómez ofrecernos su opinión y a la vez, su crítica del Estado. El único
que no ofrece su punto de vista es don Gregorio. Como cristiano nuevo sabe que
no hay que expresarse en público, por miedo de malsines y del Santo Oficio.

Los acontecimientos del camino le recuerdan a Gregorio cosas familiares de
la vida diaria. Ya que los procesos inquisitoriales eran tan comunes e impresionantes, le vienen con frecuencia a la memoria. Al asaltarlos unos bandoleros en
el camino, los atan a los árboles, quitándoles la ropa. Este espectáculo le recuerda
los procesos de penitentes, "haciendo una alameda de penitentes en camisas" (S.,
136).

Para avergonzar más a los penitentes, la Inquisición les hacía quitar la ropa,
tanto a los hombres como a las mujeres, dejándolos con ropa mínima, y con
máxima vergüenza. Lo recuerda Lea: "The culprit stripped to the waist and with
the pié de amigo, was paraded through the streets with the insignia of his offence,

while the town-crier proclaimed his sentence... To young women the exposure was especially humiliating."[109]

Gregorio trata de consolar a las mujeres atadas con él, ya que éstas se deshacían en lágrimas. Esto le trae a la memoria la consolación de los delincuentes acusados por la Santa Hermandad: "Yo las consolaba, como amante que aguardaba, sin coronarme de favores, las flechas de la hermandad" (S., 136). Dice Amiel en nota al pie, comentando esta oración: "Derrière cette assistance fraternelle (hermandad) se profilent les flèches redoutables de la Santa Hermandad, chargée de châtier les délits commis dans les campagnes."

Toda esta escena del asalto, le recuerda a Gregorio un proceso inquisitorial. Los penitentes "en camisas" comienzan a pedir misericordia al cielo. Es la primera vez que los representantes de la justicia reconocen la misericordia: "Entre tanto estaba la justicia pidiendo misericordia" (S., 136). El fraile le advierte que un cristiano debe sufrir las torturas con paciencia y resignación y que "cada uno se encomiende a Dios" (S., 137). Sin embargo, no se hallaba misericordia en el mundo. En vez de socorro, el cielo se puso bélico y les mandó una tempestad que los atacó sin lástima: "No obstante, se le antojó al señor cielo relampaguear, y poco a poco empezó la artillería celeste a hacer su oficio, dándonos una carga de granizo y agua tan fuerte" (S., 137). El cielo parece no ser clemente con los penitentes.

Al tratar de desatarse el impaciente fraile, el cochero le advierte: "No trate de eso, padre mío, que los bandoleros nos ataron a prueba y estése" (S., 138). Nuestro autor se mofa de la terminología de la justicia. Cuando la Inquisición, después de investigar una denuncia decidía prender a un reo, su culpabilidad, de hecho, ya era probada, y había de mantenerle en la prisión. En palabras de la jurisprudencia, "prueba y estése." No había modo de exonerarse.

Las escenas amorosas también despiertan en nuestro autor ganas de mofar de la justicia. El uno recuerda su antítesis. Gregorio llega a Madrid donde, en compañía de su primo van a cortejar a unas damas. Toda la escena transcurre con referencias jurídicas. La dama es celestial, por tener el nombre Angela Serafina. El primo que la presenta, "sirvió de *relator.*" La escena de cortejo es "el *consejo* de Venus." El primo informa la calidad de Gregorio "en el *pleito* de pretendiente" (S., 143). La dama angélica inclina "oídos a mi *justicia*, y preguntóme si tenía más *probanza* que dar. Díjele que no; pedí libertad, pues me hallaba *preso*, y respondióme: —Por agora, señor mío, a prueba y estése" (S., 144). La dama angélica representa la Inquisición. Gregorio es el acusado, quien tiene que dar probanzas de su cristianidad sin manchas, y sumirse a muchas interrogaciones. A prueba está condenado y se queda encarcelado.

Cuando un concepto es difícil de entender, se lo compara a uno conocido y divulgado. Aquí, las relaciones amorosas, difíciles de comprender, se comparan con escenas inquisitoriales, tan lugar común en aquel entonces. Al caer condenado y preso por el amor, Gregorio tiene que rendir su dinero, comprándoles a las damas sortijas de diamantes y telas de Holanda. ¿Será paralelismo a la secuestración de bienes? "Salí tan sin dinero como enamorado... La fuerte batería del tiempo todo lo rendía con el oro" (S., 145). Al confesarse el amor se queda sin bienes.

Nuestro galán enamorado va a dar serenata a su Angélica, cuando se le acerca un alguacil diciendo: "¿Quién va a la justicia? ¿Quién va a la justicia?" Gregorio contesta: "La justicia se viene a mí, que yo no voy a ella." El sabe que para sobrevivir tranquilo hay que evitar la justicia. Las preguntas que le hace el alguacil recuerdan las del Santo Oficio: "¿Quién es... qué hace aquí, dónde vive, qué oficio tiene y de dónde viene?" (S., 146). Dondequiera que ande uno, allí se encuentra la justicia. No se puede vivir en paz. Al partir la justicia, nota Gregorio, figurativamente, la bajeza que envuelve a los oficiales de la justicia: "Ellos se fueron la calle abajo, que esta gente no va calle arriba" (S., 150).

Siguiendo sus deseos amorosos, Gregorio cae en relaciones ilícitas con la mujer del alguacil Torote, el amigo del juez. Torote resuelve la mancha a su honor con cuatro puñaladas casi fatales a su esposa, y don Gregorio se escapa. No obstante, no goza de la libertad por mucho tiempo. La cuadrilla de malsines se hallaba incógnita en todas partes. Cada discordia, cada conflicto, cada tumulto los despertaba, y los atraía como el venado atrae a los perros de caza. Atestiguando los conflictos se apuraban a dar testimonio a las autoridades. Denuncian a nuestro galán, y la justicia expedita lo coloca en la cárcel. Ya que la Inquisición frecuentemente sospechaba de los criados de casa como cómplices del amo, encarcela al criado de Gregorio, a la vez. Si la Inquisición hubiera tenido que sostener a toda la gente que encarcelaba, no habría colocado a tantos reos en sus calabozos. La solución fue simple. El reo paga su propio sustento, fuera o no culpable. Así que prendía a un sospechoso, secuestraba sus bienes, y de ellos se pagaban sus necesidades. Antonio Enríquez Gómez no deja ninguna oportunidad para describir estos procedimientos:

> Y como todo el mundo está lleno de soplos, y los malsines son cañutos de mayor esfera, no faltó quien me llevó la justicia a casa de don Cosme. Pusiéronme en la carcel a mí y a mi criado, adonde pagamos, yo lo que no había comido, y él lo que no había solicitado (S., 154).

Efectivamente, uno podía quedarse en las cárceles de la Inquisición, año tras año, gastando toda su fortuna y la de sus hijos, pagando el sustento. La Inquisición no tuvo que pagar por sus errores, los reos mismos lo sufrieron en su cuerpo y en su bolsillo. Lo describe Henry Kamen:

> Sequestration was... usually temporary seizure while the victim was in confinement. In practice, however, sequestration were often lost altogether: their income was used to pay judicial costs and to finance the expense of keeping the prisoner for the weeks, months, or years of his confinement.[110]

Afortunadamente para Gregorio, la justicia sabe deshacer agravios de sus amigos personales. El juez, su amigo del camino, convierte la pendiente acusación criminal en una civil, y se le devuelve la libertad. Gregorio escarnece el modo tan fácil y a la vez ridículo, de hacer y deshacer justicia y dice del juez: "Empezó a tomar la mano en el negocio, y como persona que entendía tan bien las criminales causas, hizo la mía tan civil, que a no meterse de por medio vacaciones, me dieran enfíado los señores de las garnuchas" (S., 155). Ofrece mil agradecimientos por ser liberado pero no puede resistir la oportunidad para comentar la codicia material de la Suprema, y la arbitrariedad con que encarcela a los inocentes:

> Pagué mi prisión, que hasta el tormento se paga. Dieron... por libres a mi güespeda y otros criados de su casa, que andaban a monte, costándoles a los señores de la Sala estar inocentes y habiéndose

presentado el mismo día. Custóme la burla más de ducientos escudos
y si no estuviera el juez de por medio me costara dos mil (S., 164).

Cecil Roth dice acerca del secuestro de bienes:

All the expenses connected with the imprisonment, which sometimes
lasted over a period of years, was supposed to be borne by the prisoner. Thus, even if a man were acquitted he might sometimes find
himself utterly ruined. At the same time, in cases which might
ultimately involve confiscation, all the possessions of the accused
were sequestred at the moment of arrest. Sometimes with very
serious effects upon the economic life of a whole town or province.
When a condemnation resulted, all this property devolved on the Holy
Office, which thus had every inducement to bring in a verdict of
guilty.[111]

El juez no es sólo un individuo. Se le nombra "juez," porque representa la
justicia. Sólo en el capítulo once, de repente, le llama por su propio nombre,
señor don Fernando de Salcedo, y entre paréntesis nos avisa: "Este era su
nombre" (S., 172).

Nadie puede escapar de la fuerza de la deshonra. Ella toca a la puerta de
nuestro juez con un niño ilegítimo de su hermana. Eso le ofrece a nuestro autor
la oportunidad de discutir el tema del honor. La discusión se desarrolla en dos
niveles. El juez habla del pundonor de la familia y de la nobleza, Gregorio,
portavoz de Enríquez Gómez, discute la honra por relación con el linaje y la fe:
"¿Quién se puede librar de la mancha común del pecado, ora sea por flaqueza de
fe, ora por anticipación de la Venus o por cudicia de los humanos bienes?"(S.172).

Los autores cristianos nuevos en general, y Enríquez Gómez en particular,
preferían ser juzgados por sus obras, y no por la sangre. La nobleza verdadera
se refleja en la virtud, y en los hechos. Estos provienen de la decisión consciente
del individuo de ser bueno, de ser noble de conducta. La nobleza heredada por
herencia y linaje no valdría, a menos que se le acompañaran las buenas obras. No
hay que ostentar la nobleza de la sangre, sino la del espíritu: "Que los nobles
nunca hacen ostentación de su linaje, sino de su virtud y que los hombres que no

lo son, quieren suplir la falta de su nobleza con hacer gala della" (S., 279). Los cristianos nuevos fueron perseguidos por causa de sus antepasados. Por lo tanto, no hacían gala de su linaje, sino de sus logros personales. Nuestro autor que tanto sufría por su genealogía, declara que hay que vanagloriarse de la caridad, de la misericordia, de la piedad, del amor al prójimo y del socorro de los humildes. Su mensaje está cargado de resonancias bíblicas. En sus palabras:

> Ser noble, es blasonar de virtud propia, no de la ajena; ser noble es amparar los humildes, no los soberbios; ser noble es defender los flacos, no alentar los fuertes; ser noble es ser piadoso, pero no cruel; ser noble es perdonar ofensas, no vengarse de ellas; ser noble es premiar beneficios, no despreciallos; y finalmente, ser noble es que lo que no se quiere para sí, no se quiere para el prójimo. ¿Quién dirá que sea acción de nobles pechos oprimir los humildes: ninguno, porque todo animal racional, por mal organizado que esté, tiene siempre piedad de su semejante y no pretende deslucir con una obra vil todas las nobles de la sabia naturaleza. Favorecer al afligido, animar al flaco y socorrer al que no puede, virtudes morales son de un magnánimo corazón y de un espíritu heroico; aquí sí que luce la sangre heredada de los nobles, honrando con ella la especie humana semejante a sí (S., 280).

La sangre es un pretexto creado por el hombre. En boca de Gregorio, le avisa el autor al juez, quien contempla matar a su propia hermana, que no es justo matar al prójimo, por ninguna ofensa a la sangre, ignorando las divinas leyes del Creador: "No apruebo, amigo y señor, a sangre fría la muerte." La vida y la muerte vienen de "el derecho divino." Al matar a los culpados, no se resuelve nada. La muerte es la artillería de la venganza. El arrepentimiento es humano y es de Dios:

> Es razón que le valga el arrepentimiento, es justo que le ampare el secreto, notando que si con la vida la honra había que blasonar de la duda, con la muerte no podrá alentar de la venganza... No alcancéis nombre de cruel... que más vale errar por piadoso que acertar por

riguroso. Cuerdo sois; las leyes del mundo no han de poder más que las divinas (S., 173).

Las leyes de la matanza, por proteger la sangre, desmienten las leyes divinas. La venganza es de fieras, el perdón y el amor es del ser humano. En *Luis dado de Dios*, reafirma la misma idea:

> Los mayores Ymperios se conquistaron con el amor, obrando más la Benignidad del Prínçipe que la espada: ... No dar motivo al odio, acertándose el superior con la justiçia, como hiçieron todos los Reyes justos.(*Luis*, 115).

La ley divina prohíbe castigar en la prole los delitos de los progenitores. La Inquisición castiga en los cristianos nuevos los llamados delitos de sus antecesores. Le recuerda el autor: "Aborrecerle por la culpa de su madre no es de nobles, es de fieras" (S., 173). Efectivamente, ni entre las fieras, se ejercerían las leyes que tratan de la nobleza de sangre y de linaje: "Por ventura ¿es blasón de la nobleza quebrar la lanza en el flaco virtuoso, pudiendo rompella en nuestra misma vanidad? No creo yo que entre las fieras se ejerciten tan civiles estafermos en los teatros de las selvas" (S., 283).

Antonio Enríquez Gómez no deja ninguna oportunidad, ni método para vituperar la injusticia de la Suprema. En una jácara, escrita por un rufián, la compara a un salteador de caminos. Comienza con unos versos que escarnecen el vocabulario inquisitorial, y dice que dentro de cuatro años, la justicia menoscaba a tantas personas ricas, como si hubieran sido ovejas de sacrificio:

> Confesaréte mis rentas;
> y si no absolvieras dudas,
> óyeme de penitencia.
> ....
> En menos de cuatro mayos,
> como si fueran ovejas,
> trasquilamos en camino
> muchas personas de cuenta (S., 179-180).

El salteador se jacta después, del modo en que él abusa del miedo de las víctimas, para convertirlas en "tijeras," malsines: "Que para reses perdidas / se hicieron nuestras tijeras" (S., 180). No puede acabar la jácara sin mencionar las torturas inquisitoriales, administradas para alcanzar confesión. Una de las más conocidas, era "el potro," donde se ataba al reo con cuerdas. El inquisidor apretaba las cuerdas hasta que penetraban la carne del torturado. Henry Kamen lo describe:

> The "potro," which was the most common after the sixteenth century, involved being bound tightly on a rack by cords which were passed round the body and the limbs and were controlled by the executioner who tightened them by turns of the cords at the end. With each turn the cords bit into the body and travelled round the flesh. In all these tortures it was the rule to strip the victim first. Both men and women were divested of all their clothes and left completely naked except for minimal garments to cover their shame.[112]

La referencia en la jácara del salteador de caminos es muy obvia:

> Allí conocí tus mañas
> apretándote las cuerdas,
> siendo confesor de azote,
> por ser mártir de la penca (S., 180).

Con las pencas y las cuerdas, el reo divulga todas sus "mañas," y confiesa el pecado que le han atribuido "muchos hombres de dos caras, / testigos de tu destreza."

Los declarados motivos religiosos de la persecución de herejes fueron oscurecidos por el interés en los bienes de los acusados. No era ninguna coincidencia que muchos de los culpados eran conocidos por su prosperidad. Henry Kamen alega que era lugar común atribuir avaricia a la caza de herejes. Cita a Diego Ortiz de Zúñiga, quien declaró: "What was noticeable was the great number of prosecutions against moneyed men."[113] Trae también un texto de Hernando del Pulgar: "From the very first, then, the inquisitors were associated with confiscation of property, and it became common practice to imply, as Pulgar did, that the search for heretics was really a search for property."[114] Henry

Charles Lea, comentando la interrelación entre persecución y avaricia, dice:

> In this carnival of plunder, there is small risk in assuming that the
> pressure on the tribunals gave a stimulus to the prosecution of the
> richer class of the Conversos and that wealth became more than ever
> a source of danger. In fact, the number of large estates referred to
> in these transactions would seem to indicate that few escaped whose
> sacrifice would supply needful funds to the Inquisition, while minis-
> tering to the greed of the courtiers.[115]

Cuando Carlos V llegó al poder, estaba dispuesto a deshacerse de la
Inquisición, o por lo menos reformarla. En 1518, en una asamblea general de las
cortes en Valladolid, los representantes solicitaron al monarca que limitara y
reformara unos de los procedimientos inquisitoriales. Carlos V pidió a las cortes
publicar los abusos e indicar modos de abolirlos. También, se convocaron las
cortes de Aragón en Zaragoza, y de acuerdo con las cortes de Aragón y de
Castilla, en 1518, se decretaron 39 artículos en que se definían los procedimientos
del Tribunal.[116] Miremos los artículos sugeridos sobre la confiscación de bienes
señalando en el hecho la crueldad de las leyes seguidas por el Tribunal:

> That where an individual is sentenced to imprisonment, an
> inventory shall be taken of his property, and they shall not be
> sequestrated or sold. That he, and his wife, and children, shall
> possess his revenues during detention, and shall be allowed to employ
> them to prepare his means of defence against the Inquisition.
>
> That when a man is condemned, his children shall inherit his
> property.
>
> That no donation shall be made on their property, until it has been
> definitively confiscated.[117]

La Inquisición no dejó que el decreto se realizara. Con el tiempo, Carlos V
cambió su actitud humanista y los abusos inquisitoriales continuaron. Comparamos
los artículos de 1518 con los decretados y seguidos desde 1561:

> 6th. The inquisitors shall sign the decree of arrest, and address it

to the 'grand alguazil' of the holy office. When it relates to formal heresy, this measure shall be immediately followed by the sequestration of the property of the denounced person...

9th. The "alguazil" shall deduct from the sequestrated property a sufficient portion to defray the expenses of the food, lodging, and journey of the prisoner;... If any money remains he shall give an account to the cashier, to be employed in the maintenance of the prisoner.

10th. The "alguazil" shall require the prisoner to give up his money, papers, arms, and everything which it might be dangerous for him to be in possession of; he shall not allow him to have any communication, either by speech or writing with the other prisoners, without receiving permission from the inquisitors. He shall remit all the effects found upon the person of the prisoner to the gaoler, and shall take a receipt, with the date of the day on which the remittance took place...

61st. When sufficient proof exists to authorize proceedings against the memory and property of a deceased person, according to the "ancient instruction," the accusation of the fiscal shall be signified to the children, heirs, or other interested persons, each of whom shall receive a copy of the notification. If no person presents himself to defend the memory of the accused, or to appeal against the seizure of his goods, the inquisitors shall appoint a defender, and pursue the trial, considering him as a party. If any one interested in the affair appears, his rights shall be admitted, although he should be a prisoner in the holy office at the time; but he shall be obliged to choose a free person to act for him. Until the affair is terminated, the sequestration of the property cannot take place, because it has passed into other hands: yet the possessers shall be deprived of it, if the deceased is found guilty...

76th. If any prisoner has a wife or children, and they required to be maintained from his sequestrated property, a certain sum for each day be allowed them, proportioned to their number, age, quality, and the state of their health, as well as to the extent and value of these possessions. If any of the children exercise any profession, and can thus provide for themselves, they shall not receive any part of the allowance.[118]

Según Henry Kamen, al comienzo se utilizaron las confiscaciones para cubrir los gastos de la Suprema. Oficialmente, el Tribunal no tuvo control sobre lo confiscado, ya que su oficio era cazar herejes. Técnicamente, los bienes confiscados pertenecían a la monarquía. No obstante, en la mayoría de los casos documentados, se encuentra que la Inquisición se apoderaba de casi todo. En palabras de Kamen: "Confiscations were an important adjunct to revenue with the result that the tribunal lucky enough to discover a nest of rich heretics stood to gain appreciably from its luck."[119]

Lea, en su capítulo sobre la confiscación de bienes, declara que ella era de suma importancia para la conducta y la supervivencia del Santo Oficio:

If I have entered thus minutely into the details of this branch of inquisitorial activity, it is because its importance has scarce been recognized by those who have treated of the Inquisition. It not only supplied the means of support to the institution during its period of greatest activity, but it was recognized by the inquisitors themselves as their most potent weapon and the one most dreaded by the industrious classes which formed their chief field of labor. Its potency is the measure of the misery which it inflicted, through long generations, on the innocent and helpless, far transcending the agonies of those who perished at the stake... To it also is greatly attributable the stagnation of Spanish commerce and industry, for trade could not flourish when credit was impaired, and confidence could not exist when merchants and manufacturers of the highest standing might, at any moment, fall into the hands of the tribunal and all their assets be impounded.[120]

El interés reinaba. Por él se borraba la justicia. Desaparecían la misericordia y la caridad y brotaban la hipocresía y los abusos. La religión se convertía en la adoración de Mamón. La obsesión con las riquezas materiales ahogó las espirituales. Don Dinero movió a los cazadores en su misión infernal en nombre del Creador. Lo resume en pocas palabras el juez, amigo de Gregorio:

> Y no niego haber en el mundo verdad, justicia, razón, virtud, misericordia, amistad, limosna, honra, caridad, templanza, fortaleza, prudencia y sabiduría; pero antes que se ejecuten todas estas morales y políticas virtudes, entra primero la comodidad de cada uno, porque el hipócrita adquiere santidad por malos medios, siendo mártir del demonio; pero toda esta santidad fingida no es ejecutada sin que primero la comodidad tenga su imperio en la misma hiproquesía... Hasta el culto divino la tiene para ejercer sus oficios espirituales en sus primicias y rentas eclesiásticas; después entra el amor, la caridad, la doctrina, el celo y fervor espiritual... El que se halla incapaz del siglo busca su comodidad primero, y aunque sea para servir a Dios, pone la mira en su comodidad; después entra la abstinencia, la disciplina y la obidiencia (S., 181-183).

El vicio de la avaricia se convierte en sacrilegio, al emplear el nombre de Dios. Dios mira las entrañas y conoce los motivos interesados de los hombres:

> Si el mundo esta engañado,
> Dios no lo puede estar, y es gran pecado
> que la virtud de Dios y de los justos,
> la tomen los injustos
> por instrumento de pecar (S., 201).

En la transmigración del hipócrita, él cree que se puede salvarse con "que cristiano nací y he de salvarme" (S., 208). No obstante cuando se dio a "heréticos errores," le prendió "La Inquisición entonces, / que con fuego ha purgado hasta los bronces" (S., 210). Parece que confesó sus delitos, fue reconciliado, y de penitencia le dieron doscientos azotes y un año en las galeras. Como de costumbre, salió en un proceso, vestido de sambenito y mitra, que es la coroza: "A ducientos azotes de contado / y sólo un remo por su mal fiado. / Salió con una mitra cierto día" (S., 210).

El castigo de galeras, tal como el de confiscación de bienes nos muestra el ingenio de emplear a los herejes para enriquecer al estado. La vida de galeote era sumamente difícil y muchos morían, antes de que se acabara su penitencia. En 1502, cuando sus posesiones se encontraban bajo peligro, Fernando inventó el castigo para reforzar su fuerza marina, sin gastos para la monarquía. Dice Lea: "Galley-service was recognized as so severe that the old fueros of Aragon forbade it under heavy penalties, except with the free assent of the individual."[121]

Aun en escenas que parecen no tener nada que ver con la Inquisición, muestra Antonio Enríquez Gómez su preocupación por ella. Cada aventura del alma trae con ella referencias embozadas a la justicia inquisitorial, sus abusos y sus castigos. Más que todo parece que no hay persona que no esté implicada en el terror y las amenazas del Santo Oficio. No hay hombre que no tenga mancha en la sangre. Todos están contaminados por linajes sospechosos, y por falta de limpieza. El soberbio también se encuentra ser hereje de descendencia morisca: "Fue hijo de un honrado tabernero / y nieto, con perdón, de un aceitero" (S., 239). El hecho de tener un abuelo aceitero, como señala Américo Castro, indica origen morisco: "Eran dados a oficios de poco trabajo: tejedores, sastres, sogueros, esparteros, olleros, zapateros, albéitares, colchoneros, hortelanos, recueros y revendedores de aceite, etc."[122] El dinero, resuelve impurezas, y la limpieza se compra a la vez con la nobleza: "Compró a peso de plata la nobleza" (S., 239). Alcanzado el respeto y oficio por el poder del dinero, comienza a despreciar a la gente de cuyo origen desciende, jactándose que "su linaje fue siempre de los Godos" (S., 240). A pesar de sus antepasados, parece que llegó como muchos otros cristianos nuevos a tener oficio en la Inquisición. Con su vil naturaleza que no sabía virtud, eliminó la verdad, la caridad y la piedad de la tierra. Aborrecía a los virtuosos, adulaba a los poderosos, lisonjeaba al estado, "atropellando la virtud de modo / que era destrucción del mundo todo. " Tan vano y presumido como Nabucodonosor, se idolatraba, y "antes de tiempo en fiera convertido. " Denuncia a su propia familia para ostentar su propia fe. "Era tan loco y vano, / que no reconoció su propio hermano" (S., 241). Tanto fue su atrevimiento, que comenzó a menospreciar a gente noble, de título y de nacimiento. Con sutileza nos muestra nuestro autor el miedo que tiene la nobleza a los inquisidores. El duque menospreciado por nuestro soberbio, "con prudente sosiego / respondió con decencia: / 'Estoy para servir a Vueselencia'" (S., 241). Todos le temen y le lisonjean, mientras él, con "horrible desatino" los deshacía. El alma, que como ya sabemos es el portavoz del autor, ahora pronuncia una arenga enardecedora contra el tirano:

> ¿Sabes que soy tu alma, di, tirano?
> ¿Sabes que eres cristiano?
> ¿Sabes que hay Dios?
> ....
> ¿Hasta cuándo, hasta cuándo, caballero
> más vano que el dinero,
> has de hacer sacrilegios y maldades,
> siendo Neron de todas las edades?
> ¿Hasta cuándo, sin Dios y sin conciencia
> de una y otra insolencia
> te armarás, atrevido,
> en achaque de bien o mal nacido (S., 243).

Lo que hace es afrentar, deshonrar, infamar y llenar de oprobio a inocentes. Eso es un sacrilegio. Eso es ignominia "contra el mismo cielo. " Le avisa el alma que: "La crueldad, la malicia / el odio, la bajeza, / enemigos de toda la nobleza" (S., 244). La justicia, la piedad y la caridad forman al caballero. Sólo por ser justo y generoso se salva. "Que todo lo demás en las edades / viene a ser vanidad de vanidades." Te adulan y lisonjean no por "tu gentileza ni decoro," sino para aprovecharse de tu poder. Le aconseja cuidado, ya que en esta sociedad de malsines, "el más amigo / se da por enemigo." Le advierte el alma que al emplear malsines en su servicio, él mismo va a ser ultrajado por ellos cuando les convenga a su interés. Debe alejarse de ellos:

> Si tú te retiraras desta gente,
> tan vil como insolente,
> no te hallarás vendido
> ni tu honor consumido (S., 245).

Le continúa aconsejando que se acompañe de gente virtuosa, para que se contagie de virtudes milagrosamente y para que deje a los malsines que sólo causan "mucha deshonra, perdición de vidas."

La murmuración sobre la genealogía sea o no sea pura, sólo creaba problemas y agravios a su vida. Nadie se encontraba libre de las amenazas de las sospechas, ni los oficiales del Santo Oficio. Nadie quería que su linaje apareciera en la boca de lenguas maldicientes. Nuestro soberbio teme investigaciones genealógicas de su familia, y amenaza a "quien pusiere mancha en mis agüelos." Con arrogante ostentación declara: "Tan limpio soy como la luz del día" (S., 246). Ya que es tan "puro" de sangre, ya que en el nombre, es tan cristiano viejo, no tiene que tener cristianidad de conducta. Puede sufrir de ausencia total de caridad: "Que un decendiente de Pelayo el Godo / no tiene obligación de ser piadoso," sino, "franco, valiente, loco temerario, / novelero, cruel, altivo y vario" (S., 247). Sigue vanagloriándose de su poder absoluto sobre la vida y los bienes de los judaizantes, "usureros," y se justifica matarlos por codiciar sus propiedades:

> Y si faltaré renta,
> poner el mundo en venta,
> que, con hacer dos fieros
> y matar dos docenas de usureros,
> quedaré por mi modo
> señor del duelo y caballero en todo (S., 248).

La gente le ofrece reverencia y le llama "vueselencia." El sabe las andanzas y los secretos más íntimos de todos sean reyes o sean nobles. Todos se ofrecen a su servicio, tanto las damas como los estadistas, los almirantes y los condestables. Todos tienen secretos. Por lo tanto, su honra está en la mano cruel del inquisidor, quien conoce todos los rincones del mundo. No le sirve ser humilde, manso y piadoso. Esto es de cobardes. Un poderoso tiene que ser desalmado y cruel.

> Pues no será pusible
> con el libro del duelo ser piadoso;
> soberbio debe ser un poderoso.
> ....
> Más precio yo tiranizar la tierra (S., 250).

Con unos versos rápidos nos enseña el autor la actitud de la gente hacia el oficial de la Inquisición:

> Vuesa merced se tenga por servido.
> ¿Cómo esta Vuesoria?
> ¿Cómo se halló de su melancolía?
> ¿Cómo la reina está?   ¿Cómo está el Conde?
> ¿Dónde está mi señora la Duquesa?
> ¿Cómo durmió mi sora la Marquesa?
> ¿Qué decretó el Consejo?
> No se miró esta dama en el espejo.
> ¿Qué hay de guerras?   El mundo ha dado un vulco. (S., 249).

Nadie tenía esos poderes, excepto los privados y la Inquisición. El privado, como ya vimos, representa la Inquisición, y ahora el soberbio también. La reencarnación de la soberbia en los ojos de Antonio Enríquez Gómez, es el Nimrod bíblico, sobre quien escribió la comedia *La soberbia de Nimbrod*. Rose señala la asociación entre Nimrod y la Inquisición: "Nimrod is depicted as casting Abraham into the fire. That Enríquez Gómez would have associated Nimrod with a tyrant who authorized autosde-fe is quite comprehensible."[123] Y añade en nota al pie 36 que "Similar attitude towards Nimrod persists in Sephardic ballad." Un día asaltaron al soberbio y le asesinaron. Nadie lloraba su muerte. El cielo le había castigado por su vileza: "Vivió matando, y por el mismo filo, / murió sin duelo, por vivir con duelo" (S., 252).

El ladrón también tiene sangre de cristiano nuevo, ya que es usurero: "Dio en tratantes de usuras, / bien condenadas, pero mal seguras" (S., 256). El ladrón soborna a la justicia que se compra fácilmente, para que le ayuden el día que le prendan: "Contentos y pagados los tenía / para el amargo día." Morando en el cuerpo del ladrón, el alma contempla la diferencia entre la justicia humana y la justicia divina. La de Dios, es la de compasión, caridad y de perdón. La del hombre, es vengativa. Dios trata de preservar la honra de uno, enseñándole con cariño a distinguir lo bueno de lo malo. El juez humano, es enemigo del hombre. No le enseña, sino que le castiga rencorosamente:

> Dios puede perdonarte,

la justicia del siglo condenarte;
Dios puede darte el cielo,
pero el juez colgarte de un anzuelo;
Dios puede darte honra,
la justicia deshonra;
Dios puede ser tu amigo,
el juez tu enemigo (S., 256).

El ladrón justifica sus latrocinios comparándose al resto de la sociedad. Alega que los representantes de la justicia tal como los alguaciles, escribanos y letrados se untan y sacan dinero al público. Los señores quitan el pan a los pobres. Todos lo hacen en nombre de un fin honrado. Aparentan honestidad y roban a escondidas, el uno al otro:

Todos cuantos nacieron se robaron
los unos a los otros y callaron.
    Este mundo mi alma (estáme atenta),
es un mar con tormenta;
peces somos, amiga, y los mayores
nos tragamos sin alma los menores.
    Si soy ladrón, trabajo me ha costado
. . . .
yo robo con mi cara descubierta,
y ellos la traen cubierta;
y aunque mi error presuma,
no vuela ocultamente con la pluma;
ladrones somos todos,
pero por varios y diversos modos,
yo jurto sin licencia,
ellos con ella, y todos sin conciencia;
a mi me ahorcarán si me cogieren,
y a muchos daran gracias si los vieren;
yo robo con trabajo,
y ellos van sin dolor por el atajo;

vivimos, si nos cogen, con deshonra,

y ellos, aunque los cojan, tienen honra;

y por este camino, y por el otro,

tan ladrón es el uno como el otro (S., 263).

Después de oir sus razones, no nos parece tan ladrón como los oficiales, ni el alma le guarda rencor, sino lástima. Con alguna tristeza, ella nos cuenta el modo en que le prendieron. La Inquisición le llevó a la cárcel a investigarle: "pusiéronle a cuistión" (S., 265). El se confesó: "cantó de plano." Le sentenciaron a la muerte. La plaza se preparaba para un auto de fe: "la plaza aderezada a maravilla." Llevábase puesta la soga: "llevaba al cuello una lucida toga, / si bien algunos la llamaron soga" (S., 265). Trae a la memoria un hecho muy divulgado, del segundo proceso inquisitorial en Sevilla, en 1481. Salía en la procesión un riquísimo mercader marrano, uno de los jefes de la comunidad conversa. Lo cuenta Cecil Roth:

> Diego de Susan, himself was one of the three persons who suffered the extreme penalty on the second occasion. He went to the stake calm and unperturbed as usual. The halter around his neck was trailing uncomfortably in the mud, and he had to solicit the help of one of the crowd of bystanders. "Be so good as to lift up the end of my African scarf," he requested, urbanely.[124]

Nuestro ladrón, también sabía andar con orgullo en su procesión. Se llevó puestos la coroza y el sambenito: "Una gorra sin plumas, y un vestido / de varas guarnecido." Las varas son las de la cruz de San Andrés, pintadas en los sambenitos. Normalmente en esta obra, al morir uno de los cuerpos delincuentes, oímos al alma decir que su entierro fue abandonado, y que los amigos de anteaños le han dejado enterrarse solitariamente. Aquí es la primera vez que oímos que muchos vinieron y le tuvieron compasión, incluso el personaje nunca ausente, el malsín: "Pero quien más le honraba / era un clarín que su virtud cantaba." Se arrepintió sinceramente, y exhortó a otros que enmendiaran su vida. El alma se aparta de él casi melancólica.

Cuando le comparamos al arbitrista de la siguiente transmigración, brilla con santidad. El arbitrista también representa la Inquisición. Los adjetivos que le compañan recuerdan en su ardor el brasero de los autos de fe: "Asaba los pueblos, quemaba las villas, freía las ciudades, y destruía poco a poco el género humano" (S., 267). Es temido de muchos, y querido de nadie. Tiene entrada a las casas de los mayores señores. Codicia millones con una sed insaciable. Aprovecha de lo confiscado para aumentar su tesoro personal. Con este caudal llega a poseer "palacios, carrozas, lacayos, pajes y criados." Es un "segundo Midas," con excesiva avaricia por los bienes de la gente. "Había robado el mundo," sin querer repartir los bienes. Impone tributos e impuestos. Cobra rentas y sisa millones:

> Huía de los justicieros y jamás hablaba con los jueces rectos... Despachaba recetores, factores, comisarios y jueces por todo el reino para la cobranza de sus rentas, estos nombraban otros, y siendo mi adbitrista el mayor ladrón del mundo, los demás hasta la cuarta generación saqueaban los pueblos, hurtando todos por competencia, que los cacos nobles así lo deben hacer (S., 268).

Preguntamos, ¿quiénes fueron los arbitristas y cómo han llegado a tener tanto poder en el reino? Durante el siglo XVII, España se encuentra en una situación económica crítica. El comercio con el Nuevo Mundo no beneficiaba al país. La despoblación se acentuaba y el tesoro real disminuía cada vez más. La Monarquía buscaba pensadores que pudieran sugerir remedios a los males económicos. Según Bona: "La situation était lamentable: l'agriculture, le commerce, l'industrie, tout dépérissait à vue d'oeil ou était déjà ruiné; les penseurs cherchaient avec acharnement le moyen d'arracher leur partie à cet état désastreux."[125]

Jean Vilar, investigando los orígenes de la aparición del arbitrismo, dice que surgió en 1588 en la Corte de Felipe II:

> Es en... las Cortes de Castilla donde conviene buscar los orígenes del fenómeno del arbitrismo... se trata de una petición a Felipe II de las Cortes de 1588... La misma incertidumbre que ese empleo revela, señala las confusiones que han podido producirse alrededor de la noción "arbitrio" y de los promotores de "arbitrios."[126]

Más adelante cita Vilar la petición: "Como V.M. refiere en la respuesta del dicho capítulo y precedente que para sus necesidades ha sido necesario usar de algunos *medios y arbitrios*, ha imbuido tanto esta vez en todos los naturales y extranjeros que en los Reynos residen, que muchos dellos tienen por modo de ser bien andarse desvelando."[127]   A continuación, atestigua la opinión negativa que tenían las Cortes del cuerpo de los arbitristas: gente de poco entendimiento pero con mucha imaginación, que por sus propios intereses fabricaban remedios y gastaban el tiempo del rey en audiencias largas:

> Porque hay muchos que tienen por modo de vivir andarse desvelando, *imaginando medios y arbitrios con que saquen dineros*, siempre que ellos *funden asientos y contrataciones* para consumir la sustancia de estas *trazas y asientos*... ay número grande de gentes que gastan su vida en la Corte en estas *quimeras de pensar arbitrios, medios y novedades*, que fabrican en sus lugares, y por la mayor parte hombres de corto entendimiento, y después vienen a la Corte a ocupar a V. M. y a sus ministros con largas audiencias.[128]

Elliot define el vocablo arbitrista:

> Literally a schemer or projector. The 'arbitristas' in the seventeenth century Spain were the men who devised expedients and drew up schemes, whether sound or unsound for the restoration of the royal finances and of the Castilian economy.[129]

Ya que muchos de los remedios sugeridos eran en el campo financiero, la palabra arbitrio llegó a tener el sentido de "asiento," o de impuesto cualquiera o de tasa local.[130] Ya que muchos de los remedios introducidos no lograron éxito, llegó la palabra "arbitrio" a tener el significado de "estratagema sospechosa," o de un "remedio imaginado," que resulta ser "una fuente de ruina pública."[131] Todavía más, la palabra adquiere el sentido de engaño: "pero más próximo del sentido de 'truco' que del de gran proyecto."[132] Vilar resume todos los sentidos que la palabra "arbitrio" cobró entre 1610 y 1650:

> El sentido de "medio," "remedio," "truco," "artificio" —pero

aplicado a los medios *propuestos*, al Rey y a los poderes públicos principalmente, a los particulares a veces, *como remedios a sus problemas*—. En el más de los casos, se trata de problemas *financieros*, de medios *lucrativos* por tanto; más raramente se trata de soluciones *políticas* o de grandes proyectos *técnicos*. Pero lo más notable es que las alusiones literarias a tales proyectos son exclusivamente satíricas, de suerte que *arbitrio* termina por significar "proyecto ridículo" o "remedio absurdo."[133]

Bona divide los arbitristas en dos grupos: "Les mercantilistes" y "Les anti-mercantilistes."[134] Al primer grupo pertenecen los famosos Alamos de Barrientos —consejero de Olivares—, Juan Belluga de Moncada, Sancho de Moncada, Pedro Fernández Navarrete y más. Ellos creían que la riqueza de España se basaba en la posesión de metales preciosos, y por lo tanto, había que evitar que éstos salieran de España. Sancho de Moncada, profesor en la universidad de Toledo, sugiere por ejemplo al rey Felipe III, que no salgan de España materias laborables, ni que entren en ella materias ya labradas.[135] Jean Vilar señala que Moncada sugiere que los remedios al progresivo empobrecimiento de España y simultáneamente la prosperidad de sus enemigos "consisten en prohibir a los extranjeros el acceso a las rentas y a las artes y oficios, y el sacar materias primas; prohibición que viene refrendada por la letra de más de sesenta leyes."[136]

Sancho de Moncada cree que la decadencia económica, la despoblación, la carencia de metales y la pobreza del tesoro nacional, todos nacen de la avaricia de los extranjeros: "El daño de España nace del nuevo comercio de Estrangeros," ya que ellos son los que sacan el oro y la plata del país.[137] Según Domínguez Ortiz por la falta de adecuados productos domésticos, Sevilla, que era el centro del comercio con el Nuevo Mundo, permitía a los extranjeros traer productos de sus propios países para venderlos a las Américas. Por lo tanto, los metales preciosos con que se pagaban las mercancías, caían en manos de extranjeros:

While Seville (and later Cadiz) held the monopoly of commerce with the Indies, they favoured foreign importers and acted as their allies against Spanish producers and against the government which preferred to restrict imports to prevent the export of precious metals. Curiously enough, even an official body, like the casa de contratación took the merchants side in this affair.[138]

Aún en tiempos de guerra con sus países, los comerciantes extranjeros continuaban disfrutando del comercio español con el Nuevo Mundo. Por lo tanto, entre los remedios que Sancho de Moncada sugiere es nacionalizar la industria, el comercio y los oficios. "El remedio de España que solo Españoles usen artes, y oficios en ella."[139] Otro remedio de Moncada, que a la vez describe la favorable situación económica de los extranjeros es el siguiente:

> El remedio de España, que sus rentas sólo les den a Españoles. Estrangeros tienen en España (según se dice) más de un millón de juros, sin infinitos Censos, toda la Cruzada, gran número de Prebendas, Encomiendas, Beneficios, y Pensiones. Tener rentas Eclesiásticas, está vedado por leyes de España, que hicieron los señores Reyes Católicos, y el Emperador nuestro señor.[140]

Hay que impedir el flujo de metales preciosos al extranjero, prohibir importaciones de mercancía extranjera y excluir la participación de extranjeros en el comercio. Resume Bona: "Toute les conceptions économiques de Moncada aboutissent à la proclamation d'une seule mesure: L'expulsion des merchands étrangers et la prohibition d'importer les merchandises étrangères."[141] El grupo titulado por Bona "anti mercantilistes," como Diego José Dormer, Don Manuel de Lira y Alberto Struzzi, creía en la libertad de comercio entre España y el Nuevo Mundo, y entre España y el resto de Europa.[142]

Otra problemática que preocupaba a los arbitristas, era la pobreza de Castilla en comparación con los demás reinos. Castilla era el único reino que contribuía a los gastos del gobierno. Según Elliott:

> The years around 1600 were terrible years of famine and labour shortage and spiralling food prices... The skeleton was Castile, barren, impoverished, decayed. Shocked by the sudden realization, many thoughtful Castilians put pen to paper and set out to account for what had happened and to propose drastic remedies. It was this

paradoxical character of Castile's situation which most forcibly struck
Martín González de Cellorigo, one of the acutest of these economic
writers, or "arbitristas."[143]

Los arbitristas contemplaban la desastrosa condición de la hacienda real y
concluían que el único modo de salvarse la Monarquía de un desastre económico,
sería la participación de los demás reinos en las obligaciones financieras del país.
El primero de febrero de 1619, la Consulta de Castilla,

> examined the causes of the depopulation and misery of Castile and
> proposed a number of remedies. Among the proposed remedies (all
> of which had already been recommended by many "arbitristas"), is
> pointed out as its first cause, which dealt with the excessive taxation
> falling on Castile, that other provinces besides Castile were interested
> in the conservation of the Monarchy, and therefore it is just they
> should offer, and should even be requested to offer, some help, so
> that all the weight should not fall on the weak and exhausted a victim
> as Castile.[144]

La propuesta de imponer tributos a los otros reinos, les ganaba a los arbitristas
la actitud negativa y el odio de los pueblos: "La reforma tributaria es la propuesta
moncaida que mejor responde al sentido impopular y despectivo de la palabra
'arbitrios.'"[145]

Marrañón señala la exagerada asociación que tenía Olivares con los arbitristas
y la interrelación entre dictaduras y arbitrismo:

> La dictaduras coinciden con el florecimiento del hombre que con una
> simplicísima fórmula da la solución de lo que parecía insoluble. La
> explicación de esta coincidencia es sencilla: el dictador mismo tiene
> mucho de arbitrista... engendrador de pensamientos atrevidos en cuya
> eficacia cree en plena fe, y los lleva a la práctica, sin cuidarse de la
> opinión de los demás... El dictador está pues, especialmente propenso
> a creer en el arbitrista, esto es en el hombre que propunga fórmulas
> para la solución de los pleitos parciales de la vida estatal, de análoga
> simplicidad a los que él usa para resolver los problemas nacionales.

Podría, en suma, decirse que el dictador es un arbitrista de los grandes problemas políticos, y el arbitrista, un dictador de los problemas pequeños y parciales.[146]

Como advierte Jean Vilar, el tema del arbitrista en la literatura española del siglo XVII, se desarrolla de modo limitado.   Las tres obras, "universalmente conocidas," que a la vez tratan del tema del arbitrista son el *Coloquio de los perros*, de Cervantes, y el *Buscón* y *La Hora de todos* de Quevedo.[147] De ellas, la del tono más violento, motivado por la preocupación política del autor, es *La Hora de todos*.[148]   El personaje es tratado de modo distinto en cada obra, de modo que, como señala Vilar, es difícil clasificarlo como prototípico: "No es interpretado en absoluto de la misma manera por los autores de primera fila que lo utilizan." Y sigue: "Las contradicciones son muy vivas: ¿es el arbitrista un peligroso y alto personaje que 'destruye el reino y al rey,' o un pobre maníaco de ensueños reformadores que muere en el manicomio o en un hospital?"[149]

El *Coloquio de los perros*, publicado en 1613, contiene la primera aparición de este personaje, denominado con el nombre de su vocación "arbitrista": "Tal es, salvo mejor parecer, la partida de nacimiento de la palabra en su uso literario. Está formada por Cervantes, en el *Coloquio de los perros*, publicado en 1613."[150]   Poco más adelante: "Es en Cervantes en donde hay que buscar el texto primordial, en el sentido estricto de la palabra, ya que muy probablemente es el primero que da al tipo del arbitrista una expresión literaria; el primero, al menos de los textos publicados"[151]   El loco arbitrista es uno de los enfermos encontrados en el hospital.   Aunque no sea prototípico, ni sea testimonio histórico del personaje, tiene unos rasgos caricaturescos que aparecerán de nuevo en otros arbitristas futuros de la literatura: "Ahora bien, insuficiente a todas luces como testimonio, fija en cambio la figura del arbitrista, establece los rasgos caricaturales que le harán tan famosa."[152]

Vilar cita el autorretrato que hace el arbitrista maníaco de sí y señala que unos elementos de él reaparecen en otras obras literarias.   Veamos primero el autorretrato, y lo que de él dice Vilar.   Habla el loco arbitrista:

Yo, señores, soy arbitrista, y he dado a Su Majestad en diferentes tiempos muchos y diferentes arbitrios, todos en provecho suyo, y sin

daño del reino; y ahora tengo hecho un memorial, donde le suplico
me señale persona con quien comunique un nuevo arbitrio que tengo,
tal que ha de ser la total restauración de sus empeños; pero por lo que
me ha sucedido con otros memoriales, entiendo que este también me
ha de pasar en el carnero. Mas porque Vuestras Mercedes no me tengan por mentecato, aunque mi arbitrio quede desde este punto
público, le quiero decir que es éste.[153]

Vilar analiza el autrretrato y comenta sobre sus rasgos:

Que estén tomados de la realidad, inventados o forzados para agudizar
la sátira, los elementos de este autorretrato —desconocidos hasta
entonces en Cervantes— reaparecerán en lo sucesivo hasta en sus
menores detalles, como automáticamente, en cada evocación literaria
del arbitrista.[154]

Más que todo se repite el aspecto ridículo del arbitrista, objeto de risa: "No
obstante, generalizado o restringido, el empleo de 'arbitrio' ha adquirido de forma
creciente, en la literatura de la primera mitad del siglo XVII, una intención
exclusivamente *cómica, satírica*. La persona que los inventa es motivo de burla."[155]   Otros rasgos que le atribuye la literatura son: "loco y entrometi-
do."[156]   Tiene ridículo "afán al secreto," que "todos los otros autores usarán
y a veces abusarán de este recurso cómico del tipo."[157]   Sus propuestas ridículas
son extravagantes pero lucrativas en cuanto a sus propios intereses: "El arbitrista
que nos presenta la literatura es a la vez soñador e interesado. "[158]   Y más
adelante: "Otra característica del arbitrista clásico es la preocupación de llegar al
rey y obtener de él toda clase de garantías sobre los beneficios del proyecto."[159]

Quevedo en el *Buscón*, aunque no emplea la palabra "arbitrista" introduce la
novedad de un arbitrista pícaro: "El *Buscón* presentaba al 'loco república' en el
marco picaresco y como un pícaro más encontrado al azar. No indica que el
personaje hiciera de sus proyectos un medio de vida y de estafa consciente. "[160]

Teresa   en *La niña de los embustes Teresa de Manzanares*, de Castillo
Solórzano, 1633, describe a un pícaro-arbitrista:

Era la profesión del huésped familiar de mi madre arbitrista, hombre de grandes máquinas fabricadas entre sueños y puestas en ejecución despierto... prosiguió con el ejercicio arbitrario... cansando a ministros y gastando memoriales en balde, pues todos se reían de él... porque habiendo este hombre presentando sus memoriales en el Consejo y comunicando con los ministros de él su arbitrio, viendo ser sin pies ni cabeza, no sólo le admitieron, más, por eximirlo de sus cansancios y necias máquinas, le mandaron que dentro de ocho días saliese desterrado de la Corte.[161]

En el teatro, el arbitrista hace el papel del gracioso, papel cómico que sólo cabe en las piezas palaciegas. Informa Vilar: "Para el teatro, se disponía de un criterio bastante sencillo; el arbitrista desempeña siempre en ese género el papel del gracioso como su actividad está vinculada a las intrigas en torno a monarcas, había que buscar en las piezas palaciegas."[162]

Señala Jean Vilar que después del arbitrista de Cervantes, los más citados son los de Quevedo. Aunque el personaje, con quien se encuentra Pablillos en el camino no es "ni el tipo más caracterizador ni la descripción más conseguida."[163] Sin embargo, Quevedo es el que nos ofrece la primera crítica concreta del arbitrismo, mediante un recurso literario ficcional, en *La Hora de todos*. La obra es casi simultánea con *El siglo pitagórico*, de Antonio Enríquez Gómez, publicada en 1644. La obra de Quevedo fue publicada por la primera vez en 1650, en Zaragoza, pero como enseña Astrana Marín, tuvo amplia difusión previa, ya desde 1636.[164] Es la obra que más tiene de común, en cuanto al arbitrismo, con *El siglo pitagórico*, tanto en el tono crítico como en el ataque amargo mediante una creación fantástica. En ambos hay relación estrecha entre la actualidad del arbitrismo y su proyección literaria. Es difícil determinar dentro del marco limitado de nuestro trabajo si Enríquez Gómez conocía o no el trabajo de Quevedo. Lo que sí es aparente es que los dos están denunciando un mal público con pasión y amargura.

Vilar opina que *La Hora de todos* es la cumbre del testamento literario del tema de arbitrismo. La obra contiene todos los aspectos del tema, pero como siempre al modo de Quevedo, con renovaciones verbales y crítica acerba. Comenta Vilar que Quevedo ve lazos estrechos "entre la crisis española y el fenómeno del arbitrismo."[165] Ya no se ridiculiza un loco cómico, sino que se denuncia una destrucción política causada por los arbitristas con el permiso del rey:

> En lugar de ridiculizar un maníaco inofensivo o un estafador vulgar, piensa en los arbitristas que han triunfado, que son escuchados, y denuncia un peligro público... El llamamiento del rey a los arbitristas, la proliferación misma del arbitrismo, expresan la angustia de una situación. Quevedo, al hacer recaer en los arbitristas y en el rey la responsabilidad del drama da en realidad su más alta expresión literaria a esa angustia.[166]

Otra posible influencia tanto en Quevedo como en Antonio Enríquez Gómez, es la obra de Traiano Boccalini:

> En 1634, dos años antes de *La hora de todos*, Fernando Pérez de Sousa había traducido del toscano al español los *Avisos de Parnaso* de Traiano Boccalini, en donde cada "aviso," al igual que cada "hora," termina en solemne moraleja; en una Apolo hace un juicio sobre la legión de arbitristas que expulsaba Italia y después de haber arruinado España y Francia recorría los mares en busca de nuevos reinos que devastar... Pero su traducción en 1634 prueba que el tema —bajo la forma de ficción— estaba en el ambiente en el mismo momento en que Quevedo concibió el plan de *La hora de todos*.[167]

Preguntamos, ¿qué motivó el ataque amargo de Enríquez Gómez contra los arbitristas? Caro Baroja cree que,

> La diatriba contra los arbitristas (que, por cierto, confunde o pone en relación estrecha con los asentistas y arrendadores)... encaja muy bien en la época en que fue escrita, pero también dentro del mundo criptojudío. A través de ella parece intuirse la enemiga que tenía aquel escritor contra algunos de los grandes hombres de negocios de su raza.[168]

A nuestro parecer lo que hace el autor es atacar a la monarquía y sus instituciones, tal como la Inquisición, mediante la diatriba a los arbitristas. Le era imposible nombrar la monarquía o la Inquisición, pero le resultó fácil atacar a los arbitristas, que fueron odiados por todos. Así que su ataque a los arbitristas, es efectivamente, una crítica del gobierno.

El dinero confiscado, como ya vimos, pertenecía legalmente, en gran parte, a la monarquía. Pero el arbitrista de *El siglo pitagórico* engaña a la monarquía: "En cuantos asientos hizo con la hacienda real, si no la desfraudaba, la hurtaba" (S., 268). Efectivamente, oficialmente todos los bienes confiscados pertenecían a la casa real. No obstante, como indica Kamen:

> The tribunal soon made it its task to gain control over as many sources of revenues as possible, especially the property of clerical heretics. It is reported that Ferdinand and Isabel divided all profits from confiscations into three sections, one for the war against the Moors, one for the Inquisition, and one for pious purposes, but the division seems never to have been formally practised.[169]

Poco más adelante resume el mismo autor: "In most of the cases we have on record, the money from confiscated property seems to have been largely disposed of by the Inquisition."[170]   Nuestro arbitrista, creación literaria de Enríquez Gómez, sigue el ejemplo histórico de los inquisidores, y sisa a la monarquía, sin ninguna vergüenza o mala conciencia. Desde que se ha introducido en la corte, sólo ha traído destrucción e ignominia a la monarquía. De nuevo, vemos que en el modo tradicional, no afrenta nuestro autor al rey. Las culpas nunca yacen en él. Es la Inquisición o los arbitristas los que abusan el poder y manipulan al rey inocente. El, a pesar de toda la injusticia que permite, es nada más que una víctima inocente. El poder abusador es la Inquisición, el arbitrista:

> Hecho adbitro del pecado, te has introducido en Corte... Imán de los tesoros, avestruz de las haciendas, hidra de las manifaturas... Estos años has hecho más daño en la monarquía que Paris en Troya, Anibal en Italia, Antíoco sobre Jerusalén, Nabuco sobre Judea, Darío sobre Babilonia, Alejandro sobre Persia, los Romanos sobre Grecia y Tito sobre Palestina (S., 269).

En nota al pie, número 3, en la misma página, aclara Amiel que los tiranos, y más que todo, aquí, Antiochus IV Epiphanes, representan la Inquisición:

> Nous aurons l'occasion de montrer, après I. -S. Révah, que dans d'autres textes plus explicites de notre auteur le persécuteur des Maccabées apparaît comme une véritable incarnation de l'esprit inquisitorial et non seulement comme prétexte à une détestation littéraire traditionnelle.

El alma acusa al arbitrista de ser el mensajero que manda Dios "para castigar una y muchas monarquías, pues en ellas no sirven sino de ejercer el oficio del diablo, acusando los buenos y conenando los malos" (S., 269). Compara la Inquisición a Satanás que viendo la prosperidad y la tranquilidad de Job, le incitó a Dios que le tentara con la matanza de sus hijos y la destrucción de sus bienes mortales. Tal como Satanás vuelve el "adbitrista" de correr el mundo y da testimonio que "Señor, muchas riquezas, los pueblos prósperos, los vasallos alegres, todos ricos y la hacienda real pobre." Le aconseja el diablo inquisitorial, "Para que conozcas la lealtad y fe deste pueblo; échales cada año treinta millones sobre sus bienes, mátale la ambición," y "a pocos días empieza el pueblo, como Job, a maldecir la hora en que nació" (S., 269). Vimos antes que el arbitrista representa la Inquisición. Ahora vemos que el arbitrista es el mensajero de Satanás en la tierra; por deducción la Inquisición es la fuerza satánica del siglo:

> Dígote que sin duda alguna todos los adbitristas decienden de Satanás por linia recta, y como hijos de tal padre siguen sus pasos y costumbres... Ser fiscal del pueblo, acusándole de rico, siendo pobre, y aunque no lo sea, es el mayor delito que se comete en la república y no se paga ni aun con la misma muerte... No hay que fiar, hermano mío, de la privanza que se tiene con los príncipes; que, si se llegan a desengañar de quién han sido, quién son y quién serán los adbitristas y asentistas, no quedará uno en los asientos del mundo (S., 269-270).

Nuestro autor desahoga su aversión y resentimiento contra la Inquisición con una diatriba final al mensajero de Satanás en la tierra. Cuando no hay otro modo de aliviarse la pena o vengarse de la injusticia, sólo queda el recurso de insultar y aplastar mediante las palabras. Antonio Enríquez Gómez da rienda suelta a su enojo, y mediante la voz del alma expresa sus rencores:

> Bastan ya los millones sisados, las natas sorbidas, los dozavos traspuestos, los tesoros arañados, los partidos partidos, las rentas usurpadas, los estanques estancados, los tributos llevados y los impuestos traídos de los albergues de los pobres a las casas de los ricos. Cesen los engaños hechos a los príncipes, los cohechos de los factores, las mentiras a los ministros, los halagos a los jueces, las reverencias fingidas a los cortesanos, las mohatras de los juros, las subidas de las rentas, las tiranías de los amigos y el universal daño de la república. Los adbitros nuevos engañan los príncipes, alteran los Consejos, dispiertan la ambición, maltratan los vasallos, empobrecen las provincias, acortan los negocios, disminuyen las rentas, aniquilan el comercio, sustentan las guerras, desautorizan la paz, arruinan las vidas, crían ladrones, alientan forajidos y entretienen vagamundos... Demos a Dios el resto de la vida, pues tanta se ha llevado el diablo de balde. Los agravios que has hecho contra el derecho de las gentes, se deshagan con un adbitro; éste sea aconsejar a los principes que, si quieren ver sus reinos prósperos y floridos, que talen, quemen, consuman y destruyan los malos adbitristas, gente antes condenada que nacida (S., 270-271).

Efectivamente, con este consejo, Enríquez Gómez le pide al rey abolir la Inquisición. Ya que el monarca, el príncipe, es tan vulnerable el alma le cauciona de los daños y peligros que le traiga el mensajero satánico, la Inquisición:

> Justo es que sepan los príncipes que esta gente es indigna de la comunicación humana, pues sólo sirve de alborotar los príncipes justos con aparentes tesoros, sacados a fuerza de este mal ingenio, con tributos mal impuestos y peor digeridos en la república (S., 272).

El arbitrista mismo se jacta de gozar del rocío del cielo, de aprovecharse de los tesoros de la gente, de los aplausos de los Consejos, de la estima de los nobles y de los favores de los reyes. Está seguro de que el mundo no puede sobrevivir ni conservarse sin el "adbitrista." Describe minuciosamente con desprecio la cadena infernal de la justicia del siglo, en boca del arbitrista :

> Repara en la justicia que sustenta el mundo, porque el testigo de soplo adbitral al escribano, el escribano al alguacil, el alguacil al socilitador, el solicitador al procurador, el procurador al letrado, el letrado al fiscal, el fiscal al relator, el relator al juez, el juez al reo, de modo que donde comenzó el adbitro, ahí viene a parar (S., 272-273).

Hay aquí insinuación de una malsinería "soplo adbitral" que acabó en un proceso inquisitorial.

El arbitrista inquisitorial mismo, se mofa, poco más adelante del alma y de la conciencia humana: "No deseo el bien del prójimo en particular, en general sí... Todas fueron aprobadas por los contadores de hacienda" (S., 275).

Enríquez Gómez se aprovecha de la ocasión para amenazar a la Inquisición. Como un profeta bíblico le advierte que el Todopoderoso derramará a los tiranos y sostendrá a las desafortunadas víctimas. Esa era la esperanza de nuestro autor. Anhela ver la caída de la Inquisición durante su vida. Lamentablemente, la Inquisición, aunque modificada, sobrevivió hasta el 15 de julio de 1834, y Antonio Enríquez Gómez murió en su cárcel sufriendo su tiranía.[171] Expresa su esperanza:

> Es muy propio del brazo poderoso anegar Faraones, colgar Amanes, degollar Holofernes, descalabrar Golíades, destruir Antíocos, asolar Nabucos, burlar Baltasares, derribar Senaquerines, arruinar Babeles, acabar Nerones, humillar Dionisios y asolar Dioclecianos, y por el contrario, es muy propio de la misericordia divina ensalzar Davides, levantar, Mardoqueos, colocar Danieles, librar Abdenagos, amparar Samueles, entronizar Josefes, defender Apóstoles y finalmente ensalzar humildes y abatir soberbios (S., 282).

La nota final del alma acerca del mundo es muy pesimista. Encontrándose con un alma vieja y cansada, conocedora de la especia humana, le pide nuestra alma ayuda. La vieja le informa que no hay virtud ni justicia en el mundo, sólo sangre y vicios: "En este teatro de homicidas, vida que no ha de gozar, descanso que no has de tener y justicia que no has de hallar" (S., 285). El mundo es "abismo de corrupción." La gente, "generación pecadora" (S., 286). Otra alma sabia, acompañada de un laúd llora las vilezas del siglo, gobernado por el pecado. En vez de reinar la verdad y la justicia, lamenta ella, la vileza gobierna en el cielo con sus doce signos.

> Pero, ¡que el malo entre los signos doce,
> predomine sin ley sobre los justos,
> y que bienes deste siglo goce!
>   Secreto viene a ser, que los injustos
> toman por caso, por fortuna y hado,
> dioses haciendo sus lascivos gustos.
>   Veo la enequidad en alto estado,
> y digo, anteponiendo la justicia:
> el mundo se perdió por el pecado.
>   ¡Que reine tan de asiento la malicia!
> que el loco viva, que perezca el sabio,
> a manos de su hidrópica cudicia!
>   ¡Que tan valido esté con el agravio
> el necio, entre inorancias sacudidas,
> que llame a la traición su desagravio!
>   ¡Que las leyes del duelo mal nacidas
> tengan dominio sobre el justo y santo,
> honras quitando, dividiendo vidas!
>   ¡Que pida la virtud, con tierno llanto,
> justicia al trono deste siglo inmundo,
> y que no se la den!: nocivo encanto.
>   ¡Oh altísimo Señor! ¡Oh mar profundo!
> ¡Oh ciencia sacra! ¡Oh poderosa idea!
> ¿Hasta cuándo tendrá su imperio el mundo? (S., 294-295).

La última transmigración del alma es el virtuoso. En él ella pretende salvarse. En él se encarnan todos los rasgos que deben ser de la justicia, pero no lo son.

Todos sus atributos son contrarios a los de la Inquisición: "No invidiaba jamás el bien ajeno." La Inquisición sí codiciaba los bienes ajenos. "Era caritativo, generoso, / manso, dócil, piadoso / limosnero, prudente rectado": la Inquisición crecía de piedad y caridad cristiana. "Amigo del honor, cuerdo y honrado, / sin hallarse en su pecho la cudicia, / la fe, sí, la verdad y la justicia." La Inquisición destruía desalmadamente la verdad, la justicia y el honor del individuo. Todo en nombre de la fe, todo por la codicia. "Hablaba bien de todos." No malsinaba. "Los vicios con amor reprehendía." No quemaba vengativamente en la hoguera del auto de fe. "No dio oídos jamás a vanidades" (S., 300). La Inquisición se alimentaba de oír las malsinerías de las lenguas maldicientes.

Habla el virtuoso, sin miedo, a los jueces, e inmediatamente nos damos cuenta que está hablando a la Inquisición. Comienza dócilmente: "Si eres juez, no vendas la justicia, / ni tuerza tu derecho la cudicia" (S., 303). El juez no debe juzgar por la codicia al oro, sino por la rectitud. La justicia es una de las virtudes cardinales que la suprema voluntad de Dios exige: "Porque el día que el oro te venciere, / en ese instante tu justicia muere" (S., 303). Si por no poder ganar cohechos juzga a un inocente justo, Dios, "el juez soberano / condenará tu espíritu profano!" (S., 303). Se adopta el tono bíblico de profeta y amenaza:

> Oh no goce la luz del claro día
> quien no administra en toda monarquía
> justicia verdadera;
> en ella acabe, porque en ella muera (S., 303).

La diatriba y la amenaza acaba con referencias obvias al Santo Oficio, que codiciosamente quita haciendas a los "enemigos" de la fe:

> No haya respeto humano
> que derribe el decreto soberano;
> quitar la hacienda, amigo,
> por temer sin justicia un enemigo,
> no es acción generosa,
> no hay enemigo en causa tan honorosa;
> si tienes de tu parte a Dios, no temas

favores, anatemas:
saber juzgar es ir a ser juzgado (S., 303).

Ya que Antonio Enríquez Gómez tiene a su lado un virtuoso, quien no teme desafiar a las autoridades, le deja expresar sus sentimientos y consejos abiertamente: Después de acabar de hablar a los jueces se dirige a los privados:

> Aconseja a los reyes
> aquellas santas y divinas leyes
> que dio a la especie humana
> la razón soberana;
> el gobierno tiránico aborrece,
> que un reino sin justicia no florece.
> ....
> sin dar oídos al soberbio injusto,
> que son lisonjeros
> tan malos consejeros,
> que por razón de estado
> no los debe tener ningún privado,
> siendo su tiranía
> ruina fatal de toda monarquía (S., 304).

Los últimos consejos del virtuoso van a todos:

> Del malsín te retira
> ....
> No murmures, no seas ambicioso,
> teme a Dios poderoso,
> no ampares la malicia,
> ama la paz y estima la justicia.
> no pierdas a tu amigo,
> no irrites tu enemigo,
> no aflijas a tu hermano,
> ....
> no te juntes al necio malicioso,

no invidies al soberbio poderoso,

apártate del malo, y sobre todo,

no cudicies su error de ningún modo.

. . . .

honra siempre a tu padre,

ten respeto a tu madre,

sustenta con la sangre al que la tiene,

pues a tu honra y fama la conviene

. . . .

guárdate de malsines atrevidos,

que como son perdidos,

atronellar las honras y las vidas,

jurándose de falso homicidas,

no recibas cohecho, sé prudente,

no murmures jamás del hombre ausente

(S. , págs. 305-306).

La conclusión de la obra reafirma el propósito del autor de atacar embozada-mente a la Inquisición. Como hemos observado aquí, Antonio enríquez Gómez criticaba y luchaba contra la injusticia y la tiranía de la Inquisición a lo largo de su vida literaria. Su obra era la expresión íntima de su ideología, de su crítica, sus quejas, sus añoranzas, su llanto y por fin el odio inmenso que le tenía a la Inquisición por su tratamiento con los judaizantes. Como hemos visto todos sus protagonistas eran su portavoz, mediante los cuales se expresaba escóndidamente y al fin abiertamente su resentimiento del Santo Oficio desnudo de santidad y caridad cristiana. Antonio Enríquez Gómez nos enseña la vileza de la Inquisición y expresa la esperanza que ella desparezca del siglo. Por breve rato, cree que con la declamación "¿hasta cuándo?" de Job, que España se redimirá de la Inquisición. No obstante, se da cuenta, al final de la obra que su esperanza no ha sido más que un sueño vano. Lo bueno desapareció para siempre. El siglo se queda ahogado en los vicios inquisitoriales. Sus últimos versos expresan amargamente su desilusión:

Otro sueñe mejor, pero repare

que mi postrero dueño,
jerolífico ha sido de mi sueño (S., 307).

Aunque se cedió su cuerpo a la máquina inquisitorial su alma se sobrevivió y está con nosotros aquí, envuelta con la vida.

NOTAS

[1]*Academias*, p. 400.

[2]Ibid., "Prólogo al lector" (no tiene paginación).

[3]Antonio Jesús Cid, "Judaizantes y carreteros para un hombre de letras: A. Enríquez Gómez (1660-1663)," *Homenaje a Julio Caro Baroja* (Madrid: Centro de investigaciones sociológicas, 1978), p. 279.

[4]José Guillermo García Valdecasas Andrada, *Las "Academias morales" de Antonio Enríquez Gómez* (Sevilla: Publicaciones de la Universidad de Sevilla, 1971), p. 11.

[5]Ibid., p. 3.

[6]*La culpa*, pp. 140-141.

[7]Ibid., p. 5.

[8]Révah, "Un pamphlet..," p. 100.

[9]Constance Hubbard Rose, "Who Wrote the Segunda Parte of *La hija del aire?*," *Revue belge de philologie et d'histoire* 54 (1976):808.

[10]Antonio Domínguez Ortiz, *Los judeoconversos en España y América* (Madrid: Ediciones Istmo, 1971), p. 215.

[11]Reis Torgal publicó su artículo en 1979, pero Rose en su artículo "Dos versines," nota 6, p. 536, explica que no se dio cuenta de este artículo hasta cumplir el suyo.

[12]Cecil Roth, *The History of the Marranos* (Philadelphia: The Jewish Publication Society of America, 1932), pp.104, 122; Henry Kamen, *Inquisition and Society in Spain* (Bloomington, Indiana: Indiana University Press, 1985), pp. 151, 153, 221, 252, 389; Juan Antonio Llorente, *A Critical History of the Inquisition of Spain* (1823,rpt. Williamstone, Massachusetts,1967), pp. 229-251;

Henry Charles Lea, *A History of the Inquisition of Spain* (1905; rpt. Nueva York: AMS Press, Inc., 1963), pp.385-386.

[13]Reváh publica la "Segunda parte" en su artículo, "Pamphlet,". Mis citas provienen de su artículo. Tanto Révah como C. Rose ignoran la existencia de una copia adicional de *La primera parte*, en la Biblioteca Nacional de la Universidad Hebrea de Jerusalén. Vide Révah, p. 89, y Rose, Introducción, *Inquisición*, p.xvii.

[14]Ibid.,p.112.

[15]Cid, p. 280.

[16]Kerkhof en su gran gentileza me mandó una copia del manuscrito, y así me hizo posible citar de él.

[17]Kamen, *Inquisition*, 174-175, sobre el potro.

[18]Salmos 101:5.

[19]Proverbios 30:10.

[20]Haim Beinart, "The Converso Community in 16th and 17th Century, The Sephardi Heritage, Vol. 1: *The Jews in Spain and Portugal Before and After the Expulsion of 1492*, ed. R. D. Barnett (Londres: Vallentine, Mitchel, 1971), p. 463.

[21]Aquí tenemos unos ejemplos: Salmos 15:3. "El que con su lengua no detrae, el que no hace mal a su compañero ni a su prójimo infiere injuria." Salmos 24:3-4: "¿Quién subirá al monte de Yave?... El de limpias manos y de puro corazón, el que no alzó su alma a cosas vanas y no juró con mentira." Salmos 34:14: "Preserva de mal tu lengua, y tus labios de palabras mentirosas." Proverbios 3:29: "No traemes mal alguno contra tu prójimo mientras él confía en ti." Proverbios 4:24: "Lejos de ti toda falsía de la boca y aparta de ti toda inquidad de los labios." Proverbios 6:16-19: "Seis cosas aborrece Yave y aun siete abomina su alma: Ojos altaneros, lengua mentirosa, manos que derraman sangre inocente. Corazón que trama inquidades, pies que corren presurosos al mal. Testigo falso, que difunde calumnias y enciente rencores entre hermanos."

[22]Timothy Oelman, "The Religious Views of Enríquez Gómez: Profile of a Marrano," *Bulletin of Hispanic Studies* 60, 3 (July, 1983):204.

[23]Cid, p. 286.

[24]Révah, "Pamphlet," p. 84.

[25]Révah, p. 84.

[26]Kamen, *Inquisition* p. 163;   Cecil Roth, *The Spanish Inquisition* (1937; rpt. New York: W. W. Norton Company Inc. , 1964), p. 75;   Roth, *Marranos*, p.99.

[27]Roth, *Inquisition*, pp. 106-107.

[28]Vid Roth, *Inquisition*, pp. 77-81.

[29]Kamen, *Inquisition*, p. 163.

[30]Ibid., p. 165.

[31]Haim Beinart, "Judíos y conversos en España despúes de la expulsión de 1492," *Hispania* 24 (1964):9.   Beinart se refiere aquí a la obra de Julio Caro Baroja, *Los judíos en la España moderna y contemporánea* (Madrid: Edición Arión, 1961).   En tomo 1, p. 282, dice Caro Baroja: 'Porque el 'malsín' del siglo XVII seguía saliendo del mismo seno de la comunidad cristiano-nueva, de la masa de penitenciados, sambenitados y sospechosos, como el confidente de la policía sale con frecuencia del mundo que ésta vigila y controla."

[32]Roth, *Inquisition*, p. 109; Roth, *Marranos*, p. 123.

[33]Roth, *Inquisition*, p. 109.

[34]Ibid., p. 110.

[35]Ibid., p. 112.

[36]Kamen, p. 168.

[37]Ibid., p. 174.

[38]Michael McGaha, *Antonio Enríquez Gómez: The Perfect King; El rey más perfecto* (Tempe, Arizona: Bilingual Press, 1991),p.xxi.

[39]Ibid., p.xlii.

[40]Révah, "Pamphlet," pp. 112 y 113.

[41]Lea, *Inquisition* , p. 578.

[42]Haim Beinart, *Records of the Trials of the Spanish Inquisition in Ciudad Real*: Vol. 1: 1483-1485 (Jerusalem: The Israel National Academy of Sciences and Humanities, 1974), p. xvii.

[43]Haim Beinart, "The Converso Community in 15th Century Spain," *The Sephardi Heritage*, R. D. Barnett, ed. (London: Vallentine, Mitchell, 1971), p. 448.

[44]Roth, *Marranos*, p. 122.

[45]Ibid., p. 121.

[46]Américo Castro, *España en su historia: Cristianos, moros y judíos* (Buenos Aires: Editorial Losada, 1948), pp. 548 y 549.

[47]Eleanor Hibbert, *The Spanish Inquisition: Rise, Growth, and End* (New York: The Citadel press, 1967), p. 129.

[48]Roth, *Marranos*, p. 104.

[49]Lea, *Inquisition*, 2:577 y 578.

[50]Roth, *Inquisition*, p. 95.

[51]Llorente, p. 71.

[52]Pan ázimo es el pan comido por los judíos durante la celebración de su Pascua. Se lo prepara sin levadura para que no se leude. Se lo come para conmemorar el éxodo apresurado de los judíos de la esclavitud en Egipto. Ya que no tenían tiempo para añadir la levadura a la masa, el pan cocido por el sol no se leudaba. Como la Pascua, el pan ázimo es el símbolo de la libertad. Esta fiesta religiosa tenía papel importante en la vida de los conversos.

[53]Kamen, p. 202.

[54]Julio Caro Baroja, *Los judíos en la España moderna y contemporánea*, 3 vols. (Madrid: Arión, 1969),1:380. Unos procesos de hechicería se discuten en 1:380-382; 1:517-520; 2:42, 175, 201. Llorente revela que en 1523, el Papa Adriano VI declaró en una bula que los crímenes de magia y hechicerías caían bajo la jurisdicción de la Inquisición. En Aragón, la Inquisición reconocía la hechicería como herejía ya desde el pontificado de Juan XXII. La Inquisición de Calahorra quemó más de treinta mujeres hechiceras y magas en 1507. En 1527, se descubrieron en Navarra numerosas mujeres que practicaban la magia. Llorente, pp. 130 y 131.

[55]Caro Baroja, *Los judíos*, 1:166-169.

[56]Roth, *Marranos*, p. 83.

[57]Hibbert, p. 131.

[58]Gregorio Marañón, *El Conde-Duque de Olivares*, 4ª ed. (Madrid: Espasa Calpe, 1959), p. 180. Cita la carta de Francisco Vilches al P. R. Pereyra, del 8 de agosto de 1643, XIII, 85, encontrada en *Cartas de algunos PP. de la Compañía de Jesús sobre los años 1642 y 1648, Memorial histórico español*, Vols. 13I a 19 (Madrid: 1861 y siguientes).

[59]Caro Baroja, *Los judíos*, 2:42.

[60]Marañón, *Conde-Duque*, pp. 148 y 149.

[61]Kamen, p. 219.

[62]Hibbert, pp. 120 y 121.

[63]Ibid, p.122.

[64]Révah, "Pamphlet," p. 86.

[65]Kamen, p. 220.

[66]John H. Elliott, *Imperial Spain*: 1469-1716 (New York: St. Martin Press, 1964), p. 345.

[67]Marañón, *Conde-Duque*, p. 194.

[68]Llorente, p. 506.

[69]Elliott, *Imperial Spain*, p. 345.

[70]Kamen, p. 221.

[71]Llorente, p. 246.

[72]McGaha, "Introduction," *Rey perfecto*, p.xxi

[73]Cid., p. 296.

[74]García Valdecasas, p. 21.

[75]Elliott, *Imperial Spain*, p. 344.

[76]Marañón, *Conde-Duque*, p. 194. Vide también apéndice IV, "Nota sobre los versos contra el Conde-Duque," p. 416-421.

[77]Hibbert, pp. 123-125.

[78]Marañón, *Conde-Duque*, p. 194.

[79]Vide Nechama Kramer-Hellinx, "Antonio Enríquez Gómez, partidario da libertade e da justiça," I Congresso internacional de literaturas lusófonas, em homenaje a Rodrigues Lapa, Celso Cunha e Carvalho Calero, *Nos* (setembro 1991):96-101.

[80]Elliott, *Imperial Spain*, p. 324.

[81]John H. Elliott, *The Revolt of the Catalans: A Study in the Decline of Spain (1598-1640)* (Cambridge: Cambridge University Press, 1963), p. 204.

[82]Marañón, *Conde-Duque*, apéndice xviii, pp. 445-446. También lo discute Elliott, *Catalans*, pp. 200, 204.

[83]Hibbert, pp. 117-123. Recuerda Hibbert los celos excesivos de Felipe IV. Le pareció al rey que don Juan de Tassis, el Conde de Villa Mediana, trataba de cortejar a la reina Isabela. Cuando aquél fue asesinado, se murmuró que había sido por instigación del rey. En otra ocasión, Lujanes, un noble, se arrodilló ante el rey en la capilla real, rogando que despidiera a Olivares. Se le encarceló inmediatamente, a pesar de su sospechada locura. Unos días después, se le halló envenenado misteriosamente. Se dijo que Olivares había planeado el envenenamiento; Marañón, *Conde-Duque*, p. 337, se refiere a "los supuestos asesinatos de Olivares."

[84]Daniel, III, v. 18.

[85]Daniel, IV, vv. 23 y 24.

[86]Révah, "Pamphlet," p. 86.

[87]McGaha, Introduction, *Rey perfecto*, p. xxi.

[88]Marañón, *Conde-Duque*, p. 110.

[89]Para conocer mejor lo que se pensaba de Olivares, vide Marañón, *Conde-Duque*, apéndice xxvii, pp. 464 y 464, "Resumen de las cartas de Quevedo después de su encarcelación"; y apéndice xxx, pp. 466-472, que nos ofrece un resumen de *El Nicandro*, un documento en que se justifica Olivares la lucha contra las malicias que le han atribuído. Es interesante, ya que resumen tanto los ataques como las defensas.

[90]Marañón, *Conde-Duque*, p. 406. Cita de *Cartas de algunos PP de la Compañía de Jesús sobre los sucesos de la Monarquía entre los años 1642 y 1648*; Memorial histórico español, vols 13 a 19 (Madrid, 1861 y siguientes), 18:134.

[91]Castro, *España en su historia*, p. 504.

[92]Ibid., p. 505.

[93]Kamen, pp. 151 y 152; Lea, *Inquisition*, 2:386.

[94]Llorente, p. 229.

[95]Jean Marc Pelorson, *Les Letrados; juristes castillans sous Philippe III* (Poitiers: Université de Poitiers, 1980), p. 146.

[96]Ibid., p. 149.

[97]Ibid., p. 149.

[98]Ibid., p. 370.

[99]Ibid., pp. 367-373.

[100]Cid, p. 297.

[101]Oelman, "Religious Views," pp. 203 y 204.

[102]Révah, "Pamphlet," p. 105.

[103]
Antonio Domínguez Ortiz, *The Golden Age of Spain:* 1516-1659, trad. James Casey (New York: Basic Books Inc. Publishers, 1971), p. 217.

[104]Kamen, p. 234; Ludwig Pfandl, *Cultura y costumbre del pueblo español de los siglos XVI y XVII* (Barcelona: Editorial Arance, 1929), p. 80, dice: "La Inquisición era un tribunal regio y civil a la vez."

[105]Roth, *Inquisition*, p. 73; Henry Charles Lea, *The Moriscos of Spain: Their Conversion and Expulsion* (1901; rpt. New York: Greenwood Press Publishers, 1968), p. 123, señala que la Inquisición española aun ignoraba el decreto del Sumo Pontificie, Pablo III, en 1547.

[106]Haim Beinart, "The Converso Community in 16th and 17th Century Spain,", p. 475.

[107]Ibid., p. 467.

[108]Deuteronomio, V, 20.

[109]Kamen, *Inquisition*, 3:138.

[110]Kamen, p. 153.

[111]Roth, *Marranos*, p. 104.

[112]Kamen, p. 175.

[113]Kamen, p. 151, cita a Diego Ortiz de Zúñiga, *Anales de Sevilla* (Madrid: 1967), p. 389.

[114]Kamen, p. 151, se refiere a Hernando de Pulgar, *Los claros varones de España y las treinta y dos cartas* (Madrid: 1747), carta 24, p. 252.

[115]Lea, *Inquisition*, 2:385.

[116]Llorente, p. 87.

[117]Ibid., p. 87.

[118]Ibid., pp. 229-251.

[119]Kamen, p. 151.

[120]Lea, *Inquisition*, 2:386.

[121]Lea, *Inquisition*, 3:139.

[122]Castro, *España en su historia*, p. 56, cita a Florencio Janer, *Condición social de los moriscos* (1857), p. 159.

[123]Rose, "Who wrote the Segunda Parte," p. 811, nota 36.

[124]Roth, *Inquisition*, pp. 45 y 46.

[125]Raymond Bona, *Essai sur le problème mercantiliste en Espagne au XVIIe siècle* (Bordeaux: Université de Bordeaux, 1911), p. 108.

[126]Jean Vilar, *Literatura y economía*, p. 36.

[127]Ibid., p. 39, cita de *Actas de las Cortes de Castilla, t. XI: Cortes de Madrid, 1588-1590*, p. 515.

[128]Ibid., p. 37, cita a Colmeiro, *Historia de la economía política*, capítulo último "De los Arbitristas," (1965), vol. 2:1181.

[129]Elliott, *Catalans*, apéndice v, p. 572.

[130]Ibid., pp. 38, 39 y 40.

[131]Ibid., p. 47.

[132]Ibid., p. 46.

[133]Ibid., p. 32.

[134]Bona, p. 108.

[135]Ibid., p. 109.

[136]Sancho de Moncada, *Restauración Política de España*, ed. e introducción Jean Vilar Berrogain (Madrid: Instituto de estudios fiscales; Ministerio de Hacienda, 1977), p. 11, hablando de los capítulos XV a IX.

[137]Ibid., p. 9.

[138]Domínguez Ortiz, *Golden Age*, p. 298.

[139]Vilar, *Restauración*, p. 11.

[140]Ibid., p. 10.

[141]Bona, p. 131.

[142]Ibid., p. 184.

[143]Elliott, *Catalans*, p. 183.

[144]Ibid., p. 191.

[145]Vilar, *Restauración*, p. 13.

[146]Marañón, *Conde-Duque*, pp. 110 y 111.

[147]Vilar, *Literatura y economía*, p. 13.

[148]Ibid., p. 15.

[149]Ibid., p. 16.

[150]Ibid., p. 48.

[151]Ibid. , p. 60.

[152]Ibid., p. 61.

[153]Ibid., p. 62, cita a Cervantes, *El casamiento engañoso y El coloquio de los perros*, ed. crítica de A. González de Amezcúa y Mayo (Madrid: 1912), sin paginación.

[154]Ibid., p. 62.

[155]Ibid., p. 35.

[156]Ibid., p. 72.

[157]Ibid., p. 63.

[158]Ibid., p. 72.

[159]Ibid., p. 83.

[160]Ibid., p. 88.

[161]Ibid., p. 89, cita a Alonso de Castillo Solórzano, *La niña de los embustes, Teresa de Mançanares* (Barcelona, 1633) ("cita según ed. Cotarelo y Mori, Madrid, 1906, cap. III").

[162]Ibid., pp. 14 y 15.

[163]Ibid., p. 78.

[164]Ibid., p. 92, cita a Quevedo, *Obras completas: Verso,* ed. y prólogo, Astrana Marín (Madrid, 1941), pp. xxxiii-xlvii.

[165]Ibid., pp. 92 y 99.

[166]Ibid., p. 100.

[167]Ibid., pp. 93 y 94.

[168]Caro Baroja, *Los judíos,* 2:44.

[169]Kamen, p. 151.

[170]Ibid., p. 152.

[171]Roth, *Inquisition,* p. 267, "The queen mother [Cristina] issued an edict finally and definitely abolishing the Holy Office and all its powers, direct and indirect without reservation or qualification."

CAPITULO III

ASPECTOS PICARESCOS EN *EL SIGLO PITAGÓRICO* Y *VIDA DE DON GREGORIO GUADAÑA*

"Siendo paje mi espíritu perdido,
amo nuevo busco, y amo lucido" (S.,15).

La *Vida de don Gregorio Guadaña* solía ser la única transmigración de *El siglo pitagórico* accesible al lector moderno. Se la consideraba generalmente como una novela picaresca. *El siglo pitagórico*, donde se intercaló la novela originalmente, se nos hizo accesible sólo con la excelente edición de Charles Amiel. Por lo tanto, el conocimiento profundo de esta obra era bien limitado, en los tiempos modernos. Nuestra intención inicial fue buscar motivos picarescos en la *Vida de don Gregorio Guadaña*; sin embargo, al leer el libro en su totalidad, nos saltó a la vista el hecho de que *El siglo pitagórico* mismo contiene aspectos considerablemente picarescos. Con el deseo de investigar esta posibilidad, se escribe este capítulo. Nos proponemos examinar tanto los aspectos picarescos de la *Vida de don Gregorio Guadaña* como los de *El siglo pitagórico* y determinar si tenemos aquí una novela picaresca dentro de otra novela picaresca.

Con esta consideración en la mente, hay que investigar primero qué criterio se emplea para hacer evidente que una obra es o no es picaresca, y en qué consiste el género picaresco. Aunque las dos poseen aspectos expresamente picarescos, se solía reconocerlos en la *Vida de don Gregorio*, pero no en el *Siglo*, —con excepción de Chandler y Palma Ferreira, que lo sugieren—.[1] Para poder resolver este problema, hay que clarificar primero qué es un género literario en general, y el picaresco en particular.

Francisco Ayala se pregunta, y a la vez contesta:

> ¿Qué entidad tiene eso que denominamos género literario? Un género
> no es sino el conjunto de ciertas obras literarias en las que se
> encuentran determinados rasgos comunes, por razón de cuya presencia
> las unificamos, cualesquieran sean las diferencias que en los demás
> pueden separar y distinguir a unas de otras. El conjunto de esos
> rasgos característicos, su esquema abstracto, será, pues, lo que
> constituye el género... y dentro de tal género distinguimos en seguida
> una variedad o subgénero, al que calificamos de novela picaresca.[2]

Sin embargo, "los rasgos característicos" comunes presentan grandes
diferencias entre los críticos, y por lo tanto, inmensas disparidades. Molho
considera picarescas sólo cuatro novelas: *Lazarillo*, *Guzmán*, *Buscón* y *Moll
Flanders*. Parker determina que *Lazarillo* es sólo precursor. Valbuena Prat
incluye las *Novelas ejemplares*, Ayala las niega. Dice Navarro González:
"Resultaría difícil citar dos críticos o historiadores que coinciden en ofrecer una
lista con las mismas 'novelas picarescas' de nuestro Siglo de Oro."[3] Concuerda
Ayala diciendo: "No deberá extrañarnos, por consiguiente, hallar —en lo que a
la novela picaresca se refiere— grandes disparidades de criterio: cualquiera que
se acepte resultará, cuando menos, discutible."[4] Miller trata de resolverlo muy
sencillamente al declarar, al comienzo de su libro:

> Genres, as everyone knows, do not really exist... Each work of art
> is finally individual. And even the best genre definition will never
> attain its goal; it will always describe an "ideal type"... Any attempt
> at genre definition, therefore, is merely an essay.[5]

Pero agrega que, por lo menos, hay que tratar de llegar a una clasificación.
Sugiere tomar unos recursos formales que aparecen en la literatura picaresca, y de
ellos reconstruir el "ideal type."[6] Todavía vacila y admite que "one would be
hard pressed to find a really persuasive definition of the genre."[7] De todos
modos, sugiere unos recursos: el argumento episódico, totalmente fragmentado;
el personaje que se mueve ciegamente dentro de una sociedad caótica a ritmo

rápido, sujetado a los cambios inesperados de la Fortuna.

Bjornson confiesa que la clasificación de una novela como picaresca es bastante arbitraria. Dice que los críticos agrupaban obras con vagas semejanzas, cuyo denominador común era la narrativa episódica, abierta, que presentaba protagonistas de clase ínfima, sobrevivientes por su astucia, y adaptándose a una sociedad corrompida. Agrega Bjornson que, con todo, el conjunto de estos aspectos no constituye un género literario: "The use of certain conventions, motifs, and narrative structures, is hardly constituted a literary genre in the true sense of the word."[8] Y poco más adelante, "Because every specific example of picaresque fiction is a mixed form, there is no such thing as an ideal picaresque hero or a pure picaresque novel."[9] No obstante, ofrece unos rasgos comunes repetidos en distintos intentos definidores de lo picaresco: "However, a characteristic pattern of experience—ambiguous links with the past, departure from home, initiation, repeated contact with a dehumanizing society and its pressures to conform—recurred with striking regularity."[10] Acentúa dos aspectos que comenzaron en *Lazarillo* y reaparecieron en los epígonos: "In *Lazarillo* the picaresque myth is intimately linked with two literary conventions: the pseudoautobiographical perspective and the panorama of representative types... both almost invariably reappear in subsequent picaresque fiction."[11] Añade que cada autor, al lanzarse a escribir una novela, lo hace según su modo de ver el mundo y de interpretar la actitud picaresca. Recuerda la cita de Unamuno que dijo en *Niebla* "Invento el género... y le doy las leyes que me place," y sugiere con ello que cada autor inventa el género según sus necesidades.

Guillén también considera el fin del autor: "It is most useful to approach a genre... from the perspective of the writer."[12] Thomas Kent sugiere que la moderna interpretación del género depende más del: "reader response and 'literariness'... our ability to comprehend a text is related directly to our generic perception of it: how we read the text to be... our intuitive ability to recognize generic categories."[13] Guillén distingue entre el género picaresco:

> That deserves to be called picaresque in the strict sense...in agreement
> with the original Spanish pattern... picaresque in a broader sense of
> the term only; and finally, a picaresque myth: an essential situation
> or significant structure derived from the novels themselves.[14]

Pero inmediatamente aclara, "No work embodies completely the picaresque genre."[15] Explicando el concepto de mito arriba mencionado, dice que es tema que muestra supervivencia y encarnación a lo largo de los siglos. Al ser conocido el concepto por el público, le da placer verlo una vez más, un *déjà vu* cultural: "A literary myth... assumes a certain cultural continuity and the participation of the reader in this continuity."[16]

Preguntamos, ¿cuál es la diferencia entre el género picaresco y el mito picaresco? Guillén contesta que el género picaresco está ligado a las intenciones del autor, mientras el mito, a la percepción del lector: "Just as we approached the picaresque genre from the point of view of the writer... we may conceive of the picaresque myth as being connected particularly with the reader's or the critic's understanding of its larger significance."[17]

Blackburn ve en el mito algo universal ilimitado en el tiempo y en el espacio, pero con una estructura narrativa creativa. El aspecto universal del mito es "the trickster."[18] Pero no es suficiente sólo para definir una obra. Las estructuras narrativas son de mayor prioridad que el contenido: "The other deep-down myth of the picaro, a myth containing continuity and transformation through various works and cultures for four centuries, is to be sought in narrative structures rather than in apparent content."[19]

Del Monte dice que cualquier tradición literaria presenta "una poética, una problemática moral y una idea del hombre y de la vida muy semejante... Por lo tanto, es preciso distinguir el género picaresco del gusto picaresco."[20] Gil y Gaya parece expresar la misma idea al decir que la actitud picaresca es lo que establece la novela picaresca: "El picarismo es una actitud ante la vida más que un género literario definible por el asunto o por otros caracteres externos."[21] Lo que define más que todo la novela es la actitud y la visión que el pícaro tiene de la vida que le rodea.

Con esta confusión y disparidad de opiniones en cuanto a la novela picaresca y a sus rasgos comunes, resulta difícil afirmar que el *Siglo* en general y la *Vida de don Gregorio* en particular sean o no ficciones picarescas. Cada crítico deja entender que ciertos rasgos son más prevalecientes que otros. Unos dan listas largas de características, otros sólo breve mención.

Guillén considera: "The picaro is first of all, an orphan."[22] La novela es pseudoautobiográfica. El punto de vista del narrador es parcial. El pícaro refleja su actitud religioso-moral. Es filósofo que sobrevive a través de hechos sórdidos. Su sobrenombre es dinero. Es criado de muchos amos u observador de situaciones humanas, mientras viaja horizontalmente y verticalmente por la sociedad. La novela es episódica y ensartada por el yo del pícaro.

Del Monte nos da una lista bastante larga y sumamente detallada:

> La estructura del género picaresco procede del encuentro de estos temas: 1) la forma pseudo-autobiográfica; 2) la genealogía del pícaro; 3) su encuentro con un mundo caótico, engañoso, dominado por la Fortuna; 4) su soledad; 5) su paso de la inocencia del mundo; 7) la concepción puramente física de la pobreza, su voluntad de elevarse socialmente, su lucha con la Fortuna y de ahí; el egoísmo y la insensibilidad, el proteimorfismo y el genio fraudulento, los distintos *modus vivendi* (incluso sin ser "un mozo de muchos amos", su vida en una peregrinación de aventura en aventura; 9) el contraste entre apariencia y realidad, y como consecuencia su rechazo del honor como opinión; 10) su denuncia de la corrupción con la que se conforma, por lo cual unas veces engaña y otras es engañado; 11) su fuga final de la realidad que, al contrario de lo que sucede en el *Lazarillo* por lo general es la evasión de un desertor y, por lo tanto, una derrota.[23]

Robert Alter ofrece una definición concisa pero limitada: "That it is the adventurous story of a rogue's life, usually told in the first person; that its episodic account of wanderings, adversity, and ingenious role-playing incorporates a satiric view of society."[24]

Ahora bien, una vez establecido que no hay paridad en cuanto a la clasificación de la picaresca, nos queda decidir qué criterio vale seguir para lograr el propósito de este capítulo. La lista que trataremos de seguir contiene aspectos repetidos por muchos, y también deja lugar para añadir aspectos no tratados en ella.

Gonzalo Sobejano, proponiendo probar que el *Coloquio de los perros* de Cervantes es efectivamente obra picaresca, toma los rasgos esenciales de la picaresca señalados por Lázaro Carreter en su definición de *Lazarillo*. Sobejano resume estas recomendaciones en forma breve:

> Los rasgos esenciales que Lázaro Carreter menciona: 1) yo, 2) varios
> amos, 3) estado final de deshonor, 5) padres viles, 6) perspectiva del
> narrador que todo lo limita: relato cerrado, final concreto, 7) episo-
> dio "en sarta", o bien "memorias totales", como soluciones adoptadas
> por algunos epígonos, 8) "pícaro" en sentido amplio, 9) fortuna
> pendular.[25]

Quisiéramos aplicar el mismo criterio para examinar separadamente tanto *El siglo pitagórico* como la *Vida de don Gregorio Guadaña*.

El relato en primera persona no es sólo un recurso mecánico, en la novela picaresca. Es un imperativo para crear una interacción entre el narrador y el lector. Maurice Molho comienza su libro con la declaración:

> Una novela picaresca es una confesión imaginaria. El pícaro relata
> en primera persona sus "fortunas y adversidades", según dice en
> propios términos el mismo Lázaro de Tormes, que fue el fundador de
> la estirpe picaresca. Estas novelas no se desviarán nunca de la forma
> con que aparecieron por vez primera: a imagen de la "Vida de
> Lázaro" serán todas autobiográficas.[26]

Reitera más adelante: "Un pícaro se expresa en primera persona. Es éste un imperativo formal que debe tenerse en cuenta. Su 'yo' es el de un hombre de quien no se hablaría si no lo hiciera él mismo."[27] Se escribiría libros de gente de nacimiento aristocrático y capaz de hechos sublimes. Pero ¿quién va a querer biografiar la vida de una criatura ínfima? La respuesta es obvia, la criatura misma, el historiador que experimentaba en su propia carne las adversidades de su vida. Dice Castro: "El estilo autobiográfico resulta así inseparable del mismo intento de sacar a la luz del arte un tema hasta entonces inexistente o desde-ñado."[28]

Todo narrador tiene un "caso" que resolver y para que le creamos tiene que ganar nuestra confianza. El mejor recurso para ganarla es hablar directamente al lector en primera persona. Rico indica que la autobiografía es una parte íntegra de la temática de la novela: "El yo es la única guía disponible en la selva confusa del mundo: pero —no lo olvidemos— guía parcial y del momento."[29] Y en otro lugar:

> Así ocurre sin duda en nuestro libro. Implícita y no tan implícita-
> mente, la técnica narrativa queda integrada en una visión del mundo
> (del protagonista, desde luego, pero ¿también del auténtico autor?) y
> queda además, integrada en el tema último de la novela.[30]

Del Monte acentúa la importancia de la narración en primera persona por el mismo pícaro. Es sin duda una parte íntegra e inseparable de la ficción picaresca:

> Lo importante no es que el pícaro sea el protagonista de la narración,
> sino que sea él el narrador: de esta manera cambia el modo de
> interpretar la sociedad, que se examina desde abajo, desde el punto
> de vista del rencor, o mejor, del egoísmo.[31]

El empleo del yo narrativo en *El siglo pitagórico* no es distinto del de un yo autobiográfico de la vida de un pícaro. La diferencia esencial radica en la falta de verosimilitud. El lector, entregándose a la lectura de la pseudo-autobiografía picaresca puede visualizar a Lazarillo recibiendo calabazadas, a Guzmán vomitando huevos empollados y a Pablos, rey de gallos, cayendo de caballo. Pero, ¿cómo se puede visualizar a un alma de poeta buscando amos y amenazando validos? Todo es posible en el reino de los sueños. La pseudo-autobiografía fantasmagórica que leemos es del alma de un poeta que tuvo una visión onírica.

> Yo tuve una visión, sin ser profeta,
> y he de contalla, pues que soy poeta.
> Vaya de sueño, alerta si gustare,
> y enmiéndeme otra vez cuando soñare (S.,13).

El yo del narrador vacila entre el yo del poeta y el yo del alma. Durante la primera transmigración, oímos más que todo la voz del poeta, a la que reconoce-mos sólo por la forma masculina que emplea:

> Y poco a poco, en aire transformado,
> tan enano quedé, tan atilado,

> que pudiera pasar, siendo visible,
> por punto invisible;
> ....
> si no pretendes que me vuelva loco.
> ¿Sin cuerpo estoy?
> ....
> —le dije—, atribulado (S.,14).

Más adelante: "Yo no soy tu enemigo, / consejo es éste del mayor amigo" (S.,18). Y "Hermano mío, espíritu enflautado" (S.,19). Y "Pues estoy en malsín aposentado" (S.,24). Y "¡Desdichado de mí! dije afligido" (S.,36). Al hablar del alma en estos casos, el poeta emplea la tercera persona: "Mi espíritu perdido"(S.,15), Y "Y así quedó mi alma a lo italiano, / calzada como media de gitano" (S.,23). Y "Dije a mi voluntad: Amiga mía, / ¡alto a marchar en otra compañía" (S.,31). Y "¿qué rumbo tomaría / la cansada alma mía?" (S.,35).

Al hablar de los cuerpos, habla el poeta o el alma, que los dos efectivamente son uno. El cuerpo en la mayoría de los casos, responde hablando al alma: "Por tu vida, mi alma, que no quiero / condenarme ni espero / el fuego que tú dices"(S.,47). Y a la vez habla al poeta: "Filósofo —me dijo— de la legua, / ni pretendo la paz ni quiero tregua" (S.,46). Y "Vete hermano, a acostar, que estás enfermo" (S.,47). Al partirse de la materia de Quiteria, dice:

> Yo, que la vi morir en cama sesta
> siéndome tan molesta
> su posada olorosa,
> a los gusanos les dejé la rosa (S.,50).

La que se parte debe ser el alma y no el poeta, a menos que el poeta sueñe ser su alma. Este parece ser el caso, porque al introducirse en el cuerpo del valido, como el alma, todavía dice con voz masculina: "Aquí sí —dije yo— que iré seguro, /... / y en su cuerpo excelente, / sin decir 'aquí estoy', me hallé vestido" (S.,52). Amenazando al valido, habla obviamente el alma ya que habla, de salvación y de condenación, pero todavía sigue empleando el género masculino:

> Hablándote con celo de salvarme,

sabiéndome tan mal el condenarme,

le dije las razones que se siguen

....

No te me enojes, mi valido caro,

que como soy tu amigo, te hablo claro (S.,56-57).

Hay un desdoblamiento del yo narrativo entre poeta y alma que efectivamente son inseparables. Esta conjunción de poeta-alma es el protagonista-narrador de la novela. El desdoblamiento fantasmagórico es evidente en la ira que dirige el válido al alma:

Y si fuera del cuerpo me cogiera,

el alma me rompiera,

pero como en la suya me tenía,

quiso que yo le hiciese compañía (S.,61).

En el primer verso el "me" es objeto pronominal directo que refiere al alma, que no al poeta, ya que está dentro del cuerpo. En el segundo verso el "me" es indirecto y refiere al poeta, cuya alma el valido quiere romper. En los versos siguientes el "me" y el sujeto pronominal "yo" se refieren al alma, cuya compañía no quiere perder el valido, por el miedo de la muerte. Sigue hablando el valido, intercambiando el alma con el poeta, el masculino con el femenino:

Eres alma de cántaro cuitada.

¿Qué has dicho?, majadero,

alma vulgar, ¿conmigo santidades

....

Hermano............... (S.,61).

Notamos este desdoblamiento al separarse el alma del cuerpo de don Gregorio. Sabemos que la transmigración es del alma y no del poeta, de tal modo, cuando dice "Salí de don Gregorio" (S.,193), entendemos que habla el alma. No obstante, sigue más adelante diciendo: "y discuriendo solo," y en seguida: "mi alma nunca ingrata" (S.,193).

El poeta es a la vez poeta poseedor del alma, y el alma misma. El yo-narrador puede ser el del poeta, el del alma o el del alma-poeta, y todos son uno. Después de dirigirse al hipócrita, éste le contesta al alma: "Hermanita —me dijo—, no divina, / pues sin duda eres alma concubina" (S.,206). Y más adelante: "Todos, amiga, somos de una masa", y luego, "Pues, ¿qué gruñes, almilla pecadora?" (S.,207). No obstante, reflexionando sobre las palabras del hipócrita, el alma de repente se transforma en poeta: "—Dije desesperado" (S.,209). Y poco más adelante: "Por no hallarme forzado" (S.,210). Deja el cuerpo del hipócrita, y de nuevo, recobra la forma femenina:

> Dejé la hiproquesia
> en tan dichoso día,
> que me juzgué señora
> de lo que el vulgo ignora (S.,213).

La que irá al cielo al fin del viaje terrestre es el alma, no el poeta. Así cuando se dirige al miserable, diciendo que ella no va a poder llevar los bienes tangibles al cielo consigo, sabemos que habla el alma:

> ¿Llevármelos yo?, ¿compraré acaso
> con ellos algún raso
> lugar allá en el cielo?
> ....
> ¿Servírale a tu alma en la otra vida?(S.,218)

Pero poco más adelante, adopta el género masculino, diciendo: "Pero si no adorado, fui temido" (S.,220). El le contesta: "Alma tan liberal como perdida,"- ... "yo no gusto de galas, alma loca" (S.,222). Continúa la forma femenina diciendo el alma: "Tan menguada, salí del miserable" (S.,225). Entra en un doctor, y cuando le regaña, él le responde: "¡Oh! alma sin cordura" (S.,234). Se transmigra a un soberbio, y allí también habla en voz femenina: "Yo estaba tan perdida, / tan loca, tan soberbia y presumida" (S.,243). El ataca al alma: "Alma sin honra, espíritu villano" (S.,246) y "Dices muy presumida / como si fueras ninfa recogida" (S.,248).

A lo largo de tres transmigraciones oímos sólo la voz femenina del alma. De repente, en la transmigración del ladrón, vuelve la voz masculina del poeta: "Y cuando presumí el primero" (S.,253). Pero inmediatamente vuelve al género femenino, diciendo: "Yo que me vi ladrona hasta los güesos, / condenada a pasar tales excesos" (S.,257). El le responde: "No pases adelante, alma sin ella / -me dijo-, ¿eres doncella, /... / Basta, digo otra vez, alma santona" (S.,261). Más adelante añade: "Oficio, amiga mía" (S.,264).

Se transmigra el alma en un soberbio, le ataca con sermones, y éste le contesta: "¿Quién pensara, quién dijera que un alma compañera... no hay más ingrata señora que un alma... Dime ingrata, cruel y fementida" (S.,272). Más adelante la llama "hermana" (S.,274).

Muda al cuerpo del hidalgo y allí también guarda la forma femenina: "que estaba aposentada en Bóreas" (S.,277). Sale del hidalgo y nos dice: "Cansada de vanas transmigraciones" (S.,285). Se encuentra con otra alma, más madura que ella, y ésta se refiere a nuestra alma del siguiente modo: "¿Adónde vas, amigo y compañero mío, peregrino y solo, buscando materias y solicitando postemas?" (S.,285).

En siete transmigraciones oímos la voz femenina y de repente, renace la voz del poeta. Pero poco más adelante: "¿Adónde vas imagen del Criador [sic]?... Saliste de las manos de tu Hacedor perfeta y limpia... saliste por creación pura y santa..." (S.,287).

Durante las "Varias transmigraciones," mantiene la voz femenina: "llamábame su alma soberana" (S.,297); "le repliqué enojada / que me veo en el cambio condenada" (S.,297); "que aunque estoy bautizada, / pura pretendo ser, pero no aguada" (S.,297).

Durante la última transmigración, en un virtuoso, el alma mantiene su forma femenina: "Halléme del consejo tan señora" (S.,299). Lo interesante es que al acabar la última transmigración, el poeta vuelve a tomar la palabra: "me tendré por dichoso / (y por más que dichoso, venturoso")" (S.,306).

Durante las primeras transmigraciones predomina el poeta con voz masculina. Después de la transmigración de Gregorio, prevalece la voz femenina del alma. El relato se cierra como se abre, con el poeta hablando. ¿Lo hizo intencional-mente Enríquez Gómez? ¿Tenía un propósito particular? ¿Escribiría el libro en dos ocasiones distintas; una antes y una después de la *Vida de don Gregorio Guadaña*? Lo último nos parece lo más probable, pero no es ésta la ocasión para ahondar en esto. Sea lo que fuera, tenemos aquí una novela narrada en una primera persona que es, a la vez, protagonista del relato.

Cada narrador picaresco tiene como propósito principal exponer sus venturas y desventuras. Su fin no es narrar por el mero placer, sucesos indignos. Sus palabras están dirigidas a cierta recepción y a un lector específico. Lázaro lo hace con el pretexto de que el Vuestra Merced tenga noticia de su persona y entiende las motivaciones del "caso." Guzmán habla al lector maldiciente. Pablos habla a un anónimo "señor," y el alma-poeta al "Señor Mundo," relatándole los acontecimientos de su sueño:

> Señor Mundo, paciencia
> si os pido oídos, cuando no conciencia:
> Yo tuve una visión, sin ser profeta,
> y he de contallo, pues que soy poeta (S.,13).

Como en toda picaresca, los acontecimientos relatados son experimentados por el narrador. Cada suceso se desenvuelve en torno al alma, lo que da unidad narrativa a la obra. La relación ofrece la vida del narrador escrita por él mismo. El alma nos informa de lo que le ha acontecido desde un tiempo narrativo y una perspectiva diferentes. Guillén señala: "El narrador es un hombre hecho, formado, maduro, desengañado. Lázaro, más que Lazarillo es el centro de gravedad de la obra."[32] El alma narradora después de correr mundo, desde una focalización madura y desengañada. Ella discute los sucesos que la han traído a su situación actual de desilusión.

Guillén divide el aspecto del tiempo en *Lazarillo* en tres: tiempo presente del narrador, tiempo cronológico de horas, días y años y tiempo personal y psicológico: "el de los hechos de conciencia, de una temporalidad que el hombre siente fluir dentro de sí mismo, y que sólo su propia sensibilidad puede captar o medir."[33] Si aplicamos esta división a *El siglo pitagórico*, vemos que el tiempo prevaleciente es el de la conciencia. El tiempo cronológico no se advierte. No sabemos la duración en años, días u horas de las distintas transmigraciones. El tiempo no cuenta. Las lecciones morales, sí. Las primeras transmigraciones son largas y detalladas. Las últimas, acumuladas bajo "Varias transmigraciones," corren una tras la otra, en breves líneas. Pero no sabemos, ni en las primeras, ni en las últimas, el transcurso del tiempo. El tiempo presente del narrador tampoco tiene papel importante, por el carácter quimérico del narrador, un ente invisible. En *Gregorio*, todo es distinto, porque el narrador maduro, Gregorio, nos cuenta su vida pasada y sus reflexiones de conciencia, a la vez. Es distinto de Lázaro, ya que la actitud moral de Gregorio no ha sufrido transformación. Tenía rectitud moral de protagonista y la tiene de narrador. No hay ninguna conversión espiritual de Gregorillo a Gregorio. Comenzó sus aventuras honrado, y las acabó honrado.

Lo que Guillén llama narración desde el "propio tiempo personal"[34] del narrador, o "epístola hablada,"[35] Rico nombra "el punto de vista." Hablando de *Lazarillo*, dice Rico que el narrador maduro, Lázaro, quien vive en un "presente de marido postizo,"[36] ofrece justificación de su caso a un Vuestra Merced, que le ha pedido explicación. Para ilustrar los sucesos determinantes que le han traído a este punto de su vida, describe su itinerario vital. La redacción del relato es percibida por el narrador maduro. El punto de vista y la perspectiva que guían y reconstruyen los sucesos de la vida de Lazarillo, protagonista, son de Lázaro desengañado y viviendo "en la cumbre de toda buena fortuna."[37] Explica Rico:

> Las varias etapas en la prehistoria del pregonero funcionan como una suerte de frases condicionales, orientadas (con frecuencia explícitamente, según hemos visto a propósito de las andanzas con el ciego) hacia un futuro que debe colmarlas de significado. Cada una de dichas etapas, bien ligada a las restantes, acumula nuevos elementos que precisan la personalidad del protagonista, encauzando todos los materiales hacia el desenlace... Lázaro de Tormes, pregonero de Toledo, recoge y aplica en el "caso" todas las enseñanzas recibidas en su aprendizaje de hombre hecho y derecho; y el espacio de la novela queda definitivamente cerrado y unificado... Lázaro escribe para explicar el caso; el caso explica qué y cómo escribe Lázaro... Si el caso hacía verosímil que el pregonero refiriera su vida, el caso debía presidir también la selección y organización de los materiales autobiográficos. La novela se presentaba, así, sometida a un punto de vista: el del Lázaro adulto que protagoniza el caso.[38]

El caso es el pretexto y el motivo del molde epistolar, que deja lugar a la parcialidad del Lázaro maduro. Todo lo contado es guiado por la subjetividad del punto de vista del yo del pregonero. El punto de vista en *Guzmán*, es del maduro Guzmán, galeote arrepentido que relata la vida de Guzmanillo, actor picaresco y desvergonzado. El Guzmán actor, cada vez más, se acerca hacia el Guzmán autor arrepentido y se aleja de la malicia en camino a la conversión. Dice Rico:

> El tránsito del Guzmán actor al Guzmán autor no sólo aparece finalmente motivado, sino que constituye el verdadero nudo argumental de la obra. En ella, los varios núcleos episódicos se someten a una línea constructiva principal: a la historia de una conversión, al análisis de una conciencia.[39]

En *El siglo pitagórico* el relato autobiográfico tiene la excusa de una visión onírica contada al Señor Mundo por un poeta desilusionado. Sin embargo, a diferencia de Lazarillo, los elementos autobiográficos no se desarrollan históricamente. Un suceso no es la consecuencia de uno anterior. El orden de los acontecimientos en la obra es insignificante. Se pueden trasladar los sucesos sin causar cambio significativo en el desarrollo de los asuntos. El conjunto de las transmigraciones es, como lo llama Rico, "los hilos que determinan el dibujo del tapiz."[40] En el *Siglo*, no importa qué parte del tapiz se borda primero. El libro se cierra, como en *Lazarillo*, refiriéndose a su lanzamiento, el sueño:

> Me tendré por dichoso
> (y por más que dichoso, venturoso)
> en haber acertado
> a soñar el estado
> verdadero del hombre
> para que quede fama de mi nombre (S.,307).

Tampoco hay ninguna conversión del alma al modo de Guzmán. Ella se lanza buena al mundo, y parte buena de él. El narrador es limpio de conciencia y el actor es puro también. Ella se introdujo en los cuerpos, tal como se despidió, en busca de pureza y perfección en el mundo. Desafortunadamente, no las halló y, por lo tanto, sigue deprimida y pesimista.

Rico opina que en el *Buscón*, no hay punto de vista, ya que Quevedo no deja expresar a su narrador. Agrega que el autor no entendía que "el pregonero y el galeote cuentan lo pasado para aclarar lo presente."[41] Quevedo imita los ejemplos de Lázaro y Guzmán sin entender su motivo. Lanza a Pablos a relatar su propia vida sin ningún caso que guíe el relato. Apenas comenzada la novela, Pablos empieza a relatarse a sí mismo apuradamente. Dice Rico: "A Quevedo ni siquiera se le ha pasado por las mientes respetar el punto de vista de Pablos."[42] Y pregunta Rico poco más adelante: "¿Por qué aceptar, sobre todo, la forma autobiográfica y convertirlo en un pegote inorgánico estéticamente innecesario?"[43] Agrega que con el *Buscón*, la novela picaresca "se había entrado en una vía muerta."[44]

En el *Siglo*, hay una situación parecida pero todavía distinta. La voz del narrador protagonista es siempre la del autor. Enríquez Gómez tiene mensaje para los lectores, y el alma hace el papel del mensajero. La diferencia es que mientras Quevedo no tiene compasión por su creación, la invención de Enríquez Gómez es la hija de sus entrañas. Algo parecido acontece en *Lazarillo*, dice Guillén, ya que el autor inventa la ficción en relación con su propia persona. Hablando del autor anónimo de *Lazarillo*, dice: "El principal propósito del autor no consiste, al parecer, en narrar —en contar sucesos dignos de ser contados y, por decirlo así, autónomos—, sino en incorporar estos sucesos a su propia persona."[45] En *Gregorio*, el narrador no tiene "caso" ninguno. Nunca informa a quien está dirigiendo la palabra, ni por qué está escribiendo su vida. Gregorio es el portavoz del autor, el narrador omnipresente en las dos obras.

Wicks cree que la narrativa en primera persona es parte íntegra de la ficción. "The narrative process itself is thus a crucial part of the fiction."[46] Dice que el punto de vista está dividido en: un yo experimentador y uno narrador, en un plano de narración y uno de acción y denomina la diferencia entre los dos planos "narrative distance."[47] En el *Siglo*, hay una "narrative distance" mínima, ya que el plano de la narración y el de la acción son casi uno. No hay cambio esencial entre el modo de pensar del experimentador y el del narrador.

Francisco Carrillo dice que el aspecto autobiográfico le deja libre al protagonista hacer lo que quiere. Le permite individualismo y libertad: "La forma autobiográfica es una exigencia del individualismo."[48]

Zahareas también considera la perspectiva autobiográfica como imperativa en la novela picaresca. El yo del pícaro integra y encadena todas sus experiencias recordadas. De tal modo, el pícaro tiene la doble función de protagonista y de narrador. Es biografía que desdobla en dos perspectivas: "Una novela picaresca es un autorretrato de doble perspectiva: recuerda 'ahora' la historia pasada como narrador, habiéndola protagonizado 'antes' como pícaro. Escritor y modelo son tanto una persona como dos."[49]

El desarrollo de la novela contiene explícita e implícitamente los cómo y por qué de la transformación del actor pícaro en narrador. Preguntamos ¿por qué inventó Enríquez Gómez al alma como narradora? Sabemos que el autor no escribe sólo para entretener, sino también con afán docente; tiene un propósito moralizador. Para captar al público lector, tiene que enseñar deleitando. El alma narradora de sus aventuras, sirve como juego literario, capaz de captar atención.

Guillén afirma que la narración autobiográfica es una sutileza que permite al narrador ser un testigo interior del protagonista, y a la vez, un historiador exterior de los sucesos pasados. Le deja juzgar desde dentro y por fuera simultáneamente:

> The use of the first person tense is more than a formal frame... everything *else* in the story is colored with the sensibility, or filtered through the mind, of the *picaro*-narrator... Life is at the same time revived and judged, presented and recorded. The first person technique is profoundly relevant, besides, because our hero, as we have seen, is a 'half-outsider'... Sometimes it is the *homo interior* who is radically estranged from his fellow man, while the *homo exterior* acts and appears to conform.[50]

Si juzgamos según estas recomendaciones de Guillén, notamos que el *Siglo*, estructuralmente, puede caber en la picaresca. Todo el relato es coloreado y filtrado por la sensibilidad y la mente del alma narradora. Ella juzga, presenta y recuerda la vida pasada. Sin embargo, no es una *half-outsider*, sino completamente el *homo interior*. Por añadidura en su esencia, le faltan unos rasgos que Guillén considera imperativos. Le falta la conducta *roguish*, que es rasgo preferido por Guillén. Ella no vive "on the razor's edge between vagabondage and delinquency."[51] Guillén considera obligatorio que el héroe, sus acciones y su punto de vista sean picarescos.

El alma nunca es pícara delincuente, sólo una pícara errante que anda en busca de amos. Por otra parte, su punto de vista es parcial y prejudicial, y reflexivo, filosófico y crítico para con la religión y la moral. Todos requisitos exigidos por la definición de Guillén: "The narrator's view is also partial and prejudiced... The total view of the picaro is reflective, philosophical, critical on religious and moral grounds."[52]

Ahora si ponemos a Gregorio a prueba, vemos que aunque no sea delincuente, es burlón juvenil durante el breve tiempo de sus aventuras. Es, efectivamente *half-outsider* porque anda en medio de la sociedad, pero no pertenece a ella, sea por su genealogía secreta o por su superioridad moral. Se le puede adivinar la doble existencia del *homo interior* y del *homo exterior*. Como éste, aparenta conformarse a las exigencias sociales, como aquél refleja y está disgustado con las instituciones de la sociedad. Durante su transmigración, oímos su punto de vista parcial y prejudicial, y le escuchamos filosofar sobre la honra y la nobleza insinceras. Dice Guillén que el pícaro es un filósofo que duda y que aprende de cada acontecimiento o cada persona que pasa en su camino: "The *pícaro* as an 'ongoing' philosopher, as a constant discoverer and rediscoverer, experimenter and doubter where every value or norm is concerned, never ceases to learn. Each person is for him a possible 'example.'"[53] En cuanto a estos rasgos, podemos observar que tanto el alma como Gregorio los poseen.

Agrega Guillén que el yo del héroe es el aspecto que encadena todos los episodios narrativos sueltos y le da el marco común: "The novel is loosely episodic, strung together like a freight train and *apparently* with no other common link than the hero."[54] En el *Siglo*, el eslabón común que crea de las transmigraciones sueltas una novela, es sin duda alguna el alma. En *Gregorio*, éste mismo sirve de enlace que hace correr el tren del relato.

Bjornson, como es menos restrictivo en su definición de la novela picaresca, esencialmente, la ve como una perspectiva autobiográfica dentro de una panorámica visión de la sociedad y sus tipos representativos. El narrador puede ser o no ser un pícaro delincuente. Su concepto es más amplio y variable. En cuanto a la primera persona, esencialmente coincide con Guillén. El narrador ficticio es el punto de referencia que presenta su perspectiva de acuerdo a su sicología. Sean los sucesos exagerados o convencionales, son creíbles porque el yo nos lo relata.

Por causa de la narración en primera persona, "the primary level of reality is that of the story teller, not of the story told."[55] Es decir, el punto de vista ofrecido es el del narrador. Luego añade:

> The narrator is a complex highly individuated character whose motives and preoccupations color his story and organizes it into a meaningful plot... in general the picaresque hero's life is filtered through his own consciousness as he reflects upon the meaning of what he has seen and experienced.[56]

Si prestamos atención, vemos que aún los verbos que usan los críticos tienden a reaparecer, como reflejar, colorear y filtrar. Todos están de acuerdo en que lo narrado recibe el punto de vista del narrador, no del protagonista.

Miller, contrario a los anteriormente mencionados, no cree que sea imperativa la narración autobiográfica. Lo que sí cuenta es la identificación del lector con el protagonista: "It may or may not be autobiographical; the essential thing is that the reader identifies himself with the protagonist and vicariously undergoes the shocks of his chaotic experience."[57]

En conclusión, el aspecto pseudo-autobiográfico, exigido por la mayoría de los críticos, se cumple tanto por la narración del alma en el *Siglo*, como por el relato de Gregorio en *Gregorio*. Vamos ahora al segundo criterio seguido por Sobejano y sugerido por Lázaro Carreter, el de "varios amos."

En el mundo real un alma es un ente que no habla, ni relata sus transmigraciones. En el mundo onírico todo es posible. Solemos oír de moradas de alma, de posadas temporales. Pero, ¿dueños, amos?

Duerme el alma tranquilamente, sin ninguna preocupación por la inocencia virginal de su mundo celestial: "Dormía a sueño suelto mi cuidado" (S.,13), cuando, de repente, la despierta su creador: "El Señor Espíritu" (S.,13), y la manda dejar el hogar y comenzar sus aventuras y adversidades corpóreo-terrenales. La partida del alma al mundo es paralela a la del niño inocente en el camino de hacerse pícaro. El pavor de dejar el hogar la aflige. No quiere partir y trata de esconderse en el cuerpo difunto de su "madre": "Y de un instante, sin segundo padre, / me zabullí en el vientre de mi madre" (S.,14). Pero no hay remedio. Como Lazarillo que fue lanzado al mundo por su madre, tal el alma es lanzada por su progenitor:

> "Sal al punto"
> Pitágoras me dijo. Ya difunto,
> salí llorando del albergue obscuro,
> procurando buscar otro más puro (S.,14).

Sus lloros nos recuerdan las lágrimas de Guzmanillo, que huye de casa por la pobreza de la madre, pero luego se arrepiente y se desespera:

> Apenas había salido de la puerta, cuando sin poderlo resistir, dos
> Nilos reventaron de mis ojos que regándome el rostro en abundancia,
> quedó todo de lágrimas bañado.[58]

Nuestro protagonista incorpóreo resignado, al encontrarse fuera de su hogar, se compara ahora con un criado en busca de amo y declara: "Siendo *paje* mi espíritu perdido, / *amo* nuevo busco, y *amo* lucido" (S.,15). El verbo buscar y sus derivados, son empleados aquí con tanta frecuencia, que no se puede sino recordar el *Buscón* de Quevedo: "Procurando buscar otro más puro" (S.,14); "Tu vida busca, tu valor reforma" (S.,14); "Busca otro nuevo y purga lo pasado" (S.,14); "Busca otro cuerpo, y mira como vives" (S.,14). ¿Quería Enríquez Gómez hacer una parodia del *Buscón*? ¿Quería hacer una imitación no burlesca, sino genuina del género picaresco? No parece que estaba ridiculizando el género. Enríquez Gómez experimentó con distintas formas literarias de expresión. El género picaresco con su yo narrativo, podía servirle de instrumento para exponer las mismas ideas que ya había expresado anteriormente en géneros distintos. Utiliza aquí el plan general de la picaresca, pero, veremos luego que, aunque sigue la forma, le falta el espíritu picaresco.

El primer amo que tenía el alma, le añade otro matiz picaresco, al llamarla "canalla": "También entre las almas hay canalla" (S.,20). Las referencias a los cuerpos como "amo" o "dueño" son frecuentes más que todo en las primeras transmigraciones. Refiriéndose al ambicioso dice: "Parecióme que el dueño de mi vida" (S.,21). Huyendo de su amo medio muerto, se encuentra, como cualquier pícaro, sin alguien que la mantenga: "Cuando me vi sin amo y sin dinero, / quise mirar primero / en qué casa me entraba" (S.,23). Acentúa el alma

que su búsqueda de otro dueño es para que la emplee: "Como fue mi deseo / tan
hijo de su empleo" (S.,23).

Al alma no le gusta su cuerpo de malsín, y le dice llamándolo "diablo," lo que
inmediatamente le trae a la mente la asociación de un ciego: "Te malsinara con
el diablo / doctrina es ésa que la reza ciego" (S.,29). Parece que hay aquí una
alusión a la primera lección que recibe Lazarillo del ciego después de la
calabazada en el toro de piedra en el puente de Salamanca: "Necio, aprende: que
el mozo del ciego un punto ha de saber más que el diablo" (109).

Poco más adelante, hay otra aparente referencia al ciego de Lazarillo. El alma
cansada de su hambre espiritual, al lado (o dentro) del malsín, decide escaparse
de su amo: "Alto a marchar en otra compañía" (S.,31). El le ruega que no se
vaya, y ella, astuta, le miente prometiéndole volver dentro de poco: "Y yo le
respondí, viéndole ciego: / no me voy mi señor, que vuelvo luego" (S.,32). La
referencia al ciego, ya que el malsín no lo era físicamente, por un lado, indirecta-
mente alude al primer amo de Lazarillo, como captaría todo lector competente, y
al mismo tiempo indica la ceguera espiritual o de entendimiento.

Guzmanillo, encontrándose solo, "no sabía para donde iba" (I, 145). Nuestra
alma no sabía "que rumbo tomaría" (S.,35). Por fin encuentra el alma a su nueva
ama, doña Quiteria, y hay aquí otra alusión esta vez directa a la picaresca: "Y
era, por su destreza peregrina, / la pícara Justina" (S.,37). A ella la denomina la
narradora "dueño": "Fuése la Circe, y mi querido dueño / se quiso dar al sueño"
(S.,43). Y "Saltó la risa mi lascivo dueño" (S.,46).

De la misma manera que Guzmán goza del almíbar picaresco, "ocupación
holgada y libre de todo género de pesadumbre" (I, 266), el alma retirada de su
dueño, comenta la libertad de todo cuidado: "Cuando, habiendo quedado / si no
libre de tía, de cuidado" (S.,51).

Al siguiente cuerpo también denomina "dueño": "Adorábanme todos por mi
dueño" (S.,53); "Mi dueño era cual fue Diego Moreno" (S.,54). Este nuevo amo
trae otra insinuación vedada al rasgo picaresco del alma; la afición al vino, tan
sobresaliente en el ambiente social del género. Habla el valido al alma: "A no
ser un espíritu divino / dijera que las almas beben vino" (S.,63).

Cansada de su avaro y desalmado amo, decide que, una vez más, es hora de
transmigrarse: "¡Alto a otro cuerpo!" (S.,64). Esta vez, desesperada y agotada

después de cuatro amos viles, determina hacer más esfuerzo en su búsqueda. Su naturaleza espiritual exige perfección. Para lograrla, tiene que alcanzar planos más elevados. Por lo tanto, esta vez, se empeña en hallar uno ilustre y honrado: "Determiné de buscar amo entre tantos ciudadanos ilustres como honraban sus edificios, procurando algún instrumento material bien organizado donde pudiese tocar las espiritualidades cuerdas de mi naturaleza" (S.,67). Ni hay que adivinar en qué ciudad anda buscando amo nuestra alma "pícara": "Sevilla, ciudad tan insigne como noble" (S.,67). Pasa el protagonista por la puerta de Triana, donde oye al padre de Gregorio quejarse de no haber podido engendrar progenie. Le parece al alma buen candidato para sus aspiraciones, y se presenta inmediatamente en el vientre de la madre, para animar a Gregorcico, su nuevo amo: "Llegué con él a su casa, y en ella hallé el dueño que deseaba" (S.,67).

Ahora bien. Vimos al alma narradora de sus propias aventuras y adversidades con cuatro dueños. Muy desanimada salió de estos empleos-transmigraciones. Mete su esperanza en el hijo de unos padres ilustres. Se da cuenta que esta vez animó a un narrador pícaro, más verosímil y tradicional que ella. Ya que ella es pícara fantasmagórica, dentro del cuerpo de un pícaro corpóreo, que como todo pícaro escribe su "vida," ella se retira de su puesto de narrador y le deja a Gregorio contarnos su vida al modo picaresco tradicional:

> No será bien que habiendo él mismo dejado escrito la mayor parte de su vida no sea ella misma mi quinta transmigración: entreténganse los curiosos leyendo, no la vida del Buscón, pues está por nacer quien pueda imitar al insigne don Francisco de Quevedo, sino la de don Gregorio Guadaña, hijo de Sevilla y transplantado en Corte, que son las dos mejores universidades del orbe, donde se gradúan los hijos de vecino de la ciencia que adquirió el primer hombre, ésta es; saber del bien y del mal, si bien la de don Gregorio no frisó con la que tuvo la Pícara Justina, por ser tan hombre, no se desvió de las obras de Guzmán de Alfarache, dando al mundo en una mediocridad de estado, un verdadero ejemplo de los sucesos deste siglo (S.,67-68).

Enríquez Gómez en boca del alma, nos avisa que lo que vamos a leer es una novela de tipo de *Guzmán* y de la *Pícara Justina*, una novela picaresca. También nos aclara otro rasgo del género picaresco; cuadro de "los sucesos deste siglo," cuadro de la sociedad contemporánea, con distintos estados y condiciones humanas.

Hasta aquí vemos que el *Siglo* sigue dos rasgos esenciales de la picaresca; el narrador protagonista y pseudo-paje que se mueve de un pseudo-amo al otro. Después de la transmigración de Gregorio, apenas llama el alma "dueño" a uno de sus cuerpos: "Proseguía mi dueño" (S.,228); "Hablemos claro dueño mío" (S.,269).

Parece que una vez establecida el alma como paje y sirviendo a amos, el autor no tiene que insistir más en ello. Tenemos que recordar que los autores presentaron a sus pícaros como mozos de muchos o pocos amos, con el fin de ofrecer una visión panorámica de la sociedad. Dice Castro: "Esta clase de obras, además de tratar de pícaros, nos ofrece la visión del mundo que puede tener uno de esos sujetos."[59] Efectivamente, lo que importaba no era la servidumbre, sino el vivir junto a distintos tipos sociales representativos de la sociedad. Los nombra Del Monte: "los distintos *modus vivendi* (incluso sin ser un mozo de muchos amos...)."[60] El autor quiere enfocar y abrirnos los ojos sobre ciertos tipos sociales que le interesan. Dice Molho que "la trama de la 'Vida de Lázaro' está hecha de chanzas y de historietas folklóricas."[61] Sin embargo, el autor anónimo de *Lazarillo* sabía escoger entre las abundantes y divertidas anécdotas folklóricas las que le convenían —ciego, escudero, eclesiásticos— quería amonestar, más que todo, a la clerecía, y, por lo tanto, la mayoría de sus amos es de esta estirpe:

> De los nueve amos que tuvo Lázaro, cinco fueron eclesiásticos.
> Henos pues aquí, en presencia de una galería de retratos de exagera-
> das criaturas, en donde, como siempre en este enigmático librito, la
> risa forcejada con la cólera y la alegría con la amargura vengadora.
> La *Vida de Lázaro* es de un anticlericalismo desbocado, agresivo y
> total; se extiende a todo el clero sin excepción, ya sea regular o
> secular.[62]

Alán Francis coincide con Molho, observando la amonestación anticlerical en *Lazarillo*, producto de las reflexiones que hace Lázaro sobre los amos en cuyo servicio estaba: "Sin poder pasar por alto, en el *Lazarillo*, el anticlericalismo manifiesto y los más que evidentes ataques contra el parasitismo social y la falta de honda caridad cristiana."[63]

Del Monte, al discutir el aspecto realista de la literatura picaresca, dice que no es "un realismo que significaba naturalismo y sociologismo positivista":

> Una obra es realista siempre en oposición a la literatura no realista de su tiempo, y en cuanto es de este tiempo toma en síntesis lo esencial y lo *típico* (en sentido dialéctico: esto es el carácter o los caracteres decisivos) de la realidad histórico-humana de la humanidad asociada, en un difícil y antagonístico movimiento progresivo. En tal sentido, la novela picaresca sí es literatura realista, aunque refleje una realidad "bloqueada", como podrá verse en las siguientes páginas.[64]

Luego muestra que aunque puedan pertenecer las anécdotas a la novelística italiana o al folkore, los amos y su conducta coinciden efectivamente con tipos y costumbres de la época.

Bjornson observa que además de la autobiografía, otro rasgo esenciales: "its panoramic overview of the types and conditions of human life."[65]   Miller también cree que este panorama de tipos y condiciones humanos sirve para hacer crítica social: "Everywhere, picaresque novels are a criticism of life."[66]

Molho ve que al moverse el pícaro dentro de la sociedad, se hace parte de ella. De tal modo, el narrador tiene la oportunidad de criticar tanto a sí, como a las normas morales del mundo en que vive: " A pesar de su ancestral infrahumanidad, siente que forma parte de la humanidad —lo que... le lleva a criticar su persona y su destino y el código moral y social que rige la conducta de sus superiores y de sus denigradores."[67]   También alega que la picaresca toma personajes de las fábulas folklóricas y los inserta en un marco cotidiano y conocido para que ganen dimensiones vitales: "Para que ellos existan, para que se desprendan de un carácter esquemático y mítico, le ha bastado al autor, situarlos en un tiempo y en un espacio auténticos."[68]

El yo narrador-protagonista no cobraría dimensión de personaje si vagabundeara solo, en espacio y tiempo concretos, sin gente y costumbres verídicos o por lo menos verosímiles. Los amos sirven para proveer el medio ambiente social. Reprender a los amos ficticios es amonestar a los auténticos representantes de la sociedad. Al viajar de una condición humana a la otra, tiene el narrador la oportunidad de informarnos lo que experimenta. De tal modo, es un observador objetivo y, a la vez, subjetivo, ya que lo que investiga es parte de su misma experiencia vital. Dice Alter: "The picaresque hero in this way is a figure both detached from the society of men and possessing a profound sense of involvement in the human condition."[69] La novela es el intercambio entre la sociedad y el pícaro. El aprende en la escuela de sus amos y de sus propias experiencias con ellos: "For picaresque literature is very much a literature of learning, a literature of experience."[70] Guillén acentúa la interacción entre el individuo y su medio ambiente. Dice que la sociedad toma un niño en estado de ignorancia y mediante golpes repetidos le enseña sus valores corruptores. Los valores no son de un individuo particular, sino de la sociedad entera. Las adversidades que le acontecen, corrompen su inocencia primordial:

> We have seen that the *picaro*'s premature exposure to the world coincides with a state of "natural" ignorance, and that he proceeds to "discover" all value anew. Our orphan learns, to be sure, but he does not improve... He is "corrupted by the society" in the sense that the knowledge he gains is not transmitted to him by another person: the locus for cultural continuity has been shifted from the individual or the church to the community. Though it may be another individual who initiates the transfer (like the blind man in *Lazarillo*), the learning process begins abruptly with a crisis, the rite of passage, such as the knocking of the boy's head against the stone bull in *Lazarillo*, or in many other novels the treachery of an innkeeper.[71]

Los personajes en que transmigra el alma son tipos conocidos y representativos de aquel entonces: ambicioso, malsín, dama, valido, pícaro, hipócrita, miserable, ladrón, arbitrista e hidalgo. La gente en cuya compañía anda Gregorio también es representativa de cierta faceta de la sociedad contemporánea: juez, letrado, alguacil, escribano, soldado, fraile, dama, su tía Celestina y unos truhanes.

Pfandl, nombrando las clases sociales de los siglos XVI y XVII, escribe:

> La vida española de los siglos XVI y XVII comprendía las siguientes

clases sociales: a) el clero, b) la nobleza, c) la clase media o burguesía, d) los letrados, e) la milicia, f) los campesinos, g) la plebe, h) gente del hampa y germanía: a las cuales hay que agregar el elemento femenino, común a algunos de estos diversos grupos.[72]

Casi todos estos, con la notable excepción de los campesinos, están representados en las dos obras.

Notamos que en las dos obras los amos, tal como en *Lazarillo* casi nunca llevan nombre propio. Son representativos. En el *Siglo* representan tanto profesiones como rasgos psicológicos y vicios. La única que anda nombrada continuamente es la dama Quiteria. En *Gregorio* también son tipos representativos. Se los nombra con el nombre genérico de su profesión: juez, letrado, ventero, etc., excepto en pocas situaciones, como en el caso de Beatriz o Angela, o cuando hay dos de la misma profesión. Es interesante notar, que hay en muchas ocasiones paralelismos entre los tipos del *Siglo* y los de *Gregorio*: médicos, damas, saludadores.

El alma se desengaña cada vez más, observando en sus amos la fealdad moral que los envuelve. Ella los trata de corregir. Cuando niegan, los amonesta y amenaza, y por fin los deja morir. Gregorio es distinto. Es testigo mudo. No reprocha, no sermonea. Sólo una vez aconseja en cuestiones de honor, y sólo porque le piden consejo. Conocemos sus pensamientos, sólo por sus reacciones a los sucesos y por sus propias acciones o falta de ellas. Sus obras nos informan de su virtud.

Lazarillo, Guzmán y Pablos, todos aprendieron en la escuela vital de sus amos. La lección, desafortunadamente, fue negativa. Pero con todo, es lección, que eventualmente asimilaron. El alma rechazó las lecciones de sus amos, y nunca las adoptó. Gregorio siempre queda aparte y por encima de sus compañeros. Observa las lecciones pero no se deja contaminar y no se conforma con su modo de pensar. Dice Guillén: "Our hero becomes a *pícaro* through the lessons he draws from his adventure."[73] Sin embargo, ni el alma ni Gregorio se dejan influir por las aventuras que experimentan, como los demás pícaros. Notaremos que mientras éstos se desenvuelven dinámicamente, aquéllos son bastante estáticos. No hay cambios psicológicos, ni desenvolvimiento. No salen del marco de su inocencia original. Al fin los dos sufren desilusión, pero nunca se corrompen. Aunque ande Gregorio, por breve tiempo, haciendo bellaquerías juveniles con la cuadrilla, no sucumbe a la corrupción. Dice Guillén:

> The *pícaro* (though not always a servant of many masters) observes a number of collective conditions: social classes, professions, *caracteres*, cities, and nations. This rogues' gallery has been a standing invitation to satire, and of course to comic effects.[74]

Lázaro presenta al lector entre sonrisas las condiciones de la corrupción social. Guzmán las predica con largas digresiones didácticas. Pablos, con carcajadas lo deshumaniza todo. El alma, al modo de Guzmán, sermonea. Gregorio, al modo de Lazarillo, observa y deja entrever a los lectores la malicia de la sociedad sin sermones.

El alma predica con un tono religioso-moral. Sus sermones, recuerdan los de un predicador. Su misión en el mundo es purificarse, pero ella trata de purificar sus cuerpos, ya que de su purificación depende la salvación del alma. Ella predica, reprende, regaña, amonesta, amenaza, y espera que con sus enseñanzas se enmienden. Veamos unas de sus predicaciones. Al ambicioso: "Da limosna, confiesa tus pecados; / basten ya los dineros mal ganados" ((S.,18); "Solicita la gloria soberana, / no deste siglo la arrogancia vana" (S.,18). Al malsín: "Pues no te toca denunciar al reo; / respeta la justicia soberana" (S.,28); "¿Has de hallar salvación con estas culpas? / ¿Adónde están, amigo, las disculpas?" (S.,29). A la dama:

> La honra, amiga mía,
> (cuéntaselo a tu tía),
> es el armiño de mayor belleza,
> que puso en nuestro ser naturaleza:
> tú le pones el cerco con deshonra
> ¡Dios la perdone! Ya murió tu honra.
> ....
> La vergüenza es la aurora de la vida
> llega la niebla y déjala perdida (S.,43).

Al valido:

> Por tu vida, mi cuerpo, que no hables,
> que perderse tu alma en trono horrible
> triste cosa sera, pero pusible;
> y no menos sera (por no cansarte)
> dejar de ver a Dios y condenarte (S.,60).

Lo interesante es que el alma nunca amonesta a Gregorio, ya que él es esencialmente bueno. Amonesta al hipócrita:

> Si el mundo está engañado,
> Dios no lo puede ser, y es gran pecado
> que la virtud de Dios y de los justos
> la tomen los injustos
> por instrumento de pecar...(S.,201).

Al miserable:

> ¿Qué imaginas?, ¿qué intentas?, ¿qué pretendes,
> si a Dios y al mundo ofendes
> con un pecado vil, cuya avaricia
> parece de castigo y de justicia? (S.,217).

Al doctor: "Tú te vas condenando de hora en hora;" (S.,232). Y

> Acaba de engañar el mundo todo,
> estudia de otro modo,
> desvélate curando la conciencia,
> ama la midicina, pues es ciencia ((S.,233).

Al soberbio:

> ¿Hasta cuándo, hasta cuándo, caballero
> más vano que el dinero,
> has de hacer sacrilegios y maldades,
> siendo Nerón de todas las edades?

¿Hasta cuándo sin Dios y sin conciencia,
de una y otra insolencia
te armaras, atrevido,
en achaque de bien o mal nacido? (S.,243).

Al ladrón:

Hagamos penitencia,
ajustémonos luego de conciencia,
restituyamos todo lo que hubiere,
que aquel que se arrepiente, nunca muere.
Demos a Dios el resto de la vida,
siendo tan recogida
la virtud en el alma,
que ganemos la palma
de un firme corazón arrepentido,
sacrificio perfeto y escogido (S.,260).

Al arbitrista: "Amigo, interés que es contra el prójimo y contra la conciencia, nunca es bueno" (S.,273). Al hidalgo:

¿Quién dirá que sea acción de nobles pechos oprimir los humildes: ninguno, porque todo animal racional, por mal organizado que esté, tiene siempre piedad de su semejante y no pretende deslucir con una obra vil todas las nobles de la sabia naturaleza. Favorecer al afligido, animar al flaco y socorrer al que no puede, virtudes morales son de un magnánimo corazón y de un espíritu heroico; aquí sí que luce la sangre heredada de los nobles, honrando con ella la especie humana semejante a sí (S.,280).

Nuestra alma no sólo que no aprende en la escuela vil de sus amos, sino que trata de enseñarles y de salvarlos. Al fin de cada transmigración, ella hace digresiones al modo de Guzmán. Lo hace con un soneto o una décima de las malandanzas de la particular profesión, representada en la transmigración.

Alán Francis demuestra que "la crítica irónica de ciertos valores predominantes, como la obsesión del honor y la corrupción eclesiástica, tipificados por los amos de Lazarillo... volverán a ocupar el escenario de la novela picaresca."[75] La crítica de los valores, y las lecciones morales son presentados mediante las reflexiones personales del pícaro. Lazarillo hace reflexiones propias después de la calabazada: "Verdad dice éste, que me cumple avivar el ojo y avisar, pues solo soy, y pensar cómo me sepa valer" (30). Con cada adversidad gana percepción de la hostilidad de la sociedad y de sus contradicciones. El sirve de guía al ciego y éste le guía de vuelta y le abre los ojos para que sepa sobrevivir en este mundo de apariencias. Con cada amo su comprensión humana se hace más amplia. Aprende del ciego: "que el mozo del ciego un punto ha de saber más que el diablo" (109). Del hidalgo aprende el sufrimiento padecido por "la negra que llaman honra" (159). De todos aprende valores que al fin le facilitan vivir en la cumbre de su autoengaño. Dice Alán Francis que las experiencias humanas de los pícaros incluyen en ellos tanto las acciones como los valores de los amos. El pícaro se refleja sobre esas experiencias y las asimila:

> La realidad y la conciencia del individuo funcionan en relación dialéctica. Así es que los tipos sociales —mendigo, cura, hidalgo— y sus valores y acciones forman parte de una total experiencia humana, tanto temporal como social. Estos incidentes particulares se experimentan, se reflejan, se asimilan y se recuerdan, cualitativamente, sin desgajarse del mundo objetivo real.[76]

De igual modo que Lazarillo gana conocimiento profundo de las relaciones humanas por su asociación con los amos, así lo hacen también Guzmán, Pablos, Alma y Gregorio. En Guzmán las lecciones morales a veces preceden la aventura, y a veces la siguen. De todo modo, son percepciones que aprendía al tropezar con multitud de tipos representativos de la época. Pablos también hace reflexiones morales. A veces las recibe directamente de su amo, don Diego: "Pablos, abre el ojo, que asan carne; mira por ti, que aquí no tienes otro padre ni madre."[77] En casa de su tío, verdugo de su padre, al ver comer pasteles de carne paterna, decide: "Yo, que vi la bellaquería del demandador, escandalicéme mucho y propuse de guardarme de semejantes hombres. Con estas vilezas e infamias que veía yo, ya me merecía por puntos el deseo de verme entre gente principal y caballeros" (188).

El alma, como hemos visto, hace reflexiones morales con cada transmigración. Esto da ocasión al narrador y al autor para hacer crítica de los valores falsos de la sociedad. En este sentido, es muy semejante a las digresiones salpicadas generosamente entre aventuras en *Guzmán*. El alma, sigue la temática muy prevaleciente en la picaresca: honra, nobleza, dinero, pero el tema de la genealogía negativa sólo se da de un modo muy detallado en *Gregorio*.

Gregorio, sobre todo, insinúa su punto de vista. No tiene la voz descarada y atrevida del alma. El hace el papel de pícaro observador-aventurero, y ella el de predicador moralista.

La mudanza de un amo al otro, sirve también para dibujar un mundo fragmentado, esparcido con corrupción, decepción y desorden. Un mundo caótico, donde cada uno se defiende a sí. En los amos el pícaro busca seguridad contra esta situación caótica. No obstante, se desespera ya que el mismo amo también coexiste en el caos, y está buscando su seguridad en honores aparentes y dinero que lo compre todo. El alma busca abrigo y salvación en los amos. Lamentablemente, ellos mismos viven de apariencias, en un mundo caótico. Ella se encuentra en un estado caótico al ser lanzada al mundo y no puede alcanzar la perfección hasta que encuentre un dueño con quien pueda salvarse y elevarse al firmamento. Los amos-cuerpos, uno por uno, no son capaces de servir este propósito de perfección. Son hipócritas. Son engañadores y a la vez engañados. No proveen lo necesario para el fin que tiene el alma.

El mundo en que Gregorio vive también es caótico. El rumbo de su vida no tiene ni fin específico ni estabilidad. Anda adonde le llevan los acontecimientos. El no es el autor de sus andanzas. Las andanzas le guían. Sale con el propósito específico de estudiar en la universidad de Salamanca, pero se le olvida todo en el camino.

Afirma Miller que el mundo picaresco es "universal chaos of deception and lawlessness."[78] Y añade: "People in society are constantly striving for stability, riches, honor, security. Since society is chaotic, it constantly frustrates these drives."[79]Reflejando la confusión y el caos del mundo, el pícaro también cambia de forma y papel. Es una criatura proteica. Dice Miller:

There is no part that the picaro will not play. Typically, he can turn his hand to anything, assume the social disguise of every profession and vocation. Lazarillo, for example, is a servant, an altarboy, a beggar's boy, a constable's man, a water-seller, a wine-seller, a town crier, and so forth... He assumes whatever appearance the world forces on him, and this a-personality is typical of the picaresque world, in which appearance and reality constantly mingle, making definition and order disappear.[80]

Nuestra alma hace (y no hace) multitud de papeles, pero aunque sea parte de sus cuerpos, siempre se queda aparte moralmente. La multiplicación de papeles ayuda a abolir la personalidad del pícaro. Es una persona sin propiedades propias: "The picaro is every man he has to be, and therefore, no man."[81]

Si aceptamos que el pícaro es persona concreta sin personalidad, no es tan difícil de aceptarlo sin cuerpo también pues lo que hace a la persona no es el cuerpo. De aquí hay sólo un breve salto para desnudarlo del cuerpo, y quedaremos con el alma pícara proteica, que hace papeles distintos según los cuerpos en que habita. Con cada reencarnación, ella tiene otro papel en la sociedad. Pertenece a la corte, a la nobleza, a la clerecía y por otra parte a la vida ínfima de una dama inmoral y de un ladrón. La mayoría de sus reencarnaciones, sin embargo, es de la casta cristiana nueva.

Gregorio no es proteico. Le vemos junto a la burguesía adquirida por educación. Anda con un juez, letrados, alguaciles, pero nunca se contamina de su presunción. Gregorio permanece con su propio modo de juzgar, criticar y pensar. La preposición que le cabe mejor es "al lado," ya que mientras anda al lado de la justicia vil, siempre queda aparte de ella. Otras amistades que mantiene son las de la clase baja. Son rufianes juveniles, no son criminales; hace unas bellaquerías al lado de ellos, pero nunca asimila su modo de razonar y pensar. No hay ningún cambio en su personalidad, esté entre letrados o entre rufianes.

El pícaro concreto, con cada encuentro con la sociedad externa trata de contender con la realidad. Por la continua naturaleza inconstante de la sociedad se ve forzado a adaptarse a ella y perder por completo su propia personalidad en el hecho contagiándose de los valores de la sociedad. Por lo tanto, la crítica de sus actitudes, lleva en sí la crítica de la sociedad. Lo comenta Bjornson: "If these attitudes and patterns are dehumanizing or morally reprehensible, the implication is that the society itself is responsible for implanting them in the individual."[82] Todo lo acontecido al pícaro está determinado por la interacción que él tiene con la sociedad: "The picaresque hero's fate largely determined in the interaction between character and a fictional world governed by a series of implied but ascertainable laws."[83] El mundo causador del daño puede ser auténtico o una imagen que el autor tiene de esta sociedad. Es la sociedad percibida por el autor narrador. Las experiencias más relevantes toman una dimensión prioritaria: "When authors sought to convey an authentic picture of reality it was bound to be colored by their personal views."[84]

El mundo visto y despreciado por el alma es el mundo aborrecido por Enríquez Gómez. El emplea la voz del alma y sus andanzas para criticar un mundo que le era injusto. Cada palabra dicha por el alma, está escrita por las entrañas del autor. El mundo español le parecía soberbio, hipócrita, inclemente, le malsinaba y le hizo errar por tierras lejanas como un pícaro. Las palabras siguientes de Miller, aunque no hablan de Enríquez Gómez, encuadran muy bien: "Behind the narrator of each picaresque novel we feel the moralistic author shrieking hate at the world's and men's chaos, shrieking in rage at what the world has done to him personally."[85]

El modo en que el pícaro se ajusta a su medio ambiente, es parte del argumento, tal como son la sociedad y el pícaro individuo. La novela, moviéndose episódicamente con el protagonista narrador de un *modus vivendi* al otro, refleja la complejidad de la vida social y moral, experimentada por el individuo desilusionado que ofrece su perspectiva al lector. El *Siglo* entero es la perspectiva que tiene el alma o mejor dicho, Enríquez Gómez, del siglo.

Opina Eoff que la picaresca refleja las actitudes de la época en cuanto a lo social, lo moral y lo económico:

> There is general agreement that the Spanish picaresque novel of the seventeenth century, more than a special kind of narrative form growing out of literary antecedents, is the expression of an attitude substantially determined by social, moral and economic conditions of the age in which it flourished.[86]

La realidad histórica reflejada puede ser la de acontecimientos, prototipos y costumbres, pero, más que todo, es la de las actitudes prevalecientes.

La preocupación con la problemática de la honra en todos sus matices, se considera hoy en día el tema más trascendental de la ficción picaresca. Américo Castro explica cómo ha llegado el tema de la honra a ser una obsesión imperativa en la ficción picaresca. El mundo de los siglos XVI y XVII españoles reprendía y premiaba de acuerdo con la casta. Había dos castas esenciales: superior, la que poseía limpia sangre cristiana vieja, y la de los cristianos nuevos, de sangre contaminada por herejes: "La casta cristiano vieja fundaba la razón de su supremacía en el hecho de poseer 'sangre limpia', no mancillada como la de los españoles de ascendencia hebrea, por remota que fuese."[87]

Distingue Castro entre honor y honra. El honor es un patrimonio del alma, que nadie se le puede quitar al individuo. Es patrimonio interior, parte íntegra de la persona. La honra viene de afuera. Es la opinión que se tiene de uno. Aunque la honra sea de menos valor que el honor, la sociedad le presta más importancia. Los judíos y más tarde los conversos carecían de honra, ya que su sangre carecía de "pureza." Para ganar honra, aunque sea sólo aparente, como su naturaleza exige, muchos de los conversos adinerados compraron apariencias que insinuaban cristianismo viejo. No sólo les negaban posiciones y honores en la sociedad, también vivían bajo peligro de ser ajusticiados por herejía perdiendo con ello bienes y vida. Dice Castro:

> The Jew and his adversary, the convert, were something more than the usual run of people: they carried in their souls the agony of their feeling that they were being dashed from the summits of fortune into the terror of massacres burning at the stake, torture, *sambenitos*, and harassment by a crazed society which continually pried into the Jews' actions and conscience, always subject to exposure through torture.[88]

Por la mera coincidencia de su nacimiento vivían sin honra y con la sombra de la muerte: "Let us consider rather what was happening to the lives of these who were living on a par with death."[89] Para sobrevivir emplearon su dinero en la compra de hidalguías, esperando así adquirir honra y vida. Con la ejecutoria en la mano podían penetrar en las órdenes militares y religiosas, donde podían esconder su origen. Dice Castro: "Es muy sabido que numerosos cristianos nuevos se infiltraron en las ordenes religiosas, en el Santo Oficio, en las ordenes militares, lograron ejecutorias de hidalguía sobornando a la justicia."[90]

Resintiendo la nobleza sin esfuerzo de los nobles de nacimiento, y conociendo la farsa de tener nobleza comprada al precio de dinero, comenzaron a despreciar el concepto de honra. La literatura creada por los conversos —comenzando con la *Celestina*— describe este desesperado sentimiento de desamparo. Comenta Castro: "The authentic novel came out of a tragic sense of life because the life in which it was incubated and brought to birth was tragic."[91] La novela picaresca es la expresión de este desprecio a la nobleza innoble y a la honra deshonrosa: "... la tradición de la novela picaresca, nacida en una sociedad que fundaba sus valores en las nociones de casta e hidalguía."[92] Hablando del autor anónimo de *Lazarillo*, explica Castro detalladamente su teoría:

> Al autor del *Lazarillo* le interesa acentuar que la gloria de este mundo
> es a menudo vanagloria. No importa tanto hacer bien como la
> resonancia de lo hecho... Pero el afán de honra llega a suplantar los
> contenidos valiosos de la acción misma, y llevará a deformaciones,
> como la de aquel desventurado Escudero... Para los conversos, el
> confundir la honra con la opinión venía siendo la fuente de todos sus
> males. Según vengo diciendo tiempo ha, el pícaro es el antihéroe, y
> la novela picaresca nace sencillamente como una reacción antiheroica,
> en relación con el derrumbamiento de la caballería y de los mitos
> épicos, y con la peculiar situación de vida que se crearon los
> españoles desde fines del siglo XV.[93]

Bataillon hacia 1948 señalaba que la pobreza era la materia prima de la literatura picaresca. Sin embargo, hacia 1962, siguiendo las ideas de Castro, declaró que la limpieza de sangre era el factor principal de esta literatura.[94] La picaresca es un sonoro desafío al concepto de la honra de la España obsesionada por la cristiandad vieja. Expresa Bataillon:

> Los temas favoritos picarescos se organizaban no alrededor del tema
> del hambre, de la indigencia y de la lucha por la vida, sino alrededor

de la *honra*, es decir alrededor de la respetabilidad externa, que se
funda en el traje, el tren de vida y la calidad social heredada, ya que
el pícaro es la negación viva de esta honra externa o porque desprecia
tales vanidades.[95]

En otro lugar reitera:

> Nuestra investigación nos autoriza ya a concluir que las preocupa-
> ciones por la decencia, la honra externa y las distinciones sociales
> penetran toda la materia picaresca y sirven para explicar sus comple-
> jos contenidos mucho mejor que una voluntad de pintar de un modo
> realista los bajos fondos sociales. Mucho queda aun por hacer sobre
> el terreno del análisis literario y de la sicología social al servicio de
> la interpretación de las actitudes e intenciones diversas con que esta
> rica materia fue abordada en la época de su mayor éxito. Sólo así
> podrá estudiarse su juego de acciones y reacciones y se podrá conocer
> más de cerca el problema que Américo Castro tuvo el gran mérito de
> plantear: el de la parte que, en la elaboración de la picaresca,
> tuvieron los cristianos nuevos de origen judío.[96]

Ya que la nobleza verdadera, la que emana de la virtud interior del individuo,
no contaba, brotó la adoración de los valores superficiales. Las apariencias, como
el traje y la posición social reemplazaron la auto-estimación. La buena educación
y la vocación no valían a menos que compraran hidalguía. Gilman informa sobre
el valor de las falsas apariencias y su relevancia en la vida de los conversos:

> A principal area of acceptance and fusion (and one well exemplified
> among our families) was the value of nobility. Within the paradoxical
> *converso* situation —that is to say, the situation of being simulta-
> neously central and marginal— it was natural that the estimations most
> readily taken over were those that adhered to the surface of being.
> By which I mean values relating to confrontation of the self with
> others: honor, rank, dress, presumption, position, posture. Against
> surrounding disesteem, in case after case a facade of nobility was
> erected, defended, and after a while believed in.[97]

El pundonor se transforma en obsesión, de la cual se mofan los narradores picarescos, al dibujar genealogías vergonzosas de su familia, y al vivir con lo que Castro llama: "desvalor, un valor con signo negativo."[98]　Bataillon reitera frecuentemente el aspecto de la honra en la picaresca: "Nos habíamos visto obligados a poner de relieve lo importante de la preocupación de la honra, externa y social, a la que los pícaros parecen, hacia 1600, llevar la contraria."[99]　Y poco más adelante:

> La España de los hidalgos preocupados en demostrar siempre su rango por lo elegante de su atuendo y sus modales; era una irrisión simbólica de la honra externa, a la cual propendía España, según los moralistas franceses, más que el honor internamente experimentado que Rabelais asimila a la conciencia moral.[100]

Molho es de opinión que la vida truhanesca, y la indigencia social, todos emanan de una condición social; la de la impureza de sangre:

> Desde su aparición con la "Vida de Lázaro", el pícaro trasciende de un salto la anécdota truhanesca. El es un pordiosero y más que un pordiosero. Su indigencia social es el resultado de una pobreza de sangre y de alma que le limita en sus movimientos. En otras palabras, un pícaro español es, ante todo, un hombre sin honor... todos los temas... se subordinan al tema mayor del honor, que les compendia y circunscribe a todos... Nobleza y "limpieza de sangre" serán los dos valores sobre los que se articulará una sociedad... A la nobleza iba ligado el honor —la "honra"— que emanaba del ser mismo en virtud de su nacimiento.[101]

La hidalguía, la apariencia de honra se compraba con dinero para disimular la falta de limpieza de sangre. De aquí, estos temas se hacen parte íntegra de la picaresca: honra, nobleza, dinero, hipocresía, y ostentación de genealogía. Todos estos temas, como vemos, están entretejidos. Todos provienen de la situación del converso en España de los siglos XVI y XVII.

Castro ha mostrado que el autor anónimo de *Lazarillo* y Lazarillo mismo, como Mateo Alemán y Guzmán eran cristianos nuevos. Quevedo, que no escondía su desprecio a los judíos, está ridiculizándolos en la figura de Pablos. Enríquez Gómez y Gregorio también son de sangre impura. Bataillon sugiere que no hay que fijarse en la genealogía cristiano nueva de los autores, sino en la de los protagonistas: "La presencia de esta pretendida pureza en el mundo de los personajes de estas obras, principalmente en lo que atañe a la presentación de sus héroes."[102] Y añade más adelante:

> En la picaresca, en su edad de oro, el tema de la familia del héroe es un tema casi obligatorio, siendo una constante el de la infamia de los padres del pícaro, admitida o insinuada por el propio héroe desde el comienzo mismo de su autobiografía.[103]

Sieber comparte la opinión que el crimen mayor de los pícaros es su genealogía manchada:

> Both Lazarillo's and Guzman's real crimes were having been born into the world as 'losers,' doomed to failure from the beginning in their attempts to create and to sustain that myth of 'honour' for which they sacrificed their spiritual lives.[104]

El pícaro, efectivamente, al describir su genealogía negativa, avisa que él está predeterminado a acabar tan deshonrado, como su linaje. Si la nobleza se hereda, la deshonra se hereda también. Molho comenta este aspecto, diciendo: "Si el honor se hereda (la sangre noble inclina a la nobleza), el antihonor también se hereda. De tal padre, tal hijo." El pícaro nacido de padres viles está llamado a no ser más que lo que su linaje le permite ser: "Nacido mal, vivirá mal. Su destino será la abyección."[105] Añade más adelante:

> Su bajeza, que le condena al olvido de los cronistas, tiene su causa en un linaje vergonzoso (el padre es un ladrón y la madre una alcahueta o una ramera) que le impide ser tenido en cuenta por los demás y pre-determina aparentemente su comportamiento moral.[106]

El pícaro narrador quiere mofarse de la sociedad que impone vergüenza a los declarados "mal-nacidos," y lo hace representando inmediatamente probanza de su linaje, que Molho llama "al revés," y Castro, "ascendencia contrapuesta." He aquí las observaciones de los dos.   Molho dice:

> El mito del pícaro, ejemplar encarnación del antihonor.   Así su
> primera preocupación será la de revelar su linaje, la de mostrar sus
> títulos de nobleza: nobleza al revés, "hidalguía" negativa funda-
> mentada en una ascendencia de ladrones, estafadores, judíos y
> prostitutas.[107]

Y Castro observa: "El pícaro, cuya amibición repta y no vuela, va a ostentar una
ascendencia contrapuesta a la alzada progenie del héroe y del caballero."[108]

La bajeza de linaje no es tanto de conducta, como de ascendencia.   La pobreza
insinuada es la de la sangre no la de los bienes.   Para burlarse más de la
ostentación genealógica de la sociedad, el pícaro exagera las viles andanzas de su
familia.   Dice Bataillon: "El pícaro nace más bien en la ignominia que en la
extrema miseria...   La ignominia de los padres del pícaro salta a la vista, como el
tema casi obligatorio en la materia picaresca."[109]

Nació Lazarillo "dentro del río Tormes" (p. 100).   Guzmán en San Juan de
Alfarache, y fue "criado en Sevilla sin castigo de padre" (I, 143).   El Buscón "soy
de Segovia" (p. 81), y Gregorio, "nací en Triana, un tiro de vista de Sevilla"
(S.,69).   Lazarillo comienza su vida con la genealogía de sus padres.   Era el padre
molinero ladrón que hacía "ciertas sangrías mal hechas en los costales de los que
allí a moler venían, por lo cual fue preso y confesó e no negó y padesció
persecución por justicia" (p. 101).   La madre que "determinó arrimarse a los
buenos por ser uno de ellos" (p. 102), vivía amancebada con un negro llamado
Zaide, que regalaba a la familia tanto comida como un nuevo hermanito.

Guzmán también se complace en revelar inmediatamente la genealogía no
gloriosa de sus padres.   Para comenzar, ni sabe quien le engendró, pero supone
que era el renegado embaucador, hombre de negocios y sodomita por añadidura.
La madre, tampoco sabía quien la había engendrado, y no parecía virtuosa
tampoco.

El Buscón, ya en el primer párrafo introduce la vergüenza de su familia.   El
padre "era tundidor de mejillas y sastre de barbas.   Dicen que era de muy buena
cepa y, según bebía, es cosa para creer" (p. 81).   La familia era honrada con un
tío verdugo que colgó y descuartizó a su propio hermano.   La madre, bruja y

alcahueta, "zurcidora de gustos" (p. 85) "tuvo muy buen parecer, y fue tan celebrada, que en el tiempo que vivió todos los copleros de España, hacían cosas sobre ella" (p. 83). Fue capturada y ajusticiada por la Inquisición, en un auto de fe, por ser hechicera. Los padres de Lazarillo y del Buscón son de la clase ínfima, los de Guzmán de la burguesía. El alma, como criatura quimérica, no tiene genealogía. Gregorio, por otra parte, se empeña en dar al lector todo detalle posible de su genealogía honrada.

Gregorio es distinto. Primero, su familia pertenece a la burguesía adinerada. Son ladrones de clase más alta; estafan, no sisan. Como los demás, carecen de pureza de sangre. Gregorio para acentuar la infamia de su genealogía nos da, detalladamente, la descripción de cuatro generaciones manchadas. El padre era doctor en medicina, y la madre, "comadre de la luz" (S.,69). "Ella servía de sacar gente al mundo, y el de sacallos del mundo, uno le daba cuna, y otro sepoltora" (S.,69). El curaba "al vuelo" a los mejores de la sociedad, y ella las ayudaba en el parto. El encuentro entre los dos, por la noche, pasaba contando el dinero que ganaban por el día, y darse asco el uno al otro: "No comían juntos, porque mi padre tenía asco de las manos de mi madre, y ella de sus ojos" (S.,69). Comenta Bataillon de esta genealogía "concebida en tono médico-obstétrico-farma-céutico y reveladora ella también de falta de limpieza."[110]

Notamos que en las novelas picarescas anteriores no había relación ninguna entre la profesión del padre y de la madre. Aquí los padres de Gregorio trabajaban como equipo, uno complementa al otro: "Cuando había algún parto secreto, el sobreparto curaba él, y el parto ella, y todo se caía en casa" (S.,70). Al equipo pertenece también, el tío paterno, un boticario astuto. El padre recetó excesivamente, y el boticrio se enriqueció abundantemente. De tal modo, "estaba de bote en bote la casa llena de dinero a pura receta baldía, igualando mi padre las enfermedades, pues todas gozaban igualmente de su providencia" (S.,70). El dispensaba remedios "ahora por remedio, o remedio por hora." Alargaba la enfermedad más sencilla hasta casi matar al enfermo: "Cuando él conocía una enfermedad corta, le largaba la rienda y cuando caminaba mucho, se la tiraba, y entre andadura y trote, nunca la dejaba llegar a la posada de la salud, antes la rodeaba por el camino de la muerte" (S.,70).

Otro miembro del equipo era el tío materno de Gregorio, el cirujano cuya afición era experimentar con perros y cadáveres: "Solía decir abriendo los muertos, sanaba los vivos; pero yo nunca le vi abrir ninguno que no le abriesen primero la sepoltura... estaban reputadas sus tientas por tentaciones del diablo, y jamás abrió postema que no la hiciese" (S.,71).

Acabando con una generación, se dirige a sus abuelos.   Primero el abuelo paterno, Toribio Quijada el sacamuelas-hechicero, también es descrito de modo caricaturesco: "limpiaba dientes y muelas con tal gracia, que nunca más se hallaban en la boca" (S.,72).   Los que llegaron con poco dolor de muelas, dejaron el lugar con uno mayor y a veces tan mal hería a sus pacientes, que "duraba la llaga en cuanto había boca" (S.,72).   Mudaba caras, quitaba canas y hacía ojos, deformándolos totalmente: "Y era tan letrado sobre esta materia, que con haber hecho los mil tuertos derechos, ninguno veía la claridad de su justicia" (S.,72).

La abuela materna, también era una alcahueta, que no sólo facilitaba relaciones ilícitas, sino que también participaba en ellas.   Con referencias fuertemente sexuales, describe la introducción del "agua tan potente" masculina dentro de sus "baños" femeninos (S.,74).   También recuerda a una contemporánea suya, una prima hermana, hija del cirujano.   Esta también era alcahueta de niñas, que se enternecían sexualmente bajo sus manos.   Parece que haya aquí referencia a una perversidad sexual: "El mejor arte que tenía era subirse sobre su doctrina, y a meneos y gestos enternecía la naturaleza" (S.,75).   Amiel en nota a pie, dice que esta frase fue suprimida en la edición de 1788, hecho que tal vez confirma su carácter obsceno (S.,75).

El primo, hijo del boticario era alquimista, tan hereje que "sólo le faltaba quemarse a sí" (S.,77).

Ya cubiertas tres generaciones pensamos que Gregorio va a comenzar a relatarnos sus aventuras.   Nos equivocamos.   Ahora va más atrás, hacia la generación de sus bisabuelos.   El bisabuelo paterno, es saludador, estafador y malsín por añadidura.   Igual al buldero del *Lazarillo*, que empleaba la industria de un alguacil embustero para convencer al pueblo de que comprara sus bulas ficticias, aquí el saludador tiene un cómplice, muchacho que finge estar enfermo de rabia.   Al ver la salvación milagrosa del niño rabioso, la gente acude al saludador, para curarse con sus soplos divinos.   Su rabia empeora al descubrir que mientras eran curados, les desaparecía la faltriquera.   Para dar más teatralidad y verosimilitud a su ardor religioso, "solía untar los pies con betún fuerte, y entraba por una barra ardiendo como por flores" (S.,78).

La bisabuela, otra alcahueta, "era barbera de las damas, quiero decir que les quitaba el vello, y a veces el pellejo. Pintaba cejas, hacía mudas, aderezaba pasas, forjaba arreboles, bañaba soles, ponía lunares, y preparaba solimán;... anochecían en su casa las viejas palomas y salían cuervos" (S.,80-81).

Esta genealogía exagerada es una sorna de la nobleza heredada. Por añadidura, Enríquez Gómez quiere asegurar que se tome a *Gregorio* como obra picaresca. Por lo tanto, la exagerada lista de participantes en la genealogía deshonrada. Amiel la nombra: "En somme, une imposante généalogie du déshonneur—de l'antihonneur pourrait-on dire" (S.,81).

A la familia le faltan muchos de los rasgos tradicionales del pícaro. La familia es adinerada y bien educada. Gregorcico recibe nodriza, buen cuidado y buena educación. Sus crímenes son sofisticados, no roban a rateras, unos granos de trigo o unos billetes de faltriqueras mal guardadas. Estafan grandes cantidades de dinero, empleando su profesión honrada. Gregorio, al salir de casa tiene veintidós años, no es un niño inocente, que deja el hogar por tener vergüenza de sus padres o porque le falta sustento. El va de Sevilla a Salamanca no para buscar amo, abrigo y sustento, sino en camino a la universidad donde va a seguir estudios de medicina. Ya que la niñez de Gregorio no es de signo picaresco, el autor se aprovecha del rasgo de la impureza genealógica, común a toda picaresca, para mostrar que la novela es efectivamente picaresca.

Amiel opina que este deleite de describir largamente el deshonor genealógico, es debido a la influencia de la *Pícara Justina* y al hecho de ser cristiano nuevo español:

> Tout à fait comparable à celle de la *Picara Justina*, qui fournit à Gregorio de belles "armes parlantes" et surtout cette chute admirable, qui clôt le premier chapitre, particulièrement révélatrice dans la bouch du nouveau-chrétien Antonio Enriquez Gomez (S.,81).

Francis agrega que quizás sólo la genealogía de Justina sea más extravagante que la de Gregorio: "La versión que don Gregorio nos da de su 'honrada' genealogía (capítulo I) merece un lugar en la historia del tratamiento burlesco de linajes dudosos sólo inferior, quizá, al de Justina."[111]

Gregorio mismo sabe que se ha demorado mucho en la descripción genealógica: "No pretendo causar a vuesas mercedes con brujular más la baraja de mi
honrada genelogía" (S.,81). Pero se excusa, burlando que tuvo que hacerlo
porque "estos fueron los más honrados de mi linaje" (S.,81).

Después de veintidós años en casa de los padres, había que decidir la vocación
de Gregorio. La familia opta por letrado, Gregorio prefiere graduarse de doctor
en la universidad de Salamanca. Los padres le dieron la bendición, dinero y unas
cartas, y sale de Sevilla, el día de Pascua de flores, camino a Madrid.

El aspecto autobiográfico y el de la genealogía ya satisfechos, va a comenzar
el plan episódico de *Gregorio*.

Otro elemento prevalente en la ficción picaresca es el dinero todopoderoso, que
puede reivindicar deshonra y comprar valor. Explica Bataillon en qué consiste:
"La denuncia del dinero (tema fundamental de toda la materia picaresca), la sátira
de la 'honrabilidad' que se basa en el dinero... la que consiste en halagüeñas y
honradas apariencias que el dinero proporciona a un individuo."[112] Molho
explica la obsesión con el dinero, diciendo que el pícaro "al encarnar la antítesis
del honor o la honradez, es menos que un plebeyo... El dinero...le obsesiona.
Así, pues, se valdrá de toda clase de medios para procurárselo; se envilece, engaña
y roba."[113]

Los temas del dinero y la nobleza-honra están entretejidos. El cristiano nuevo,
discriminado por su linaje, a la vez aspira a comprar hidalguía y se resiente de
tener que hacerlo. Por lo tanto, a menudo se mofa del poder del dinero como de
la nobleza. En el *Siglo*, el tema del dinero se introduce ya con la primera
transmigración en el ambicioso. La ambición es la de ganar tesoros, para poder
con él lograr poder, nobleza y honra. En el instante de su nacimiento, ya aspiraba
al oro: "Y al salir por la puerta todo entero, / lloró diciendo '¿Adónde está el
dinero?'" (S.,15). Su única preocupación era hurtar dinero con insaciable sed.
No dormía ni de día ni de noche, pensando en su hacienda. A diestro y siniestro,
acumulaba dinero: "y sin honra, palabra ni decoro, / era la piedra imán de todo
el oro" (S.,17). Es interesante notar cómo insinúa el narrador que la "sin honra,"
y la avaricia al oro estén relacionadas. Sin embargo, siguiendo la religión del
siglo, más aparente que sincera, nunca se dejaba de dar limosna: "En razón de

limosna fue estremado: / daba el diezmo robado" (S.,17). Recuerda a la germanía de Monipodio, quien tampoco dejaba de dar limosnas a la Iglesia, para asegurar agradecimientos en el más allá.

El alma amonesta al ambicioso, diciéndole que "esa hacienda profana, / hija de Midas y de Caco nieta" (S.,18)[114] "no le va a conceder la verdadera gloria, sino sólo deste siglo la arrogancia vana" (S.,18). Sólo vanagloria ganará, ya que la moneda no puede comprar la verdadera nobleza de alma. El ambicioso se disculpa con: "Nos robamos los unos a los otros" (S.,19), palabras que recuerdan las de Guzmán: "Son cazadores los unos y los otros" (I, 79).

Explícitamente nos declara el ambicioso que "adquirir dinero" es una "cosa que da virtud" (S.,20). Habla del dinero como si fuera Dios, de cuyo nombre no se debe decir mal: "Ni digas mal jamás de mi Dinero, / que idolatro en tan noble caballero" (S.,20). Hay reverencia, o mejor dicho, hay idolatrismo religioso del dinero, con mayúscula. El dinero posee poderes que le ganan al individuo todo. No hay nada inalcanzable, teniendo tesoros. Dice el ambicioso que hay que fijar "en las virtudes raras / deste metal sonoro: / todo lo puede y lo conquista el oro" (S.,20). Es metal "sonoro," metal que habla con autoridad. El soberbio, que aparentemente tiene nobleza, se confiesa al alma diciendo que alcanzó el título con dinero. Jactándose dice:

> Esta grandeza que la corte encierra,
> ¿la conquisté a estocada en la guerra?
> Esta nobleza que el dinero alcanza
> ¿vino a punta de lanza?
> ¿Quién me adquirió este título famoso
> sino el ser ambicioso? (S.,20-21).

El dinero puede comprar honras, porque el mundo vive de apariencias. Sin embargo, en el más allá, la honra ni el dinero valen, sino la virtud y la nobleza espiritual. Todo lo comprado en la tierra, por dinero, desvanece a poco rato, estando uno enterrado: "le compran los gusanos todo entero" (S.,22).

La vieja celestina de la dama Quiteria, le enseña a pedir dinero a sus galanes, ya que el oro trae honra: "Tente en buenas, susténtate con honra; / en recibir, bobilla, no ha deshonra" (S.,40). Hay que buscar el galán que tenga dinero, aunque sea el más asqueroso del mundo: "que sólo el que tiene es caballero" (S.,40). Recuerda la letrilla jocosa de Quevedo, "Poderoso caballero es don Dinero."

En la transmigración del miserable, vemos a otro personaje que reverencia el dinero, a tal extremo, que no se beneficia de él. No come, ni bebe, ni da limosna. Su sed no se sacia. Anhela cada vez más riquezas, ya que vive con el miedo de no tener nunca suficiente tesoro para salvarse. Tener dinero es tener poder; es sobrevivir: "yo guardo de por vida / (aun de por muerte) el metalillo godo, / señor del mundo, pues lo manda todo" (S.,220). Hay que guardarlo hasta la muerte. Este personaje es "un mártir usurero" (S.,216), por lo tanto, converso. Parece que está viviendo con el miedo de que un día vaya a necesitar el dinero para su propia supervivencia en la tierra. Su preocupación es la de sobrevivir en el mundo que entrega hidalguía por dinero. Lo declara claramente:

> El pobre es miserable verdadero;
>
> el rico, aunque lo sea, es caballero;
>
> tener es hidalguía;
>
> no tener, grosería:
>
> dinero da nobleza (S.,221).

En este mundo cada uno tiene que defenderse por sí. Nadie es la guarda de su hermano. Cada uno tiene que trabajar, ganar dinero y con esto lograr nobleza. Es una actitud existencialista de conversos, víctimas perseguidas, que hacen todo para salvarse:

> Si el pobre no lo tiene,
>
> gánelo como yo, pues le conviene.
>
> Si mi amigo carece de dinero,
>
> trabaje sin meterse a caballero (S.,221).

La nobleza nacida no trabaja aunque muera de hambre. El converso, cuya salvación vendrá del dinero, no tiene vergüenza de trabajar y ganar oro. El oro, metal que salva de la muerte. Es el corazón del converso y su único amigo:

> que mi mayor amigo (no lo ignoro)

es el rubio metal, alma de oro,
corazón deste siglo, pues desata
en vitales espíritus de plata
los lazos de la muerte, siendo sólo
dorado emperador de polo a polo ((S.,222).

Aunque el alma reprende al miserable, no lo hace con vehemencia. Como en el caso del ladrón y de la dama Quiteria, vemos que ella le tiene compasión.

El alma llama al oro "negro tesoro," que recuerda "la negra que llaman honra" de *Lazarillo* (p. 159). En los dos casos, tanto la honra como el oro, son valores creados por la hipocresía del hombre. La gente que tiene que sobrevivir en el mundo de apariencias tiene que adherirse a estos valores "y su negro tesoro / repartido sin honra ni decoro" (S.,223).

En la transmigración del doctor, otro converso, vemos que él también "ganó su ejecutoria" y "sacó más ajustados los papeles," con dinero (S.,226).

En la transmigración del soberbio las referencias a la adquisición de nobleza y posición por dinero son muy claras. Nos avisa el alma que "por ser hombre de algo, / o por mejor decir, por ser hidalgo," pagó este converso "un millón de ducados" (S.,239). Reitera unos versos más adelante: "Compró a peso de plata la nobleza," y "alcanzó cierto oficio por dinero" (S.,239). La nobleza que compró no era más que una estampilla en un documento de ejecutoria, porque "su vil naturaleza, / como no conocía la nobleza, / la buscaba por terminos villanos" (S.,240).

El alma explica ahora en términos muy claros lo que es y lo que no debe ser la nobleza. Ser noble no es calidad que se compra por dinero. No hay que confundir la nobleza con apariencia. Ser noble no es el quitar de sombrero, o ser ofendido por ello. Ser noble es algo que proviene de buenas intenciones: "Ser noble o querer sello" (S.,244). La virtud, la misericordia, el amar al ajeno como a uno mismo, son la nobleza verdadera. Sólo la buena conducta le otorga a uno el verdadero título de nobleza: "dándote la virtud el verdadero / título de alentado caballero" (S.,244). Con el oro no se borran la crueldad y la malicia, que son los enemigos de la nobleza auténtica:

la crueldad, la malicia,

el odio, la bajeza,
enemigos de toda la nobleza,
claro esta que tu honra
tendrá mayor deshonra; (S.,244).

Ser honrado es de mayor trascendencia que tener honra, porque lo gana uno con la sinceridad de sus obras:

Amigo, ser honrado (esto conviene)
es el mayor blasón que el hombre tiene;
dejar buena memoria
es la más estremada ejecutoria;
ser piadoso, apacible y limosnero
es el acto mejor del caballero; (S.,244-245).

El linaje no tiene que ver nada con la nobleza. Dios mira las obras no la genealogía. Aprecia el "vivir bien en la tierra" (S.,245). La piedad, la misericordia y la virtud cuentan, lo demás es vanidad de vanidades: "La nobleza mayor será salvarte, / que todo lo demás en las edades / viene a ser vanidad de vanidades" (S.,245). La honra que dan a uno por ser rico, no es sincera. Le adulan al rico "por pescarte el oro, / no por tu gentileza ni decoro" (S.,245). La nobleza sin virtud no redime al hombre. Para ser noble verdadero hay que tener virtud.

El soberbio aquí no es distinto en su modo de pensar del escudero de *Lazarillo*. La honra se gana con el traje, con las apariencias, con el quitar de sombrero. Lo que cuenta es lo que piensan de uno, la opinión, la fama. Lázaro sólo quiere que no hablen de su esposa. El hecho de que ella sea la barrangana del arcipreste, no importa, con tal que no haya murmuración. El escudero dejó su hacienda por un quitarse de sombrero, y ahora anda, muriendo de hambre, con un mondadientes en la boca, para que crean que ha cenado. El soberbio, aquí, sabiendo, que le faltaba virtud, defenderá su fama hasta la muerte. Todos viven de opiniones:

Es por morir honrado,
es por ser caballero;
si por sus leyes muero,

> es por mi honor y fama;
>
> esta ley es mi dama,
>
> y por cualquiera de ellas
>
> reñiré con el sol y las estrellas (S.,246).

Lo que emana de estos versos es la obsesión frenética del honor. Esta tormenta de ser sospechoso y de tener que probar una vez más la limpieza del linaje, era la pesadilla de los conversos. La describe Bataillon:

> Tiene como levadura... los tormentos íntimos de determinadas clases...la pesadilla causada por los problemas del honor hereditario, del reconocimiento de la hidalguía o de la entrada en la clase social de los caballeros... Candidatos a honores o dignidades de cualquier tipo, tenían que hacer, una y otra vez, sus pruebas genealógicas para probar la legitimidad de su ascendencia y sobre todo su limpieza de sangre.[115]

Como señala Gilman, los conversos que compraron hidalguía comenzaron a creerse hidalgos.[116] Nuestro soberbio que con el poder del dinero llega a ser noble, adquiere también la actitud de los nobles de nacimiento: "Que un decediente de Pelayo el Godo / no tiene obligación de ser piadoso" (S.,247). Ya ganada la honra, no tiene que tener virtud ni ser piadoso.

El ladrón también refleja la aspiración de la sociedad de aquel entonces de tener honra. Sisa, hurta, asesina y con todo: "preciábase, a pesar de la deshonra, / desto que llaman honra, / y solía decir: yo soy honrado" (S.,255). Al hacerse rico por todo el dinero que robaba, comenzó a jactarse: "Hombre de honra soy, yo soy honrado, / la honra es lo primero, / el pundonor es todo mi dinero" (S.,255-256). El alma que lo sabe todo, le recuerda que la honra verdadera proviene de Dios, no del hombre: "Dios puede darte honra" (S.,261).

El paradigma de la hidalguía es la transmigración del hidalgo, que recuerda al escudero de Lazarillo, pero en dimensiones más grandes. Era "tan vano, que por él dijo Salomón: 'Vanidad de vanidades todo vanidad'" (S.,272). Por haber comprado tantas ejecutorias de hidalguías, muchos herejes, como hemos visto antes, muchos de los hidalgos fueron sospechosos de tener linaje cuestionable. Nuestro hidalgo también "tenía su ejecutoria de solar conocido" (S.,277), y solía jactarse que "había heredado nobleza," y no la había comprado (S.,278). Era ostentoso y "regatón de sombrero," hasta ser conocido como "sombrero perpetuo" (S.,279).

El alma reflexionando sobre la diferencia entre nobleza y virtud dice que el noble verdadero no tiene que jactarse de su linaje, sino de su virtud, y que los que se vanaglorian demasiado de su nobleza es porque ella les falta: "Los nobles nunca hacen ostentación de su linaje, sino de su virtud y que los hombres que no lo son, quieren suplir la falta de su nobleza con hacer gala de ella" (S.,279). El narrador expresa el pensamiento de Enríquez Gómez, y resume el tema de la nobleza-virtud. Nacer noble no significa serlo. Para merecer el calificativo, hay que obrar con virtud y no oprimir a los virtuosos. Más adelante continúa el alma:

> Si imagináis, señor mío,que la más limpia ejecutoria, puesta al sol de
> la virtud, no descubre muchos lunares feos, estáis engañado;...la una
> adquiere una pequena gloria del siglo, y la otra un eterno descanso.
> Cuando la virtud y la nobleza se juntan, ¡dichoso el que ligó matrimo-
> nio tan bueno! Alabo el noble nacimiento condeno la nobleza que no
> frisa con la virtud(S.,283).

La nobleza de los padres no pasa a la prole, sólo el título pasa. Por lo tanto, no se debe ostentar la nobleza de los padres, sino la propia. Virtud moral, piedad y caridad ganan a uno el nombre de noble. Lo expresa el pastor:

> Si imagináis que la nobleza heredada, el blasón de vuestros mayores
> y el escudo de vuestras armas son bastantes para oprimir la virtud de
> ese pobre labrador, os engañáis, porque *ser noble es serlo, pero no*
> *parecerlo.* Ser noble, es amparar los humildes, no los soberbios; ser
> noble es defender los flacos, no alentar los fuertes; ser noble es ser
> piadoso pero no cruel; ser noble es perdonar ofensas, no vengarse de
> ellas, ser noble es premiar beneficios, no despreciallos, y finalmente,
> ser noble es que lo que no se quiere para sí, no se quiere para el
> prójimo... aquí sí que luce la sangre heredada de los nobles, honrando
> con ella la especie humana semejante a sí (S.,280).

Vemos como el tema de la nobleza corre desde el comienzo hasta el fin de *Gregorio*, y le da un marco temático cerrado. Al principio Gregorio nos declara su virtud y nos la prueba a lo largo de la novela. Por su genealogía es bien evidente que es de linaje cristiano nuevo. La familia es adinerada. Por lo tanto, Gregorio podría comprar una ejecutoria de nobleza. En el escudo de nobleza se solía pintar distintos animales alegóricos y castillos del lugar de nacimiento. Nuestro Gregorio desde el comienzo revela que no es vano y no va a seguir el ejemplo del siglo, viviendo de apariencias: "Bien podía mi vanidad pintar en un escudo zorras, zorrillas, perros, gavilanes, castillos y otras sabandijas" (S.,81). El se vale por sí, está orgulloso de su descendencia y pone todos sus símbolos en el escudo: "La guadaña y el orinal saqué de mi padre; las muelas, de mi tío; las redomas, de mi boticario y a este paso los demás con que adorno el escudo de mis armas" (S.,81-82). Y añade claramente: "Si soy bien nacido dirá el capítulo que se sigue, y si tengo nobleza, lo dirán mis obras en el discurso de mi vida, pues a mi flaco juicio, el más bien nacido fue siempre el que vive mejor" (S.,82). El vivir virtuosa-mente y con buenas obras le otorga nobleza. Castro dice que esta calidad interior es típica de la filosofía de los conversos: "The literature and philosophy of the converts accentuated the value of the individual inward-ness."[117]

Aquí, Gregorio nos avisa, desde el comienzo, que no vive de apariencias y que posee la verdadera nobleza. Es noble, no aparenta serlo. Vamos a ver que lo que nos promete, lo va a cumplir, aunque le cueste su libertad. En este sentido carece de mucho del espíritu picaresco de la deshonra. No es hombre de mantener matrimonio ficticio. No piensa que la ropa le dé apariencia de hidalguía, y nunca trata de infiltrarse en la nobleza, con desengaño. Es donquijotesco en el sentido que es lo que es y sabe lo que es.

El guía de Gregorio en Madrid es un primo suyo que le enseña desde el primer día "que la fuerte batería del tiempo todo lo rendía con el oro" (S.,145). A Gregorio le falta linaje pero no dinero. El primo le aconseja emplearlo para lograr lo inalcanzable. Pero Gregorio lo ignora, y nunca le vemos usar el dinero para ganar apariencias.

En sus relaciones con la sociedad, no hace ostentación de lo que no es.

Tampoco juzga a la gente de acuerdo con su posición social. Cuando hace comparación entre Beatriz, de la clase ínfima, y Angela, de la nobleza venida a menos, respeta más la conducta noble de aquélla que la nobleza heredada de ésta. En sus consejos a sus amigos, también aboga en favor del auto-respeto, el honor que contiene uno en sí y no la honra que impone la sociedad.

El juez anuncia: "la fuerza de la honra nos obliga a ser descorteses" (S.,168) y "El honor me atormenta" (S.,171). Lamenta que su hermana, al tener un hijo ilegítimo con un criado, haya traído la "ruina de mi honrado pundonor" (S.,171). Reparando la reputación personal de la hermana, casándola con el criado, traerá deshonra al linaje noble de su familia. Gregorio desprecia la adhesión frenética al concepto de honra. Cree que las leyes humanas de amparar a la pecadora valen más que las de la sociedad, que la quiere castigar. Además, añade con socarronería, que no será el criado el primer innoble que se infiltró en la nobleza: "Si el agresor del delito natural es indigno de la nobleza de vuestra casa, advertid que no será ése el primer golpe que ha recibido el cuerpo de la nobleza" (S.,173). Tanta gente ha comprado títulos de nobleza, uno más no le hará ningún daño.

Gregorio logra influir en el juez y le hace anteponer "las piadosas razones" humanas y divinas a "las rigurosas leyes de la honra" (S.,174). Con sus consejos, ayudó a salvar la vida de la hermana del juez, quien había considerado lavar la mancha de su honra con la sangre de ella. El juez ya enternecido, y verdaderamente movido a compasión, admite que no hay honra que valga y que no se encuentra ni virtud sincera ni nobleza sin interés: "No hay deleite que no anteponga a toda virtud... Los señores de título primero la buscan para la conservación de su estado y personas, después entra la liberalidad y la nobleza" (S.,182). Todos buscan su propio provecho. Si no hubiera discriminación por la impureza de sangre, no procurarían tantos la nobleza. Aspiran nobleza no para hallar virtud, sino para encontrar amparo contra los prejuicios de la sociedad: "El hombre más amigo de la honra mira primero el provecho que ha de sacar della, y a veces no es todo virtud el conseguilla, porque la honra sin comodidad propia nunca fue buena aunque lo sea" (S.,183).

Gregorio no nos desilusiona en lo prometido acerca de la honra. La familia de Angela es de la nobleza cristiana vieja. Lo declara la madre, ufana del "antiguo blasón y ilustre sangre de los Bracamonteses, solar bien conocido en las montañas de Jaca" (S.,191). La hidalguía, hija de las montañas, debe ser de las menos contaminadas y por lo tanto de las más puras. Efectivamente, dice Bjornson que Bracamonte es "a well known aristocratic Portuguese family."[118]

Para Gregorio, cristiano nuevo y adinerado es tan fácil ganar nobleza y honra, casándose con Angela. La madre de Angela lo sabe, y lo anuncia: "Mucha honra le hace esta niña en casarse con él" (S.,191). Gregorio, sin embargo, rehúsa el matrimonio. Primero, por no estar todavía preparado, y segundo, y esto es lo que cuenta, le están tratando de cazar y casar con tramoyas. Angela reclama que durante la noche anterior, bajo promesa de matrimonio, Gregorio le ha quitado la virginidad. Los lectores no lo creemos, porque le hemos acompañado durante ese tiempo en una aventura y pelea con el alguacil Torote. La madre tiene evidencia de la defloración de su angélica hija: "Aun vive el himeneo que profano; no dirá que fue fingido estando tan reciente" (S.,191). Por lo tanto, es evidente que Angela ha perdido su virginidad, y quiere redimir su honra, reclamando a Gregorio como violador. Con el matrimonio ella ganará riqueza y no perderá la apariencia virtuosa. Ya sabemos que Gregorio no es ningún Lázaro ni sacamanchas de honras perdidas. Rehúsa casarse con ella prefiriendo vivir en la cárcel, por las acusaciones falsas: "En fin, yo dije que fuesemos a la cárcel norabuena, que más quería acabar con honra en ella que vivir con deshonra toda mi vida en aquella casa" (S.,191-192). Ese desafío al concepto de la honra, es muy antipicaresco. El pícaro es un antihéroe que celebra la deshonra. Aquí vemos a Gregorio, que tiene todos los requisitos formales para ser pícaro, pero no lo es, ya que le falta el espíritu pícaro, que es lo esencial. No es que al fin de su vida se arrepienta como Guzmán: es que nunca vivió en la deshonra. Bjornson, refiriéndose al mismo acontecimiento, dice que en él, Enríquez Gómez está desafiando implícitamente a la sociedad y sus tradiciones, al mostrar que la nobleza espiritual de un pícaro es más elevada que la nobleza heredada:

By juxtaposing such a noble-souled picaresque hero with a highly respected but less honorable family, Enríquez Gómez was implicitly questioning the traditionalist assumptions about aristocratic, old Christian blood, but he was also avenging himself upon a society which had unjustly persecuted him.[119]

Gregorio no es antihéroe. Es un héroe genuino que tiene de sí un concepto noble; niega la validez de una nobleza adquirida por la sangre; espera que las apariencias falaces desaparezcan y que los hombres virtuosos sean premiados por su virtud. Gilman dice que esto de valerse por sí, es muy del converso, que ya que no alcanza probar a la sociedad su superioridad moral, por lo menos la puede probar a sí y a los de su linaje:

> The converso, in other words, not only lived under suspicion; he lived under disesteem as well. And only among his fellows, within his own "counter-society," could he come to respect himself and at times assert with either violence or irony his damaged sense of superiority.[120]

El tema de la hipocresía deriva del de la honra. Los dos provienen de la justicia de una sociedad que reverencia las apariencias. Dice Castro que el autor anónimo de *Lazarillo* escogió la clerecía para simbolizar la hipocresía . Es la réplica que tiene el converso amargado por la discriminación que sufre por razones religiosas. Primero, Castro nos asegura que el autor de *Lazarillo* era converso: "Su autor debió ser un converso. Me lo hizo sospechar su actitud marginal, junto con otros motivos."[121] Luego, añade que la actitud anticlerical en *Lazarillo*, es la respuesta que tiene el autor cristiano nuevo a la sociedad que le maltrata: "Característico del *Lazarillo* es que los temas eclesiásticos estén vistos por quien está situado al margen de ellos, critica y mordazmente, en estilo 'cristiano nuevo.'"[122] Y poco más adelante: "Lo dicho en el *Lazarillo* es algo más que 'anticlericalismo', pues refleja la actitud personal y social de quien habla."[123]

Como en *Lazarillo*, el autor escoge una figura eclesiástica para representar la hipocresía. Recuerda al buldero de *Lazarillo*, pero le sobrepasa en su teatralidad, y esquemas ingeniosos. Solía aparentar milagros falsos y revelaciones perjuras: "Solía en la oración, contemplativo, / arrobarse de muerto, estando vivo;"

(S.,196). Con su "santidad fingida" visitaba a las hermanitas y a la vez, pedía a todos: "Hombres del mundo, ¡penitencia!,¡a la enmienda!, mortales" (S.,194). Recogiendo las limosnas donadas para un hospital, se las llevó todas: "daba la vuelta con catorce sacres / a comer y beber con treinta lacres" (S.,194). Lascivo, cortejaba a las marquesas, mientras entregaba sermones remendones, como otros falsos predicadores: "iba cobrando fama de gran hombre / no de noble galán ni gentilhombre / -que esto no causa espanto-, / sino de grande santo." Y mientras otros le reverenciaban y besaban las manos, el "preciándose ser santo cortesano" (S.,195). Toda su vida es una mentira a los ojos: "¿...robar y arrobarte? / ser santo de aparencia" (S.,200); "Rosario en mano, / y el demonio en el cuerpo" (S.,201). A pesar de su "santidad fingida," le adoran e idolatran. Se puede engañar al mundo fácilmente, porque los seres humanos no miran el contenido, sino el continente. Y por "que la virtud de Dios y de los justos, / la tomen injustos / por instrumento de pecar" (S.,201).

El alma que vive dentro de su cuerpo, puede atreverse a amonestarle directamente, con expresiones indicativas de su diablura e hipocresía: "Angel de Medellín, cordero lobo /... / embeleco del mundo, / fabula verdadera, sol del ivierno / ni menos ser pebete del infierno" (S.,203).

La vida es un teatro. Cuando ayuna, lo publica. Cuando da limosna o reza, lo hace en público. Le advierte el alma que las santidades fingidas son sacrilegio contra Dios: "pues no hay mayor delito / que alborotar las gentes / con locas santidades aparentes" (S.,204). El alma reitera que el vicioso no es sólo el hipócrita, sino también la sociedad que le apoya con credulidad y reverencia: "pero dél no me espanto, / sino de algunos doctos letrados, / devotos destos actos depravados" (S.,205). El hipócrita se excusa ante el alma con la excusa más común: todos lo son, pues yo también:

> Todos, amiga somos de una masa;
> la hipocresía pasa
> por todos los humanos corazones;
> ....
> publican la verdad y todos mienten;
> somos en la apariencia siempre justos,
> en lo intirior injustos;

publicamos justicia,

y nos armamos luego de malicia (S.,207).

El pícaro, comúnmente, ve la hipocresía a su alrededor y la resiente. Sin embargo, poco a poco, se acomoda y se hace parte de ella. Nuestra alma no se acomoda. El honor personal y la inteligencia divina injertada en ella, la mantienen encima de los bajos sentimientos humanos. En Gregorio observamos el mismo fenómeno de verdadero y sincero auto respeto. El honor es parte íntegra del ser.

Cuando el lector piensa en escenas propiamente picarescas, está recordando unas del tipo que Américo Castro definió: "El molde fraguado para contemplar de cierta manera la vida humana; en ella son esenciales la técnica naturalista, el carácter autobiográfico y gustar la vida con el mal sabor de boca... Es arte idealista de signo contrario."[124] Este tipo de escenas no se destaca mucho en nuestro libro. Se lo encuentra en *Gregorio*, pero falta en las otras transmigraciones. Aun en *Gregorio*, no hay escenas de vómito por pescar longaniza de la garganta del pícaro, ni por huevos empollados, ni por empanadas de carne paterna. Tampoco observamos a nuestro héroe bañarse en saliva ni revolverse en desperdicios humanos. Hay apenas dos escenas de alcantarilla, pero ellas tampoco le acontecen al narrador.

El bisabuelo saludador solía andar por la noche, pidiendo limosna en la calle, debajo de la ventana de un poeta en busca de inspiración. Cuando el bisabuelo pide que le echen monedas, el poeta muestra su generosidad, echando todo el contenido de su bacín: "La dejó caer de lo alto la alhaja más servicial que tenía en su casa y puso a mi abuelo como una basura" (S.,80). La descripción es breve y no contiene referencias olfativas.

Otro acontecimiento de "mal sabor de boca," le pasa a la vieja tía de Beatriz. Para remediar de un mal doloroso, pide que le apliquen ventosa. Como no se la encuentra en la venta, se la reemplaza con un orinal de vidrio. Gregorio ofrece su servicio —hay que recordar su ascendencia— y cuenta: "... y di con mi orinal en la barriga de la vieja. Dios nos libre, tiró tan fuertemente, que se llevó tras sí las entrañas de la pobre Matoralba: yo lo vi el vidrio lleno de tripas, eché a correr dando voces, llamando al fraile que la confesase" (S.,138).

Hay travesuras picarescas en la novela. Casi todas acumuladas en unas páginas al fin de la novela, sin razón ni rima, sólo para tenerlas incorporadas en la novela.

Al comienzo de sus andanzas se propone escribir un relato picaresco. Comienza con todos los requisitos: sale de casa rumbo a Madrid, a la edad de veintidós; se encuentra con distintos tipos sociales en la venta, los observa y escucha y nos informa que ya adquirió su aprendizaje: "Yo celebré la academia haciendo juicio conmigo de los muchos que habían hecho ellos encontrados. Empecé a abrir los ojos del entendimiento, noté la moral doctrina del filósofo, la intelectual del teólogo, y sobre los dos la del estado" (S.,128).

Los pícaros abren "los ojos del entendimiento," sufriendo insultos en su mismo cuerpo; calabazadas, jarrazos, huevos podridos, venteros ladrones, batallas "nabales," escupitajos y más: son víctimas de burlas. Gregorio no aprende la lección recibiendo golpes, sino observando. Cuando unos salteadores les roban la ropa, no se lo hacen a él, sino al grupo en que él está incluido. Hay que fijarse en el hecho de que Gregorio no es inferior al resto de la compañía. Es igual, o aun superior. todos son caballeros que comparten respeto mutuo, el uno al otro. Por la coincidencia del rumbo común, Madrid, andan juntos. Entre ellos brota amistad, y cuando el juez está detenido en Carmona, Gregorio le acompaña, de igual a igual, no de criado.

Gregorio no es un pícaro activo, sino un observador pasivo. Por lo tanto, tiene sus aventuras más que todo con la pluma, haciendo descripciones caricaturescas. Muy a lo Quevedo, toma un tipo que no le gusta, y le rompe en trozos descriptivos que se juntan para formar una caricatura ridícula y deshumanizada. Comienza con la ventera y goza tanto de la descripción, que no puede parar y continúa de tal modo con la criada, el ventero y la cena. Cuando el grupo entero llega a una venta en Carmona, le sale a recibir la ventera, víctima de la pluma descriptiva de Gregorio. Ella parece ser la contraparte femenina del licenciado Cabra quevedesco, no en el tamaño físico, sino en la descripción deshumanizada que recibe de Gregorio. Era voluminosa, "una cuba andando" cargada de "treinta quintales de carne sin güeso" (S.,97). Tenía la nariz chata, "Roma" que recuerda "la nariz entre Roma y Francia" de Cabra (S.,101-102). Poseía ojos hundidos que "estaban penando en dos sumidores" (S.,97). También recuerdan los ojos de Cabra: "Los ojos... que parecía que miraba por cuévanos; tan hundidos y obscuros que era buen sitio el suyo para tiendas de mercaderes" (p. 101). Tenía los pechos inmensos, la boca parecida a una cicatriz larga, "chirlo de cuarenta puntos" (S.,97). Por lo menos, no le faltaban dientes como a Cabra. Es muy obvio que recuerda el modo descriptivo de Cabra. Las barbas de éste tenían miedo a la boca que "parecía que amenazaba comérselas" (p. 102). Por los dientes de la ventera "podían ver los hígados y aun comérselos también" (S.,97). Sudaba y hedía profusamente de órganos visibles e invisibles, descubiertos y cubiertos: "Se estaba bañando en el sudor de sí mismo, pero el agua salía de una fuente tan sucia que sólo la podía oler el mesonero" (S.,97).

Al lado de la ventera gorda andaba una criada "tan flaca, que parecía bujía en la mano de su ama" (S.,97). Recuerda a un criado en casa de Cabra: "un mozo medio espíritu y tan flaco" (p. 105). A la criada la llama Gregorio "descarada" por no tener cara. El escribano la nombra "espíritu visible," pero el letrado agrega "¡ni aun invisible!" El juez, aunque tenía puestos anteojos de larga vista, ni la vio. Gregorio para recordarla la pinta, pero le queda el papel blanco, "porque no era nada" (S.,97). Toda esta escena que deshumaniza los seres y los transforma en caricaturas, recuerda la técnica de Quevedo. Gregorio no deja acabar la escena, sino que se extiende a la descripción del ventero. El ventero, tan flaco que parece un penitente de Sierra Morena, encubierto completamente por un sombrero más grande que él: "Me admiré de haber llegado a Sierra Morena tan presto. Traía un sombrero grande, y él lo era…"(S.,97). Tenía una oreja cortada y bigote grande y mal cuidado: "el un bigote llegaba a la güerfana oreja izquierda, y el otro buscaba la derecha por el cogote" (S.,97). De nuevo, reminiscencias de Cabra: "los ojos avecinados en el cogote" (p. 101). Los bigotes del ventero como las barbas de Cabra se reaniman con atributos humanos y unas andan buscando orejas y los otros temiendo el ataque de la boca. Tiene la nariz larga y ancha, pero en vez de tener bubas sifilíticas, la tiene cubierta de "unas negras y oscuras niñas" (S.,98).

Como no tiene mucho de picaresca picante, se deleita en describir las facciones físicas simbólicas de la fealdad espiritual. Su próxima víctima de pluma es el ventero de la venta de la Sierra Morena. El ventero, como todos venteros, es ladrón: "Salíónos a recibir o a robar, que todo es uno." Pero era archiladrón, un ladrón superlativo "el mayor y mejor de su linaje" (S.,129). Tenía la barba abundante y salvaje: "Traía por barba un bosque etíope." Era extremadamente bizco, pero a pesar de eso sus ojos no descansaban sino que se movían constantemente en busca de víctimas: "Cazaba con los ojos vidas, sirviéndole el sobrecejo de alcabuz, con que tiraba a matar al vuelo... Con un ojo miraba al sur, y con otro al norte, y atravesaba con ellos del este a oeste" (S.,129).

Su apariencia indicaba dureza y oscuridad del alma, "tan alto como seco, y tan moreno como la sierra" (S.,129).   Daba tanto miedo su figura que, al verlo, doña Beatriz se desmayó inmediatamente.

Todo aventurero tiene que comer, y Enríquez Gómez aprovecha el hambre para descibirnos una cena en la venta.   Se puso una mesa triangular con unos manteles tan oscuros de suciedad que parecían "unos manteles de Etiopía" (S.,131).   Un poeta en la compañía "no pudo creer sino que habían desollado algún negro, y nos le vendían por tela" (S.,131).   Un jifero bien largo cubría la mayor parte de la mesa entre "tres platos, tan faltos como quebrados."   El candil de la mesa parecía desanimado y hambriento y no iluminaba nada: "candil tan cansado de vivir que daba parasismos a cada instante" (S.,131).

Los hijos del ventero, muertos de hambre, gruñían como brujas gateando debajo de la mesa en busca de comida.   Como en la mesa de Cabra no había gatos debajo de la mesa, ya que como dice Pablos los gatos no "son amigos de ayuno y penitencias" (p. 104).   En cambio, aquí hay cuatro perros flacos medio desmayados, que por debilidad no podían pararse sino de rodillas: "Tres galgos y un mastín estaban de rodillas por los pies, aguardando con gran devoción las reliquias de cena" (S.,131).   Hay reminiscencia de los perros que se llevan a casa de Cabra: "Y que vio meter mastines pesados, y a tres horas salir galgos corredores" (p. 109).

La mesa se encontraba tan cerca de la caballeriza, que se oían los rebuznos claramente, y parecía que ellos participaban en la cena.   La ventera, madre de las "bestias de bellota" que gruñían debajo de la mesa, era tan corta de estatura como de inteligencia.   Parecía que andaba de rodillas al servir la mesa: "Era la madre de los pigmeos, enjerta en Galicia; yo entendía que venía de rodillas por servirnos con más devoción" (S.,132).   Por añadidura, tenía la cara peluda y sucia, pegada y una superlativa nariz quevedesca: "Con una cara de pellejo ahumado y una alquitara por nariz" (S.,132).   Los ojos tan hundidos, que "parecían espirituales, porque miraban hacia dentro."   Sus dedos eran carnosos y negros y su pelo desgranado: "Por dedos traía unos palos de escorzonera por mondar, y por cabello un vellón de lana churra" (S.,132). En la descripción de la transmigración del miserable, encontramos de nuevo esta descripción deshumanizadora. Enríquez Gómez se detiene en describir la protomiseria con toques quevedescos. El vestido era tan viejo y gastado que parecía "que por trescientas se reía." El sombrero tan frágil de uso excesivo, que para no gastarlo no se lo quitaba: "porque la cortesía lo gastaba" (S.,214). Sus criados, tan mal sustentados, que parecían cadáveres reminiscentes de los de Cabra ("medio espíritus", p. 22): "Tenía dos criados, / pero tan mal criados, / que cuando se movían / cadáveres vivientes parecían. /" (S.,214). Casi no se veía comida en la casa. Ella era como una peregrina pasajera, como la aurora que casi no se puede detectar por su brevedad. La olla donde cocinaba era tan clara, que Narciso podía verse las facciones en ella claramente, y por seguirlas, caer y ahogarse:

> Paseaba la cena por estado
> sin habella cenado;
> su almuerzo era la aurora matutina;
> su comida fue siempre peregrina;
> una olla narcisa en cuyo fondo
> peligraba el estómago redondo (S.,214).

Las reminiscencias del *Buscón* son muy evidentes. La "comida eterna, sin principio ni fin" (p. 104); "Caldo en unas escudillas de madera, tan claro, que en comer una de ellas peligraba Narciso mas que en la fuente" (p. 104); "en su casa no se podía sonar otra cosa sino que comían. Cenaron y cenamos todos, y no cenó ninguno" (p. 108). En su caldo aparece "un garbanzo huérfano" (p. 104), o "venía un nabo aventurero a vueltas" (p. 105). Lázaro, describiendo la casa del clérigo de Maqueda, lo dice con palabras llanas: "Y en toda la casa no había ninguna cosa que comer" (p. 132).

La cama del miserable tan angosta era, que parecía galgo hambriento: "Su cama era de galgo / una vara de largo / y no media de ancho" (S.,215). Recuerda a otra cama parecida a un animal, en casa del hidalgo de *Lazarillo*: "y parecían a lo propio entrecuesto de flaquísimo puerco... hambriento colchón" (p. 156). El miserable queda tan flaco que en vez de llamarle con su nombre de bautizo, don Sancho "Por lo langosto o langosta, / el vulgo le llamaba Don Angosto" (S.,215).

Cada bocado de pan que comía lo anotaba en un librito, después de pesarlo e igualmente hizo con cada gota de vino: "Medía el poco vino que bebía, / y en su libro de cuenta lo escribía, / y si acaso faltaba alguna gota, / ponía los criados pelota" (S.,215).

Era usurero, y por lo tanto, converso. El alma recuerda a su último amo que comía excesivamente y fingía penitencias y le compara a su amo presente: "a un mártir usurero, / uno fingido y otro verdadero, / dije: '¿Qué mundo es éste donde estamos / parece que soñamos" (S.,216). Y, al fin, resume con un toque pesimista la actitud del siglo del miserable: "el que tiene no da, y el que no tiene / de santidad fingida se mantiene, / el siglo se condena a poca costa / y se nos va muriendo por la posta" (S.,217).

Gregorio no participa casi nunca de aventuras picarescas, de carácter criminal. Lo picaresco en el libro es más estático, debido al carácter descriptivo y no a las acciones. Enríquez Gómez se siente obligado a acentuar el marco picaresco, pero casi no lo logra. En el camino hace una burla, no más, a un letrado aficionado al griego. Le miente que una mula habla griego y se divierte viendo al inocente pateado por ella. Las demás aventuras picarescas en que participa, no son más que travesuras juveniles. Nunca le vemos robar, engañar, estafar, asesinar. Trata, todo lo posible de evitar afrentas. Llega a Madrid, donde Gregorio se encuentra con un primo suyo, don Cosme. Como el autor no aprovechó el camino para transformar a Gregorio en pícaro, pensamos que tal vez lo hará ahora. Pero no. El se empeña en ser caballero enamorado. Le dice el primo al primer encuentro: "Oye, primo, los galanes no deben vivir sin amor;" (S.,143), y le lleva a conocer a doña Angela Serafina de Bracamonte, de una familia de nobles venidos a menos. En las próximas páginas le encontramos planeando galanterías, no picardías: "En ellas asenté plaza de verdadero amante, galanteando mi nuevo serafín de día y de noche" (S.,146). Sus desacuerdos con la justicia se originan de serenatas amorosas dadas por la noche a su amada, y más tarde, de amores ilícitos con una mujer casada. No hay delincuencias. Hanrahan dice que Gregorio "es más un señorito travieso que un pícaro."[125]

Thacker identifica a Gregorio como un "pícaro-galán" cuya mayor obsesión es enamorarse de las damas amorales. Efectivamente, opina que la mayor parte de las aventuras de Gregorio es con las damas, y que estas aventuras son "episodes that give most continuity to the work."[126] Insiste que el protagonista tenga muchos rasgos del galán de la novela cortesana, y que la novela represente la decadencia de la novela picaresca:

> The novel furnishes ample evidence of the 'decadence' of the picaresque in the frivolous antics of the hero among foolish, idle or corrupt companions, the lack of a plausible motivation for many of Gregorio's exploits and Enríquez Gómez's tolerance, or possibly approval, of his *pícaro*'s dissolute behaviour with a succession of amoral *damas*. The work also ignores harsh social realities like hunger and unemployment, which had given a dimension of social concern to earlier picaresque works.[127]

Hanrahan agrega que la novela sigue el modelo de los expatriados conversos en Francia —tal como de Luna y García— quienes añadieron sensualismo a la picaresca, bajo la influencia francesa:

> Todos eran expatriados, vivieron muchos años fuera de su patria y establecieron su residencia en París... Los expatriados muestran un marcado sensualismo, una grosería de expresión y frivolidad de tono sobre todo cuando tratan de la mujer... Algunos críticos han visto en esto una influencia francesa.[128]

Si entendemos que sensualismo significa interés en los deleites de los sentidos, diremos que Hanrahan tiene razón. Si comparamos este interés al de Pablos, vemos que éste miraba a la mujer como un escalón para subir de clase social, mientras que aquél muestra interés en gozarlas sexualmente.

De todo modo, las aventuras picarescas de Gregorio carecen de crímenes y delincuencias. El alguacil le llama pícaro, pero efectivamente, su conducta no es escandalosa: "Por vida del rey, que ha de dormir con los galeotes el pícaro bribón" (S.,148).

Se puede resumir las picardías de Gregorio con las palabras, travesuras juveniles. Uno de sus atrevimientos más osados, es poner trampa al alguacil que seguía quitándole guitarras y oportunidades de amores. Componiendo una tramoya atada a la guitarra le hacen volar al alguacil por el aire, y dejarle caer al jardín.

El daño era el miedo de haber sido llevado por diablos a las esferas del aire: "Yo entendí que le había despachado desta vida para la otra, pero no fue así" (S.,148).

Su siguiente travesura sucede con su mismo amigo, el juez. Este pasa la noche haciendo el amor a una de las novias de Gregorio, Beatriz. Gregorio que descubre la traición de su amigo, sin enojarse, manda a dos albañiles que tapen la puerta de la casa desde afuera, con yeso y ladrillos. Por la mañana, cuando el escribano y el alguacil, amigos y cómplices del juez, vienen a apurarle antes que amanezca la vecindad, no pueden encontrar la entrada de la casa. Gregorio y sus cómplices, embozados, a carcajadas testimonian la desesperación del juez, "perdido de vergüenza, a la ninfa ganada, y a la vieja sin ella" (S.,150).

Aunque la madre de Angela le llame "ese pícaro de don Guadaña" (S.,162), le falta mucho para ser rufián. Un conocido suyo, Pablillos "por mal nombre" (S.,165), quiere vengarse de un rufián llamado Sebastianillo el Malo. Aquél pide a Gregorio dar palos a éste, y Gregorio se lo promete. Sin embargo, ya sabemos que nuestro protagonista no es un pícaro común. Va a Sebastianillo y trata de sugerir resolución, fingiendo la venganza sin hacer daño a nadie: "Con lo cual el quedaría sin palos, Pablillos vengado, y yo gustoso de habellos hecho amigos" (S.,165). Sin embargo, Sebastianillo ya es un verdadero pícaro y rufián endurecido que no fía en nadie y nadie puede fiar en él. Quiebra el acuerdo, y tiene la justicia en su casa para prender a quien quería hacer las paces. Ahora sí que despierta el truhán en Gregorio. Se escapa de la justicia y vuelve a casa de Sebastianillo, para darle de veras los palos, que no quería recibir de burla: "Con más cólera que atrevimiento," va a su casa. "Estaba el pícaro sentado en una silla," cuando entra Gregorio, y en el suelo con "un chirlo de cosa de diez puntos cirujanos tan malos" (S.,167), al despedirse. Ahora gana fama y valor a los ojos de los otros pícaros. Su vanidad no puede resistir el elogio: "Y canonizóme por uno de los más valientes hombres del mundo; y yo me lo creí por la vanidad que traía en los cascos" (S.,167).

Ahora ya "canonizado" de valiente, parece que tanto el autor como Gregorio quieren dar prueba de su picardía. Sale de ronda con la cuadrilla de su primo y ¿qué hacen?: ¡Niñerías! Despiertan a un boticario a las dos de la mañana para preguntarle "si este cuarto es falso" (S.,187). Gozando la burla, pero todavía no satisfechos, construyen un dominguillo espantoso de paja y de vestidos colorados, sobre un palo alto. Llamando a la ventana de un médico, asustan a la esposa. Tira el médico una escotada, hiere a un pellejo de agua, creyéndolo hombre, y trata de huir en ropa interior, antes de que le coja la justicia: "Empezó a saltar tejados y alborotar la vecindad; como iba en camisa, ningún vecino le quería recibir entendiendo por algún espíritu o fantasma venida del otro mundo" (S.,189).

Huyendo de la escena, se dan con la ronda del señor Alcalde. Este manda averiguar quiénes son. Burlándose, contestan que van en compañía de un grande de España. Les ofrecen reverencias, servicios, y les abren camino para que pasen, averiguando el nombre del grande. Riéndose y huyéndose a la vez, responde el pícaro: "Soy Juan Grande, el sastre" (S.,189). Para entender la magnitud de la burla, hay que recordar, como ha enseñado Castro, que los sastres tenían fama de ser judíos.[129]

Gregorio no puede despedirse sin acentuar que tiene honor. No es pregonero, en la cumbre de su buena fortuna, ni galeote arrepentido, ni "cansado como obstinado pecador" (p. 292), como Pablos que va a las Indias, con esperanza de mudar lugar, vida y costumbres. Gregorio es un joven que sigue ejemplos picarescos más en la forma que en la esencia.

Otro motivo picaresco tratado en la obra, pero nunca desarrollado, es el del vino. El subtema del vino regenerador, vino a *Lazarillo* de la literatura folklórica y de ahí aparece en todas las obras epígonas. Nos avisa Lazarillo: "Yo como estaba hecho al vino, moría por él" (p. 116). Efectivamente, casi muere por él con el jarrazo que recibió. Pero el vino le regenera, y el ciego después de lavarle las heridas, le dice sarcásticamente: "¿Qué te parece, Lázaro? Lo que te enfermó te sana y da salud" (p. 118); "Lázaro eres en más cargo al vino que a tu padre, porque el una vez te engendró, más el vino mil te ha dado la vida" (p. 127). En *Gregorio*, comienza el subtema pero nunca toma vuelo. De niño, le dieron una nodriza gallega, que por tomar tanto vino, le amamantaba a Gregorcico "rayos de vino disfrazado en cuajo" (S.,89). El aplicaba sus "labios a sus dos pechos, tan grandes, que parecían alcabalas de Baco" (S.,89). Bien embebida la gallega se durmió encima de Gregorcico, que mediante la leche, también "había bebido gran cantidad de mosto," y empieza a chillar. Acude la madre a salvarlo: "Me hallaron debajo de aquella cuba casi para espirar" (S.,89). La quitaron de encima de Gregorcico, pero no la despidieron, ya que los médicos avisaron: "que no mudasen amas si no quieren que yo mudase de vida" (S.,90).

Primero, resumamos lo que tiene y lo que le falta al *Siglo* para ser calificado como novela picaresca. Tenemos aquí una pseudoautobiografía contada por el protagonista narrador que nos ofrece su punto de vista. A través de sus informaciones y observaciones acerca de sus distintos amos, conocemos el panorama social contemporáneo, en toda su vileza. Para ofrecer verosimilitud y ganar confianza, el protagonista nos ofrece su yo íntimo. De tal modo, todo lo relatado desde el punto de vista de su intimidad, es creíble. Para informar la intimidad de los tipos sociales, el pícaro tradicional vive a su lado, observando sus acciones y de ellos pinta sus rasgos psicológicos. El alma no tiene que descifrar acciones, no tiene que levantar techos para observar acontecimientos, ella tiene a la vista, no sólo los hechos, sino los pensamientos más íntimos de sus amos. Ella habla e investiga desde los vientres.

Dice Castro de *Lazarillo*: "Sentimos la ilusión de contemplar la vida misma sin ningún intermediario: aparece ahí un individuo que nos invita, sin más, a penetrar en su intimidad, a contemplarla desde el interior de su propia experiencia."[130] Si Lazarillo lo consigue hacer, viviendo al lado de sus amos, no hay duda de que el alma lo logra coexistiendo en ellos. El pícaro tradicional anda solo en la vida y mientras viaja, informa: "It is the distinctive nature of the picaresque hero... He travels alone and struggles alone, for he finds that he can rely only on himself."[131] No hay soledad como la del alma. Sola anda de un cuerpo a otro, sin tener amistades de su naturaleza. Durante todas las transmigraciones sólo una vez se encuentra con una semejante, solamente para despedirse inmediatamente.

Mudando de un cuerpo a otro, descubre que las costumbres y vida de los amos no mudan. Todas yacen en la hipocresía y en el deshonor. Discute el alma narradora largamente los temas intercalados de la honra, nobleza, virtud y dinero, en su relación con el estado pretendido de pureza o impureza de sangre. El predominio del tema de la honra, la avaricia humana, y la apariencia ilusoria, refleja sin duda la preocupación del siglo.

Su itinerario, es un mundo caótico, episódico y fragmentado. El libro comienza con prólogos que afirman el fin didáctico moral de la obra. El relato se abre y se cierra con la visión onírica, lo que le da marco temático cerrado. Por otro lado, la estructura queda abierta a nuevas aventuras del alma, ya que ella todavía no consiguió la perfección, en cuyo logro transmigraba. Tiene que seguir su peregrinación en el mundo, hasta que tenga la purificación necesaria para subir al firmamento, dejando, como dice Molho: "deliberadamente el libro 'in media res.'"[132] Como indicó Ginés de Pasamonte cervantino, mientras no está acabada la peregrinación, no puede estar acabada la novela. Molho ve que esta estructura cabe bien en la problemática picaresca: "La estructura abierta conviene tan bien a la expresión de un pensamiento picaresco problemático que no había de sobrevivirle."[133]

El mensaje del libro es pesimista, y lleno de la amargura de un cristiano nuevo que no participa de las honras de la sociedad. Dice Castro: "La consecuencia emotiva de tal actitud es el descontento, la amargura y el pesimismo."[134] Efectivamente, la decepción y el fraude son numerosos, pero el alma nunca se contamina. Todo pícaro nace inocente y se corrompe, observando la sociedad en que se mueve. El alma nunca muda su inocencia primordial. Tiene estándar moral muy elevado debido a su naturaleza divina. Esta rectitud moral equivale a la de Gregorio, ya que los dos nunca pierden su nobleza espiritual. Nunca se la considera antiheroica. Este es uno de los principales aspectos picarescos de que carece el alma. Otro rasgo que le falta por completo es el de la genealogía. Tampoco es el alma víctima de sus dueños. Ellos no la manipulan, y aunque ella no los domina moralmente, no sucumbe a su falta de espiritualidad. Efectivamente, ella los supera, y en el sentido de que puede abandonarlos a la muerte si no se redimen, ella los domina. Si el género, como dice Guillén, es lo que es para el lector y el crítico, nos cabe decidir si el *Siglo* contiene bastantes aspectos picarescos para poder calificarlo como picaresco.[135] Si por otra parte, depende de la perspectiva del escritor, hay que conocer las motivaciones de Enríquez Gómez al escribir la obra. Desde nuestro punto de vista, los rasgos picarescos dominan sobre los no picarescos. Por lo tanto, diríamos que el *Siglo* es efectivamente, una novela picaresca, o por lo menos que contiene muchas de sus propiedades.

Examinemos ahora la *Vida de don Gregorio Guadaña*. Gregorio, el narrador relata su vida sin ningún caso aparente. Comienza inmediatamente con cuatro generaciones de su genealogía y acaba por decirnos que no va a huir de la tradición de su familia, sino lucirla en su escudo. En la picaresca tradicional vemos la transformación del protagonista hacia el narrador, de tal modo, que al final de la obra los dos son uno. En *Gregorio* no hay ninguna evolución moral o inmoral del protagonista. Se lanza al mundo honrado y acaba sus aventuras al lado de la honra. Gregorio nunca sucumbe a la presión social. Es un caballero de veras, protege y ampara a las víctimas de la sociedad como a Beatriz. Cuando anda al lado de la justicia, sólo observa y documenta. Nunca se beneficia de los sobornos, y su compasión yace siempre con los perseguidos. Su sensibilidad es auténtica. Es virtuoso y noble verdadero. Prefiere ser calumniado por la sociedad y encerrarse en la cárcel a no perder su autorrespeto. Es orgulloso de su herencia y no compraría por dinero la nobleza fingida. Narra como todo pícaro su autobiografía. Nunca sirve a nadie pero se mueve al lado de sus compañeros. Aunque coexista con ellos, siempre queda aparte y superior. Ellos no le superan ni en estado social ni en elevación moral; el contrario resulta más verdadero. De vez en cuando, hace travesuras juveniles, pero nunca con daño serio de nadie. Aun más, parece que Enríquez Gómez le manipula, para que se haga el pícaro sin alcanzarlo.

Eoff dice que una de las características del pícaro es "clownish compensation for inferiority."[136]   Ahora bien, para el pícaro común ser payaso es una maniobra de autodefensa, convirtiendo lo grave en risa. Es un modo de admitir bajezas sin afrentarse. Gregorio se hace el bufón sólo durante las pocas travesuras que experimenta con la cuadrilla de Pablillos. Sin embargo, nunca se desprecia ni se excusa con bufonadas. Siempre se destaca su nobleza espiritual como si estuviera suspendido moralmente aparte de las bellaquerías. Nunca comete estafas de honra.

Gregorio no es un desvergonzado vagabundo, que voluntariamente adopta la peregrinación buscona como un modo de vida. Si comparamos su naturaleza con la descripción que hace Eoff de la sicología de Guzmán, notaremos diferencias esenciales. Dice Eoff: "that of a person who heavily conditioned by his environment aspires to a comfortable and privileged position in society, resorts to subterfuge as a means of attaining his goal, rationalizes his moral disorderliness in the name of necessity and current social practices..."[137] Gregorio no muestra adaptación ninguna a las convenciones sociales. No aspira a la nobleza fingida. No da indicaciones de ganas de adquirir dinero y beneficios materiales. Todo lo contrario. Gregorio tal como el alma, no es pícaro aunque escribe una novela picaresca. Concuerda Del Monte, diciendo:

> Realmente, Gregorio, pese al dato estructural, en este caso poco
> importante, de la genealogía, no tiene un talento picaresco: es cierto
> que se trata de un joven despreocupado, carente de prejuicios, amante
> de las burlas y de los amoríos, pero sus aventuras siempre están
> contenidas dentro de los límites de un juvenil y alegre goliar-
> dismo.[138]

Y luego admite: "Huellas de la tradición picaresca son visibles, así mismo, en la *Vida de don Gregorio Guadaña*."[139]

Rico señala que el uso del yo de Gregorio proporciona sólo una justificación mecánica para denominar la novela como picaresca. Pero que verdaderamente no lo es: "Ni parece más significativa la primera persona en la incoherente *Vida de don Gregorio Guadaña*."[140]

Francis, hablando de las novelas picarescas en el exilio de Carlos Garcia y de Enríquez Gómez, advierte que:

> Apenas merecen el título de novelas cabales, pero ambos se interesan
> de tal manera en asuntos como el honor o la justicia, que nos
> permiten incluirlos en esta sección de novelistas problemáticos: estos
> autores emigrados escogen injusticias sociales de su época como temas
> dignos de novelizarse.[141]

En otro sitio detalla el tipo de picarismo que está incluido en la novela:

> Se ha hablado de su flojo picarismo, de su carácter imitativo y su falta
> de seriedad. No negamos sus evidentes reminiscencias de la literatura
> anterior, ni tampoco su dosis generosa de *slapstick*, tanto físico como
> verbal. Pero siguiendo esta línea peculiar de autores problemáticos,
> se ve en Enríquez Gómez algo más que mera emulación de Quevedo,
> Castillo Solorzano o quien sea.[142]

Bataillon lo incluye entre las obras picarescas que investiga por su defensa de los cristianos nuevos. Señala haber "estudiado también el *Siglo pitagórico*, de

Enríquez Gómez, autor refugiado en Rouen, y cuyo 'marranismo' y acaba de ser irrefutablemente demostrado."[143] En cuanto a *Gregorio*, lo incluye en la picaresca por "las preocupaciones por la decencia, la honra externa y las distinciones sociales."[144] Explica la novela como la voz del cristianismo nuevo:

> Si damos su valor total, en los episodios perdidos de vista, a las
> invectivas contra los nobles infatuados por su ascendencia y contra los
> malsines o denunciadores profesionales de tachas familiares, nos
> damos cuenta de la relación existente entre lo anterior y la defensa de
> los cristianos nuevos.[145]

Valbuena Prat llama a *El siglo pitagórico y la Vida de don Gregorio Guadaña* una "novela semipicaresca" que "hace una especie de alegoría social satírica de los diversos estados. Un alma encarna en diferentes personas."[146] Pero califica el *Gregorio* de" novela picaresca... sumamente interesante y amena."[147] Y poco más adelante:

> Sin ser de un valor extraordinario, la obra toda se lee con sumo
> agrado y revela muchísimos rasgos de ingenio, y, sobre todo, una
> auténtica originalidad, en el momento en que el género se esfumaba
> en lo soso o se petrificaba en lo convencional.[148]

Atribuye la frivolidad de Gregorio con las damas y la importancia dada a lo femenino a "el ambiente francés en que vivió el autor."[149]

Alborg dice que "la más notable de su producción es la novela picaresca *La vida de don Gregorio Guadaña*."[150] Pero aclara en seguida:

> *Guadaña* no es novela picaresca exactamente, sino más bien de
> aventuras, aunque no faltan los elementos de picardía; también el
> protagonista se diferencia del pícaro habitual, pues es de mejor
> condición... es ésta una picaresca de aire francés... con una libertad
> y desenvoltura muy peculiares, y donde la ironía amarga y desenga-
> ñada, adusta y severa con frecuencia, del pícaro español, se convierte
> en picante desenfado. En el *Guadaña* hay episodios de notable
> atrevimiento, como la ronda nocturna del juez en Caramona...[151]

Bjornson considera el *Gregorio* "modified picaresque,"[152] ya que su héroe como el *Francion* de Charles Sorel, era de naturaleza virtuosa y superior: "His don Gregorio is a picaresque adventurer who is headstrong and hedonistic but ultimately superior to the respectable people who look down upon him."[153]

Zamora Vicente incluye el *Siglo* y *Gregorio* bajo lo que denomina "formas menores de la picaresca."[154]

Peter Dunn reconoce la picaresca de *Gregorio*, por el panorama social expuesto en él, con toda su fealdad e hipocresía:

> The densely woven verbal wit and the comic ingenuity are unmatched by any writer except Quevedo... Enriquez Gomez appears to be closer to the French adaptations of picaresque than to the Spanish originals... That society was explored critically but the well-born heros who, if they practice tricks, deceptions, and intrigue, do so in order to expose the deceits, falsehood, and hypocrisy of society.[155]

Guzmán Alvarez ve en Gregorio un pícaro jocoso y cortés: "La *Vida de don Gregorio Guadaña* guarda por entero la forma de la picaresca." Pero agrega que Gregorio narra "para preparar el chiste o la burla," y que "entre burlas y veras Gregorio Guadaña rinde un especial culto a la mujer."[156]

Fernández de Navarrete considera el *Gregorio* como uno de los epígonos, tan de moda literaria del tiempo:

> Ningún género crearon los escritores de que vamos hablando; no hicieron más que seguir las huellas de sus predecesores. *El diablo Cojuelo, Estebanillo González, La pícara Justina* y la *Vida de don Gregorio Guadaña* pertenecen al género picaresco, al cual como por natural impulso dedicábanse entonces los escritores españoles.[157]

Joâo Palma Ferreira insiste en que Enríquez Gómez fue portugués y que el carácter particular de su ficción picaresca es debido a su origen portugués. Comparte la idea de Chandler que el *Siglo* es una invención de intención picaresca, llevada al reino fantástico de un alma encarnada en unos seres:

> O Século pitagorico é uma invençao prodigiosa que tenta obter un

ensino verdadeiro a partir de uma doutrinaçao falsa.   Assim, aproveitando-se da ideia da metempsicose pitagorica, relata-nos as aventuras nao de um pícaro que serve a muitos amos, extraindo daí os mitivos das suas narrativas, mas de uma alma encarnada em vários seres.   A obra baseia-se na visao que tem o narrador que dormindo, receba a visita de Pitágoras.   Cada encarnaçao termina por uma décima ou por um soneto que introduz a seguinte.   No seu conjunto, representa do approveitamento do fantástico na literatura de intençao picaresca.[158]

Ulla Trullemans, reaccionando a la obra de Palma Ferreira, no discute si es o no picaresca la obra, sólo refuta el portugesismo de Enríquez Gómez: "Pelas razóes expostas é evidetente que a novela *Don Gregorio Guadaña* de Antonio Enríquez Gómez nao faz parte do patrimonio literario português."[159]

Chandler considera el *Siglo* picaresca aunque en "the realm of fantasy."[160] De todos los críticos citados, su observación es la más cercana a nuestra conclusión. Dice:

In place of a picaro passing through service, a soul variously incarnated. Thus to the conception of an unaltering rogue handed from master to master was added that of a soul which in a like round of transformations should gradually develop until finally attaining the virtue.[161]

Considera el *Gregorio*, sin embargo, como "fragmentary picaresque tale in prose."[162]

Alastair Fowler nos recuerda que los géneros no son estáticos, sino que se desarrollan y cambian con el transcurrir del tiempo. No sólo un rasgo u otro cambia, sino todo el concepto del género puede mudar: "In their historical development, too, the genres change continually. Consequently, theorists bent on defining have had to elevate them to a level of very high abstraction."[163] Añade diciendo que Claudio Guillén también mantiene el desarrollo del género de punto de vista histórico:

From time to time he reminds us that genres change, and he signally enlarges our understanding of at least one generic development, picaresque, by tracing its formation stage by stage... The changes in genres go far beyond modification of this characteristic or that. In the course of time, repertoires of recognizable features alter. More than that: the very elements of literature, even the literary model itself, are subject to transmutation, so that the entire fabric of genre becomes involved in historical upheaval.[164]

De acuerdo con este punto de vista histórico, en cuanto a la transfiguración del género, podemos concluir que tanto el *Siglo* como *Gregorio*, son transmutaciones del género picaresco. Por su estructura y temática, el *Gregorio* es ficción picaresca. El *Siglo*, también es del mismo molde. Si entendemos que un pícaro es el protagonista de una novela picaresca, Gregorio lo es y el alma lo es del mismo modo. Si exigimos bajeza moral al pícaro, Gregorio no lo es y tampoco lo es el alma. Más que todo, las dos novelas son ficciones picarescas que carecen de protagonistas pícaros. Es lo que llama Montesinos la picaresca pura:

> Al hablar de picaresca y picarismo podemos prescindir de los pícaros, manifestación de algo menos patente y más complejo que la mugre y el hambre. Empezamos a ver con claridad que ni siempre que aparecen pícaros hallamos picaresca ni al contrario. Es un mérito eminente de Américo Castro haber demostrado que esto es así y haber trasladado el núcleo del problema de la literatura a la moral. Son las actitudes morales de los siglos XVI y XVII las que pueden permitirnos elaborar un criterio e intentar una ordenación.[165]

Más adelante, aclara aún más:

> La moral picaresca —retengamos esto— es la que exalta máximamente la norma ética para operar, con relación a ella, una desvaloración de las actividades humanas, consiguiendo así justificar la conducta propia, real o posible, la propia laxitud, la propia indisciplina. Entre pícaros, cuando se consuman reales picardías, esa posición ética es sobremanera clara. ¿No había también picaresca sin pícaros? ¿Cómo sería la picaresca sin pícaros, pura o mejor, depurada?[166]

Con las afirmaciones de Montesinos nos resulta más fácil concluir este examen analítico de *El siglo pitagórico y Vida de don Gregorio Guadaña*. Tanto el *Siglo* como *Gregorio* son novelas picarescas depuradas. Enríquez Gómez quería exponer una lección moral. Ya había empleado otros géneros para exponer el mismo mensaje. Una lección didácticomoral vale sólo si la leen, si llega a la noticia de los lectores. Los pecadores, como ya avisó Alemán, no leen libros didácticos, pero sí leen picardías. Por lo tanto, elige exponer sus sentimientos en un género conocido por ser entretenido. Ya capturada la atención del público lector, puede deleitarle y enseñarle, a la vez. Por ser el mensaje suyo, la voz del narrador es suya también. Nuestro autor no puede prestar su voz y sus sentimientos altos a una criatura vil e ínfima. Por lo tanto, sus dos protagonistas, el alma y Gregorio, que llevan su voz, van a vestirse de su concepto elevado del honor y nobleza. Van a ser Nobles.

El alma no consiguió su purificación en el siglo. Enríquez Gómez no alcanzó su tranquilidad ni paz en la España hostil ni en la Francia extranjera. Los dos, nuestro autor y el alma, son peregrinos en busca de perfección. Los dos no tienen alternativa, sino seguir errando y buscando la perfección. Los dos quedan peregrinos en tierras ajenas, procurando solución sin hallarla.

NOTAS

[1]Frank Wadleigh Chandler, *Romances of Roguery: An Episode in the History of the Novel: The Picaresque Novel in Spain* (1899; rpt. Nueva York: Burt Franklin, 1961), p. 376; Joao Palma-Ferreira, "Antonio Henrique Gomes," *Novelistas e contistas portugueses dos séculos XVII e XVIII*, Biblioteca de autores portugueses (Lisboa: Imprensa nacional, Casa de Loeda, 1981), p. 196.

[2]Francisco Ayala, "Formación del género - novela picaresca: El *Lazarillo*," *Experiencia e invención* (Madrid: Taurus, 1960), p. 127.

[3]Alberto Navarro González, "Literatura picaresca, novela picaresca y narrativa andaluza," *La picaresca: Orígenes, textos y estructuras*, Director, Manuel Criado de Val (Madrid: Fundación universitaria española, 1979), p. 19.

[4]Ayala, p. 128.

[5]Stuart Miller, *The Picaresque Novel* (Cleveland, Ohio: The Press of Case Western Reserve University, 1967), p. 3.

[6]Ibid., p. 4.

[7]Ibid., p. 4.

[8]Richard Bjornson, *The Picaresque Hero in European Fiction* (Madison, Wisconsin: The University of Wisconsin Press, 1977), p. 4.

[9]Ibid., p. 6.

[10]Ibid., p. 7.

[11]Ibid., p. 7.

[12]Claudio Guillén, *Literature as System* (Princeton: Princeton University Press, 1971), p. 73.

[13]Thomas L. Kent, "The Classification of Genres," *Genre*, XVI (1983), p. 1.

[14]Guillén, *Literature*, p. 71.

[15]Ibid., p. 72.

[16]Ibid., p. 99.

[17]Ibid., pp. 99-100.

[18]Alexander Blackburn, *The Myth of the Picaro* (Chapel Hill: The University of North Carolina Press, 1979), p. 6.

[19]Ibid., p. 7.

[20]Alberto del Monte, *Itinerario de la novela picaresca española*, trad. Enrique Sordo (Barcelona: Editorial Lumen, 1971), p. 58.

[21]Samuel Gil y Gaya, "Prólogo," *Mateo Alemán: Guzmán de Alfarache* (Madrid: Espasa Calpe, 1969), 1:8.

[22]Guillén, *Literature*, p. 79.

[23]Monte, pp. 59-60.

[24]Robert Alter, *Rogue's Progress: Studies in the Picaresque Novel* (Cambridge, Massachusetts: Harvard University Press, 1965), p. viii.

[25]Gonzalo Sobejano, "*El coloquio de los perros* en la picaresca y otros apuntes," *Hispanic Review*, 43 (1975), p. 35.

[26]Maurice Molho, *Introducción al pensamiento picaresco*, trad. Augusto Golvez-Canero y Pidal (Madrid: Anaya, 1972), p. 10.

[27]Ibid., p. 218.

[28]Américo Castro, *Hacia Cervantes*.   Tercera edición considerablemente renovada (1957; rpt. Madrid: Taurus, 1967), p. 145.

[29]Francisco Rico, *La novela picaresca y el punto de vista* (Barcelona: Editorial Seix Barral, S. A., 1973), p. 54.

[30]Ibid., p.42.

[31]Monte, p. 55.

[32]Claudio Guillén, "La disposición temporal del *Lazarillo de Tormes*," *Hispanic Review* 25 (1957):271.

[33]Ibid., p. 272.

[34]Ibid., p. 273.

[35]Ibid., p. 268.

[36]Rico, *Novela picaresca*, p. 26.

[37]*Vida del Lazarillo de Tormes*, ed. Joseph V. Ricapito (Madrid: Cátedra, 1985), p. 205. (De aquí en adelante, citando de esta obra, pondré una simple indicación de página, seguida en el texto).

[38]Rico, *Novela picaresca*, pp. 33-36.

[39]Ibid., pp. 69-70.

[40]Ibid., p. 26.

[41]Ibid., p. 127.

[42]Ibid., p. 128.

[43]Ibid., p. 129.

[44]Ibid.

[45]Guillén, *Disposición*, p. 270.

[46]Ulrich, Wicks, "The Nature of Picaresque Narrative: A Modal Approach," *PMLA* 89 (1974):244.

[47]Ibid.

[48]Francisco Carrillo, "Raíz sociológica e imaginación creadora en la picaresca española," *La picaresca: Orígenes, textos y estructuras*, Director, Manuel Criado de Val (Madrid: Fundación universitaria española, 1979), p. 77.

[49]Anthony M. Zahareas, "El género picaresco y las autobiografías de criminales," *La picaresca: Orígenes, textos y estructuras*, Director, Manuel Criado de Val (Madrid: Fundación universitaria española, 1979), p. 82.

[50]Guillén, *Literature*, p. 81.

[51]Ibid.

[52]Ibid., p. 82.

[53]Ibid.

[54]Ibid., p. 84.

[55]Bjornson, p. 8.

[56]Ibid.

[57]Miller, p. 131.

[58]Mateo Alemán, *Guzmán de Alfarache*, ed. Benito Brancaforte (Madrid: Cátedra, 1984), I:143. (De aquí en adelante, citando de esta obra, pondré una simple indicación de parte, libro y página seguidos en el mismo texto).

[59]Américo Castro, "Lo picaresco," *El pensamiento de Cervantes*. Nueva edición ampliada (1925; rpt. Madrid: Editorial Noguer, S. A., 1972), p. 230.

[60]Monte, p. 59.

[61]Molho, p. 29.

[62]Ibid., p. 41.

[63]Alán Francis, *Picaresca, decadencia, historia* (Madrid: Editorial Gredos, 1978), p. 24.

[64]Monte, pp. 33-34.

[65]Bjornson, p. 8.

[66]Miller, p. 72.

[67]Molho, p. 219.

[68]Ibid., p. 31.

[69]Alter, p. 10.

[70]Ibid., p. 3.

[71]Guillén, *Literature*, p. 88.

[72]Ludwig Pfandl, *Cultura y costumbres del pueblo español de los siglos XVI y XVII*, pról. P. Felix García, 2da. ed. española (Madrid: Editorial Araluce, 1929), p. 96.

[73]Guillén, *Literature*, p. 77.

[74]Ibid.

[75]Francis, p. 95.

[76]Ibid., p. 98.

[77]Francisco de Quevedo, *Historia de la vida del Buscón*, ed. Domingo Ynduráin (Madrid: Cátedra, 1985), p. 129. (De aquí en adelante, citando de esta obra, pondré una simple indicación de página, seguida en el texto).

[78]Miller, p. 62.

[79]Ibid., p. 65.

[80]Ibid., p. 70.

[81]Ibid., p. 73.

[82]Bjornson, p. 12.

[83]Ibid., p. 13.

[84]Ibid., p. 14.

[85]Miller, p. 72.

[86]Sherman Eoff, "The Picaresque Psychology of Guzman de Alfarache," *Hispanic Review* 21 (1953): 107.

[87]Castro, *Hacia Cervantes*, p. 17.

[88]Américo Castro, *The Structure of Spanish History*, trad. Edmond Liking (Princeton: Princeton University Press, 1954), p. 569.

[89]Ibid., p. 564.

[90]Castro, *Hacia Cervantes*, p. 17.

[91]Castro, *Structure*, p. 564.

[92]Castro, *Hacia Cervantes*, p. 124.

[93]Ibid., pp. 120-121.

[94][96]Marcel Bataillon, *Pícaros y picaresca: La Pícara Justina* (Madrid: Ediciones Taurus, S. A., 1969), p. 12.

[95]Ibid., p. 216.

[96]Ibid., p. 214.

[97]Stephen Gilman, *The Spain of Fernando de Rojas* (Princeton: Princeton University Press, 1972), p. 144.

[98]Castro, *Hacia Cervantes*, p. 147.

[99]Bataillon, p. 203.

[100]Ibid.

[101]Molho, pp. 20-23.

[102]Bataillón, p. 221.

[103]Ibid.

[104]Harry Sieber, *The Picaresque* (London: Methuen Co. Ltd., 1977), p. 23.

[105]Molho, p. 24.

[106]Ibid.

[107]Ibid., p. 23.

[108]Castro, *Hacia Cervantes*, p. 121.

[109]Bataillon, p. 209.

[110]Ibid., p. 211.

[111]Francis, p. 168.

[112]Bataillon, p. 207.

[113]Molho, p. 219.

[114]En nota al pie, número 16, p. 18, Amiel dice que Caco es "Le voleur par excellence."

[115]Bataillon, p. 211.

[116]Gilman, p. 144.

[117]Castro, *Structure*, p. 571.

[118]Bjornson, p. 159.

[119]Ibid., p. 159.

[120]Gilman, p. 135.

[121]Castro, *Hacia Cervantes*, p. 153.

[122]Ibid., p. 143.

[123]Ibid., p. 157.

[124]Castro, *Pensamiento*, p. 231.

[125]Thomas Hanrahan, *La mujer en la novela picaresca española* (Madrid: Ediciones José Porrúa Turanzas, 1967), p. 356.

[126]M. J. Thacker, "Gregorio Guadaña: *Pícaro-francés* or *Pícaro-galán*?", *Hispanic Studies in Honour of Frank Pierce*, ed. John England (Sheffield, England: Sheffield University Print Unit, 1980),p. 164

[127]Ibid., p. 149.

[128]Ibid., p. 339.

[129]Américo Castro, *La realidad histórica de España*, Edición renovada (México: Editorial Porrúa, S. A., 1962), p. 55.

[130]Castro, *Hacia Cervantes*, p. 143.

[131]Alter, p. 3.

[132]Molho, p. 164.

[133]Ibid., p. 165.

[134]Castro, *Pensamiento*, p. 230.

[135]Guillén, *Literature*, p. 73.

[136]Eoff, p. 116.

[137]Ibid., p. 114.

[138]Monte, p. 151.

[139]Ibid., p. 151.

[140]Rico, *Novela picaresca*, p. 135.

[141]Francis, p. 172.

[142]Ibid., p. 167.

[143]Bataillon, p. 213.

[144]Ibid., p. 214.

[145]Ibid., p. 213.

[146]Angel Valbuena Prat, *La novela picaresca española* (Madrid: Ediciones Aguilar, S. A., 1966), p. 74.

[147]Ibid., p. 74.

[148]Ibid., p. 75.

[149]Ibid.

[150]Juan Luis Alborg, *Historia de la literatura española: Epoca barroca, vol. II* (Madrid: Editorial Gredos, S. A., 1972), p. 491.

[151]Ibid., p. 492.

[152]Bjornson, p. 158.

[153]Ibid., p. 159.

[154]Alonso Zamora Vicente, *Qué es la novela picaresca* (Buenos Aires: Editorial Colombia, 1962), p. 61.

[155]Peter Dunn, *The Spanish Picaresque Novel* (Boston: Twayne Publishers, 1979), p. 111.

[156]Guzmán Alvarez, *El amor en la novela picaresca española* (Utrecht, Holanda: Instituto de estudios hispánicos, portugueses e iberoamericanos de la Universidad Estatal, 1958), p. 156.

[157]Eustaquio Fernández de Naverrete, "Bosquejo histórico sobre la novela española," *Novelistas posteriores a Cervantes*, Tomo II, Biblioteca de autores españoles (Madrid: Ediciones Atlas, 1950), xciii-xciv.

[158]Palma-Ferreira, p. 196.

[159]Ulla Trullemans, "A propósito do picaresco na literatura portuguesa," *Coloquio-Letras* 71 (1983):70.

[160]Chandler, p. 376.

[161]Ibid., p. 377.

[162]Ibid.

[163]Alastair Fowler, *Minds of Literature: An Introduction to the Theory of Genres and Modes* (Cambridge, Massachusetts: Harvard University Press, 1982), p. 45.

[164]Ibid., pp. 46-47.

[165]José F. Montesinos, "Gracián o la picaresca pura," *Ensayos y estudios de literatura española*, pról. Joseph H. Silverman (México: Ediciones de Andrea, 1959), p. 133.

[166]Ibid., pp. 137-138.

"Callejón de la Inquisición"
El barrio de Triana en Sevilla

CAPITULO IV

LENGUAJE FIGURATIVO EN *EL SIGLO PITAGORICO*

"Poeta soy: Pero si no puedo escusar de ser mortal,
justo será que busque una pequeña luz de la inmortalidad"[1]

INTRODUCCION:

La expresión artística de un autor no nace en un vacío. Es el reflejo de los cambios en la sensibilidad humana y en las tendencias literarias de su época sazonadas por las personales preferencias artísticas y emotivas del mismo autor. La consideración de una obra en su totalidad artística depende, por lo tanto, no sólo del poder genial del creador-autor, sino también del momento en que se desarrolla la obra.

Los años en que escribió Antonio Enríquez Gómez son de desengaño, insatisfacción, desesperanza y desamparo general. La decadencia político-social, el empobrecimiento económico y los fracasos militares envolvieron al pueblo español con desilusión y pesimismo. La ineptitud de la monarquía y sus validos para resurgir el poderío anterior, inspiró sentimientos de incertidumbre y de desamparo moral. La realidad concreta era tan deprimente que el único escape posible era hacia la belleza de la realidad verbal. La descomposición nacional, la falta de justicia y la decadencia en lo religioso moral inspiraron contradictoriamente tendencias literarias de gran valor creador. Señala Spitzer:

> No debe olvidarse que el "ingenio" sólo se impone en una cultura que
> se ha vuelto problemática, que el ingenio a es la razón lo que el

espumoso champán de fábrica es al vino natural. "Ingenioso" es epíteto encomiástico sólo en tiempos de decadencia y transición (o sea en épocas que no se sienten estables, que no aspiran a una última validez del espíritu que les es propio).[2]

Los sentimientos de desengaño y de desilusión afectaban el espíritu de la gente. Para escaparse de este ambiente deprimente, se abrigaron las mentes creadoras en realidades fantasmagóricas de la palabra escrita. Unos adoptaron una actitud absurdista y negativa y se expresaron mediante sarcasmo e ironía. Otros, se fortalecían en el recinto estético de las palabras y embellecieron el lenguaje con novedades figurativas. Lázaro Carreter describe la producción creativa como reacción a las constricciones impuestas por el ambiente:

La mente de los hombres señeros, que a pesar de todo, sigue viviendo, produce como secreción necesaria la ironía, el humor y el sarcasmo. O se evade hacia el esteticismo. O se recluye en su amargura, liberándose en lo posible mediante la reflexión moral, que no avanza, que no conquista territorios intelectuales incógnitos, pero que escrudriña mientras puede el conocido, aunque sólo sea para fortalecerse. Rasgos de este tipo caracterizan nuestra cultura barroca. Y es en una época así cuando el lenguaje crece en importancia como objeto, a costa de perderla como medio para comunicar cosas trascendentes o disidencias. Incluso cuando éstas tengan que proclamarse, como ocurre frecuentemente en Quevedo, el propio lenguaje ha de servir de encubriador, proporcionando coartadas a la audacia, mediante los recursos todos de la retórica, e incluso, si el peligro es grande, protegiéndola con la niebla de la ambigüedad.[3]

La vida literaria era la luz que iluminaba la concreta existencia deprimente. Había intensificación en la actividad mental, se introducían en la literatura dificultades lingüísticas, ya por el enriquecimiento de palabras, ya por el de significados.

Lo helénico y las obscuridades crípticas por un lado y las agudezas por el otro, resultaron en una actitud lúdica en el campo creativo. Lapesa describe el ambiente de esta "vivacidad mental":

> La generación siguiente, la de Lope y Góngora, conoció en toda su
> violencia la sacudida innovadora. La vida literaria se hacía cada vez
> más intensa... El ambiente favorecía el juego del ingenio y exigía la
> busca de novedad... Era necesario halagar el oído con la expresión
> brillante, demostrar erudición y sorprender con agudezas. Así se
> desarrollan ciertos rasgos de estilo que acusan vivacidad mental, y que
> requieren también despierta comprensión en el lector u oyente.[4]

Este tipo de creación estético lingüística no es nada nuevo y florece en diversas
épocas. Las conexiones entre objetos e imágenes, las relaciones entre elementos
dispares se establecieron siempre en la expresión escrita.

Lo que caracteriza el siglo XVII es la concentrada actividad mental. La
elaboración de los recursos viejos yuxtapuestos con el dinamismo desmedido
resultaron en nuevos ligazones osados entre elementos incompatibles
anteriormente. Es una época de plentitud cultural: agudezas atrevidas, imágenes
hiperbólicas, paridad entre polaridades temáticas y verbales, desmesuradas
concomitancias de contrastes e ingeniosidades rebuscadas: "Artificiosidad,
rebuscamiento y afectación, nacidos de la búsqueda de lo raro y original, que
conduce a un arte de exquisitas excelencias formales y consecuentemente, dirigido
a las minorías."[5]

Hay dos tipos de dificultades manifestados en la literatura. Uno procede del
enriquecimiento cuantitativo de la palabra, mediante latinismos e imágenes
innovadoras, y resulta en suntuosidad ornamental del vocabulario y obscuridades
lingüísticas. Esta dificultad docta, ejemplificada por Góngora y dirigida a una
minoría culta, se solía denominar "cultismo" o "culteranismo": "La desdeñosa
dificultad ilustre, originada por eruditas alusiones y profundas sentencias,
solamente superable por los doctos."[6]

El otro tipo, basado en la pluralidad significativa de la palabra, demostraba
dificultad en el argumento mismo. Basado en el concepto ingenioso, resultaba más
claro y vencible por el público. Lo identificamos con el llamado "Conceptismo,"
representado por Quevedo: "Quevedo, pues, frente a Góngora, se encierra
deliberadamente en el español de su tiempo y se reduce las posibildades de

expresión a los elementos que el caudal idiomático vigente le suministra."[7]

Actualmente la crítica moderna no ve ninguna separación válida entre las dos llamadas escuelas y se identifican la una con la otra. Arthur Terry defiende la integración de los dos: "Las modernas discusiones sobre el *Conceptismo* han puesto de relieve los hechos importantes: primero, que ya no podemos seguir mirando *Culteranismo* y *Conceptismo* como fenómenos opuestos (Góngora y Quevedo, los dos poetas conceptistas)."[8] Alexander Parker, no ve diferencia esencial entre los dos estilos, tampoco. Dice que en 1953, con Antonio Vilanova desapareció la dictomía entre los dos:

> Tampoco veía Antonio Vilanova, ninguna oposición entre culteranismo y conceptismo; al contrario, los vio, acertadamente, como dos maneras, emparentadas de conseguir un único fin estético... Desde entonces perdió terreno la antigua creencia en la dictomía entre los dos estilos, que ya no puede sostenerse.[9]

Señala también Parker que Dámaso Alonso distingue entre gongorismo y conceptismo puro, definiendo el gongorismo como, "Recargamiento ornamental, sensorial, entrelazado con una complicación conceptista."[10] Parker considera el culteranismo como subdivisión del estilo primario, el conceptismo. Dice que la observación de Dámaso Alonso apoya esta creencia: "Lo cual indicó la aceptación de la primacía conceptista en el barroquismo literario."[11] Resume y concluye más adelante:

> Se suele emplear el término *barroco*. Yo prefiero *conceptismo*, porque el limitar la idea de *ingenio* a lo infrarreal violenta las teorías literarias y la terminología de la época... La palabra *culteranismo* para denotar... la latinización del lenguaje (cultismo, hipérbaton, etc.), y...el empleo de las metáforas genéricas típicamente gongorinas (nieve, oro, cristal, etc.)... El culteranismo me parece ser un refinamiento del conceptismo injiriendo en él la tradición latinizante. El conceptismo es la base del gongorismo; más todavía es la base de todo el estilo barroco europeo... El conceptismo, pues, es el fenómeno primario en el estilo literario barroco.[12]

Collard también considera que el gongorismo es esencialmente cultivo de agudezas y conceptos, conceptismo, que corresponde a los recursos estéticos sescentistas:

El *concepto* es un recurso estilístico que responde, para la estética del XVII a la facultad de la *agudeza*, agilidad intelectual emparentada con la imaginación. Se considera el concepto como el modo expresivo español, por excelencia, y aparece cultivado por la generalidad de los poetas del siglo XVII, incluso y en alto grado, por Góngora. No hay razón para creer que el *Conceptismo* (cultivo de conceptos) sea en el siglo XVII una "escuela", ni mucho menos una "escuela" distinta del gongorismo.[13]

Para Lázaro Carreter la abundancia metafórica, la alusión, la alegoría y otros rasgos estilísticos gongorinos, coinciden con las modalidades del conceptismo:

No cabe dudar de que Góngora se liga por una importante vena al organismo del arte coetánea. Podemos observar otras vinculaciones de rasgos estilísticos típicamente gongorinos. Así, su profusión metafórica, característica de los procesos conceptistas según dijimos... O bien la *elusión*... y su contrapartida la *alusión*... que consisten, sustancialmente, en extraer del seno del objeto un punto de referencia más o menos remoto, para establecer, con él una relación... o sus continuadas y enigmáticas alegorías... Góngora adaptó, pues, en gran medida, el módulo conceptual que su siglo le brindaba. Se ejercitó en todas las modalidades del concepto y supo hallar caminos nuevos para su expresión.[14]

El conceptismo no aparece como un fenómeno particularmente novedoso. Sus recursos ya existían en la antigüedad, pero se intensifican más en el siglo XVII. Díaz-Plaja advierte que cada época tiene su particular modo de expresión basado tanto en lo anterior como en lo que ha de venir: "La historia de la cultura no es un producto del azar. Cada época tiene un sentido. Anidan dentro de ella, por una parte, los fenómenos residuales de la época anterior, por otra, los gérmenes del gusto o de la que ha de venir."[15]

Los rastros de esta técnica conceptual se encuentran en distintas épocas, pero en el siglo XVII pasan al primer plano. Esta tendencia renovadora no consistía en haber creado originalidades de temas y recursos, sino en el modo de expresar tópicos conocidos y repetidos anteriormente, con refinamientos retóricos nuevos: el barroco fue época de "crecimiento y plentitud de una semilla sembrada y madurada durante todo el siglo precedente."[16] Góngora no fue "un poeta desplacentado, huérfano de precedentes y circunstancias ambientales, entregado a desenfrentada y genial labor creadora," sino que el gongorismo era "en gran parte, una peculiar elaboración de elementos ya existentes."[17]

Checa dice que el origen de muchos aspectos del arte expresivo del siglo XVII debe buscarse en la litertura cancioneril y en la mística:

> La presencia de la corriente cancioneril en las formas importadas de Italia se nota sobre todo en el uso de figuras retóricas tan propias de los *cancioneros* como el *políptoton* y derivación. Otra figura que pervive es la *paradoja* empleada con profusión en la poesía mística. Con frecuencia se basa en la unión oximorónica de un adjetivo o adverbio con un substantivo.[18]

Añade que otros esquemas sintácticos como la repetición, anáfora, polisíndeton y enumeración provienen del petrarquismo en su primera etapa.[19]

Lapesa señala la iniciación de la tendencia aristocrática y las influencias grecolatinas e italianas, en la poesía de Herrera. La cumbre de esta dirección se manifiesta en la poesía depurada de Góngora:

> La dirección aristocrática iniciada por Herrera llega a su cima en la poesía de Góngora, resumen condensado de cuantos elementos imaginativos, mitológicos y expresivos había aportado el Renacimiento. Toda la creación secular de los poetas grecolatinos, italianos y españoles se acumula al servicio de un arte que aspira a depurar el mundo real, transformándolo en lúcida y estilizada belleza.[20]

Añade que no hay rasgo gongorino que no se encontrara en los trabajos anteriores, de Herrera de Góngora y de Fray Luis de León: "Pero Góngora lo congrega e intensifica hasta construir con ellos un sistema orgánico."[21]

La sutileza de conceptos, dice Lapesa, tampoco era nada nuevo. Aparecía no sólo en la antigua literatura cancioneril de los fines del XV y en la de caballería y la mística del XVI, sino también en el teatro contemporáneo y en las obras piadosas coetáneas:

> La vieja tendencia española a sutilizar conceptos, visibles ya en los cancioneros de fines del siglo XV y en los libros de caballería, conservada en las frecuentes paradojas de los místicos, mezclada con el cultismo en la poesía y generalizada en el teatro y en el lenguaje de damas y galanes. Hasta en obras piadosas aparecían ingeniosidades...
> La afectación conceptista era una faceta barroca hermana del culteranismo y muchas veces inseparable de éste, aunque el primer gran conceptista, Quevedo, fuera el mayor enemigo de Góngora y su escuela.[22]

Los temas conocidos necesitaban giros nuevos de expresión. Había que atraer al lector que ya conocía la temática y las metáforas repetidas con modos más eficaces de expresión. "Sólo era posible aderezar con nuevas salsas los viejos manjares."[23]

Las agudezas verbales originadas en los siglos anteriores se juntaron y se multiplicaron durante el renacimiento. Ya remodificadas por las necesidades de la literatura del siglo XVI, inspiraron a su vez, las sutilezas vigentes en el barroco. Lázaro Carreter distingue en ellas unas superficiales, cuya comparación se basa en los juegos fonéticos, y otras más profundas cuya comparación se basa en la multiplicación de significados de la misma palabra:

> También entre ellos podemos reconocer varios moldes de larga vida anterior, pero que se agolpan en torno a 1600, proliferando a veces monstruosamente. Unos son meras ingeniosidades superficiales, ejercitadas tan sólo en la piel de las palabras. Así la paranomasia (tálamo-túmulo) y la inversión de letras (Roma-amor). Otras, más complicadas, atraviesan el significante, para buscar sorependentes efectos de sentido. Es lo que ocurre en el juego de palabras... en el

calambur (Que las faltas de sus obras, Quevedo), en la disociación (Di, ana, eres Diana. J. Rufo)."[24]

Las sutilezas verbales brotaron de la lengua ya existente. El enriquecimiento de la expresión origina en la reelaboración significativa del vocabulario prevalente. Quevedo, el maestro por excelencia de las agudezas conceptuales, sabía exprimir todos los matices posibles de una sola palabra, de una sola expresión. Dice Guillén: "Al menos en la práctica, Quevedo, sin embargo, no sólo acepta, sino intensifica el concepto retórico de la palabra escrita."[25] Añade más adelante: "Nadie al fin y al cabo inventa el lenguaje; el habla brota del idioma existente, ya usado; y lo excepcional del re-escritor Quevedo es su capacidad de transmutación, rescate y recuperación tan intensa como significativa, de la palabra ajena."[26] Quevedo aparta de un significativo original que califica e inmediatamente edifica más calificativos encima de éste. De tal modo que de un sólo significante acabamos con amontonamiento vertical de significados variables y frecuentemente contradictorios. Claudio Guillén describe el proceso:

> Nos hallamos ante una amplificación cualitativa, vertical, en profundidad. Unida al proceso retórico, los resultados suelen ser sorprendentes, audaces, paradójicos... Quevedo... asombra y subyuga a sus lectores, mediante la retahila de variaciones convertidas al final en diferencias.[27]

Como vemos anteriormente, la sutileza no era una gran novedad del barroco sino que complementaba y pertenecía a la cultura española antigua. Se la respetaba como talento supremo del escritor que la sabía manipular. Collard considera "la agudeza, rasgo pretendidamente español."[28] Y añade más adelante: "La agudeza necesaria para idear metáforas, juegos de palabras y sutilezas de pensamiento en general se consideraba privilegio de la nación española."[29]

El cultivo del concepto no pertenece exclusivamente a Quevedo, Góngora y los otros grandes escritores de la época — Lope, Calderón, Gracián — sino que es patente en las obras de muchos autores del Siglo de Oro. El autor propone establecer relaciones de paridad o de contrariedad entre dos elementos no asociados previamente con ingeniosidades creativas. Habla Molho del concepto en la obra de Góngora:

> En eso reside la posibilidad de asimilar la creación poética a un juego
> de ingenio fundado en el análisis y en el tratamiento de las palabras
> que el pensamiento o socia o disocia con el fin de formular el
> *concepto* bajo el cual se perfila una imagen inédita de la verdad... El
> concepto se construye a partir y en función de una relación que nos
> proponemos establecer entre dos semantesis o más.[30]

El concepto en general, y el concepto basado en la antítesis en particular, son
rasgos iterativos y obsesivos en la obra quevediana:

> Un hábito mental revelador, sin duda, de instintos o pulsiones
> profundas que no es momento aun de descifrar. El rasgo de escritura
> aludido atañe al *concepto* y más exactamente se relaciona con lo que
> Gracián llama *agudeza de improporción y disonancia* (*Agudeza*, Disc.
> V) o *ponderaciones* de contrariedad (Disc. VIII), en que la labor del
> ingenio no consiste en establecer una correspondencia estricta entre
> los objetos, sino, por el contrario, en oponerlos en una
> contradicción.[31]

Las dificultades conceptuales obligan al lector a seguir al autor. El gusto del
público, en cuanto a las técnicas conceptuales, era imperativo para la comunicación
entre autor y lector. En *El arte nuevo de hacer comedias*, dice Lope que las
figuras retóricas como la repetición, la metáfora, las ironías, los apóstrofes y más
que todo los equívocos, halagan al público que al interpretarlos se siente
inteligente:

> Siempre el hablar equívoco ha tenido
> Y aquella incertidumbre Anfibológica
> Gran lugar en el vulgo, porque piensa
> Que él sólo entiende de lo que otro dice.[32]

Collard afirma que mientras la conceptualidad deleita y entretiene a los
lectores, el cultismo desafía su intelecto, pone a prueba su entendimiento, y, a la
vez, les halaga la imaginación, más que todo en la escena, donde hay participación

de los cinco sentidos:

> Los juegos conceptuales entretienen el intelecto, cuanto más difíciles,
> más deleite procuran al lector. Los cultismos, en cambio, mientras
> pueden ser y son difíciles, entretienen no sólo al intelecto, sino que
> halagan la imaginación sensorial, especialmente la visual y la
> auditiva.[33]

Lázaro Carreter señala que había demanda popular por estas sutilezas
ingeniosas: "La floración de tal tipo de literatura es correlativa de una demanda
popular. El pueblo se recreaba en aquellas relaciones tan ingeniosamente
trabadas."[34] Añade más adelante:

> A tal gusto en los poetas, correspondía indudablemente una especial aptitud
> de los lectores para estimarlos y comprenderlos. Y no hemos de pensar
> que tales recursos eran cultivados en cenáculos literarios. Por el contrario,
> los lectores constituían una masa tal que las ediciones se agotaban
> rápidamente... Hoy nos resulta difícil imaginar la especial sensibilidad que
> el público español tenía para captar tanto enrevesamiento formal, tanto
> doble sentido oculto juguetonamente entre los versos. Y, sin embargo, tal
> aptitud existía, más aún había demanda, por parte del público, de tales
> procedimientos.[35]

La agudeza verbal florecía en el siglo XVII porque agradaba al público. Era
literatura escrita para un público especial: "Las palabras en movimiento van
disparadas hacia un público, y se van construyendo y potenciando para él. He ahí
una realidad primordial: el destinario."[36]

Antonio Enríquez Gómez no fue ajeno a las técnicas expresivas de su época.
Su ingenio personal y capacidad afectiva se dejaron impregnar por los modos
expresivos vigentes en su tiempo. Su obra expresa con vitalidad innovadora sus
sentimientos personales en cuanto a la decadencia religioso-moral de su patria.
Devorado por la pena de la injusticia social, se expresa con abundancia de recursos
afectivos. Su pesimismo filosófico brota en su creación imaginaria. Atormentado
y angustiado, su preocupación no destruye su capacidad estética. Su obra muestra
simultáneamente auténtica preocupación social y renovaciones expresivas. Sus

preocupaciones políticas y amarguras personales no impiden la creación de refinamientos retóricos que emiten belleza y agudeza, a la vez. Tenía conciencia de la maldad humana en general, y de la corrupción religioso-político en particular. Las describe sutilmente, pero nunca es oscuro ni enigmático. Si hay dificultades, proceden de las sutilezas conceptuales, no de oscuridades verbales. Trae a la memoria la descripción del patetismo de Quevedo, hecha por Dámaso Alonso, y que se podría aplicar paralelamente a Enríquez Gómez: "Lo característico de Quevedo dentro de la lírica española de su época es su patetismo, su frenesí, su condensación de lágrimas que pueden reventar porque son muy de hombre."[37]

En la obra de Antonio Enríquez Gómez coexisten ideología y creación artística. El autor se interesa en comunicar algo al público, de modo que le sea agradable. Para tener la seguridad de que lo entiendan, emplea agudezas accesibles al entendimiento del lector. Los tropos y las figuras tienen, a la vez, que satisfacer la aspiración intelectual y servir de comunicación entre autor y lector. Los recursos de lenguaje figurado no son difíciles de descifrar ya que emplea fórmulas conocidas por el público contemporáneo. No es obra de entretenimiento, sino obra que anuncia verdades (sagradas para el autor), mediante la creación de bellezas verbales.

Dice Gracián que para atraer al lector hay que ofrecerle a lado de la ideología, belleza: "Entendimiento sin agudeza ni conceptos, es sol sin luz, sin rayos."[38] Y más adelante: "No se contenta el ingenio con sola la verdad, como el juicio, sino que aspira a la hermosura. Poco fuera en la arquitectura asegurar firmeza, si no atendiera al ornato."[39]

Spitzer describe de un modo pictórico la consecuencia del ingenio en la obra literaria:

> Ingenio quiere decir desbordamiento de lo formal sobre lo objetivo, violentación del objeto, al que no se debe "tocar" sino acariciar y recubrir. El ingenio es un ingrediente del hombre, una salsa que torna sabroso cualquier pescado, pero que hace que el gusto del cocinero se imponga, sobre el de lo cocinado. Como el lenguaje ingenioso, expresa la problematización del lenguaje, la descripción ingeniosa (en sí una paradoja) expresa la problematización de la

apariencia. Nada tiene de extraño que en un país y una época en que
se desconfiaba de los sentidos y aun de la ciencia, la descripción no
fuese saturada de ingenio, organizada según lo humano, pensada hasta
el destrozo.[40]

La verdad desnuda pesa con su desnudez. El pensamiento es de suma importancia,
pero son imperativos los adornos. Para Gracián lo artificioso era más hermoso
que la naturaleza, y la variedad de agudezas era una belleza intrínseca y no
exageración pesada: "La variedad, gran madre de la belleza," e inmediatamente,
añade: "Es la agudeza el pasto del alma."[41] En otro lugar dice que la sutileza
de la agudeza "merecerá el nombre de sol de la inteligencia, consorte del
ingenio."[42] No se pueden emplear recursos hueros y estériles, sino unos que
tengan sentido, que expliquen y modifiquen la idea expresada: "Preñado ha de ser
el verbo, no hinchado; que signifique no resuene; verbos con fondo donde tenga
en que cebarse la comprehensión."[43] Gracián aconseja el empleo de las palabras
de modo distinto de lo usual pero que mantenga con ella alguna correspondencia.
Declara que las figuras dan gracia, energía y elevación a la expresión. Para poder
manejar estas agudezas el autor debe tener ingenio, que es el factor más importante
en la creación de la agudeza. Dice que hay cuatro causas en la producción
efectiva de agudezas; el ingenio, la materia, el ejemplar y el arte. De los cuatro,
el más importante es el ingenio, que incluso puede sustituir los otros tres: "Es el
ingenio la principal, como eficiente; todas sin él no bastan, y él basta sin todas,
ayudada de las demás, intenta excesos y consigue prodigios."[44]

Gracián dice que la agudeza consiste en tropos y figuras; a su vez, los
retóricos de la antigüedad, cuando clasificaron la lengua de la elocución, la
dividieron en esquemas y tropos. Los esquemas eran figuras retóricas del habla
que no son comunes. Los tropos, también eran figuras, pero más parecidas a su
sentido original, pero hay unos recursos que se pueden definir como tropos y
también como figuras.[45] Lausberg los divide en tropos y figuras, pero también
señala que unos retóricos solían considerar los tropos como subdivisión de las
figuras.[46] En la consideración de nuestra obra, vamos a seguir esta última
clasificación.

METAFORA Y ALEGORIA

Ya que la metáfora es la base principal de todos los tropos, vamos a considerarla primero. Lía Schwartz Lerner señala que en la obra de Quevedo la metáfora ocupa un lugar principal: "Alfa y omega del estilo de Quevedo, la metáfora es la figura que cifra la permanencia de sus mejores obras."[47] Al hablar de la obra de Quevedo, explica Borges la naturaleza de la metáfora: "La metáfora es el contacto momentáneo de dos imágenes, no la metódica asimilación de dos cosas."[48] La metáfora es la interpretación de una idea con recursos accesibles al entendimiento del lector. Es una representación pictórica de un pensamiento, que ilumina la imaginación del lector con palabras e imágenes comprensibles:

> La técnica poética de la imagen busca entender en la palabra una luminosidad nueva, dentro de la cual vive un pensamiento o una emoción que no sólo se significa a través de la palabra, sino que crea desde su interior, porque no existía antes de la imagen misma... No es otro el papel de la metáfora.[49]

Lía Schwartz Lerner señala que el elemento de la sorpresa en la expresión metafórica de Quevedo, es de gran importancia: "Las buenas metáforas de los textos de Quevedo son aquellas que producen sorpresa porque relacionan dos términos francamente incongruentes y requieren el *ingenium* del receptor para ser cabalmente descifradas."[50]

La metáfora ofrece al escritor un modo de relacionar objetos e ideas de naturaleza abstracta con imágenes más concretas y accesibles a la imaginación del lector. Lázaro Carreter describe la función de la metáfora:

> Ninguna otra figura más apta para expresar libres relaciones, para definir un objeto mediante arbitrarias intuitivas correspondencias... Ordinariamente, el objeto definido es de naturaleza abstracta, y el término de la relación intuitivo y concreto... Un término se transmite en otro, y produce el concepto.[51]

La nueva relación análoga entre elementos anteriormente alejados, es lo que da el toque especial a la expresión metafórica. Lázaro Carreter, al hablar de la metaforización en Quevedo, señala la maestría con que manipula este tropo, para crear representaciones fantasmagóricas de sus personajes:

> Una forma habitual de la creatividad del gran escritor... es la metáfora, forma excelsa del concepto, que somete al mismo yugo cosas muy alejadas, de tal modo que, por tener sus hombres algún sema, algún rasgo significativo común, uno de ellos, el más inesperado, desaloja al más esperable o trivial, o se le suma por aposición y así de un cura hipócrita dirá don Francisco que era "embeleco vivo, mentira con alma y fábula con voz".[52]

Dámaso Alonso señala que el camino para el entendimiento de la metáfora es la investigación del significante. Al establecer la relación entre los significantes, que son de esencia física, y los significados, que son de esencia espiritual, podemos analizar la obra en su totalidad:

> Aun en el poema más sencillo, el significado es un mundo. La primera tarea de la estilística es tratar de penetrar ese mundo. ¿Por dónde? La realidad nos ofrece la primera vía natural: a través del significante. Tomemos ahora como unidad de significante el poema mismo... Mediante la investigación pormenorizada de las relaciones mutuas entre todos los elementos significantes y todos los elementos significados... He aquí, pues el gran problema que se plantea la estilística es la del contacto entre esas dos laderas, física (significante) y espiritual (significado).[53]

Molho también alega que la expresión literaria depende de la correspondencia entre significante y significado. A partir de un significante, dice, podemos tener pluralidad de significados implícitos, que vienen desvelándose en distintos niveles. En cada significante yacen varios significados ocultos, que el autor obliga a desarrollar progresivamente en la lectura, descubriendo el lector en el hecho, múltiples relaciones escondidas. Dice:

> La literalidad, sea la que sea, es la de un significante. La función del

significante es manifestar un significado que se desvela y se oculta a través de la misma literalidad. Se desvela, efectivamente, en la medida en que el significante asegura a través del lenguaje mismo, su traducción y devolución íntegra.[54]

Schwartz Lerner divide las metáforas en dos tipos esenciales que designa tipo A y tipo B. A tipo A pertenecen metáforas cuya "predicación metafórica relaciona dos lexemas que no pertenecen a la misma clase léxica... que se perciben como casos de relación de dos referentes que no parecen comparables."[55] Aclara que su incompatibilidad "se basa en la correlación de dos referentes pertenecientes a campos de objetos reales diferentes."[56] Y más adelante:

> La anomalía semántica del enunciado metafórico estaba básicamente condicionada por la incompatibilidad de los referentes denotados. En otras palabras, nuestro conocimiento del contexto pragmático, de la realidad empírica, extralingüística, nos indica que sujeto y predicado de enunciado entran en una correspondencia inesperada.[57]

En cuanto al tipo B, dice: "Al tipo B pertenecen metáforas cuya "predicación metafórica relaciona dos o más lexemas que no pueden entrar en combinación en el sistema de la lengua... que son producto de una contradicción léxica."[58] Añade: "En estos casos, el receptor percibe el enunciado como fuertemente anómalo porque constituye una obvia transgresión lingüística."[59]

Lázaro Carreter también trata de la elaboración poética y la exposición verbal. Dice que la agudeza literaria se basa en las ligazones verbales entre significante y significado, y que la imagen implícita es la quintaesencia de la sutileza metafórica:

> Para hallar o inventar mutuas ligazones, la agudeza verbal no va tras el objeto, sino tras su imagen lingüística. Y es la palabra, en cualquiera de sus dos caras — significante o significado— o en las dos a la vez, en donde el poeta ejecuta sus ingeniosos volatines.[60]

La percepción de una idea intangible y abstracta se transforma por el autor en una escrita impresión material. Así la belleza de los labios se equipara a una rosa de que podemos tener una imagen concreta en nuestra imaginación. La transformación del sentido de la palabra a otras imágenes sustitutivas, se basa en cierta semejanza entre ellos. Dice Gracián:

> La semejanza es origen de una inmensidad conceptuosa. Tercer principio de agudeza sin límite, porque de ella manan los símiles conceptuosos y disímiles, metáforas, alegorías, metamorfosis, apodos y otras innumerables diferencias de sutileza.[61]

Más adelante, equipara la semejanza a la metáfora, y declara que a pesar de su uso frecuente, es origen de sutilezas extraordinarias:

> La semejanza o metáfora, ya por lo gustos de su artificio, ya por lo fácil de la acomodación, por lo sublime a veces del término a quien se transfiere o asemeja el sujeto suele ser ordinaria oficina de los discursos, y aunque muy común, se hallan en ella compuestos extraordinarios.[62]

La *Princeton Encyclopedia of Poetry and Poetics* define la metáfora como "A condensed verbal relation in which an idea, image, or symbol, may, by the presence of one or more ideas, images, or symbols, be enhanced in vividness, complexity, or breadth of implication."[63] Continúa diciendo que la relación metafórica se puede basar en comparación, en contraste, analogía, semejanza, yuxtaposición, identidad, tensión, colisión y fusión:

> The traditional view, however, is that metaphor is a figure of speech, or a family of tropes, involving two (occasionaly four) aperative terms, and that it is used for adornment, liveliness, elucidation, or agreeable mystification.   View of metaphor as topical may be considered first.   For this view, Aristotle is taken to be the prime authority, particularly in his statement that "metaphor consists in giving the thing a name that belongs to something else; the transference being either from genus to species, or from species to genus, or from species to species, or on grounds of analogy" (*Poetics*, 1457b). Some of these instances of "transference" have been classed

by grammarians not without ingenuity and precision under such names as synecdoche, metonymy, cathachresis, and so on the names not coinciding with Aristotle's division.[64]

Añade que según Aristoteles la harmonía, la congruencia y la claridad visual entre los elementos metafóricos es de suma importancia. La transferencia de algo no bien conocido a terminología conocida se puede realizar mediante la descripción, la comparación y la exposición. L fórmula más sencilla es tener dos cosas distintas yuxtapuestas mediante el uso de la palabra "como." El procedimiento metafórico puede tener extensión ilimitada o amplia.

Lausberg también define la metáfora:

> La metáfora... se considera como la forma breve (*brevitas*) de la comparación... Entre la designación metafórica y lo así designado tiene que existir una *similitudo*... incluso una *similitudo* real puede traerse desde demasiado lejos... Las metáforas traídas muy de lejos y "atrevidas" han de presentarse mediante una de las fórmulas preventativas... Por otra parte la explicación de la metáfora a base de la comparación es sólo una interpretación racional complementaria y posterior a la equiparación mágica primitiva entre la designación metafórica y lo así designado: "es un león en la lucha".[65]

Lausberg denomina la metáfora que rechaza la oscuridad genuina de la metaforización, que se expresa con representaciones accesibles y sensibles: "metáfora sensibilizadora." También divide las metáforas en unas cuyas transferencia es animada y otras de transferencia inanimada, diciendo que la animada es la más comprensible: "La forma más penetrante de la metáfora sensibilizadora es la personificación... Existe marcada predilección por la metáfora mitológica."[66]

Muchas de las metáforas de Antonio Enríquez Gómez se basan en las estructuras "tan como" o "tan que." Empleadas con frecuencia, permiten establecer relación entre un elemento desconocido y otro más accesible a la experiencia del lector. El ventero que parecía a un salteador de caminos, se describe como que: "Era tan alto como seco y tan moreno como la sierra." (S.,

129). La primera frase nos indica que era muy alto y muy delgado, pero la segunda nos aclara que se identifica hiperbólicamente su altura, la sequedad de su tez y el color del cutis con los de la Sierra Morena.

En la venta, la escasez de comida y los platos en que se sirve se describen del siguiente modo: "Y a su lado tres platos, tan faltos como quebrados... el vaso... tan hondo, que el bajel que nadaba en él iba seguro de bajío, pero no de tormenta. Alumbraba la mesa un candil, tan cansado de vivir, que daba parasismos a cada instante" (S.,131). El vaso se compara a un puerto con nivel de agua bajo, donde no se puede naufragar un barco, pero sí puede despedazarse, durante una tormenta. El candil de la mesa es tan usado, que le personifica Enríquez Gómez y le atribuye el cansancio de vivir de un anciano que está expirando.

Después de que los asaltantes de camino les habían quitado casi toda la ropa, a Gregorio y a sus compañeros, éstos se quedaron con escasez de ropa. Se podría decir que andaban medio vestidos o como lo describe Gregorio: "Salimos de la venta tan vestidos como desnudos" (S.,139).

Describiendo al hidalgo altivo que anhelaba nobleza intensamente y se jactaba continuamente de su hidalguía, dice: "Teníale su hidalguía tan ancho, que le venía angosto el cóncavo de la luna; y estaba tan hidrópico de nobleza, que se bebía de un golpe toda la sangre de Alejandro y no quedaba satisfecho" (S.,278). De la expresión "hidrópico de nobleza" pasa a una sed verdadera y a la vez exagerada, que aun tomando toda la sangre de Alejandro, que era magno y, por lo tanto, tenía a la vez mucha y noble sangre, no se saciaba.

Cuando el alma reprocha a su cuerpo de hipócrita, él la ataca con "pues, sin duda, eres alma concubina" (S.,206). La metáfora se funda en la consideración común del alma como la esposa. Aquí la insulta de concubina porque no se porta como una esposa leal que comparte ideas con el marido, sino como concubina, que sólo cohabita con él temporariamente.

A veces toma una metáfora y le da significación y función contrarias de las que tiene generalmente. Comúnmente se compara la belleza de la persona con el sol. Nuestro autor, en boca de Pitágoras, cambia los papeles, aunque sarcásticamente, y es la vida que entrega su energía fotogénica al sol: "¿Imaginaste que tu vida fuera / la luminaria de la cuarta esfera...?" (S.,14). Amiel señala, en la nota al pie número 5, que la cuarta esfera es el sol en el sistema ptolemaico.

Frecuentemente, al emplear una metáfora, Enríquez Gómez siente la necesidad de aclararla. Cuando quiere decir que los remedios del boticario no funcionan, los llama bufones, e inmediatamente explica que son bufones porque no curan seriamente, sino sólo entretienen a las maldades.

> Sus ingüentos eran bufones
> de las heridas, entretenían un año
> y dos las llagas; era gran alegrador
> de un casco, por más del suyo (S., 71-72).

Siguiendo la metáfora bufón, introduce "alegrador" que puede significar dar alegría, pero que efectivamente dice hacer más largo. Las referencias al alumbramiento traen con ellas descripciones metafóricas, a veces bien crudas, yuxtapuestas con expresiones metafísicas tan de la época. Gregorio describe su propio alumbramiento:

> Empezó mi tío a sacar garfios para sacar del pozo de mi madre el caldero de su hijo... y a dos rempujones me arrojó mi madre de la ventana de la muerte a la calle de la vida" (S.,88).

El vientre es el pozo, el canal cervical es la ventana de la muerte; el feto es el caldero y la vida es un camino que nos devuelve hacia la muerte.

En otro alumbramiento, el de la hermana del juez, llama al canal cervical "puerto de la humana generación" (S.,168), y relaciona el recién nacido que salió del líquido amniótico con un barco que por su tamaño pequeño se nombra "un bajel, no galera" (S.,168).

Describiendo al mesonero cuya oreja derecha fue mutilada, animiza el autor la izquierda llamándola: "Güerfana oreja" (S.,94). Recuerda vivamente el garbanzo huérfano en el caldo del licenciado Cabra del *Buscón*.

A veces da giros a una imagen conocida creando un nuevo sentido metafórico. Dice de la vieja tía de la niña Beatriz: "La vieja era tía de la niña, y nunca vi sol con tan mala aurora" (S.,101). Estamos acostumbrados a ver la belleza juvenil comparada tanto al sol, como a la aurora. Por ejemplo, cuando dice hablando de la juventud: "Antes que se nos pasa nuestra aurora" (S.,44). Aquí el autor transforma la metáfora aurora-juventud y hermosura y la atribuye a una vieja fea.

Se la aplica, ya que como la aurora que anuncia y precede el sol, tal la vieja anuncia y precede a Beatriz, desde el momento que bajan del coche.

Antonio Enríquez Gómez a veces acomoda el nivel de la metáfora al del personaje. Beatriz es una niña sin educación y por lo tanto, las metaforizaciones que usa son de su experiencia inmediata. Para burlarse de las relaciones ilícitas del juez con Beatriz, Gregorio hace tapar su puerta con ladrillos. Al tratar de abrir la puerta desde dentro, ella descubre lo hecho y exclama: "¿Quién nos ha calafateado el ojo de nuestra casa? ¿Quién nos ha cubierto y tapiado la delantera de nuestro albergue?" (S.,150). El cuerpo humano es una circunstancia primaria de donde consigue metáforas la simple Beatriz, llamando a la puerta el "ojo de casa," de donde se mira la calle.

El filósofo llama, filosóficamente, al hombre "fábrica amasada." Es decir, hecho de masa de algún líquido con harina o yeso. Inmediatamente, explica el autor porque lo denomina de tal modo: "¿Qué aguardamos de fábrica amasada con agua y polvo, y alentada con fuego y aire?" (S.,123). Se refiere aquí a la clásica teoría de las cuatro substancias principales de las que consiste la vida: agua, tierra, fuego y aire.

Raramente usa metáforas sólo una vez. Las metáforas tienden a repetirse en varios lugares y en varias obras. Si Enríquez Gómez emplea una metáfora breve, es sólo para volver a insistir en ella luego. Esto se observa, por ejemplo, en su tratamiento del dinero. Personifica al dinero, denominándolo "tan noble caballero" (S.,20). Metáfora que se hace eco de la letrilla satírica de Quevedo, "Poderoso caballero es don dinero."[67] Con sinestesia, inmediatamente lo describe de "metal sonoro," porque tiene el poder de hablar a la gente y dar opinión. Luego, desarrolla el tema de la veneración al dinero, a lo largo de casi treinta versos.

Lía Schwartz Lerner, señala que en Quevedo no hay nunca una manifestación aislada de una metáfora, sino que se repite en distintos esquemas y en distintas obras:

> Prácticamente ninguna predicación metafórica se agota en una sola
> manifestación. Por el contrario, casi todos los esquemas se repiten,
> se recrean y varían en obras en prosa y verso y aún a veces en las
> obras doctrinales.[68]

La estructura acumulativa es muy del gusto de nuestro autor. Hay lugares donde aparece enumeración de metáforas sobre distintos objetos, y los hay donde la acumulación metafórica se refiere al mismo objeto. Hablando de la mezquindad del miserable dice: Su almuerzo era la aurora matutina / Su comida fue siempre peregrina; / una olla narcisa en cuyo fondo / peligraba el estómago redondo (S.,214). La aurora matutina es muy fugitiva y poco visible, por lo tanto indica escasez de almuerzo. Los peregrinos se mueven de un lugar a otro y, como su comida, están y en seguida desaparecen. La olla narcisa se refiere a la claridad y transparencia del caldo, donde no aparece nada, sino sólo el fondo. No se podía naufragar en ella pero sí morirse de hambre aun el "estómago redondo," sinécdoque de persona gorda.

Cuando Gregorio habla al juez sobre la importancia de la vida de su hermana, que alumbró a un niño ilegítimo, describe a la madre y al hijo con acumulación metafórica:

No ajéis con los pálidos movimientos de la muerte esta rosa; no arranquéis al primer fruto este árbol; no derribéis a la primera vista este edificio; no matéis al primer vuelo del nido esta paloma; no sepultéis en el abismo de la crueldad esta hermosura (S.,173).

De tal modo, la madre se compara con rosa, árbol, edificio, paloma, y hermosura, y el recién nacido con primer fruto y primer vuelo de la progenie de la paloma.

El alma desilusionada con su cuerpo de arbitrista, le insulta con una acumulación de frases metafóricas:

Te has introducido en corte, por langosta de los labradores, polilla de los mercaderes, imán de los tesoros, avestruz de las haciendas, hidra de las manifaturas y protodiablo de los adbitristas (S.,268).

Se compara con la langosta y la polilla, por ser organismos destructores; con el imán, por ser ladrón; con la hidra, por ser monstruo venenoso, y acaba con un neologismo quevedesco llamándole "protodiablo." Por la acumulación seguida de atributos negativos, se da a conocer enfáticamente la repugnancia que le tiene el alma.

Hablando al hidalgo de lo fugitivo de la vida y de su fragilidad, usa acumulación concentrada de metáforas en que compara la vida con nube, árbol, águila y edificio:

> Amigo, la más hinchada nube se deshace a los rayos del sol; el árbol
> más hermoso, galán de la primavera, con la menor helada pierde la
> flor y no da fruto; el águila, que volando al sol la visera, se atreve a
> su luz, y con sus uñas es pirata de las aves, volteándose el pico,
> mueve loca; el más soberbio edificio, a la fuerte artillería del tiempo
> se rinde (S.,282).

La insistencia en la breve duración de la vida la consigue, no mediante una metáfora fuerte, sino con cuatro extensivas e impresionantes.

Un alma sabia, aconsejando a nuestra alma, le habla de la insignificancia de la vida con acumulación metafórica, usando la expresión "tan como" repetidamente: "Tan breve como la nube que pasa, tan ligera como la exhalación que gira, y tan pronta como el relámpago que vuela" (S.,286-287). La vida breve, ligera y fugitiva se compara a la nube, a la exhalación, y al relámpago, todos fenómenos de corta duración. La comparación de la vida fugitiva con la nube transitoria, aparece, a lo largo de la obra, ya en una metáfora breve, ya en una acumulación metafórica, ya en una alegoría. Al hablar al arbitrista, el alma le habla, a la vez, de la brevedad de la vida y del parentesco entre la vida y la muerte: "Mira que nuestra vida es nube que pasa y nuestra muerte deuda que llega" (S.,271).

A Quiteria, también advierte el alma con una breve metáfora metafísica: "Esta es vida prestada / como nube que pasa es la jornada" (S.,44). Identificando la vida fugitiva con la nube temporaria y la jornada breve.

En la transmigración del hidalgo, se repiten las mismas imágenes metafísicas, diciendo: "Amigo, la más hinchada nube / se deshace a los rayos del sol" (S.,282). La vida más próspera y más noble se desintegra al tropezar con una fuerza más potente que ella. Las adversidades, sin advertencia alguna, descomponen la vida más sana, en seguida.

El filósofo hablando a Beatriz, reitera la comparación: "No se trate de años, que ninguno los tiene, pues se pasan y se deshacen como la niebla a los rayos del sol" (S.,121).

En otras ocasiones se extiende la metáfora de la vida-nube, con más matices y llega a un nivel alegórico. Lázaro Carreter advierte que el apogeo de la alegoría fue durante el siglo XV, ya que la alegoría del siglo XVI se limitaba exclusivamente al tema amoroso. Explica en qué consiste la figura de la alegoría: "¿En qué consiste la alegoría? Ya hemos dicho que es, antes que nada, un método de relación. Parte siempre de una comparación."[69]

Habla el alma al ladrón:

> Pues nuestra vida, aunque volar quisiera
> como vapor que al firmamento sube,
> se deshiciera como densa nube,
> que a los rayos del sol, la más hinchada
> convertida se queda en polvo o nada (S.,260).

Con tal que la vida se compara al vapor de agua en el aire que aspira y espera llegar al firmamento. Aunque llegue a ser denso y convertir en nubes, con los primeros rayos de sol, con una aflicción seria, se condensa y se deshace. La nube se precipita en gotas, la vida "en polvo o nada." Figura que debe relacionarse, claro está, con el verso del soneto CLXVI de Góngora: "En tierra, en humo, en polvo, en sombra, en nada."[70]

Antonio Enríquez Gómez también emplea el mar como metáfora de corte metafísico. El mar a veces se refiere al tumulto de la vida, y a veces a la inanidad de la muerte: Habla el ladrón al alma:

> Este mundo, mi alma (estáme atenta)
> es un mar con tormenta;
> peces somos, amiga, y los mayores
> nos tragamos sin alma los menores (S.,263).

La vida turbulenta es el mar donde los seres humanos, como los peces se manejan en busca de comida y se devoran unos a otros. Recuerda "Vida retirada" de Fray Luis de León, donde la vida es un mar y el ser un barco naufragado en una tempestad repentina.

El uso de la imagen del mar como muerte, es más común en Antonio Enríquez Gómez. El mar significaba la muerte que igualaba a todos en su yacija ya en la edad media. No hay más que recordar los famosos versos de Jorge Manrique.[71] Al morir el soberbio de *El siglo*, se decribe la futilidad de la vida:

> Hoy en el lago deste mar terrible,
> océano de tanto señorío,
> ni aún el nombre le queda de ser río,
> tumba le guarda el piélago visible.
> Pasajero, recuerda, mira el Nilo
> por siete bocas, convertirse en hielo
> llorando su desgracia hilo a hilo (S.,252).

La vida es el río que fluye, pero que al llegar a la muerte, al mar, pierde por completo su identidad. Es agua entre agua. El mar de la muerte está lleno de aguas cuyo origen no se recuerda. Aun el gran Nilo, nutrido por varios ríos en su camino, y atravesando varios países de Africa, pierde su identidad al desembocar en el Mediterráneo, su efectiva muerte.

En la transmigración del hidalgo, el autor compara la vida del arrogante hidalgo con una fuente altiva, que a pesar de su juventud caudalosa acaba insignificante en el mar de la muerte: "Cuando entre en el mar del sepulcro, cuando se introduzga en la casa del siglo, sea no sólo lo que fue, pero lo que dejó de ser; quedando tan sin nombre, que aun no conozca la basta madre donde salió" (S.,281-282). El mar es el sepulcro que borra y le quita la identidad a uno. Usa aquí otra metáfora, llamando a la muerte "casa del siglo," la posada final del siglo, la vida.

Otra alegoría repetida en la obra de Enríquez Gómez es la comparación de la juventud hermosa con una colmena. Todos desean beneficiarse de ella pero la joven deseada siempre tiene que alejarse de los zánganos, que son los machos que no trabajan y no contribuyen nada, y acercarse a los que alcanzaron prosperidad. En las dos referencias aquí traídas, se refiere a una joven y a su vieja tía. Aconseja la tía a Quiteria:

> Tenga miel del Pirú, Quiteria hermosa
> la abeja que gustare de tu rosa.
> ¿Zángano? no por pienso en la colmena

huye de ellos, mi amada Filomena.

....

que son tan atrevidas,

que ni cera tendrás en los oídos (S.,40-41).

La miel del Perú son los ricos que vinieron del Nuevo Mundo, cargados de oro que tiene el mismo color amarillo de la miel. Hay que procurar conseguir uno de ellos, y no un vagabundo que no dará ninguna cera, dinero, a la colmena. Por su pobreza, no tendrá cera suficiente ni para las necesidades más básicas de la vida, la de tener cera en los oídos. Hay aquí juego con el doble sentido de miel: riqueza y el tesoro de la colmena.

En el caso de Beatriz, describe Gregorio:

Y rodeamos todos, como abeja, aquella colmena de miel; lo de virgen se queda para los mártires, que sólo el fraile era confesor; tan propiamente era colmena la niña, que le conocería un ciego por el zángano de la tía; y como había tantos tábanos, temía la vieja algunas picadas sin fruto (S.,104).

En este caso la colmena es la bella Beatriz. La tía que disfruta de los favores que Beatriz concede a sus galanes es el zángano, que insiste en que ninguna otra mosca goce de las frutas de Beatriz, sin palabra de matrimonio próspero.

Una alegoría regocijante es el equiparar la mala salud de un enfermo con un caballo, y al boticario con un jinete que dirige la enfermedad:

Cuando él conocía una enfermedad corta, le alargaba la rienda, y cuando caminaba mucho, se le tiraba, y entre andadura y trote, nunca la dejaba llegar a la posada de la salud, antes la rodeaba por el camino de la muerte, sesteando todos en casa de mi tío el boticario (S.,10).

La enfermedad es un caballo que hay que domar. Si anda lentamente, le suelta más la rienda y ella comienza a apurarse. Si anda de prisa, le frena y comienza a trotar. Así nunca llega el caballo a su destino, ni la enfermedad a la buena salud.

La hermosura de la juventud comparada a la flor era lugar común en los Siglos de Oro. La rosa, el clavel, el lirio personificaban la juventud. La blancura del lirio era símbolo de la castidad. Nuestro autor trata el tema con un toque de *Carpe Diem* al revés. Si se deja tocar la flor, se marchita tempranamente. El vicio arruina la belleza física, tanto como la espiritual. Hablando el alma a Quiteria, le dice:

> La flor de la hermosura,
> entre la castidad constante dura;
> si uno y otro sin ley la manosea,
> marchitóse la flor. ¡Dios lo provea! (S.,43).

LA PERIFRASIS:

La perífrasis es efectivamente una extensión de la metáfora. Si la metáfora se basa en la comparación, la perífrasis, en el renombramiento. Por lo tanto, la perífrasis suele ser más intensificada y pluridimensional que la metáfora. Al referirse Gracián a la perífrasis dice: "Vencer una aguda correspondencia con hallar otra mayor, es doblar la sutileza."[72] Y más adelante: "La verdad, cuando más dificultosa, es más agradable, y el conocimiento que cuesta, es más estimado."[73] Cierra su libro, diciendo:

> Si toda arte, si toda ciencia que atiende a perfeccionar actos del entendimiento es noble, la que aspira a realizar el más remontado y sutil bien merecerá el hombre de Sol de la inteligencia, consorte del ingenio, progenitor del concepto y agudezas.[74]

Lapesa, hablando del arte de Góngora, explica la esencia de la perífrasis: "Junto a la metáfora emplea Góngora la perífrasis que sustituye a la mención directa de las ideas para facilitar el establecimiento de relaciones con otras y procurar el goce de la busca difícil y el hallazgo."[75] Nolting-Hauff discute la perífrasis en los dibujos caricaturescos de los personajes de Quevedo, y dice que esto es lo que da dimensión fantástica y exagerada a su arte satírico:

> La perífrasis pintoresca lo mismo que el cuadro fantástico

superdimensional... El retrato proporciona el concepto más completo del arte satírico de Quevedo en tanto que, se encuentran en él tendencias artísticas centrales, la agudización ingeniosa y la descripción intensificada metafóricamente.[76]

Y más adelante añade: "Por regla general, la perífrasis pintoresca tiene una tendencia opuesta, agresiva y desvalorizadora."[77]

Lausberg comenta todos los aspectos de la perífrasis implícitamente. Dice que hay dos tipos de perífrasis. Uno definitorio en que se puede usar sustantivo de la misma raíz de la palabra modificada, y uno en que se evita completamente la palabra modificada. El propósito de la perífrasis puede ser <u>ornatus</u> o surgir de necesidad impuesta por el texto. De todo modo, siempre causa deleite en el público lector. En sus palabras:

> La perífrasis consiste en expresar el contenido de una palabra mediante varios términos. Hay que distinguir la perífrasis encarecedora con nominación del *verbum proprium* mismo y la perífrasis propia que es una definición del *verbum proprium*, sólo que no lo nombra y sí lo evoca semánticamente... La perífrasis propia (definitoria) tiene formas más sencillas y más complicadas. La forma sencilla consiste en la perífrasis de un verbo utilizando un sustantivo de la misma raíz... La forma propia de la perífrasis consiste en evitar el *verbum proprium* y, las más veces, también su raíz... La perífrasis tiene dos funciones: *ornatus* y *necessitas*... El *ornatus* constituye la principal función de la perífrasis... Los poetas difíciles, que son muy exigentes con su público, gustan de las perífrasis difíciles, especialmente de las perífrasis metafóricas y de las perífrasis de segundo grado (es decir perífrasis de partes de perífrasis). La *necessitas* consiste en lo *aptum* social... Así, pues, la perífrasis sirve para evitar los verba *obscena, sordida, humilia* ... así como... para evitar los neologismos... La realización de la perífrasis como definición puede ser técnicamente perfecta...Pero más frecuentemente lo que se pretende es no una reproducción definitoria total del concepto mentado, sino una evocación en algún modo extraña

(enigmática) con la ayuda de la sinecdoque del *genus...* Al interpretar la perífrasis, le proporciona una satisfacción intelectual.[78]

La perífrasis está relacionada con la metáfora en el sentido de que utiliza nuevos modos de expresar un objeto. La mayoría, efectivamente, se puede denominar perífrasis metafórica.

Con una perífrasis encarecedora Antonio Enríquez Gómez denomina al altivo hidalgo "sombrero perpetuo" (S.,279), por no quitar nunca su sombrero delante de nadie, ni por cortesía, porque se consideraba más noble que ellos. Añade que por él dijo Salomón: "Vanidad de vanidades, todo vanidad" (S.,277).

Cuando nombra al médico "médico de adivina, / derramador cruel de sangre humana" (S.,232), quiere decirnos, de modo indirecto, que el médico en vez de curar a sus pacientes, por falta de conocimiento, los mata.

Para decir que el valido ha asesinado al que murmuraba de él, dice: "A dar cuenta a mi Dios lo despachaba" (S.,53).

A la aurora denomina "la eterna lloradora" (S.,32). A un ladrón, "la piedra imán de todo el oro" (S.,17). A una ladrona prostituta, "y su hermosura era la piedra imán de toda faldiquera" (S.,38). A Dios lo denomina "el fiscal infinito" (S.,700), porque en el tribunal del día de juicio El averigua los delitos de los muertos. El purgatorio, por tener hoguera donde se purgan los vicios, se denomina "la casa del humo" (S.,205). El médico, a quien culpa el alma de no saber ni estudiar nada de medicina, le contesta diciendo:

> Yo estudio todo el año
> en los libros mortales
> de los autores reales;
> la muerte es mi Avicena
> la espirencia me absuelve de esta pena (S.,237).

"Los libros mortales de los autores reales" son los cuerpos de los seres humanos. Avicena es maestro de medicina, y por lo tanto, la muerte es la maestra que enseña, mediante malas experiencias, las lecciones médicas a nuestro doctor. Para informar de la preñez de la madre de Gregorio, el alma dice: "Estando mi madre bien descuidada, yo llamé a la puerta de su estómago con un vómito" (S.,84).

Para encarecer con más matices la acción de sobornar, dice Gregorio: "Llevando mi dinero a la cárcel de su bolsa" (S.,186).

Para describir el acto de morirse, emplea la última condición del vivo, y con el verbo convertir describe: "El húmedo en ceniza se convierte" (S.,236), ya que el enfermo ha tomado baños para curarse. De otra que tenía la fiebre alta dice: "Abrasándose en fuego, en polvo se convierte" (S.,236).

El soberbio se jacta de la valentía de su espada, sin embargo, efectivamente, nunca se usaba, y por lo tanto, la compara con una virgen; cuando se mete en la vaina la nombra "mártir," por ser la vaina la única pecadora que se dejó atravesar. Así que usa al lado de mártir, imágenes sexuales por referirse anteriormente de virgen: "Y su espada fue siempre de su boca laureada, siendo así que era virgen la señora y mártir de la vaina pecadora" (S.,240-241).

Para referir al lector la soberbia de su cuerpo, entra el alma en una perífrasis rica en alusión, paronomasia y circunloquios astrológicos:

> Cubrió de los pies a la cabeza
> de aquella buena pieza
> de que se honró Nembrot, y sin decoro,
> fiado en la soberbia y en el oro
> ser planeta quería
> de cuantas luces ilumina el día (S.,239).

Para relatar tanto el estado de hambre como la pobreza de la ropa del mezquino miserable, dice:

> Un vestido traía
> que por trecientas bocas se reía;
> su capa era gloriosa
> nieta de cierta ropa de su esposa (S.,213-214).

Las roturas de la ropa parecían bocas por el tamaño y por el hambre que sufría. Su ropa por ser de tantas generaciones de ropa usada, ya goza de la gloria eterna.

El hipócrita usa construcciones antitéticas y paradojas para referirse a la hipocresía. El se describe como un sepulcro adornado por afuera, donde yace un cadáver desintegrándose, como resultado de una enfermedad contagiosa. Para insistir en la polaridad entre esencia y apariencia usa la expresión bastante fuerte "mártir de satanás." Pero acaba con una construcción oximorónica bien advertida, "virgen del diablo."

> Sepulcro por de fuera moldeado
> y por de dentro de contagio armado,
> y por dicillo todo en un vocablo,
> mártir de satanás, virgen del diablo (S.,200).

Como hemos indicado antes, la construcción acumulativa es muy corriente en la obra de nuestro autor. Describe al hipócrita con enumeración de perífrasis, alusiones y construcciones antitéticas y oximorónicas:

> Que no quiero ser Santo de anillo,
> ángel de Medellín, cordero lobo,
> volatín con arrobo,
> río manso y profundo,
> embeleco del mundo
> fábula verdadera, sol del invierno,
> ni menos ser pebete del infierno (S.,203).

Hipocresía es ser santo sólo porque le besan el anillo, pero efectivamente, es el ángel de Medellín que es el diablo. Es lobo en ropa de cordero. Es ladrón. Es río que parece manso, pero efectivamente se naufraga en él por su profundidad. Es mentira fabulosa que aparenta ser verdad. Es sol sin calor. Es pebete aromáticoque al quemarse emite aroma delicioso para quitar el mal olor del infierno. La acumulación de perífrasis le sirve al alma para atacar al médico:

> Cuchillo racional introducido,
> veneno por antídoto traído,
> rubibarbo endoctorado,
> pecado original sin ser purgado,
> ....
> ¿Eres la muerte de la misma muerte? (S.,231).

Todas las circunlocuciones se refieren a armas de destrucción y matanza: cuchillo, veneno, el pecado original, todas se emparejan al médico. La última perífrasis es muy audaz. Ya no se le compara con las armas sino que le identifica con la muerte misma, asesina de sí.

LA ALUSION:

La alusión puede considerarse como un caso especial de metonimia, si la consideramos como una relación de persona-cosa. Dice Lausberg que la relación "divinidades por la esfera de sus funciones (metonimia mitológica)" es un caso de metonimia. Añade más adelante que "Así la metonimia mitológica tiene un claro sello metafórico que en algunos casos... puede incluso convertirse en alegoría."[79]

También se puede considerar como caso de la antonomasia ya que el nombre de una persona histórica, bíblica o mitológica sugiere un rasgo especial. La alusión es un lugar común en las obras literarias renacentistas y barrocas. Nuestro autor emplea variedad de alusiones mitológicas, históricas, bíblicas y literarias. Las más corrientes son las bíblicas y las mitológicas. Gracián dice:

La alusión, con su enigmático artificio, parece que remeda la locución y la sutileza angélica. Tiene por fundamento lo que otras agudezas por realce. Su nombre de alusión más parece que la censura que la define, pues derivándose del verbo latino *ludo*, que significa jugar, le duda, si no le niega, lo grave, lo serio y lo sublime. Consiste su artificio formal en hacer relación a algún término, historia o circunstancia, no exprimiéndola, sino apuntándola misteriosamente... No se declara del todo, sino que se apunta, con lo cual se hace más preñado el concepto y dobla el gusto al que lo entiende.[80]

El lector que se da cuenta a que se refiere la alusión, siente orgullo y con eso participa activamente en el desciframiento del enigma.

La figura de Venus aparece repetidamente en la obra. Describe a Quiteria:

Fue creciendo la niña como espuma

....

Era Venus en suma,

era Palas sin ella,

era Circe con ella

y era por su destreza peregrina,

la Pícara Justina (S.,36-37).

Se alude al nacimiento de Venus entre las espumas producidas por la sangre de Cronos al caer sobre las olas del mar. Inmediatamente explica el alma la alusión. Era Venus por su belleza y por el número de amantes que tenía. Podía ser casta, bella y benévola como Palas y a la vez, transformarse en la maliciosa maga negra Circe. Para traernos aún más cerca en tiempo y lugar, hace relación y alusión literaria a la pícara Justina.

En la visita al palacio encantado de la dama suntuosa de Carmona, la describe Gregorio: "Era una dama tan hija de Venus, que parecía haber salido de la espuma" (S.,107). Cuando ella quiere vestirse y el juez rehusa salir, ella amenaza con herirle con su belleza femenina: "Y de no, será fuerza, que la acuchille con las armas del tercer planeta" (S.,108). Aquí de nuevo la referencia es a Venus, que es el tercer planeta en el sistema ptolemaico, como indica Amiel en nota 3 de la misma página: "C'est à dire Vénus, la troisième des planètes qui, dans le système de Ptolomée, tournaient autour de la terre."

Cuando Angélica y Beatriz están en casa de Gregorio, aquélla pregunta sarcásticamente a ésta si es su hermana. Le contesta Beatriz astutamente, para indicarle que es su amante: "Soy una cercana deuda por parte de Venus, y vengo a saber de su salud" (S.,164).

La vieja madre de Angélica también sabe de mitología, y cuando Gregorio, a quien acusa ella de desflorar a su hija, rehusa casarse con Angélica, ella reclama: "¡Ay! dijo la vieja llorando, no crean Vdms. a ese Paris traidor con esta inocente Elena, que nos engañará como engañó esta casa" (S.,191). Alude a Paris que estando en la corte de Menelao de Grecia, le ha quitado la esposa Elena, llevándola a Troya. Era Venus la que, por la promesa que había hecho a Paris, ha inspirado amor en Elena.

El arbitrista se compara con el codicioso Midas, muriéndose de hambre, por querer acumular oro: "En breve tiempo se hizo un segundo Midas... con más palacios, carrozas, lacayos, pajes y criados que tuvo Alejandro; y él lo era" (S.,267). No sólo hace alusión mitológica, sino que le compara también al poderoso Alejandro Magno.

En la descripción del miserable, de nuevo une a Midas y Alejandro en la misma alusión, pero añade a Leandro: "Con Midas fue Alejandro / y pasara la mar como Leandro / por una blanca sola" (S.,213). Es el "magno" de todos los Midas. Leandro arriesgó la vida, nadando por la noche, para alcanzar a su amor. El miserable no sigue algo espiritual, sino que lo hace por motivos materiales, aunque su valor sea sólo de una blanca.

En la jácara de los rufianes hace alusiones mitológicas a raptadores de la antigüedad grecorromana: "Fuiste robador de Europa / y otro Paris de tu Elena" (S.,180). Alude a Zeus, metaforeseado en toro para raptar a Europa, y a Paris raptor de Elena.

La figura de Bóreas, el viento del norte, también aparece varias veces en la obra. En el cuerpo del malsín, el viento por soplar es la malsinería. En el cuerpo del hidalgo altivo y huero, se personifica la vanidad. Dice del malsín: "Siendo un Bóreas soplando a cuantos buenos" (S.,24). Y del hidalgo: "Entendí, y era verdad, que estaba aposentada en Bóreas" (S.,277).

Hablando del médico cruel, que en vez de salvar vidas, las acababa, dice: "De la muete vicario, / ... / se graduó de Parca inexorable" (S.,225). Las Parcas, deidades infernales, presidían el nacimiento y vida de los hombres. El médico no cuida la vida de los hombres, sino que pertenece al infierno.

El alma descontenta con la falta de conocimientos médicos de parte del doctor, le pregunta sarcásticamente:

> Aconseja Esculapio
> que curen almorranes con el apio
> y sin leer un testo en todo el año,
> sobre quince sangrías dar un baño? (S.,232).

Esculapio, dios de la medicina, fue criado por una cabra y conocía el valor medicinal de las yerbas y hasta sabía resucitar a los muertos. Nuestro médico mata a los vivos creyendo que, con apio, sangrías y baños puede disimular su ignorancia médica.

Hace algunas alusiones históricas, generalmente a la historia clásica. Alude al soberbio, por su tiranía y crueldad, con el nombre del emperador romano: "Siendo Nerón de todas las edades" (S.,243). Alude al hipócrita con el nombre del filósofo griego que creía que el placer es el fin supremo del hombre, y lo nombra "hipócrita Epícuro" (S.,209).

Ya vimos el uso permanente de la acumulación, en la obra de Enríquez Gómez, y así encadena el juez, hablando a Gregorio, una serie de alusiones clásicas: "Por cierto, señor don Gregorio, que tuvo poca razón Demócrito en poner la felicidad del hombre en reír, Heráclito en llorar, Platón en la virtud, Aristóteles en el honor, Filón en el amor, y otros muchos en diferentes acciones y virtudes" (S.,181).

En otro lugar, hablando del cornudo alguacil Torote, cuya esposa Lucrecia le engañó con Gregorio, le viene a la memoria otro marido de otra Lucrecia, Tarquino, que ultrajó a su esposa Lucrecia y con eso trajo la caída de la monarquía en Roma, en 510 a.d.J.C. Dice Gregorio: "Pues a lo que pareció después, el marido de la señora Lucrecia era, no Tarquino, sino el alguacil Torote, ministro de mi juez" (S.,152).

Por antonomasia el nombre de Tarquino insinúa ultraje matrimonial. Cuando Angélica, irritada de las relaciones que Gregorio había tenido con Lucrecia, le manda unos versos y ella alude a la misma persona histórica:

> Mi don Gregorio Guadaña,
> falso Tarquino andaluz,
> que por gozar a Lucrecia
> fuiste romano Gazul (S.,155-156).

En su nota al pie, dice Amiel que el moro Gazul es un amante moro famoso del *Romancero,* pero que para Antonio Enríquez Gómez, es un personaje cómico.

Al salir del miserable y entrar en el médico, el alma alude tanto al éxodo de la esclavitud de Egipto, como al médico árabe Avicena:

> En fin salí del apretado Egito.
> ....
> digo, sin ser Villena,
> que en el cuerpo entré de un Avecena (S.,225).

Para transferir de un cuerpo a otro, no necesitaba de la magia negra del marqués de Villena.

El médico "compró media docena / de libros de Avicena / un quintal de Galenos..." (S.,226). De nuevo alude al médico áraba y a la vez, al médico griego, Galeno.

Cuando insatisfecha de su médico, dice el alma: "Le dije a mi doctor Antigaleno" (S.,230). Ahora el médico es el contrario del médico clásico Galeno.

Las alusiones bíblicas son numerosas, y se encuentran a lo largo de su obra. Habla al malsín diciéndole: "No seas heredero de Asmodeo" (S.,28). Por ser Asmodeo un personaje diabólico del libro de Tobías. También le llama traidor: "Ni siquiera ser Judas por entero" (S.,28).

Al valido por ser tirano y asesino, le compara a Faraón: "Oliendo a Faraón, siendo el segundo" (S.,53). Al soberbio lo empareja con el vano Nabuchodonosor, que quería que se adorara su estatua de oro: "Más vano que Nabuco" (S.,240). Del hipócrita dice que tiene la "humildad de Nembrot" (S.,199). Ya que éste se conoce por su soberbia y tiranía, modificarle de humilde es hipocresía.

El mismo hipócrita prometió el espectáculo de su muerte a la gente. Como no se realizó tal muerte, la gente se enojó con él. Observa el alma: "Y con este embeleco las liaron / aquellos que de Herodes escaparon" (S.,198). Dice Amiel en nota al pie número 9, "Allusión au massacre des Innocents, ordonné par Hérode (*Matthiew*, II, 16-18)."

El valido se jacta de que uno de su posición política debe ser: "Más soberbio que Amán, más carnicero / que el duro cancerbero" (S.,62). El ministro que ultrajó al pueblo judío es su ídolo.

Cuando Gregorio tiene que enfrentar a la banda de Sebastianillo el malo, sabe que al hacerlo él se hará daño también. Se compara a Sansón que murió matando a los filisteos en su propio templo: "Al llegar a la de Toledo procuré ser Sansón contra aquellos filisteos" (S.,166).

Como en las demás figuras, en las alusiones bíblicas emplea la acumulación. Difamando al arbitrista, dice el alma:

> Que el primer adbitrista fue el demonio, pues con un adbitro engañó
> a Eva, revuelto en el árbol del Paraíso Arquitofel se ahorcó pn
> adbitrio. Judas hizo lo mismo, Amán hizo lo propio y Roboán perdió

la mitad del reino por cuatro jóvenes ardbitristas que no valían cuatro diablos sisados (S.,271-272).

En la diatriba del alma contra el hidalgo encontramos una serie semejante de alusiones bíblicas:

> Es muy propio del brazo poderoso anegar Faraones, colgar Amanes, degollar Holofernes, descalabrar Golíades, destruir Antíocos, asolar Nabucos, burlar Baltasares, derribar Senaquerines, arruinar Babeles... ensalzar Davides, levantar Mardoqueos, colocar Danieles, librar Abdenagos, amparar Samueles, entronizar Josefes... (S.,282).

A veces una acumulación, mezcla alusiones mitológicas, históricas y bíblicas a la vez. Dice del arbitrista:

> En estos años has hecho más daños en la monarquía que Paris en Troya, Anibal en Italia, Antíoco sobre Jerusalem, Nabuco sobre Judea, Darío sobre Babilonia, Alejandro sobre Persia, los Romanos sobre Grecia y Tito sobre Palestina (S.,268-269).

Con esta mezcla de alusiones insiste efectivamente que el arbitrista causó daño a su propia patria.

Las alusiones literarias directas son menos frecuentes, pero la mayoría de ellas es relativamente coetánea. Describiendo a Quiteria alude a la Egloga III de Garcilaso: "Ninfa del Tajo en soledad amena" (S.,36).

Gregorio habla de su victoria sobre el alguacil Torote y de la admiración que le mostraron sus compañeros: "Y calificáronme por el Cid Rui Díaz; sólo sintieron que no hubiese sino el conde de Carrión con doña Angélica" (S.,186).

El escribano pide consejos al letrado. Toda la escena es bastante jocosa ya que se trata de herencia de zurdos. El escribano trata el asunto, sin embargo, con extravagante seriedad: "-Pues suplícole esté atento -dijo escribano- que me va no menos que la *vida*, la *honra* y la *hacienda*" (S.,94). Recuerda la declaración que hace Pedro Crespo en la obra calderoniana, *El alcalde de Zalamea*: "Al Rey la *hacienda* y la *vida* / se ha de dar; pero el *honor* / es patrimonio del alma, y el alma sólo es de Dios."[81]

El juez en el palacio de la dama encantadora quiere prender al galán. El alguacil, ya sobornado, niega haberlo visto y dice: "-¿Qué galán? -dijo el alguacil-, ¿el de la membrilla? Por Dios, que si no lo vamos a prender a Manzanares" (S.,112). Dice Amiel en nota al pie refiriendo a esta alusión: "Il faut voir ici une allusión à la comedia de Lope de Vega, *El galán de la Membrilla*, dans laquelle un prétendant noble mais pauvre de Membrilla enlève, avec son consentement, une rich héritière de Manzanares."

Gregorio en sus relaciones ilícitas con Lucrecia, la tuvo que encerrar cuando vino a visitarle Angélica. Tiene miedo de dejarla encerrada por mucho tiempo, sabiendo los celos de su marido. Nos informa: "Y dábame mucho cuidado la ausencia que hacía Lucrecia de su casa, que me certificaba ser el marido el Celoso estremeño, y le temía como al diablo, y aun mucho más" (S.,153).

Para acabar con las alusiones, quería reproducir la décima que hace a la muerte del arbitrista. No es más que una acumulación de alusiones a lo largo de diez versos:

> No soy ni fui Galalón,
> Menelao, Arquitofel,
> Bellido Dolfos, Luzbel,
> Caco, Judas ni Sinón.
> No soy Tiberio, Nerón,
> Simón Mago, ni herodista,
> Calígula, anabatista,
> Dionisio, Diocleciano,
> ni el Apóstata Juliano,
> pero soy un arbitrista (S.,276).

CONSTRUCCIONES ANTITETICAS:

Para aumentar la agudeza aconseja Gracián las contrariedades y las disonancias: "Este es el concepto que más le cuesta al ingenio... Si toda dificultad hace punta al entendimiento, ¡cuanto más la que incluye repugnancia! Unir a fuerza de discurso dos contradictorios extremos, extremo arguye de sutileza."[82] De la disonancia y la contrariedad entre dos términos extremos brotan agudezas geniales. Dice Gracián: "De los opuestos suele ser émula la perfección."[83] Añade que cuando mayor es la desproporción entre los elementos, mejor es la agudeza: "La más agradable y artificiosa es cuando dicen entre sí contrariedad los extremos de la desproporción... Cuando es mayor la repugnancia, hace más conceptuosa la improporción."[84]

Collard nota que los equívocos y las construcciones antitéticas abundaban y enriquecían la lengua castellana en la antigüedad. Cita a Juan de Valdés el autor del *Diálogo de la lengua* que alababa este uso ingenioso:

> Valdés nota la abundancia de equívocos castellanos y los recomienda porque se prestan a varias interpretaciones que piden agilidad de espíritu y engendra deleite: "Tenemos muy muchos vocablos equívocos y más os digo que, aunque en otras lenguas sea defecto la equivocación de los vocablos, en la castellana es ornamento, porque con ellos se dizen muchas cosas ingeniosas muy sutiles y galanes.".[85]

Edificar correspondencia y conformidad entre conceptos antitéticos era muy frecuente en el siglo XVII. La comparación antitética agradaba al público, y correspondía, a la vez, al medio ambiente político, social, económico y literario, donde lo más sublime podía coexistir con lo más abyecto.

El autor establece puentes entre dos elementos contradictorios en el mismo concepto, y al contrario de lo ordinario, levanta armonía entre objetos extremos. Gracián lo llama: "La hermosa antítesis."[86]

El maestro por excelencia de las construcciones contradictorias del siglo XVII, era, sin duda ninguna, Quevedo. Dámaso Alonso exclama, refiriendo a la obra de Quevedo: "¡Qué hastío de contrarios!"[87] Y "Esta manía de los contrarios."[88] Afirma que las dualidades y contrariedades predominan en la literatura de los siglos anteriores, especialmente en la veta petrarquista, pero que bajo la maestría de Quevedo crece hiperbólicamente tanto en calidad, como en combinaciones y variaciones. Dice:

> Estas parejas de contrarios predominan en lo que parece poesía temprana... y existen siempre, aunque parecen ceder algo, más tarde,

por el crecimiento de la fuerte veta afectiva y condensamente conceptual, es decir, por el crecimiento de la gran personalidad poética que llamamos Quevedo. Pero es necesario no olvidar este entronque petrarquista, evidente en las parejas de contrarios, y en las dualidades o en especial en los versos bimembres.[89]

Molho afirma también que la correspondencia entre contradicciones es parte consustancial de la obra quevediana:

A juzgar su escritura, el pensamiento quevediano no es otra cosa que una dialéctica de contradicciones... trátase, en verdad, de un ingenio al que la contradicción en todas sus formas, es algo tan profundamente consustancial que le está casi prohibido pensar fuera de ella.[90]

Durán compara las dualidades y contradicciones quevedianas al arte pictórico de Rembrandt. Señala también que los recursos de la antítesis y del oxímoron son lugar común en los textos de Quevedo:

Quevedo utiliza el dramático contraste entre luces y sombras, como lo hace Rembrandt en sus grabados o en el claroscuro de sus grandes lienzos. La antítesis oposición de ideas, valores, realidades y el oxímoron oposición expresada por ejemplo, por un nombre y un adjetivo cuyos sentidos diversos contrastan, pero van unidos en una misma frase son recursos constantes en el estilo de Quevedo.[91]

Más tarde añade: "El empleo de palabras mutuamente contradictorias en una sola frase, es decir, el oxímoron, expresa tensión, ambigüedad o situaciones absurdas y contradictorias."[92]

La contrariedad se puede expresar también mediante la paradoja. Dice Gracián: "Son las paradojas monstruos de la verdad."[93] Para crearlas el autor debe tener extraordinaria ingeniosidad, entendimiento profundo y vasta imaginación:

Funda soberanía el entendimiento, como potencia real en levantar criaturas, digo en acreditar dificultosas opiniones, y menos probables, son empresas del ingenio y trofeos de la sutilezas los asuntos paradojos... Para el concepto paradojo se requiere también el fundamento de alguna circunstancia especial, que favorezca y de ocasión al extravagante discurso... tienen por fundamento estas agudezas el mismo que los encarecimientos ingeniosos, porque son especie de exageración, y la más extravagante y sobresaliente. Hácese, pues, reparo en alguna contingencia rara, en alguna circunstancia especial, y tómase della ocasión para el atrevido discurrir... Del mismo caso que sucede, cuando es extravagante, toma el ingenio pie para la exageración paradoja, y como es la ponderación a la ocasión, es más agradable.[94]

Durán señala que el empleo de la paradoja abunda en la antigüedad hebrea y en la grecolatina. Dice que este recurso estilístico es muy efectivo para hacer al lector reflexionar sobre lo dicho en la lectura:

El empleo de numerosas paradojas... llama la atención del lector acerca de una realidad en apariencia contradictoria, pero que el contexto permite aclarar. La paradoja es una forma estilística intensa, abreviada, que por contradecir la lógica y el sentido común nos obliga a detenernos y reflexionar acerca de la frase que acabamos de leer.[95]

Más adelante considera que de todos los recursos estilísticos empleados por Quevedo, "es la paradoja el más efectivo y violento."[96]

En el texto de *El siglo pitagórico* se hallan esparcidas toda clase de construcciones paradójicas. Al morirse el ambicioso, se le dedica un soneto cuyas dos últimas estrofas dicen:

Sus tesoros, con estos siete sellos,
procura el tiempo como ves, guardallos,
ya que en el siglo se quedó sin ellos.
Mira si es vanidad el conquistallos,
pues si alcanzó la muerte por tenellos,
agora da la vida por dejallos (S.,22).

El tiempo aquí significa la vida terrenal, y el siglo, la muerte. Lo material que ha ganado durante la vida, cometiendo los siete pecados capitales no le sirve estando muerto. Por dedicarse a ganarlo viciosamente, fue castigado a la muerte. Ahora, ya muerto, daría la vida, que ya no tiene, por estar vivo.

El malsín, ya que aparenta lo que no es, sirve perfectamente para el uso de equívocos: "De un soplo que daba / la culpa que murió, resucitaba" (S.,25). Morirse y resucitarse son dos fenómenos contradictorios. Al resucitar se deshace la muerte. El beneficio de la resucitación que normalmente es positivo, en la boca del malsín es negativo, ya que por ella se recuerda la culpa, y se dará muerte a la víctima. Continúa el alma describiendo al malsín con las siguientes paradojas:

> Desmayábase oyendo las verdades,
> sustentábase a puras falsedades,
> y si por yerro una verdad decía
> "perdoneme Dios si miento" respondía (S.,26).

La verdad, fuerza negativa para él, le enferma. Se sostiene de "puras falsedades" que es ella misma una suerte de construcción oximorónica. Luego, yuxtapone errar, decir verdad y mentir, para decir, con estos términos antitéticos, que la verdad en boca del malsín es mentira.

Poco más adelante, se le describe con el siguiente equívoco: "Oficio que espió faltas ajenas? / siendo las propias por a malas, buenas" (S.,29). Lo bueno se equipara paradójicamente a lo malo. Cuando le asesinan, dice: "Que le dieron catorce puñaladas, / tan bien heridas como mal curadas" (S.,31). De nuevo dos expresiones que quieren decir que merecía bien ser herido y nunca curado.

Para describir a Quiteria el contraste entre la apariencia y la realidad emplea nuestro autor una acumulación de factores antitéticos:

> Aunque veas, necio con prudencia,
> un ladrón con conciencia,
> un hipócrita santo,
> una mujer con verdadero llanto,
> un escribano justo,
> un sabio sin disgusto,

un tirano piadoso,
un soberbio amado,
un vano con juicio,
un lascivo sin vicio,
sin leyes un letrado,
sin muertes un soldado,
un poeta sin verso,
y sin malsín a todo universo (S.,42).

Lo que hace es registrar contrariedades conocidas: "hipócrita santo," o "tirano piadoso" y, de repente, inyectar sus propias ideas como "mujer con verdadero llanto," como si fuera paradoja aceptable. Con esta acumulación concentrada de paradojas, nos comunica, sin duda, la hipocresía y falsedad de la sociedad contemporánea.

A veces sólo emplea sencillamente dos sustantivos antitéticos, que se diferencian sólo por un prefijo. Habla el alma a Quiteria, que a los cuarenta años está desengañada y deshonrada:

Edad, si no me engaño,
capaz de retener un desengaño,
....
La honra amiga mía,
....
tú le pones el cerco con deshonra.
¡Dios la perdone! Ya murió tu honra (S.,43).

Al ladrón avisa también con palabras antitéticas:

Dios puede darte honra,
la justicia deshonra;
Dios puede ser tu amigo
el juez tu enemigo (S.,261).

A veces usa sólo dos verbos antitéticos, siendo uno el resultado de la negación del otro: "Dejara por salvarme, / temiendo condenarme" (S.,211). O cuando dice: "Hallo con evidencia / que eres la sabandija más nocturna / que comadre alumbró si fue diurna" (S.,219). Yuxtapuestos la oscuridad nocturna con la luz del día, y con la luz primera del recién nacido.

Con una paradoja graciosa el valido enojado con el alma, amenaza matarla como si fuera de carne y huesos. La circunstancia paradójica es que ella yace en él. Dice: "Y si fuera del cuerpo me cogiera, / el alma me rompiera" (S.,61).

Para indicar que el hipócrita está definitivamente muerto, porque le tiene miedo aun después de la muerte, usa el oxímorón siguiente: "Dio esta sentencia a su ceniza fría" (S.,211). La ceniza recién creada está caliente, pero una ya antigua está fría, y por lo tanto, definitivamente muerta.

En la dilogía "criado," para mostrar el estado abyecto de la nutrición de dos sirvientes se los describe oximorónicamente:

> Tenía dos criados,
> pero tan mal criados,
> que cuando se movían,
> cadáveres vivientes parecían (S.,214).

Un cadáver por definición está muerto, y aunque pertenezca a un criado mal nutrido, no puede estar viviente, ni moviéndose. En la misma residencia miserable, "paseaba la cena por estado / sin habella cenado" (S.,2). Efectivamente, dice con esta paradoja que no se ofrecía nada para la cena. Recuerda la casa de Cabra: "Cenaron, y cenamos todos, y no cenó ninguno."[97]

Todos sabemos que un alma es un ente invisible, pero aquí para describir hiperbólicamente el hambre en casa del miserable, dice el alma la siguiente paradoja: "Más en tu cuerpo miserable y feo, / de hambre no me veo" (S.,220).

El médico codicioso no quiere gastar su tiempo curando a la gente pobre que no puede pagar. Se mofa el alma del médico con eta paradoja: "Y siendo el pobre en todo desgraciado, / sólo contigo es bienaventurado" (S.,233). Bienaventurado, porque el médico trae la muerte a sus pacientes, y por no visitar al pobre, se salva éste. El médico mismo no se lo niega, y se confiesa empleando conceptos antitéticos. Dice al alma: "Calla como yo callo; / vivamos y matemos, / y con salud a muchos enterremos" (S.,238).

Notamos que la paradoja casi siempre aparece en el último verso o en la última parte. Efectivamente, Guillén nos señala que la paradoja cobra más fuerza cuando la ponemos al final de la persuasión: "La paradoja o inversión final *commutatio*, en buena retórica es el final de un camino de persuasión."[98]

Unas de las paradojas más jocosas es cuando el miserable no quiere morirse para no gastar en su entierro. Dice a su amigo:

> Que si no me enterraren muy barato,
> de ninguna manera he de morirme,
>
> ....
>
> porque antes que me muera,
> vea si me está a cuento la jornada;
> que si lo concertáis en poco o nada,
> por gozar del barato de difunto,
> he de hacer por morirme luego al punto (S.,223).

Para ahorrar dinero, está dispuesto a morirse más temprano.

La figura del hipócrita se da bien para crear contradicciones. Sólo en su persona se pueden identificar la humildad y la soberbia: "Esa humildad costosa / es soberbia alevosa" (S.,201). O cuando dice que "su caballo" era "una burra" (S.,194). Sólo paradójicamente se puede ser caballo y a la vez burro. El hipócrita dice que su modo no es distinto de los demás que "publican la verdad, y todos mienten" (S.,207). De nuevo la mentira se identifica con su contrario, la verdad. El alma tan enojada con su hipocresía, le ataca con acumulación oximorónica y antitética:

> Penitencia fingida,
> mentira verdadera,
> ¿adónde vives hombre, siendo fiera?
> Humildad de Nembrot, lince secreto,
> de la casa del humo, anacoreto (S.,199).

La contradicción entre realidad y apariencia se anuncia con "penitencia fingida." De aquí los demás versos insisten en la naturaleza paradójica del hipócrita. Una mentira no puede ser verdadera, y un hombre no puede ser a la vez fiera. Pero en la persona del hipócrita las dualidades contradictorias coexisten, de tal modo que tiene la humildad del soberbio por excelencia, y es ermitaño del infierno.

El soberbio también personifica la antítesis, porque se ostenta ser lo que no es. El alma le recrimina con recursos antitéticos: "Vivir bien en la tierra / es la paz desta guerra" (S.,245), yuxtaponiendo paz y guerra, dos términos de naturaleza completamente contraria. Y más adelante: "Y si destas locuras / que son caballerísimas corduras" (S.,247). La cordura y la locura, elementos ordinariamente contrarios, aquí se identifican. Hay aquí referencia al famoso cuerdo-loco, caballero por excelencia, don Quijote de la Mancha, que al contrario del soberbio trataba de ayudar a la humanidad.

El tema metafísico, que une las dos polaridades vida y muerte, es efectivamente una paradoja. Por su contradicción temática, no le caben otros modos de expresarse, sino con recursos antitéticos. La seriedad del tema en muchos casos contradice la jocosidad con que se trata, y por lo tanto, otra paradoja. Gregorio describe a sus padres como la personificación de este tema. Dice: "Uno les daba cuna, y otro sepoltura" (S.,69). E inmediatamente: "Se contaba el uno al otro lo nacido y lo muerto." De tal modo que en su hogar coexisten cuna y sepultura, lo nacido y lo muerto.

El espíritu anciano canta acompañado de un laúd, de la problemática metafísica. Combinando la vida y la muerte como un solo acontecimiento, declara: "Nací para morir" (S.,289).

Al querer nacer Gregorio, todavía feto, dice: "Comencé a sacudir las túnicas de la vida para vestirme las de la muerte" (S.,87). Las vecinas preocupadas por la salud de la madre, anuncian que el parto es peligroso, y comenta el autor, que todo nacer es efectivamente peligroso por ser el comienzo de la muerte: "Como si lo fueran todos, pues salen a morir" (S.,87). Afortunadamente, nace Gregorio sano y salvo. Le colocan en la cuna: "Metiéronme en la cuna, primera sepultura del hombre" (S.,89).

Los polos contrarios de vida-muerte, cuna-sepultura y pañales-mortajas, todos cohabitan en la existencia de uno. Ni un valido con su poder puede evitar la muerte al fin de la senda, que es la vida: "Y como todo mal la vida ataja, / brevemente se puso la mortaja" (S.,64). Con esta metonimia sabemos que el valido expiró.

El virtuoso que tenía conocimiento profundo de la metafísica, habla a los sabios con versos que recuerdan la biblia, y a la vez el soneto de Góngora.[99]

> Ay del polvo, del barro, de la nada,
> que ignora el fin, y sabe la jornada.
> No merece ser hombre quien ha sido
> docto en el nombre, bruto en el sentido (S.,302).

El polvo, el barro, la nada, es el hombre bruto que viviendo la jornada de la vida, ignora la otra polaridad, la de la muerte. La esencia del hombre es su sentido, su inteligencia, su reconocimiento de las verdades a pesar de su apariencia engañadora.

Gregorio describe a su padre, el médico que solía disecar cadáveres para mejorar su conocimiento médico: "Solía decir que abriendo los muertos sanaba los vivos; pero yo nunca le vi abrir ninguno que no le abriesen primero la sepoltura" (S.,71). A pesar de la veracidad científica, la paradoja existe en que los muertos ayudan a sanar a los vivos.

La comadre, madre de Gregorio, por conocer los peligros del alumbramiento, no quiere quedar encinta. Sin embargo, con la ayuda del padre y un jarabe medicinal, ella se encuentra embarazada. Se queja con términos antitéticos: "¿Quién me hizo de comadre, madre y de estéril, fecunda?" (S.,86).

Gracián aconseja moderación en el uso de las paradojas: "Las paradojas han de ser como la sal, raras y plausibles, que como son opiniones escrupulosas, y así desacreditadas, no pueden dar reputación; y muchas arguyen destemplanza en el ingenio, y si en el juicio, peor."[100] Nuestro autor no parece tomar este consejo seriamente, ya que empapa con paradojas la familia de Gregorio en general, y el alumbramiento de éste, en particular. Una paradoja jocosa acontece cuando la familia quiere ver a quién parece más el niño: "Unos dician que parecía a mi madre, otros que a mi padre, otros que a mi agüelo, otros que a ninguno, y todos decían verdad" (S.,88-89). Con la última frase paradójica, el nos quiere indicar o que todos mentían, o que cada uno ve la realidad de acuerdo con sus propias creencias y la verdad de uno es lo que es para sí.

Otra paradoja semejante a ésta, acontece en la descripción del letrado: "Hablaba setenta y dos lenguas juntas, y no hablaba ninguna" (S.,94). Es decir, mentía cuando decía que era políglota.

Cuando quiere burlarse de los asuntos ridículos tratados en la Academia, lo hace con equívocos graciosos: "Servía de entremés a las burlas, de farsas a las veras" (S.,174).

El tema del amor siempre servía para expresar contradicciones. Comenta Gregorio del amor de Angélica por él, y el deseo de la familia que, a fuerza, se case con ella: "Pero este negro amor, este negro querer bien ciega a las mujeres y da vista a los hombres" (S.,191). El mismo amor, paradójicamente, puede cegar y dar vista simultáneamente.

Antonio Enríquez Gómez ya al comienzo de la obra declara a los lectores su propósito paradójico: "Mi yntento asi/do moraliçar el asunto, sacando de una opinión falsa, / vna Doctrina verdadera" (S.,4).

Dice Gracián que "En la variedad de tiempos, pasado y presente se ponderá la contrariedad de las circunstancias."[101] Nuestro autor emplea la variedad de tiempos para indicar lo contrario; firmeza y constancia. El soberbio, a pesar de tener dudosa genealogía, se jacta de ser bien nacido: "Yo fui, yo soy y he sido / entre todos los hombres bien nacido" (S.,250).[102]

AMBIGÜEDADES Y EQUIVOCOS:

Los equívocos sirven bien para producir obscenidades, y nuestro autor los emplea frecuentemente y con gusto. Antes de nacer Gregorio, su madre quería tener una hija para que fuera comadre, pero el padre quería un niño para que se hiciera médico. Le pregunta el padre: "¿No veís que la hija no levanta la generación, y el hijo sí?" La madre se aprovecha del dialógico sentido obsceno de la palabra *levantar* y contesta: "-Ya yo sé- respondió ella -que una hija no levanta lo que levanta un varón; pero tal vez una sola mujer ha levantado a muchos hombres del polvo de la tierra y puéstolos en el cuerno de la luna" (S.,86). Y se subraya el sentido obsceno, al introducir el vocablo *cuerno*.

De la variedad de significados de la misma palabra se pueden establecer ambigüedades y paradojas. Empson describe la creación de ambigüedades:

> Thus, a word may have several distinct meanings; several meanings
> connected with one another; several meanings which need one another
> to complete their meanings; or several meanings which unite together

so that the word means one relation or one process. This is a scale which might be followed continuously. "Ambiguity" itself can mean an indecision as to what you mean, an intention to mean several things, a probability that one or other or both of two things has been meant, and the fact that a statement has several meanings.[103]

Los equívocos proceden de varios recursos. Algunos de ellos según Lázaro Carreter: "Calambur, juego de palabras, disociación y dilogía, constituyen los principales representantes de equívoco."[104] Poco más adelante, reitera y añade: "Procedimiento estilístico, que consideramos como una de las claves fundamentales del conceptismo. Dentro del equívoco, Góngora, como Quevedo tuvo una marcada preferencia por la dilogía."[105]

La dilogía, por poner en acción los dos significados simultáneamente, sirve de instrumento para crear equívocos y para causar risa. Describe Lázaro Carreter la dilogía:

> En el ápice del ingenio aparece el recurso verbal que podemos designar con los nombres de silepsis, dilogía o disemia. Consiste en el empleo de una palabra en doble sentido. Tal recurso es a menudo fundamento del chiste, y se halla abundantemente representado en nuestra letras.[106]

El autor debe tener habilidad imaginativa y profundo conocimiento de la variedad de significados. El tiene que llevar al lector consigo, para que sepa cuál de los significados hay que seguir. Describe Durán el empleo de la dilogía:

> Los retruécanos, los chistes basados en palabras de dos o más sentidos... el camino se bifurca, ofrece dos posibilidades, y cuando empezábamos a avanzar en un sentido, tenemos que dar vuelta bruscamente y reconocer que el otro sentido es igualmente tentador, que quizá es incluso más adecuado. Y lo hacemos sin perder de vista totalmente el sentido que acabamos de abandonar. Con ello reconocemos y aceptamos la ambigüedad del lenguaje, de las palabras, y al mismo tiempo admiramos la habilidad y el ingenio del escritor capaz de jugar con ellas.[107]

Estas figuras de dicción se emplean, según Lausberg, tanto para el "embellecimiento de la expresión elocutiva" como para el "embellecimiento de los modos expresivos conceptuales."[108]

Una de las *figurae elocutionis* es la paronomasia. Lázaro Carreter la describe: "Figura que consiste en colocar en la frase dos vocablos parónimos bien por parentesco etimológico... bien por semejanza casual... Se le da también el nombre de annominación."[109]   La enciclopedia de Princeton la incluye entre el grupo de *puns*.[110]   En el siglo XVII fue figura muy favorecida, como nos indica Gracián, cuando habla de la "paronomasia, el retruécano y el juego de vocablos." Dice: "Esta especie de concepto es tenida por la popular de las agudezas, y en que todos se rozan antes por lo fácil que por lo sutil; permítese a más que ordinarios ingenios."[111]

Claudio Guillén señala que se la empleaba también en el siglo XVI y define su esencia: "Juego de palabras que ofrece semejanza de sonido y disparidad de sentido... El vocablo queda así cortado de toda raíz. Esta actitud, que pone en tela de juicio el origen de las palabras y por tanto su legitimidad, no escasea durante el siglo XVI."[112]

Efectivamente, esta figura aparece abundantemente en la obra de Antonio Enríquez Gómez, maestro de sacar multitud de significaciones de palabras fonéticamente semejantes.   Explica Gracián:

> Consiste el artificio destos conceptos en trocar alguna letra u sílaba
> de la palabra o nombre para sacarla a otra significación, y en
> economio ya en sátira... Múdase la significación con mudar alguna
> letra, y, cuando es con propiedad grande y muy conveniente al sujeto,
> es sublime el concepto.[113]

Gracían considera la paronomasia al lado del retruécano y juegos de palabras. Por lo tanto, vamos a considerar juntas la paronomasia, la dilogía y los demás juegos de palabras.   A veces el juego paronomásico no tiene más que propósito cómico. Tal pasa cuando la vieja aconseja a Quiteria: "Pide, aunque te despidan, / que es muy justo que pidan / las damas de la Corte a sus galanes" (S.,39).   La paronomasia obvia está en "pidan" y "despidan" pero en el último verso emplea otro juego de palabras ya que son las damas, las que siempre piden: "da más."

Es una paronomasia común en el barroco y empleada repetidamente por Enríquez Gómez. En otro lugar, comenta la tía de Beatriz: "¿Piensa por su vida que una dama tiene más gracia que dame, ni más donaire que da más?" (S.,116). Hablando de la dama del ladrón, dice: "Un dame a todas horas de contado, / ... / en el dame, y da más se lo dejaba" (S.,257).

En la descripción del miserable, emplea la palabra "once" en diferentes modos para indicar, su inclinación a la usura:

> Daba a logro el dinero
> y era tan oncenero,
> que el reloj de bronce
> daba siempre las once,
> y cuando con la usura se casaba
> por las once mil vírgenes juraba (S.,216).

Amiel en nota a pie, afirma el sentido de usura de la palabra once.[114]

Dice Lausberg que:

> Paronomasia es un juego (pseudo-) etimológico con la significancia de la modificación fonética, por un lado, y, por otro, con la interesante tensión significativa originada de la modificación fonética. Esta tensión significativa puede intensificarse hasta la paradoja. La etimología así establecida entre las dos palabras se la propone el autor al público como elucubración propia.[115]

Enríquez Gómez a veces emplea un sustantivo seguido por una forma verbal de la misma raíz. Describe al valido: "Con un decreto decretó su ida / que fue lo mismo que acabar su vida" (S.,64). En otros lugares usa el mismo verbo en distintas conjugaciones personales y temporales. Comenta la muerte del malsín:

> Este, que buscando vidas,
> su misma muerte buscó,
> ....
> de que le busquen la vida,
> si el buscaba las ajenas (S.,33).

En otras, como en la décima al ladrón, mezcla sustantivo, infininitivo y conjugación verbal, con distintas significaciones, aunque procedan de la misma raíz etimológica: "Por descolgar colgaduras / me colgaron del gazante" (S.,266). Un modo ingenioso para decir que después de robar cortinados trata de escapar descolgándose de la ventana, pero le capturaron y le ahorcaron.

Hablando del mismo ladrón, dice el alma: "Mi dueño gatomaquio desgatado / dejándole encamisa / con un perro y un gato por divisa" (S.,257). Dice Amiel, en nota a pie número 10, que esta paronomasia "'desgastar. Perseguir, maltrtar, matar los gatos. En voz jocosa.' (Aut.). Lope de Vega a naturellement employé le mot dans *La Gatomaquia...*" Y en nota número 11 dice sobre la divisa: "Dérision de la symbolique du blason: ces 'armes' sont vraiment 'paralentes': *chien* et *chat*, mais aussi *tromperie* et *vol.*"

A veces los elementos de la paronomasia son complementariamente antitéticos. Dice el alma al hipócrita: "Dime, hipócrita vil, ¿piensas salvarte / con robar y arrobarte?" (S.,200). El arrobar, éxtasis religioso, es de naturaleza muy contraria al vicio de robar. Dice Gracián de este uso: "No es menos agradable la antítesis en los retruécanos, que en las demás especies de agudeza."[116] El alma en busca de nuevo cuerpo, emplea una antítesis paronomástica: "... me sentí cercado / de cuerpos infinitos, / si pueden serlo los que son finitos" (S.,295). El número de los cuerpos por su exceso era infinito, sin límite ni fin, pero ellos mismos eran finitos, ya que eran mortales. En otra ocasión habla el alma al ambicioso: "Como naciste has de salir del mundo, / y este teatro inmundo / no pasa de moneda en la otra vida" (S.,18). Mundo significa la vida, inmundo puede significar cruel o que no pertenece a este mundo, sino a la otra vida. Emplea la palabra moneda por tener semejanza fonética al vocablo mundo. Cuando el soberbio quería librarse de una concubina, fingía celos, y encarándola, la despidió con el puño en el rostro: "Y la dejaba, dándole de rostro / condesa de Palermo o Puñonrostro" (S.,242).

El padre tabernero del soberbio solía aguar las bebidas, por lo tanto, nuestra alma emplea connotaciones líquidas al hablar de él:

> Su risa, de rocío, y disparaba
> tan cruel la carcajada,
> que ruciaba con ella el auditorio,
> necio asperges venido de abolorio (S.,242).

Risa de rocío, metáfora de risa juvenil, se refiere, jocosamente, a la saliva que disparaba riéndose, y con que asperjaba a todo el mundo. Insinúa al fin que la saliva le viene por su abolengo de tabernero aguado.

A veces emplea la paronomasia acompañada de otros elementos sugestivos del elemento repetido. Dice el alma al hipócrita:

> No me hable con desaire
> ni se arrobe en el aire,
> que Lucifer es cazador al vuelo
> y sabe dar un salto desde el cielo (S.,202).

Juega con palabras referentes al aire; desaire, arrobo, aire, vuelo, salto. Usa la dilogía *al vuelo*, para "inmediato," pero también por asociación con "vuelo por el aire," que se realiza mediante un salto.

En la transmigración del malsín, el alma usa paronomasia entre un nombre propio de persona y otro sustantivo: "Y por lo que heredaba de Bellido, / le servía el vello de vestido" (S.,25). Amiel, en nota a pie número 6, dice que la referencia es a "Dolfos, le traître par excellence." Bellido Dolfos fue el zamorano que traicionó y mató a Sancho II de Castilla. El malsín así hereda de él la marca de traición con que se abrigaba.

En otra ocasión, de nuevo, usa paronomasia entre nombre propio y forma verbal, al decir el letrado; "Si a mí me dejaran purgar las leyes, yo baldara a Baldo, y a cuantos le siguen" (S.,94). Baldo era un conocido jurisconsulto italiano del siglo XIV. Al letrado no le gustaban las leyes de éste y quiere hacerle daño.

En unos casos toma dos sílabas de dos palabras distintas y las combina para relacionarlas con otro vocablo fonéticamente semejante. Hablando de Quiteria que quería volver a ganar su juventud, mudándose el rostro, dice: "Quiso*me dar* de rostro a pura *muda*" [el subrayado es mío] (S.,38).

Reprochando al médico su falta de estudios, dice el alma: "No estudias un remedio / por ser la muerte soberano medio" (S.,233). El médico no estudia remediar enfermedades, porque sabe que la muerte soberana lo resuelve todo, a su "medio," manera.

La paronomasia "sastre-desastre" se repite frecuentemente en la obra de nuestro autor. Los sastres se conocían por ladrones, y causaban desastre a la gente. Desasociando la palabra desastre, tenemos "de sastre": "Yo conocí su agüelo por desastre / tan fino remendón como fue sastre" (S.,245). Se conoce el abuelo por sastre ladrón.

Del boticario nos cuenta el alma con otra paronomasia: "Le conmutaron muchos a purgatorio por los muchos que purgaban en su tienda los pecados de atrás" (S.,71). Se le manda al purgatorio, en donde purgará penas por los delitos cometidos en su tienda. E insinúa que en su tienda curaba a sodomitas ("pecados de atrás"), mediante purgas. Ya que los boticarios purgaban los vientres dolientes y las llagas, el castigo de purgarse le quedaba bien. Amiel dice que la referencia "pecados de atrás" es obscena e insinúa relación homosexual.

La dilogía también se encuentra frecuentemente en la obra de Antonio Enríquez Gómez. Dice Lázaro Carreter que la dilogía es "el uso de una palabra en dos sentidos diversos, dentro, de un mismo enunciado."[117] A Gracián le gustaba el ingenioso equívoco de la dilogía, y la describe: "La primerosa equivocación es como una palabra de dos cortes y un significar a dos luces. Consiste su artificio en usar de alguna palabra que tenga dos significaciones, de modo que deje en duda lo que quiso decir... para exprimir mejor misterio y profundidad."[118] De nuevo la participación del lector es de suma importancia, aunque en muchos casos nos la descifra el autor mismo. Cuando el alma habla del padre del hipócrita, nos dice: "De su padre no trato; era tercero, cuando no beato" (S.,193). Tercero significa un religioso de la orden tercera de San Francisco, pero a la vez, nos aclara el autor que no lo era "cuando no beato", y por antífrasis entendemos *tercero* como "alcahuete." Recuerda al padre del Buscón, acompañado de cardenales: "Salió de la cárcel con tanta honra que le acompañaron doscientos cardenales, sino quea ninguno llamaban señoría."[119]

El arbitrista, cansado de oír las recriminaciones del alma, le dice: "Calla, bobilla, alma desalmada y sin ánimo" (S.,275). Desalmada es la persona cruel, pero también, literalmente la que no tiene alma, lo que crea comicidad cuando se dice de un alma. En otro caso usa la misma dilogía, diciendo: "Gente tan desalmada, / que antes de serlo vino condenada" (S.,52). Creemos que la desalmada es cruel, pero entendemos inmediatamente, que es sin alma o mejor dicho, muerta. Normalmente, se condena a la gente al infierno después de la muerte, pero a ella la han condenado antes.

La muerte de Quiteria se describe también mediante una dilogía: "Un día, entre los muchos de su vida, / de cierto humor francés mal divertido, / pidió la unción, sudándola primero" (S.,49). Humor significa una disposición del espíritu, que por añadir el autor "mal divertido," casi lo creemos. Pero humor también significa una sustancia líquida de un organismo vivo, y *humor francés* por eufemismo "sífilis." Nuestra Quiteria, por querer divertirse recibió humor contaminado. La cura de la sífilis consistía en sudores. La pobrecita sudó tanto por los sudores, como por el fuego del infierno.

Habla el alma de la mezquindad del miserable y de la escasez de comida: "De la carne no trato: / no la sacará un gato" (S.,214). Aquí, se emplea la dilogía de *gato*, tan común en los autores coetáneos. *Gato* aquí puede ser gato que roba carne o, ya que no había carne, "ladrón."

Al hablar de "hermanitas disolutas" visitadas por el hipócrita, dice el alma: "Que estas ninfas de jerga remendona, / que a lo divino danzan la capota" (S.,202). Solían transcribir libros y canciones profanos "a lo divino," para facilitar el entendimiento religioso del vulgo. Las hermanitas, bajo el pretexto de hacer divinidades, bailan un baile bien violento. Así que al emplear una dilogía, hace también una crítica social.

Al estar el juez y su compañía en el dormitorio de la dama suntuosa, la vieja les echa agua de modo que todos estaban empapados. El juez pide al escribano notar testimonio, pero éste lo niega. Le dice el juez: "-Por vida del Rey, seor Arenillas- replicó el juez-, que tan untados tiene Vmd. las manos de unto de Méjico, como yo el cuerpo de agua" (S.,112). Untado significa aquí tanto "empapado," como estaba el juez, como "sobornado," como el escribano. Para que no queden dudas de que habla de soborno, añade que el unto es de México.

A los escribanos siempre se atacaba y comenta el poeta: "-Pluma de escribano es pluma de ave imperial, que en tocando a las demás, se consumen todas, y ella queda libre" (S.,130). La pluma es el instrumento con que se escribe, pero también se asocia con el poder de desposeer, con la ayuda de la ley, a los propietarios legítimos. Aquí, la pluma no es de escribir, sino de latrocinio.

Se emplea la dilogía en la descripción del abuelo de Gregorio: "Fue en hacer ojos... que con haber hecho dos mil tuertos derechos, ninguno veía la claridad de su justicia" (S.,72). Tuerto tiene tres significados: ciego en un ojo, torcido, y agravio. Ya llegamos a creer que curó a los tuertos su ceguera, pero inmediatamente se aclara que los hizo rectos, lo contrario de torcido, pero totalmente ciegos, y por lo tanto, agraviados.

Se queja el alma al introducirse en el miserable: "Conocíle al momento por lo duro: / era su pecho sólido y seguro / la quinta esencia horrible del Moncayo / no lo pasará el corazón un rayo" (S.,213). Duro puede ser uno de los tres estados físicos de la materia, y por otro lado, un avaro, el que no da generosamente. Para insistir en el exceso de su mezquindad — que es dureza espiritual—, lo califica ingeniosamente con propiedades de dureza física, que son sólido y seguro. Lo compara en su dureza al macizo montañoso de Moncayo, que era difícil de atravesar, como lo era el corazón, que no dejaba pasar ni un rayo; nada podía moverlo. El mismo miserable mezquino, "Ganó cien mil escudos / pero fueron tan mudos, / que el sol no pudo asillos ni cogellos / con tener la ocasión, por los cabellos" (S.,214). El escudo tiene tres sentidos: moneda de oro, arma de defensa que cubría el cuerpo, y blasón. Aquí, nos aclara que habla del oro, que antes calificó con sinestesia de ser "sonoro." Pero en manos del miserable, que no compra nada, se convirtió de sonoro en mudo. Aun el poderoso sol con su color dorado no podía asir sus escudos ni por los cabellos, lo que recuerda, a su vez, el emblema de la ocasión.

Para insistir en la sexualidad de la dama suntuosa describe Gregorio como ella emerge de su cama: "Y levantándose en unas enaguas de cristal, que se podían beber en ayunas" (S.,109). Cristal puede referirse al agua o al vidrio trasparente. Como la palabra agua hace parte del vocablo enaguas, y como acabamos de oír que se empaparon todos de agua, creemos que está empapada de agua. Pero el autor aclara que el agua en ella era de ayunas, inexistente, y por lo tanto, la referencia aquí no es a cristal-agua sino a la transparencia del cristal. El autor quiere decir que tenía puesta ropa trasparente.

Describe Gregorio el parto peligroso que sufría su madre. Ya querían despedazar al feto para salvar a la madre: "Dieron a mi madre muerta si no me sacaban hecho cuartos, como si yo hubiera cometido algún crimen de lesa majestad" (S.,87-88). Hecho cuartos significa hecho pedazos, que trae a la memoria el castigo a los criminales a quienes descuartizaban y ponían los cuartos en los caminos y lugares públicos para encaramiento de la gente. Además, tal vez se refiere Gregorio a que casi le despedazaron por el grave crimen de haber nacido.

Hablando de la niñez del hidalgo, nos cuenta el alma: "Estaba tan oleado el mozo, de día y de noche, que mil veces estuvo por tomar la estremaunción, dispidiéndose de la vida que tenía en su casa" (S.,278). Explica Amiel en nota al pie 4:   "Les calambours: olear-holear (administrer l'extrême-onction; héler fréquemment)... sont fréquents dans la littérature de l'époque."

El valor de los números ordinales también se modifica por la dilogía. Cuando Quiteria está agonizando en el hospital, se encuentra "en cama sesta" (S.,50). Explica Amiel: "Dans cet hôpital, oÖ la symbolique ne perdait pas ses droits, le lit número six devait donc être rêserve aux luxuerière qui avaient enfreient le sixième commandement." Más adelante: "Llegando a cama quinta halló un enfermo hecho cadáver, cuando no estafermo" (S.,226). De nuevo, aclara Amiel: "Pourquoi *cama quinta*?... Ici, se toutefois le cuiffre n'est pas indiqué au hasard, meurt dans la lit numero cinq un homme que le médecin a tué, malgré le cinquième commandement 'Tu ne tueras pas.'" El hipócrita habla recriminando al alma: "Y yo, con dos sermones, / cuatro arrobos, un saco / y un ¡loado sea Dios! voy dando saco / a toda la ciudad" (S.,208). El vestido de paño de saco es para fingir ascetismo, pero a la vez, va a dar *saqueo*, a robar a toda la ciudad, despojándola de su dinero. Así que *saco* viene a tener doble significado; ascetismo y latrocinio.

Otra figura, frecuente en el barroco, que produce pluralidad de sentidos es el zeugma. Es una extensión de la dilogía. "Hay, sobre todo, un specto particular de la dilogía, el zeugma... El zeugma sirve, gramaticalmente para una economía de vocablos. Se produce cuando no repetimos una palabra que está lógicamente presente en varias oraciones."[120] Y en su *Diccionario* Lázaro Carreter lo define como: "Figura que consiste en hacer intervenir en dos o más enunciados un término que sólo está expresado en uno de ellos."[121]

Ya Quintillano definía el zeugma como el uso de un solo verbo con dos objetos o dos sujetos, pero que más tarde "rhetoricians very properly extend the definition to the 'yoking' together of any two parts of speech by means of any other, normally with no breach of syntax."[122]

Vossler advierte que tanto en los siglos anteriores como en la Edad Media, como en los siglos subsiguientes al Siglo de Oro, el zeugma casi no aparece. En el Siglo de Oro mismo, había muchos autores que intencionalmente lo evitaban. Dice que el zeugma encanta por la pluralidad de significaciones que extrae de la misma palabra:

> Ceugma, término con el que se hace relación a un puente o yugo sintácticos, en cuya virtud y partiendo de dos puntos de vista o sentidos, se extraen de una misma palabra, sin repetirla, dos diversas funciones o significaciones así, por ejemplo, en las palabras más arriba citadas, en las que se extrae del vocablo "doncella" las dos significaciones de "criada" y "virgen"... En esta unión de dos significados por un único sonido gramatical, radica precisamente el encanto y la sugestión de estos puentes sintácticos.[123]

De nuevo el maestro del zeugma es Quevedo, que sabía reelaborarlo con matices antitéticos. Dice López-Grigera: "Quevedo ha preferido en sus mocedades el zeugma complejo e incluso antitético, con un miembro que hiciera referencia al mundo de lo sensible y el otro de lo abstracto, según el orden retórico: ejemplo y sentencia, o a la inversa."[124]

El talento de Antonio Enríquez Gómez para crear correspondencias zeugmáticas se manifiesta en la cantidad de zeugmas que emplea ingeniosamente. La economía de palabras del zeugma intensifica la agudeza. Los dos primeros versos de la obra ya se expresan con un zeugma: "Señor Mundo, paciencia / si os pido oídos, cuando no conciencia" (S.,13). Así el autor alega sarcásticamente que pide lo que el mundo puede ofrecer, oídos, ya que le falta conciencia.

Pitágoras se dirige al alma también con un zeugma: "Libre del cuerpo estás, no del pecado" (S.,14). Indicando que todavía tiene que pasar por el mundo purgando los pecados. El alma no quiere introducirse en otro cuerpo y tampoco quiere escuchar a Pitágoras: "Que, aunque a mi parecer no tuve oídos, / tuve reminiscencia de sentidos" (S.,15). Un alma efectivamente no tiene oídos, ya que le faltan los cinco sentidos de un ser corpóreo. Sin embargo, juega con el significado dilógico del vocablo "sentido" y afirma que tiene sentido, tiene inteligencia, y por lo tanto rehusa obedecer a Pitágoras.

Hablando a su primer cuerpo, al ambicioso dice: "Basten ya los dineros mal ganados, / muchos te sobran, si te falta vida" (S.,18). Con este recurso zeugmático le recuerda que la riqueza material no sirve en la muerte. El ambicioso, también contesta con ingenio zeugmático diciendo: "¡Buen fruto sacaré de tus razones! / Igual le saco de mis doblones" (S.,19). No necesita disfrutar de los consejos del alma, ya que su dinero puede comprar tanto consejos como frutas verdaderas.

Al morirse el ambicioso, le dedica un soneto que dice: "Sobrándole la muerte y el dinero, / aun no pudo pagar su deuda al mundo" (S.,22). A pesar de que le sobraba dinero en la vida, le llevó la muerte, cuya compañía le sobra ahora. El tesoro material dejado en la tierra no servirá tampoco para pagar todos los daños causados por él, mientras vivo.

Al quitarle la justicia la guitarra y la espada, por segunda vez, nota Gregorio la actitud burlona de su dama: "Mi dama que estaba viviendo, como otras muriendo de risa" (S.,147). La expresión figurativa común es "morirse de risa," por no poder aguantar más risa. Ella, se anima y se entretiene al verlo sufrir, y su risa continúa viviendo, sigue riendo.

El alma advierte a Quiteria que si continúa siguiendo los consejos viciosos de su tía, "Y se queda Quiteria en esta calma, / sin vergüenza, sin flor, honra ni alma" (S.,44). El vocablo "sin" modifica vergüenza, honra y alma. Le informa que al perder su vergüenza, flor, que es a la vez, virginidad y juventud, va a morirse sin honra. Efectivamente, muere Quiteria de enfermedad venérea y el alma regocija en su nueva adquirida libertad y exclama: "Cuando, habiendo quedado / si no libre de tía, de cuidado" (S.,51). Lo que más importa al alma es quedarse sin el cuidado, la preocupación de no llegar nunca a la salvación en el cuerpo de Quiteria.

En la transmigración en el doctor, el alma ya madura, reflexinando sobre la criminalidad de los doctores, llega a la conclusión que ellos son los peores enemigos de la humanidad:

> Con el letrado, piérdese el dinero,
> pero con el doctor, más caballero,
> la vida deseada
> de todo racional idolatrada (S.,234).

Hay aquí dos zeugmas construidos sobre perderse dinero y vida, y considerar tanto el dinero como la vida como deseados e idolatrados. El letrado quita el dinero a la gente, mientras el doctor le quita la esencia tan idolatrada y deseada, la vida.

Hablando de su nuevo amo, el ladrón, le describe el alma: "Limpio de boca, pero no de manos" (S.,253). Habla dulcemente para engañar a la gente, pero sus hechos son sucios no por falta de limpieza física, sino moral.

Al encontrarse Gregorio con Beatriz por primera vez, la ve bajar con su tía del coche en Carmona: "La quinta era una vieja, y la sesta (número peligroso para tales sujetos) una niña al uso, con más hermosura que años, y más esperiencia que días" (S.,101). Es una niña muy joven, muy hermosa y muy suelta sexualmente. En nota al pie Amiel señala que el vocablo "sesta" se refiere a "le sixième commadement: 'Tu ne commettras pas d'adultère.'"

Al volver Gregorio con el juez de la casa de la mujer suntuosa exclama: "Y salimos del palacio encantado, dando con nuestros cuerpos en la posada, tan cansados de la ronda como del sueño" (S.,113).

La tía de Beatriz cuenta a Gregorio que la niña, tan preocupada por su bienestar, quería visitarle a las cinco de la madrugada para averiguar sobre su salud. Gregorio le contesta cortés y sarcásticamente: "-Esas finezas- le dije, más nacen de mucha discreción que de mis cortos merecimientos" (S.,117). Con esta zeugma él hace saber que entendía su intención. Poder visitar a un galán, cuando nadie puede verla, es discreción. Sin embargo, él no lo merece por no estar interesado en la niña seriamente.

Cuando Gregorio sorprende a Beatriz hospedando al juez, por la noche, les hace una burla, encerrándolos, y luego los va a visitar. Describe el estado de los tres: "Hallaron al juez perdido de vergüenza, a la niña ganada y a la vieja sin ella "(S.,150). El juez pierde su honor, la niña gana vergüenza y la vieja es una sinvergüenza.

Después de la confrontación con Sebastianillo el malo y sus amigos, Gregorio se escapa a su casa para traer armas: "Y con más ligereza que ellos diligencia, me puse en mi posada... Tomé la espada y daga de mi criado, y con más cólera que atrevimiento, me fui a su casa" (S.,166-167). Con estos recursos zeugmáticos nos dice que podía escaparse no por falta de diligencia de parte de ellos, ni por valentía de parte de él, sino por ser muy ligero y estar muy enojado.

La hermana del juez, a punto de dar a luz una criatura ilegítima, está gimiendo: "Dando unos dolorosos suspiros, tan bajos como altos los pensamientos de donde salían" (S.,168). Los gemidos débiles se ejecutaron no por el dolor del parto, sino por sus pensamientos sobre problemas de suma importancia, tal como los del honor y de la vida.

Burlándose de los poetas excéntricos y cultos de la academia, observa Gregorio: "Y entre los ingenios había uno tan preciado de ridículo como de loco" (S.,174). Lo que quiere decir es que era a la vez ridículo y loco.

La madre de Angélica quiere que Gregorio se case con su hija, culpándole de su desfloración. Le ataca diciendo: "... pecador, que anoche a las diez estuvo en esta casa dando muchas satisfacciones, y no pagando ninguna" (S.,190). Es decir, satisfaciendo sus deseos carnales, se divirtió con Angélica sin pagar con matrimonio por el hecho.

Como vemos antes, nuestro autor tiene predilección por la acumulación de tropos. Al principio, los emplea aisladamente, sólo para repetirlos en acumulación después. El zeugma aislado tiene fuerza encarecedora; su acumulación, manifiesta superación informativa. Dice Lausberg:

> La equiparación semántica total de las partes presupone la exhaustividad de la enumeración de las partes, que puede abreviarse mediante la enumeración de las partes característicamente contrapuestas... La coordinación semántica de las partes puede romperse mediante tendencias caóticas y tendencias zeugmáticas. Las tendencias caóticas apuntan a la notificación encarecedora de la riqueza contenida en el todo y, por su carácter de sorpresa, se hallan al servicio de la *variatio* eliminadora de *taedium*. Las tendencias zeugmáticas representan un caso particular de las tendencias caóticas: el zeugma... ocurre las más veces como colofón intelectualmente interesante de una enumeración, y su finalidad consiste en desterrar al final el peligro del *taedium*, anejo a la acumulación, y ello en forma elegante.[125]

En la descripción del hidalgo, emplea nuestro autor acumulación zeugmática: "Era tan galán como enamorado, tan loco como soberbio, tan necio como discreto, tan pesado como enfadado, tan orates como frates y tan liberal como perdido" (S.,27). El recurso zeugmático permite describir en la misma persona rasgos que son contradictorios, pero que se entienden en una persona que vive sólo por las apariencias sin dejar saber su verdadera naturaleza.

Para describir una situación jocosa en la casa de la dama suntuosa, emplea Gregorio, de nuevo, una acumulación zeugmática: "El juez pedía luz, la dama misericordia, la vieja agua bendita, el escribano doblones, el alguacil resistencia, mi letrado calle, y yo de risa pedía silla para sentarme, porque no la podía tener de pie" (S.,110). Los zeugmas seguidos sugieren túmulo, pánico y tensión. Cada uno pide lo que le sirva mejor. Unos piden cosas concretas, otros abstractas y Gregorio, muriéndose de risa, cómicamente, pide silla.

La acumulación zeugmática también sirve para predicar seriamente. En efecto es bastante común en los rezos judíos, cuando unas oraciones dependen de una palabra. En la transmigración del arbitrista, a lo largo de una página entera acumula unas cadenas de acumulaciones:

> Bastan ya los millones sisados, las natas sorbidas, los dozavos traspuestos... Cesen los engaños hechos a los principios, los cohechos de los factores, las mentiras a los ministros... Los adbitros nuevos engañan los príncipes, alteran los Consejos, despiertan la ambición... Los adbitros violentados son de poco fruto, mucho ruido, mayor escándalo..." (S.,270).

En cuanto al hipálaje, lo describe Lázaro Carreter como "figura que consiste en aplicar a un sustantivo un adjetivo que corresponde a otro sustantivo."[126] También se lo describe como: "A change in the relation of words whereby a word instead of agreeing with the word it logically qualifies, is made to agree gramatically with another word. Hypallage is usually confined to poetry..."[127]

El uso del hipalaje en la obra de Antonio Enríquez Gómez, no es tan extendido como el de las demás figuras, pero es posible identificar algunos ejemplos. En la décima a la muerte del miserable se dice:

> Vigilia para sí solo
> si ayunó de polo a polo;

todo miserable advierta
que en esta casa desierta,
más propiamente avestruz
la limosna enciende luz
sobre su pavesa muerta (S.,224).

El autor comienza adjetivizando el sustantivo "avestruz," modificando con él la casa. La actitud del avestruz, es la de ignorar un peligro. La casa no es el avestruz. El miserable lo es, ya que ignora los peligros de la mezquindad.

Hablando el alma al hipócrita, comenta: "... no me espanto / sino de algunos doctos letrados, / devotos destos actos depravados" (S.,205). La modificación "depravados" parece modificar los actos, sin embargo pertenece a los letrados.

El alma nos dice que el ambicioso "juntó tantos ducados alevosos" (S.,17). De nuevo el alevoso era el ambicioso, no los ducados.

Comentando la hipocresía del hipócrita, dice: "Un día que arrobado / se quedó, de cansado, / en una cama hipócrita" (S.,198). La cama no es la hipócrita. El hipócrita, que en ella duerme, lo es. Es también interesante observar la dilogía "arrobado" que también puede significar "ha robado."

El alma nos cuenta del hidalgo: "Siendo, por lo cruel y lo grosero, / inquitable su bárbaro sombrero" (S.,2420. Bárbaro, es decir sin educación y cortesía era el hidalgo, no su sombrero.

El cornudo alguacil Torote, al saber que su mujer era la encerrada en el dormitorio de Gregorio, se llena de celos y la apuñala. "La dio cuatro puñaladas celosas" (S.,154). Las puñaladas no son las celosas, sino quien las da.

Otra figura es la conmutación. Lázaro Carreter la describe como "una figura retórica que consiste en contraponer dos frases que contienen las mismas palabras con otro orden y régimen."[128] La nueva agrupación de palabras sugiere un sentido radicalmente distinto del original. Como los demás juegos retóricos. las conmutaciones, también, se abundan en nuestra obra, ya que permiten ingeni juegos de concepto. A veces, la conmutación resulta de efecto cómico, a v en una seria crítica social.

Se burla el médico, de los miedos existenciales del alma:

Yo curo como mato,

descubriendo salud por el olfato;

yo mato como curo,

viviendo a lo Ipicuro;

oye si tienes culpa de culparme (S.,234).

El efecto aquí es burlesco, ya que no hay diferencia significativa entre "curo como mato" o "mato como curo." Lo que añade el nuevo matiz es su admisión que vive a lo Epicuro. No le importa, efectivamente, si cura o mata, con tal que tenga su goce personal. Acaba con juego de palabras paronomástico, diciéndole al alma "tienes culpa de culparme."

Otra conmutación, pero más significativa, encontramos en la descripción de los padres de Gregorio: "Ella servía de sacar gente al mundo, y el de sacarlos del mundo" (S.,69). El beneficio que ella crea al traer criaturas al mundo, su marido deshace matándolas. La coexistencia de dos extremos contrarios, tiene lugar tanto en la vida como en el hogar de Gregorio.

Cuando la madre encuentra a la nodriza gallega embriagada, encima del casi sofocado Gregorio, decide despedirla. No obstante, no lo hacen por consejo de los médicos: "Que no mudasen amas si no querían que yo mudase de vida" (S.,90). Efectivamente, lo que aconsejan es que es mejor que esté mal cuidado que muerto.

Gregorio, galán enamorado de Angélica, quiere darle serenatas nocturnas. Frustrado por las interrupciones del alguacil, le hace tramoya, en que después de estar suspendido en el aire, se cae violentamente al suelo: "Soltélo, y dio con su cuerpo y aun con su alma en el jardín de la calle, o en la calle de los jardines, y quedóse sin decir: Dios, valme" (S.,148). La primera agrupación sugiere la realidad de que se cayó efectivamente a un jardín de la calle. La segunda agrupación es para decirnos que ya llegó al Jardín, con mayúscula, al Paraíso. Es decir, se murió. Pra aclarar este significado, añade "sin decir: Dios valme." Es decir, sin despedirse el muerto apropiadamente del mundo.

Otra conmutación graciosa se encuentra en la descripción de la vergüenza del juez y Beatriz al estar descubiertos juntos por Gregorio: "Dieran por no haberme visto lo que yo diera por vellos como los vi" (S.,150). Ellos darían todo por no ser encontrados por Gregorio. El, igualmente, para burlarse de la deslealtad de los dos, daría la vida.

Gregorio averigua de la criada de Lucrecia el oficio del marido de ésta. Le contesta la criada perspicazmente: "¿Vmd. pretende el oficio, o la señora del oficio?" (S.,152). Es decir: ¿Estás interesado en el oficio metonimia por el dueño del oficio, el marido, o en la mujer de él?

Gregorio, puesto en la cárcel con su criado, por el escándalo causado con Lucrecia, comenta la falta de justicia con la siguiente conmutación: "Pusiéronme en la cárcel a mí y a mi criado, adonde pagamos, yo lo que no había comido, y él lo que no había solicitado" (S.,154). Gregorio paga por comida que no recibe, y el criado es castigado por delito que no ha cometido.

NEOLOGISMOS:

En el siglo XVII, el vocabulario literario se enriquecía con latinismos y arcaísmos así como por la creación de nuevas palabras. La inventiva de nuevas palabras brota en muchos casos, tanto para expresar un concepto novedoso deseado por el autor, como para causar risa. Dice Lázaro Carreter de los neologismos de Quevedo: "No las crea ni por capricho ni por broma, sino por necesidad inexcusable, ya que, con estas palabras capta una realidad que no tiene nombre (o lo tiene desgastado) o, lo que es más importante, crea una realidad dándoselo."[129]

Bleznick estudia los distintos modos de crear palabras nuevas en Quevedo:

> Quevedo frequently coins a new word by parodying a particular word... Neologism are also created by utilizing established linguistic patterns as a point of departure... The technique of creating new words by imitating established linguistic phenomena is found in two other areas, namely, the formulation of compound words and the generation of infinitives... Quevedo also parodies set expressions.[130]

En *El siglo pitagórico,* los neologismos se crean, en general, con motivo cómico burlesco. El autor llama al doctor que experimentaba con cadáveres, "Gatatumba." Gato ya tenía el sentido de ladrón, por lo tanto, gatatumba es el que roba cadáveres de las tumbas. En este ejemplo toma dos palabras conocidas para crear una nueva.

A veces toma un nombre propio y lo adjetiviza. Cuando el alma se introduce en el cuerpo de Quiteria, dice: "Y así quedó mi alma aquiteriada" (S.,36).

En otros casos crea formas verbales de un nombre propio conocido. En el caso del soberbio el alma tiene miedo de llegar a ser soberbia como Nembrot, y dice: "Que si no vuelvo en mí, me nembroneo" (S.,242). Refiriéndose al virtuoso Hércules que acabó la vida quemándose, dice: "O por poco, sin alma me hercuelo" (S.,242). El arbitrista recibe nueva atribución, "protodiablo," hecha por el prefijo "proto" que significa primero, preeminencia o superioridad, y por el sustantivo "diablo," por ser tan malicioso como el diablo.

El valido no siguió los ejemplos políticos de Maquiavelo, sino los del valido malicioso de Dios, el diablo. Por lo tanto, le califica de "Maquidiablo" (S.,57).

El alma cultiva neologismos, hablando al hipócrita: "Cese lo monjigato, / que nunca oí que se adórase un gato" (S.,203). Es evidente que el neologismo "monjigato" se crea sobre *monje* y *gato*. En nota a pie refiriéndose a este verso, dice Amiel: "Etant donée le contexte, *monjigato* est vraisemblablement une création expressive de l'auteur (*monje-y-gato*) en harmonie avec le sentiment populaire qui s'exprime dans les proverbes (*uñas de gato y cara de beato*), et dont le sens rejoint le terme courant *monjigato*, propice aux jeux de mots."

El tiempo que a su paso destruye todo, recibe el apodo "Rompecolunas." Refiriéndose a ese neologismo, dice Amiel, en nota al pie número 7: "Autrement dit, un pourfendeur." Lo basa en otras obras de nuestro autor, donde el significado implicado de *rompecolunas* es "fanfarrón."

La madre de Gregorio, que ya nos divirtió con muchas agudezas, crea también un gracioso neologismo. Se queja de los bruscos movimientos del feto en su vientre. El padre la insulta, diciendo: "Estáis endemoniada." Pero la madre no se insulta tan fácilmente: "Estoy endoctorada, que es peor" (S.,85). Tener un doctor en las entrañas, es peor que tener el diablo.

CULTISMO:

La actitud de Antonio Enríquez Gómez hacia el cultismo es similar a la de Quevedo. Por un lado, lo ataca y por el otro, no deja de emplear, de vez en cuando, sus recursos. El soberbio, para sentirse más elevado que los que le rodean emplea lenguaje enigmático e ilegible. Los verbos son desconocidos y las palabras mal puestas en la oración. Nuestro autor nombra el estilo "flor culterina" y añade que los aduladores, por no entender sus obscuridades, les atribuyen divinidad:

> Su lengua, tarabilla, de molino,
> molía de lo fino,
> y barajando verbos inorados
> pintaba los vocablos malparados,
> cuya flor culterina
> los necios la juzgaban por divina (S.,24).

Su participación en la Academia de los poetas, le ofrece a Gregorio la ocasión para burlarse más de los cultistas. Se da un asunto a los participantes para desarrollar en un poema. Las instrucciones mismas ya se mofan declaradamente de los culteranos:

> Este fue que una dama sentada en su cama, queriendo dar a sus blancos pies el velo de nácar (o, hablando culto, calzarse los coturnos) se desmayó a ver su amante, que impensadamente la cogió con el hurto en los pies, como otros en las manos, a cuya desmayada hermosura se dijeron los sonetos siguientes (S.,174).

Comenta Amiel sobre este trozo, en nota a pie número 4:

> Dans les cinq compositions suivants (quatre sonnets, un romance), Antonio Enríquez Gómez, après tant d'autres, s'est essayé à parodier le cultisme, auquel il emprunte le vocabulaire, les métaphores hyperboliques, le goût de l'alternative... des inversions de termes... et de symétries... A ces procédés s'ajoutent des images et des situations burlesques, des sous-entendus et des jeux de mots obscènes, qui compliquent l'intelligence de ces poèms oÖ l'on devine parfois plus qu'on ne comprend, lorsque notre auteur n'est pas délibérément obscur ou incohérent.

Miremos el siguiente hiperbatón: "Los ojazos abrió casi diurnos" (S.,175). O la adjetivización de título conocido: "Habló la gatomaquia gatatumba" (S.,176).

Aclara Amiel, en nota a pie número 12, refiriéndose a este verso, que Enríquez Gómez adjetiviza el título *La Gatomaquia* de Lope de Vega, donde éste se burla del culteranismo de Góngora.

He aquí unos ejemplos de versos cultistas empleados por los poetas enigmáticos. Comienza el primer soneto con el siguiente cuarteto:

> En su catre de nieve colocada,
> con sus diez azucenas, Amariles,
> nevando mayos, floreciendo abriles,
> Flora viviente fue sobre la almohada (S.,174).

El romance de uno de los poetas culteranos acaba con el siguiente cuarteto:

> Alzó Amariles aquellos
> soles sí, luceros no,
> y con un eclips templado
> todo el orbe tumbó (S.,179).

En el texto mismo, cuando usa cultismos, lo hace con burla. Cuando quiere mostrar la insinceridad del médico al examinar una mujer doliente, le hace hablar en cultismo. El médico hace a la dama descubrir el pecho y dice: "La nieve está pintada" (S.,229). El pecho comparado a la nieve, por su blancura, está pintado por el color y calor de la fiebre, y tal vez, por la vergüenza, por añadidura.

Cuando el hipócrita hace a las damas besar su mano, emplea metáfora petrarquista al lado de una jocosa: "Inclinaba su rosa / a sus espinas" (S.,196). La mujer le ofrece los labios rojos, a besar los dedos puntiagudos, o el pelo grueso de sus manos.

En otro caso, estando en la venta, se desmaya la niña Beatriz en los brazos de Gregorio. Un poeta de quien, de nuevo, se mofa nuestro autor, inmediatamente le dedica un soneto, inspirado por la ocasión. De nuevo, vemos que emplea el cultismo jocosamente:

> Desmayábase el sol porque su tía
> le puso en venta los divinos ojos
> ....

> Lo colorido entre la nieve ardía,
> y dando Amor en su coral de ojos,
> bebió ciego los líquidos despojos,
> que Dafne se perdió por bobería (S.,134-135).

En el primer verso compara la belleza de Beatriz desmayada al sol, poniéndola en el hecho, en un pedestal cortés, y en el segundo, declara que es un objeto de venta. El segundo cuarteto del soneto es, aún, más burlesco Normalmente, el coral rojo es de la boca, aquí, de los ojos, de tanto llorar. Las lágrimas le recuerdan la "bobería" de Dafne, llorando y huyendo de Apolo.

Cuando trata de asuntos de amor, introduce elementos petrarquistas pero frecuentemente con tal falta de sinceridad que resulta una impresión burlesca. Cuando se encuentra con Lucrecia, por primera vez, la describe Gregorio: "Una dama de tan buen talle, que me llevó los ojos... y alzando el manto vino de repente un relámpago de luz tan fuerte, que me turbó la vista" (S.,151).

Cuando la hermana del juez está a punto de parir, la situación es bien grave, por cuestión de honra. Gregorio describe a la niña: "Las blancas manos parecían grumos de blanca cera, y de los rayos que salían por el velo se podía bien colegir el sol que ocultaba en lo díafano de aquella nube" (S.,168). La comparación de la blancura con grumos de cera es evidente mofa. Sin embargo, los ojos-rayos, el díafano velonube y el sol-belleza son metaforizaciones que cabían bien en el petrarquismo.

Para describir el amanecer, Gregorio emplea metaforización bastante cultista: "Venía mi señora la alba llorando auroras cuando nos apartamos de la noche, y cada uno fue a su posada a dar su tributo al sueño, como dicen los asentistas de Morfeo" (S.,189-190).

Un espíritu anciano contempla los problemas metafísicos, acompañado por el laúd. El espíritu se expresa nostálgicamente con unos versos muy delicados, que no dejan lugar a burla: "nací para morir." Y el cielo "globos de zafir" (S.,289). Más adelante describe el cielo estrellado como la piedra preciosa, grabada por plata: "En libros de zafir, letras de plata" (S.,292). Las pasiones se describen con hiperbatón: "Los astros comuneros de pasiones / sobre la basta madre fabricaban / soberbias, por mi mal, inclinaciones" (S.,289).

Una voz por la noche, llama a Gregorio que la sigue: "Detúveme, y conocí a mi doña Angela de Bracamonte por la pinta de la voz, que pintaba serafines de oro" (S.,185). Con la sinestesia "pinta de la voz" compara la voz de Angélica a la melodía de los serafines.

El sabio de la transmigración final también habla con sinestesias: "¡Ay de aquel que bebió por el oído / retórico veneno, dulce y grave!" (S.,301). Es decir, que las sabidurías que uno aprende escuchando a otros mortales son como un veneno, ya que con su dulzura no nos dejan ver la verdadera gravedad de la vida.

REPETICION:

Como ya vimos antes, uno de los recursos favoritos de Antonio Enríquez Gómez es la acumulación. El uso insistente, la repetición de la misma palabra o de la misma idea con distintas palabras, resulta en transmisión efectiva de ideas. Dice Lausberg que el propósito de la repetición es el "encarecimiento que las más veces obra mediante los afectos, pero que también puede influir intelectualmente."[131] Sigue Lausberg diciendo que la repetición y acumulación vienen bajo la categoría de las *figurae elocutionis* denominada la *adiectio*, y que "aparece por una parte como repetición de la misma palabra o del mismo grupo de palabras y, por otra, como acumulación de palabras distintas o de distintos grupos de palabras."[132] La repetición de la misma palabra puede acontecer al comienzo de un grupo de palabras, la anáfora, al fin, la epífora, en los dos a la vez, o sucesivamente. En nuestra obra, más que todo, se encuentra la anáfora, "la repetición intermitente del comienzo de un miembro o de un inciso."[133]

Al hablar Bleznick del uso de la anáfora en Quevedo, dice que lo hace con el propósito de imprimir su mensaje efectivamente en la mente del lector: "Quevedo frequently employs anaphora, a technique used by classical and medieval writers, to string together a number of observations, with the purpose of etching his theme on the reader's mind."[134]

En la recriminación del valido, el alma le ataca y le advierte que gane "un odio general en todo el mundo," y sigue con tres versos más que comienzan con la anáfora "un" y cinco más con "una" (S.,59).

En la descripción del hipócrita, comienza con "su casa era de esgrima," y continúa con nueve versos seguidos que comienzan con la anáfora "su" (S.,208). El hipócrita contesta al alma con doce versos que comienzan con "el."

Al miserable amenaza el alma con "si eres hombre, platica con los hombres," y sigue con seis versos más que comienzan con "si eres" (S.,218). El contesta al alma con ocho versos que comienzan con "quien," con cinco versos que comienzan con "la," seguidos por siete versos que comienzan con "todo" y uno con "toda" (S.,220-222).

En la prosa también encontramos esta repetición anafórica. En los consejos de sabor muy bíblico que se da al hidalgo, dice: "Hijo, si quieres ser noble, sé piadoso," y sigue con dieciocho veces más de "si quieres" (S.,283). La impresión de estos consejos, transmitida al lector, es muy fuerte.

Bleznick muestra como en la obra de Quevedo la repetición obsesiva de un elemento o grupo de palabras intensifica la crítica que hace. Señala que Quevedo repite acumulativamente elementos y metáforas, antes repetidas aisladamente en varios lugares de su obra. Antonio Enríquez Gómez también emplea la misma técnica, refiriéndose con acumulaciones a metáforas e ideas que ha empleado anteriormente en el texto. Bleznick explica el propósito de este recurso:

> Stock epithets, similes, and metaphors reappear in all his works. There is no doubt that this obsessive repetition serves to reinforce his criticism of the abuses and abusers that plagued Spain. Quevedo probably felt at times that the cumulative effect of such repetition did not sufficiently impress or convince the reader, and consequently, he frequently paused to produce intensified accumulations.[135]

En la imprecación al valido, el alma usa el recurso de la repetición, en este caso, de frase entera. Cada vez que se averigua el caso de un crimen, la respuesta del criminal es: "Porque lo manda mi señor valido" (S.,58).

El médico, para disculparse de haber matado a tantos pacientes, da seis ejemplos y descripciones del modo en que se murieron. Por creerse inocente, repite al final de cada caso la pregunta: "Pues, ¿quién tiene la culpa desta muerte?" (S.,235-236).

Dice Lausberg que la repetición de la misma palabra… implica una superación afectiva: la primera posición de la palabra tiene la función informativa semántica normal (*indicat*), la segunda posición de la misma palabra presupone la función informativa de la primera posición y tiene además una función afectiva y encarecedora que rebasa la simple función informativa (*affirmat*).[136] Hay tres tipos fundamentales en la repetición de palabras iguales: Tipo-contacto: /...xx.../, tipo-paréntesis: /x...x/, tipo-intermitente: /...x/x.../ (tipo inicial) o bien: /...x/...x (tipo final).[137] La repetición de la misma palabra o "tipo-contacto" causa una impresión muy fuerte, especialmente cuando se trata del tema de la muerte. Advierte el alma al ambicioso que no se puede deshacer la muerte: "Y mira que el que muere, muere y muere" (S.,15). Y al hipócrita advierte igualmente: "Que sólo para sí, si muere, muere" (S.,205).

López-Grigera, al hablar de la reiteración en Quevedo, dice: "Aquí aparece, casi por primera vez en la prosa de Quevedo una vieja figura: está en el primer Garcilaso y en el último Quevedo... esta figura de repetición de miembros iguales o de igualdad reflejada, a distancia."[138] Continúa citando a Quevedo, que estableció el origen de esta figura en la obra de Séneca. Dice Quevedo (*De los remedios de qualquier fortuna*, fechada en 1633): "Yo no sólo afirmo ser de Séneca todas las sentencias y palabras, sino este mismo estilo: porque en Séneca hallamos primero que en el Petrarca, *el estilo de repetir una palabra* muchas veces y *consolarla* y *declararla* repetidamente de diferentes maneras."[139]

La combinación de epífora, anáfora y reiteración de "tipo-paréntesis" es muy impresionante. Para describir la tensión de la gente que vino a observar el espectáculo de la muerte del hipócrita prometida por él mismo, se usa este recurso: "Dio las seis, dio las siete, dio la queda, / y yo queda que queda; / dio sin pensar las once" (S.,197). Con la repetición de "dio," casi podemos oír el reloj dar las horas y a la vez, la obstinación del alma que "queda que queda."

La repetición de "tipo-paréntesis" se advierte en el discurso existencial del filósofo, que repite la palabra muertos de tal modo, que imprime en la mente del lector un pavor de esta vida llena de muerte: "Vivimos entre muertos, comemos muertos, vestimos muertos, lisonjeamos muertos, y con tener a nuestra vida tanto cadáver, queremos vivir para siempre" (S.,123). Otra reiteración de "tipo-paréntesis" del verbo pedir en la boca de la tía de Beatriz es muy convincente. De tanto pedir, comprendemos que no se puede existir sin ello:

La tierra pide agua y sol; el cielo pide almas; el limbo, inocentes; y todos nos pedimos los unos a los otros. La justicia se pide, la gloria se pide, y la muerte piden muchos; ya que tú no pidas la muerte, pide hasta la muerte, pues te piden a ti (S.,116).

La enumeración, cobra más fuerza crítica en la obra de Quevedo y en la de Antonio Enríquez Gómez. Imita el caos de la realidad concreta, y casi siempre se acaba con una sorpresa al fin de la enumeración. Bleznick comenta este recurso en la obra de Quevedo: "In effecting his obsessive urge to impress upon the reader his jaundiced views of life, Quevedo often resorts to the medieval technique of enumeration... to represent the abstract chaos of the world about him."[140]

Molho, hablando de Quevedo, alega también que la enumeración refleja el caótico: "... 'estilo enumerativo', e incluso, si se admite que ensarta metáforas en orden aparentemente inconexo y disperso, podría decirse que pertenece al *caotismo...*"[141]

La enumeración acumulativa de sustantivos intensifica la idea comunicada. La enumeración puede ser lógica o caótica, según el modo de pensar del locutor. La vieja tía de Beatriz, a pesar de su bajeza espiritual, muestra entendimiento profundo de la sobrevivencia. Justifica su avaricia y su persistencia en que se le regale a Beatriz: "Los necios piden belleza, gala, colgaduras, sillas, escritorios, bufete, camas, joyas y otras galas, y no miran que todo esto cuesta lo que ellos no dan" (S.,116).

El juez usa la enumeración de sustantivos, para contradecir todo lo enumerado: "Y no niego haber en el mundo verdad, justicia, razón, virtud, misericordia, amistad, limosna, honra, caridad, templanza, fortaleza, prudencia y sabiduría" (S.,181-182). Después de yuxtaponer todos los componentes de la felicidad en la vida, insiste, contradictoriamente, con un elemento de sorpresa, en que sin la comodidad de uno, ninguno valga nada.

El médico enumera asindéticamente, todas las enfermedades que conoce, para insistir en que no se pueda uno distinguir entre ellas y curarlas. El límite de su conocimiento es el poder de nombrarlas:

El médico mejor, alma tirana,
no puede averiguarse con cuartana,
tabardillo, almorranas,
gota coral, tercianas,

sarampión, garrotillo, alferecía,
tircia, apoplejía,
asma, pulmón, viruelas, sabañones...(S.,236-237).

La acumulación de adjetivos tiene, como las demás repeticiones un propósito de intensificación. Es más efectivo aún cuando el último miembro causa sorpresa. Decribiendo el entierro del valido, comenta el alma: "Notando que su entierro / fue como su destierro; / secreto, sordo, triste, desgraciado, / y más que desgraciado, mormurado" (S.,65).

Antonio Enríquez Gómez hace acumulación de metáforas encima de un término, y se lanza a una éxtasis de correspondencias metafóricas, empleando hasta la saciedad todas las relaciones; acerca a su elemento original una serie de metáforas dispares que modifican varios aspectos del mismo elemento y al fin, dan un retrato exagerado de él. En cada unidad metafórica nueva introduce otro elemento que entra en relación con el objeto central. Líneas o versos enteros giran alrededor del mismo objeto. De nuevo, se encuentra esta técnica ampliamente en Quevedo. Cuando se la refiere Lázaro Carreter en relación al soneto "A una nariz," la describe como "Patológica creación de metáforas."[142] Observamos esta acumulación frenética en la descripción del ladrón:

Limpio de boca pero no de manos,
más agudo que azogue de gitanos,
lince del escritorio más guardado,
ganzúa del dinero más cerrado,
embustero con arte,
más valiente que Marte,
más zaino que Mercurio, y por su diestra
de la caja mejor llave maestra (S.,253).

Antonio Enríquez Gómez usa la técnica enumerativa para causar una específica impresión. Cuando llegamos a creer en la existencia de ésta, un último verso, completamente contradictorio, deshace todo lo dicho antes. Nos deja volar con él a las cimas de esperanza, sólo para dejarnos caer, de golpe, a las simas de la desesperanza. El virtuoso se describe con una enumeración de adjetivos ennoblecedores. Cada calificativo más elevado que el que le precede. La insistencia en el amontonamiento de todas estas cualidades espirituales edifica en la mente del lector un ser increíble.

> Era caritativo, generoso,
> manso dócil, piadoso,
> limosnero, prudente, recatado,
> amigo del honor, cuerdo y honrado,
> sin hallarse en su pecho la cudicia,
> la fe, sí, la verdad y la justicia.
>
> ....
>
> En la conversación era prudente;
> en la doctrina, claro y elocuente;
> en el consejo, docto y entendido;
> y en el moral ejemplo, conocido (S.,300).

Desafortunadamente, nos damos cuenta, al fin, que efectivamente, este ser increíble era sólo un fragmento de un sueño irreal: "Que mi postrero dueño,/ jerolífico ha sido de mi sueño" (S.,307).

NOTAS

[1]Prólogo, a *Sansón nazareno*.

[2]Leo Spitzer, "Sobre el arte de Quevedo en el *Buscón*," *Francisco de Quevedo*, ed. Gonzalo Sobejano (Madrid: Taurus, 1978), pp. 142-143.

[3]Fernando Lázaro Carreter, "Quevedo: La invención por la palabra," *Homenaje a Quevedo*, ed. Victor García de la Concha (Salamanca: Editorial Academia literaria renacentista, 1982), p. 11.

[4]Rafael Lapesa, *Historia de la lengua española*, sexta edición corregida y aumentada (1942; rpt. New York: Las Américas Publishing Company, 1965), pp. 221-222.

[5]Juan Luis Alborg, *Historia de la literatura española: Epoca barroca* (Madrid: Editorial Gredos, 1972), 2:13.

[6]Fernando Lázaro Carreter, *Estilo barroco y personalidad creadora: Góngora, Quevedo, Lope de Vega* (Madrid: Anaya, 1966), p. 41.

[7]Ibid., p. 42.

[8]Arthur Terry, "Quevedo y el concepto metafísico," *Francisco de Quevedo*, ed. Gonzalo Sobejano (Madrid: Taurus, 1978), p. 58.

[9]Alexander A. Parker, "La 'agudeza' en algunos sonetos de Quevedo: Contribución al estudio del conceptismo," *Francisco de Quevedo*, ed. Gonzalo Sobejano (Madrid: Taurus, 1978), p. 44. (Antonio Vilanova lo dijo en *Preceptistas españoles de los siglos XVI y XVII. Historia general de las literaturas hispánicas*, ed. Guillermo Díaz-Plaja, Madrid, 1953. 3:567-692).

[10]Ibid., p. 44. (Refiriéndose al estilo, Dámaso Alonso en *Góngora y el Polifemo*, 5ª ed., Madrid, 1967.1:89).

[11]Ibid., p. 44.

[12]Ibid., p. 45.

[13]Andrée Collard, *Nueva poesía: Conceptismo, Culteranismo en la crítica española* (Madrid: Castalia, 1967), p. 2.

[14]Lázaro Carreter, *Estilo*, pp. 56-57.

[15]Guillermo Díaz-Plaja, *El estudio en la literatura* (Barcelona: Sayma Ediciones y Publicaciones, 1963), p. 19.

[16]Alborg, 2:12.

[17]Lázaro Carreter, *Estilo*, p. 13.

[18]Jorge Checa Cremades, *La poesía en los siglos de oro: Renacimiento* (Madrid: Editorial Playor, 1982), p. 54.

[19]Ibid., p. 55.

[20]Lapesa, p. 227.

[21]Ibid., p. 23.

[22]Ibid., p. 231.

[23]Alborg, 2:21.

[24]Lázaro Carreter, *Estilo*, p. 28.

[25]Claudio Guillén, "Quevedo y el concepto retórico de literatura," *Homenaje a Quevedo*, ed. Victor García de la Concha (Salamanca: Editorial Academia Literaria Renacentista, 1982), p. 492.

[26]Ibid., p. 494.

[27]Claudio Guillén, "Quevedo y los géneros literarios," *Quevedo in Perspective*, ed. James Iffland (Newark, Delaware: Juan de la Cuesta, Hispanic Monographs, 1980), p. 14.

[28]Collard, p. 38.

[29]Ibid., p. 85.

[30]Maurice Molho, *Semántica y poética: Góngora y Quevedo* (Barcelona: Editorial Crítica, 1977), p. 27.

[31]Ibid., p. 133.

[32]Lope de Vega Carpio, *El arte nuevo de hacer comedias en este tiempo,* ed. Juana de José Prades (Madrid: Clásicos hispánicos, 1971), p. 298.

[33]Collard, p. 82.

[34]Lázaro Carreter, *Estilo*, p. 21.

[35]Ibid., p. 32.

[36]Claudio Guillén, "Quevedo y el concepto retórico...," p. 494.

[37]Dámaso Alonso, *Poesía española: Ensayo de métodos y límites estilísticos. Garcilaso, Fray Luis de León, San Juan de la Cruz, Góngora, Lope de Vega, Quevedo,* 5ª ed. (Madrid: Editorial Gredos, S.A., 1971), p. 569.

[38]Baltazar Gracián y Morales, *Agudeza y arte de ingenio*, ed. Evaristo Correa Calderón (1601; rpt. Madrid: Clásicos Castalia, 1969), vol. 1, disc. 1, p. 50.

[39]Ibid., vol. 2, disc. 2, p. 54.

[40]Spitzer, "Arte de Quevedo," p. 143.

[41]Gracián, vol. 1, disc. 1, p. 49.

[42]Ibid., vol. 2, dis. 63, p. 257.

[43]Ibid., vol. 2, dis. 60, p. 234.

[44]Ibid., vol. 2, dis. 63, p. 254.

[45]*Princeton Encyclopedia of poetry and poetics*, ed. Alex Preminer (Princeton, New Jersey: Princeton University Press, 1974), p. 870.

[46]Heinrich Lausberg, *Manual de retórica literaria*, trad. José Pérez Riesgo (1960; rpt. Madrid: Editorial Gredos, 1967), 2:94.

[47]Lía Schwartz Lerner, *Metáfora y sátira en la obra de Quevedo* (Madrid: Taurus Ediciones, 1983), p. 187.

[48]Jorge Luis Borges, "Quevedo," *Otras inquisiciones* (Buenos Aires: Emecé Editores, 1960), p. 59.

[49]José Miguel Ibáñez Langois, *La creación poética* (Santiago de Chile: Editorial Universitaria, 1969), p. 90.

[50]Schwartz Lerner, p. 33.

[51]Lázaro Carreter, *Estilo*, p. 26.

[52]Lázaro Carreter, "Quevedo: La invención de la palabra," p. 17.

[53]Dámaso Alonso, *Poesía española*, pp. 404-406.

[54]Maurice Molho, "Sobre un soneto de Quevedo. 'En crespa tempestad del oro undoso'. Ensayo de análisis intratextual," *Francisco de Quevedo*, ed. Gonzalo Sobejano (Madrid: Taurus, 1978), p. 358.

[55]Schwartz Lerner, p. 34.

[56]Ibid.

[57]Ibid., p. 131.

[58]Ibid., p. 34.

[59]Ibid., p. 131.

[60]Lázaro Carreter, *Estilo*, pp. 27-28.

[61]Gracián, vol. 1, dis. 9, p. 114.

[62]Gracián, vol. 2, dis. 53, pág 179.

[63]*Princeton Encyclopedia*, p. 490.

[64]Ibid., p. 490.

[65]Lausberg, pp. 61-62.

[66]Ibid., p. 64.

[67]Francisco de Quevedo, *Poesía Varia*, ed. James O. Crosby (Madrid: Ediciones Cátedra, 1985), p. 87.

[68]Schwartz Lerner, p. 185.

[69]Lázaro Carreter, *Estilo*, p. 17.

[70]Luis de Góngora, *Sonetos completos*, ed. Biruté ciplijauskaite (Madrid: Clásicos Castalia, 1985), p. 230.

[71]Nuestras vidas son los ríos
que van a dar en la mar,
qu'es el morir;
allí van los señoríos
derechos a se acabar
e consumir;
allí los ríos caudales
allí los otros medianos
e más chicos,
allegados, son yguales
los que viven por sus manos
e los ricos.
Jorge Manrique, "Coplas de don Jorge Manrique para la muerte de su padre," *Poesía*, ed. Jesús Manuel Alda Tesán (Madrid: Ediciones Cátedra), p. 149.

[72]Gracián, vol. 1, dis. 4, p. 73.

[73]Gracián, vol. 1, dis. 7, p. 99.

[74]Gracián, vol. 2, dis. 63, p. 257.

[75]Lapesa, p. 228.

[76]Ilse Nolting Hauff, *Visión, sátira y agudeza en los sueños de Quevedo,* trad. Ana Pérez de Linares (1968; rpt. Madrid: Editorial Gredos, 1974), p. 246.

[77]Ibid., p. 254.

[78]Lausberg, pp. 89-93.

[79]Ibid., p. 75.

[80]Gracián, vol. 2, dis. 49, p. 151.

[81]Pedro Calderón de la Barca, *La vida es sueño and El alcalde de Zalamea*, intr. Sturgis E. Leavitt (New York: Dell Publishing, 1964), p. 163.

[82]Gracián, vol. 1, dis. 7, p. 105.

[83]Ibid., vol. 1, dis. 5, p. 75.

[84]Ibid., vol. 1, dis. 5, pp. 83-84.

[85]Collard, p. 85.

[86]Gracián, vol. 1, dis. 8, p. 108.

[87]Dámaso Alonso, *Poesía española,* p. 506.

[88]Ibid., p. 505.

[89]Ibid., p. 507.

[90]Molho, *Semántica,* p. 134.

[91]Manuel Durán, *Francisco de Quevedo* (Madrid: Ediciones Distribuciones, 1978), p. 40.

[92]Ibid., p. 50.

[93]Gracián, vol. 1, dis. 23, p. 224.

[94]Ibid., vol. 1, dis. 23, pp. 225-227.

[95]Durán, p. 51.

[96]Ibid., p. 52.

[97]Francisco de Quevedo, *Historia de la vida del Buscón*, ed. Domingo Yndduráin (Madrid: Ediciones Cátedra, 1985), p. 108.

[98]Claudio Guillén, "Quevedo y el concepto retórico," p. 503.

[99]"En tierra, en humo, en polvo, en sombra, en nada," *Sonetos completos*, p. 230. Recuerda los versos bíblicos: "Ya que polvo eres, y al polvo volverás." Génesis 3:19.

[100]Gracián, vol. 1, dis. 23, p. 224.

[101]Ibid., vol. 1, dis. 5, p. 78.

[102]Tiene eco de los versos inolvidables de Quevedo: "Soy un fue, y un será, y un es cansado," "Ah de la vida," *Poesía varia*, p. 158.

[103]W. Empson, *Seven Types of Ambiguity* (1936; rpt. New York: New Directions, 1947), p. 5.

[104]Lázaro Carreter, *Estilo*, p. 29.

[105]Ibid., pp. 52-53.

[106]Ibid., p. 29.

[107]Durán, p. 52.

[108]Lausberg, p. 959.

[109]Fernando Lázaro Carreter, *Diccionario de términos filológicos*, 2ª ed. (Madrid: Editorial Gredos, 1962), p. 314.

[110]*Princeton Encyclopedia*, p. 681.

[111]Gracián, vol. 2, dis. 32, p. 45.

[112]Claudio Guillén, "Quevedo y los géneros literarios," p. 12.

[113]Gracián, vol. 2, dis. 32, p. 46.

[114]"Ce mot, dont le sens est évident... usure,... c'est d'après Correas (*Vocabulario*, p. 65b), un asturianisme: 'Agua de hebreo, mata al onzenero. (El asturiano llama 'onzenero' al rrenovero)'. En voici quelques attestations dans un texte plus ancien, aragonais celui-ci (d'après les fichiers du Séminaire de lexicographie de l'Académie espagnole): 'En las ditas tauffurarias interviengan... muytos onzeneros prestando a onzenas... Los onzeneros o logreros que... prestaran en los juegos illicitos... pierdan... aquello que prestado auran...' (*Ordinaciones y paramientos de la Ciudad de Barbastro*, edición de la *Revista de Aragón*, vol. 5, pp. 84,85)."

[115]Lausberg, p. 114.

[116]Gracián, vol. 2, dis. 32, p. 50.

[117]Lázaro Carreter, *Diccionario*, p. 144.

[118]Gracián, vol. 2, dis. 33, p. 53.

[119]Quevedo, *Buscón*, p. 84.

[120]Lázaro Carreter, *Estilo*, pp. 33-34.

[121]Lázaro Carreter, *Diccionario*, p. 417.

[122]*Princeton Encyclopedia*, p. 905.

[123]Karl Vossler, *Espíritu y cultura en el lenguaje*, trad. Aurelio Fuentes Rojo (1925; rpt. Madrid: Ediciones Cultura, 1959), pp. 38-39.

[124]Luisa López-Grigera, "La prosa de Quevedo y los sistemas elocutivos de su época," *Quevedo in Perspective*, ed. James Iffland (Newark, Delaware: Juan de la Cuesta, Hispanic Monographs, 1980), p. 98.

[125]Lausberg, pp. 135-136.

[126]Lázaro Carreter, *Diccionario*, p. 221.

[127]*Princeton Encyclopedia*, p. 358.

[128]Lázaro Carreter, *Diccionario*, p. 109.

[129]Lázaro Carreter, "Quevedo: La invención por la palabra," p. 19.

[130]Donald Bleznick, *Quevedo* (New York: Twayne Publishers, 1972), pp. 114-115.

[131]Lausberg, p. 97.

[132]Ibid.

[133]Ibid., p. 108.

[134]Bleznick, p. 107.

[135]Ibid., p. 107.

[136]Lausberg, p. 98.

[137]Ibid., p. 99.

[138]López-Grigera, p. 98.

[139]Ibid., p. 98, citando a Quevedo, *De los remedios de qualquier fortuna*, 1633, p. 370.

[140]Bleznick, pp. 111-112.

[141]Maurice Molho, "Una cosmonogía antisemita: 'Erase un hombre a una nariz pegado'", *Quevedo in Perspective,* ed. James Iffland (Newark, Delaware: Juan de la Cuesta, Hispanic Monographs, 1980), p. 58.

[142]Lázaro Carreter, *Estilo*, p. 45.

CAPITULO V

LA TEORIA PITAGORICA EN *EL SIGLO PITAGORICO*

"Podemos dezir que las Trasmigraciones espirituales
en los cuerpos, son falsas, (como / lo son)
y Verdaderas las materiales" (S.,3).

Pitágoras nació en la isla de Samos, Grecia en 570 A.C. Vivió y estudió en
Egipto y Babilonia, y más tarde, en Crotona, en el sur de Italia.[1] Allí se fundó
la sociedad pitagórica de moral muy severa y vida austera. Bajo la influencia de
Pitágoras, Crotona que antes yacía en una decadencia espiritual y económica,
comenzó a prosperar.[2] Lastimosamente, después de veinte años de prosperidad,
comenzaron persecuciones antipitagóricas, en las que quemaron y asesinaron a los
seguidores de Pitágoras.

La sociedad era secreta. Por lo tanto, por miedo de persecuciones, no se
revelaron ni los nombres de los filósofos seguidores, ni las doctrinas de la
sociedad. Sus miembros juraban no divulgar sus doctrinas. Según Ferrater Mora:
"Tanto la vida de Pitágoras como las doctrinas pitagóricas, especialmente en los
comienzos, están cubiertas de un espeso velo legendario. Algunos autores dudan
inclusive que Pitágoras hubiera jamás existido."[3] Pitágoras, mismo, no ha dejado
ninguna obra escrita. Por lo tanto, sus teorías nos han llegado de fuentes
secundarias. En muchos casos, aun los que se refieren a sus teorías, tal como
Aristóteles, no han mencionado su nombre.

Unos filósofos sí lo nombran: Xenóphanes, que discute su doctrina de
metempsicosis; Heráclito, irritado por Pitágoras; Empédocles, que admiraba su
sabiduría; Herodoto, que le llama sabio, y le incluye entre los órficos, e Ión de

Chíos, que dice que Pitágoras escribió unos himnos órficos.[4]

En el siglo IV A.C., Platón describe el modo de vida de la sociedad pitagórica. Efectivamente, todo lo que enseñaba Pitágoras, de un modo u otro, se hizo parte íntegra de la filosofía de Platón. De Vogel señala que la estructura del universo y el *world-soul* en el *Timeo* de Platón, y la descripción de la música esférica de los planetas descrita en la *República*, todos son de origen pitagórico. Resume De Vogel: "The close relationship between Plato and the Pythagoreans has... long been clear."[5] Más adelante registra las semejanzas: "The doctrine of the soul and the hereafter." "The arrangement of soul and cosmos in the *Timaeus*." "The microcosm-macrocosm idea in *Phaedrus*," donde "we find the notion that one cannot think properly about the soul without thinking about the nature of the Universe."[6]

Theodore Jensen también señala esta influencia: "In any case it should be safe to say that the greatest influence on Plato's doctrines, and a very substantial influence at that, was Pythagoreanism."[7]

Aristóteles reelabora las doctrinas de Pitágoras y de Platón, pero no nombra a Pitágoras.[8] Ya que la mayoría del trabajo aristotélico se basa en Platón, su filosofía está saturada de teorías pitagóricas. Feibleman señala la influencia que tuvo Platón en Aristóteles: "There is very little in Aristotle's metaphysics and ethics and psychology that was not first in Plato."[9] Más adelante nombra estas influencias: "The soul is inseparable from its body, it is not a body but something relative to a body... The soul, then, does not survive the body, but the mind does, but still the mind is not the person."[10]

En el siglo III A.C., casi desaparece la doctrina por completo. Resurge en el siglo I A.C., en la obra de Filón de Alejandría (20 A.C.50 D.C.), y en la de Plutarco (50-125 D.C.). También aparece en las obras de los denominados "neoplatónicos," en el siglo III: Plotino (205-270), Diógenes Laercio, y Porfirio (234-305). Al comienzo del siglo IV, encontramos la doctrina en la obra de Iámblico. A pesar de ser de la escuela neoplatónica, se le considera de la pitagórica. Además, publicó discursos atribuidos a Pitágoras.[11] Es Iámblico, quien nos relata que los seguidores de Pitágoras, le consideraban divino, y que al hablar de él, no le nombraban con su propio nombre, sino "the divine one," y "that man."[12] Platón y Aristóteles le han llamado "el primer filósofo."[13]

Con el resurgimiento de las ideas neoplatónicas, la influencia del pitagorismo en el platonismo llega a dejar sus huellas en la teología cristiana de la Edad Media, y en el movimiento del misticismo. En el Renacimiento, quien ayudó a divulgar las ideas neoplatónicas es Marsilio Ficino (1433-1499) de la Academia platónica florentina.[14] Kristeller señala que en 1462 bajo el auspicio de Cosmo de Médici, Ficino se dedicó a traducir e interpretar las obras de Platón y de Plotino, con extensos comentarios propios. Esto fue el origen de la Academia platónica florentina. Sus propios pensamientos filosóficos, se encuentran en los dieciocho libros de la *Teología platónica*. Unos de los pensadores que le inspiraron son Aristóteles, Platón, Tomás de Aquino y San Agustín.[15] El tema principal de su obra es la inmortalidad del alma.[16]

Ficino trata de conciliar las doctrinas neoplatónicas y la teología cristiana. Señala Ferrater Mora:

> Ficino tenía la intención de encontrar un pensamiento filosófico que permitiera alcanzar la *pax fidei*. A su entender, esa *pax fidei* sólo era posible por la estrecha unión de las creencias cristianas con la tradición intelectual griega una vez depurada esta última de todo elemento espurio... Por eso la verdad se encuentra no solamente en la revelación en sentido estricto, tal como está en las Sagradas Escrituras, sino también en la "revelación" de carácter racional recibida por los antiguos filósofos y muy especialmente por Platón y Plotino... La filosofía de Ficino influyó por ella considerablemente sobre todos siglos subsiguientes que se preocuparon ante todo de buscar una armonía entre la razón y la fe revelada.[17]

Ottavio D. Camillo, señala que aun antes de Ficino en Italia había tal inclinación filosófica en España misma. Discute las contribuciones al humanismo castellano de Alonso de Cartagena, quien en 1422 tradujo unas obras de Cicerón a pesar de un ambiente de "una palpable hostilidad hacia los estudios clásicos" de parte de sus coetáneos.[18] Tal como Ficino, quiere "reconciliar el pensamiento pagano con el cristiano"[19] y sus ideas tienen "reminiscencias de San Agustín, Platón, Aristóteles, el seudo-Dionisio y los filósofos árabes y judíos."[20]

Es interesante notar que las fuentes de los dos son semejantes y cómo

Cartagena discute el estado del alma. Según Di Camillo en Cartagena encontramos "un primer intento de combinar la cábala judía y el neoplatonismo cristiano. Mucho antes que Ficino y Pico, Cartagena toma el concepto cabalístico... y lo adapta al citado neoplatonismo..."[21]

Daniel Walker señala que Giovanni Pico creía que "to a large extent the religion of Christ agrees with ancient philosophy." Más que todo en que "God is eternal and the absolute ruler of all things and that the soul is immortal."[22] Para Giovanni Pico Pitágoras se ubica en la tradición de Moisés. En sus discusiones con Savonarola sobre la teología dice Pico:

> In every age there have been a few predominant thinkers, supreme both in judgement and knowledge, such as Moses, Pythagoras... The divine philosophy of Pythagoras, which they called Magic, belonged to a great extent to the Mosaic tradition: since Pythagoras had managed to reach the Jews and their doctrines in Egypt, and knowledge of many of their sacred mysteries.   For even the learning of Plato (as is established) comes quite near to Hebrew truth: hence many called him a genuine Moses... Zoroaster... investigated every virtue and power of nature, in order to know those sacred and sublime secrets of the divine intellect: which subject many people called theurgy, others cabala or magic.[23]

Timothy Oelman señala que en el *Romance al divín mártir,* de Antonio Enríquez Gómez, se encuentran elementos e inspiraciones cabalísticas incorporadas con las creencias mesiánicas: "The messianic prophecy provides a glorious eschatological crescendo in which contemporary allusion mingles with pseudo-kabalistic learning."[24] Estas alusiones de "messianic prophecy... full of esoteric, mystical and kabbalistic allusions"[25] pueden señalar inspiración de la ideología de la comunidad marrana en que se metía Enríquez Gómez, pero a la vez estas tendencias "can be traced frequently to sources available in the society at large."[26] El aspecto cabalístico de la duración del mundo por seis mil años, por ejemplo, "is a commonplace in the writing of the Christian Kaballists of the Renaissance, such as Pico de la Mirandola..."[27]

La *Encyclopedia Judaica* señala que el mesianismo y la esperanza de redención surgieron por inspiración de la Cábala: "It was in these same Spanish circles that there first arose the belief in the mystical nature of the Messiah."[28]

Harold Bloom en su libro sobre la Cábala cita a Henry Reynolds sobre la existente interrelación entre Pitágoras y la Cábala:

> As much as to say, mystically or enigmatically written; adding farther... they shall be only knowne to our hearers or disciples, and this closenesse Pythagoras also having learned of those his Masters, and taught it his disciples, he was made the Master of Silence. And who, as all the doctrines hee delivered were (after the manner of the Hebrewes, AEgyptians, and most ancient Poets,) layd downe in enigmatically and figurative notions, so one among other of his is this—give not readily thy right hand to every one, by which precept (sayes the profound Iamblicus) that great Master advertiseth that wee ought not to communicate to unworthy mindes, and not yet practized in the understanding of oculte doctrines, those misterious instructions that are only to bee opened (sayes he) and taught to sacred and sublime wits, and such as have been a long time excercised and versed in them... That Art of mystical writing by Numbers, wherein they couched under a fabulous attire, those their verball Instructions, was after, called Scientia Cabalae, or the Science of reception: Cabala among the Hebrewes signifying no other than the Latine receptio: A learning by the ancients held in high estimation and reverence and not without great reason.[29]

Bloom, también señala que la Cábala "have been influenced by Gnosticism and Neoplatonism, and it seems fair to characterize the history of subsequent Kabbalah as being a struggle between Gnostic and Neoplatonic tendencies."[30]

François Secret señala la importancia de la Cábala en la época del Renacimiento, tanto entre los cristianos como entre los conversos.[31]

La *Encyclopedia Judaica* dice que el desarrollo de la Cábala desde los finales del siglo XV, entre círculos de ideologías místicas y teosóficas

> ... began to evolve with the object of harmonizing Kabbalistic

doctrines with Christianity, and above all, of demonstrating that the true hidden meaning of the teaching of the Kabbalah points in a Christian direction... Christian Kabbalah sprang from two sources... Jewish converts... Christian speculation about the Kabbalist that first developed around the Platonic Academy endowed by the Medicis in Florence and was pursued in close connection with the new horizons opened up by the Renaissance in general... believed that they had discovered in the Kabbalah an original divine revelation to mankind that had been lost and would now be resorted, and with the aid of which it was possible not only to understand the teachings of Pythagoras, Plato and the Orphics, all of whom they greatly admired, but also the secrets of the Catholic faith. The founder of this Christian school of Kabbalah was the renowned Florentine prodigy Giovanni Pico della Mirandola (1463-94).[32]

El interés que muestra Antonio Enríquez Gómez en la doctrina pitagórica puede originarse de las semejanzas que ella tiene con la ideología cabalística, que como hemos señalado antes Oelman encuentra en el *Romance al divín mártir*.

En el Renacimiento no se distinguía la doctrina pitagórica de las demás doctrinas. La teoría pitagórica era parte íntegra de varios campos filosóficos y teológicos. Heninger dice que no había filósofo renacentista que no tuviera algo del pitagorismo:

There was no single, well-codified set of beliefs attributed to Pythagoras in the Renaissance, no concise doctrine that neatly set apart his school from all others... Because Pythagoras had appeared widely, his ideas were diffused through several sects. Without exaggeration we can say that his teaching touched every major classical philosopher and church Father. And during the Renaissance it permeated almost every learned discipline.[33]

Aun el *Timeo* de Platón, que analiza el Cosmos y el Alma, se consideraba pitagórico. Dice Heninger: "The Renaissance considered *Timaeus* to be Pythagorean, and most modern scholars concur."[34]

Como señala Dámaso Alonso en su análisis de la oda "A Francisco Salinas," la obra de Fray Luis de León tiene elementos pitagóricos. El alma como armonía, la música de las esferas, el cuerpo-cárcel, la purificación del alma mediante la música, todos elementos pitagóricos, que son a la vez, neoplatónicos.[35] El poema "Noche serena" sin duda alguna habla del anhelo del alma por llegar a la perfección y armonía del firmamento.

Antonio Enríquez Gómez conocía la teoría pitagórica detalladamente. Como vemos, *El siglo pitagórico* tiene varios niveles de interpretación. El marco general de la obra es la transmigración del alma de un cuerpo a otro, esperando la purificación final para poder elevarse de nuevo al firmamento.

Nuestra alma transmigra en doce cuerpos concretos, antes que se canse y se rebele contra el orden pitagórico. Luego, tiene una agrupación de varias transmigraciones y una transmigración imaginativa. Preguntamos ¿por qué doce transmigraciones? En el sistema pitagórico cada número tiene un significado especial. El número doce representa el Cosmos. Es un número que representa una unidad entera y completa, tal como los doce meses del año y los doce signos del zodíaco. Verifica Heninger: "Another number which represented cosmos in the arithmetical fashion is 12, which of course may be considered as merely a sophistication of 4."[36]

Los pitagóricos creían que el cuerpo mortal contenía un alma inmortal, que es parte, a su vez, del Cosmos. El alma, privada de su hogar celestial, está encarcelada en la prisión de la materia. Tiene que transmigrar hasta volver a ganar la pureza. Cuando la gane, podrá reunirse con la Mónada Suprema, Dios. El número de las transmigraciones que tiene que sufrir, depende del tipo de gente en que se reencarna. La materia, con buena conducta puede ayudar a la salvación del alma. Por lo tanto, le es imperativo encontrar una materia virtuosa. La mejor materia para el alma es la de un filósofo virtuoso que se abstenga de placeres mundanos.[37]

El alma es inmortal, pero tiene que ser juzgada. Por lo tanto, trata de educar e indoctrinar su cuerpo. Dice Philip: "Pythagoras accepted and taught a doctrine of soul and body in which soul was the senior partner, a soul that persisted after death, was subject to judgment (with its ethical implications), and migrated through other bodies."[38]

La transmigración, según el *Fedón* de Platón puede acontecer en animales en disposición parecida a la del alma. La gente sensual en asnos, los tiranos en lobos, los domésticos en abejas u hormigas. Los filósofos son de naturaleza parecida a la pureza cósmica, y mediante ellos se puede lograr la pureza del firmamento. Señala Shorey:

> The philosophers only will return to the gods. They alone truly love wisdom, and desire to be free from the impediments which the body puts in the way of its acquisition. They only control their appetites and instincts for their reasons and not from fear of waste, as the lovers of wealth, or fear of disgrace, as the lovers of honor... Philosophy which releases them from the prison-house of the appetites, teaches them that, as even the poets say, all the reports of the senses are full of deception and bids them retire from these things as an anchorites into the world of pure thought.[39]

¿De dónde vinieron todas estas almas? El Creador del mundo coexiste dentro del mundo real, que es independiente y sin limitaciones de tiempo ni de espacio.[40] El mundo físico, que es copia del mundo real, es inerte. Para que tenga vida y actividad, el Creador infunde en él un alma llamada *world-soul*.[41] De la materia sobrada del *world-soul* el Creador, como lo discute Platón en el *Timeo*, crea almas en el número de las estrellas. De la altura de las estrellas, las almas observan el mundo y son advertidas de las pruebas que tienen que pasar mientras ocupan los cuerpos. Luego, el Creador las deja transmigrar. Los dioses secundarios creados por el Creador, por la fuerza de imitación, también quieren crear. Ellos toman la materia de los cuatro elementos del mundo físico, y de ella crean los cuerpos. Tal como el mundo físico, los cuerpos también son caóticos, sin orden ni armonía. Al ser penetrados por las almas, las confunden. Lo explica Shorey:

> Out of the left-over materials of the world-soul he forms souls equal in number to the stars. From the vehicle of its own star each soul surveys the universe and receives the creator's warning of the tests it will undergo in its inevitable incorporation into a mortal body, subject

to influx and efflux. When its reason has dominated the turmoils of sense and the promptings of passion and purged it of earthly and mortal accreations, it will return to its pristine state and star. Until then its transmigrations will depress or elevate it in the scale of being according as it rises or sinks in the scale of moral worth. They are warned, and he will be blameless of their self-incurred ills. So speaking, he sowed them among the planetary organs of time, to be the most pious of animals, men, and himself abided in his own place. His children, the created gods, receiving from him the immortal principal of a mortal animal, took up their tasks in imitation of their father, and borrowing from the world the matter that would be restored to it, they fashioned the body of man of the four elements whose disorderly movements and the sensations that come from them penetrate to the soul, dislocate the harmonic interval of the circles, confuse the apprehensions of the same and the other, and confound the reason of every soul when first it is enchained in a mortal body.[42]

Mientras el cuerpo es de materia, el alma es de forma. La forma es un paradigma de naturaleza inmortal y trascendental. Señala Sahakian:

The Greek term *paradeigm* means a pattern, a model, a plan, an example, or a paradigm. For Plato, it meant the heavenly plan or ideal by which to pattern all things on earth... Forms or Ideas (Ideals) as Pattern. Objects in the physical universe imitate these Patterns, for they are copies of them. Forms or Ideas are more than essences (ultimately real entities); they are archetypes providing the design for the phenomenal world. Otherwise, the phenomenal world would lack order, direction and purpose.[43]

El alma inmortal es la fuerza que hace posible llegar al ser humano a conocimientos que trascienden la percepción por sentidos. Estos conocimientos están depositados en las almas por su preexistencia. Aclara Sahakian:

Such trascendental knowledge of the Ideal world of reality is contained deep in the unconscious resources of this rational soul. Evidently, this soul must have undergone a preexistence to acquire such knowledge. By virtue of this soul's being independent of the physical realm, it will enjoy a postexistence as well, returning in immortality to the real world of Ideals, where it will become an inhabitant of a perfect world.[44]

Continúa Sahakian explicando que el mundo físico, *becoming,* es réplica del eterno mundo real (*being*). Con el entendimiento que nos regala el alma, podemos comunicarnos por medio de los sentidos, con el mundo real: "By understanding or knowledge, contact is made with the real world (Being) that is independent of space-time limitations."[45]

El alma que nos ayuda con el conocimiento y entendimiento, por la memoria de su estado original, nos da la sensación de reminiscencia. Dice Shorey que Sócrates ha promulgado que "all learning is reminiscence."[46] La reminiscencia es el recuerdo que nos ha implantado el alma, por experiencias experimentadas en su puro estado original. Relata Shorey que Platón en *Fedón* explica que la reminiscencia es la asociación con la perfecta existencia inicial que nos causan las imperfectas copias que observamos en nuestras circunstancias inmediatas: "....reminiscence, which is a kind of association of ideas. We are reminded by the imperfect copies in the world of sense of something that we have seen or known in another state of existence."[47]

Sahakian relata que Platón también explica el conocimiento, o la capacidad de imaginación, y lo denomina *eikasia.* Es la sombra de la realidad. El mundo perfecto como lo imaginamos en nuestra ilusión. Lo que de él tenemos son sólo unas reflexiones o sombras de la verdad:

Rather than providing us with realities of the world, *eikasia* furnishes us with reflections, images, or shadows of reality at best. Plato resorted to the allegory of the cave to depict cognizing at this most unsophisticated level of grasping the world. This mode of cognizing activity is characterized by imagining, fantazing, conjecturing, or picturing the world mentally.[48]

Explica Sahakian la alegoría de la cueva, diciendo que ella tiene una apertura por la que penetra poca luz. Aquí yacen prisioneros encadenados sin poder moverse, y sólo pueden fijar la vista directamente adelante. Encima y delante de ellos hay un incendio en la distancia. Entre el fuego y los prisioneros hay una pared que sirve de pantalla, donde se forman imágenes de su sombra, iluminados por el fuego. Los prisioneros no saben si las sombras son suyas o de gente de afuera, ni si las voces oídas lo son. Se confunden las sombras con los seres reales. La verdad es sólo la sombra de la realidad. Cita Sahakian a Platón: "You may now append... to the previous argument; the prisonhouse is the world of sight, the light of the fire is the sun, and you will not misapprehend me if you interpret the journey upwards to be the ascent of the soul into the intellectual world."[49] Resume luego Sahakian la teoría del mundo como sombra de la perfección: "Just as those prisoners dwelling in a den would prefer physical objects to shadows once they appreciated the distinction, so the persons who discover the world of reality, would prefer it to the phenomenal or transitory realm of existence."[50]

El alma tiene la capacidad de ascender al mundo perfecto, al firmamento, sólo si vive en una materia que tenga belleza espiritual, bondad y sabiduría. Es la idea platónica, expresada en el *Fedón*, que mediante la belleza espiritual se puede llegar a Dios. El alma se describe como si tuviera alas y pudiera volar hacia las alturas celestiales. Shorey resume: "The 'power of the wing' tends to lift the earthy aloft to the habitation of the gods. Beauty, wisdom, and goodness feed and foster this power; their opposites waste it and destroy."[51]

El mundo material fue construido de fuego y tierra para ser visible y tangible, y de los otros dos elementos "to establish a unifying proportion with these."[52] La materia se etableció después de la forma y necesita a ésta para ser animada. Como el cuerpo es materia, tiene la capacidad de descomponerse. El alma, por otro lado, es inmortal. Explica Shorey: "Surely a composite and material thing is more likely to perish than a simple, immortal essence. The soul is in every way more akin to the immaterial, the unchanging and the eternal, the body to their opposites."[53]

Otro modo de nombrar la materia es generación. El mundo ideal de los paradigmas, nombrado *Being*, es mundo de concepción. Por el otro lado, la generación, nombrada *Becoming*, es el mundo de percepción. Explica Sahakian la esencia de la palabra generación:

> Generation is the world we observe with our senses, occurring in
> some temporal sequence... It is the world of perception as opposed to
> the world of conception. It is the world of things rather than the
> world of thought. It is the actual rather than the ideal world... It is
> the temporal rather than the eternal world. It is a copy of the
> ultimate, the ontologically real world. It is a world coming into being
> (the world of Becoming), not the world of Being. It is the world
> perfecting itself, not the perfect world (Ideal world).[54]

La materia es temporal y pasajera. Es la generación que va y viene, y recibe su
estructura de la forma platónica y de los paradigmas. No obstante, es de suma
importancia, porque sin ella el ideal no podrá materializarse. "The more Form is
found embodied in phenomena (matter-of-fact existence), the greater its reality,
perfection, goodness, maturity, formation, and actuality."[55] Sahakian también
señala que la palabra materia se originó con Aristóteles. Platón no la había usado,
sino que la había denominado recipiente o espacio: "The Platonic term for
matter... is 'Receptacle' or 'Space.'"[56] Ya que la materia tiene sus límites, el
mundo físico es imperfecto. ¿Por qué gasta el Creador su tiempo en creación
imperfecta? La respuesta de Platón: "God's criterion of creation is not perfection
but goodness... For God goodness is not only the criterion of creation, but also the
goal of creation. Goodness is the motivating factor of the world and its
inhabitants."[57]

Señala Dámaso Alonso que según Filón la colocación del alma en la materia
le vino por un castigo de Dios: "El alma, a consecuencia de cierto castigo, había
sido uncida al yugo con el cuerpo y en él como en una tumba colocada, de donde
el chiste... cuerpo, tumba; y otras veces dice que el hombre está como en una
especie de prisión."[58]

El número en la doctrina pitagórica y platónica es de naturaleza divina. El
número es el signo de la perfección. El orden del mundo se basa en los números.
El estudio de los números equivale a la contemplación de Dios.[59] No importa
la aparenta complejidad de los planetas, su movimiento es perfecto y matemáticamente calculable. Al observar esta perfección, es inevitable deducir que haya una

fuerza suprema que lo gobierna.   De ahí proviene la contemplación de Dios mediante la observación del movimiento de los planetas.[60]

Los pitagóricos vieron los números como formas geométricas.   El padre de los números, el *monad*, era el número uno.   El era Dios, bueno y virtuoso.   El número dos, el *dyad*, era la madre de los números y de los elementos.   Era atrevida e inestable.   El número tres, un triángulo hecho de tres puntos conectados, se denominaba *triad*.   Representa la realidad y la unidad perfecta.   El número cuatro, el *tetrad*, se simboliza por una pirámide.   Al sumar uno, dos, tres, y cuatro, tenemos la suma diez.   Es el número más perfecto, ya que contiene todos los demás números.[61]

El número cinco está relacionado con los animales.   El número siete representa el aislamiento absoluto.   Simboliza también la armonía cósmica de los siete tonos relacionados con las siete sirenas de la mitología.   También indica buena salud.   La importancia del número siete en la doctrina pitagórica parece venir por influencia egipcia o babilónica.[62]   El número doce representa la universalidad.

Los pitagóricos vieron perfección y unidad en el universo, por ser manifestaciones de los números.   Hay relación estrecha entre la mónada y la década, ya que las dos son los dos puntos límites de los números.   Los números que se escaparon de la mónada, se combinaron en la década.   Aristóteles, en su *Metafísica*, resume la teoría de los números como elementos básicos de la naturaleza.   Jensen lo cita:

> Since, then, all other things appeared in their nature to be likenesses of numbers, and numbers to be first in the whole of nature, they [the Pythagoreans] came to the belief that the elements of numbers are the elements of all things and that the whole heaven is a harmony and a number.[63]

Toda la naturaleza se forma de proporciones interrelacionadas matemáticamente.   La realidad se identifica de acuerdo con las relaciones matemáticas que contiene.   Los números significan belleza, bondad, veracidad y sinceridad.   Entender la naturaleza de los números es tener conocimiento del universo.   La armonía celestial guía el univereo, trayendo los objetos sueltos de la naturaleza a una trayectoria coordinada.   En las palabras de Heninger: "The celestial harmony permeates the universe, of course, modulating the items of nature and binding them together."[64]

Platón en el *Timeo*, teoriza que todas las almas también son compuestos formados de varias proporciones numéricas. Jensen resume la teoría de la armonía y perfección de los números:

> Not only does it designate numbers to be the principles... and elements... of everything, but it indicates how the various items of nature can be interrelated to form a unified system. The conditions for cosmos are established. The items of nature are organized according to mathematical proportions or (the same thing) musical harmony. Relationships rather than qualities thereby become salient in any description of reality... They [numbers] are presumed to be true, beautiful and good, and they dictate direction in the pursuit of knowledge. They are the predetermined goals that we seek in our spiritual ascent toward experience of essential reality, of absolute truth, of the deity.[65]

Heninger también señala que el Timeo de Platón representa las teorías pitagóricas. En esta obra Platón teoriza que todas las almas están formadas de varias proporciones numéricas, que producen la armonía celestial. Los componentes, tanto los intelectuales como los materiales, están arreglados perfectamente por el Creador. El orden perfecto de cada alma, la hace participar en la perfección total del universo. Reelabora Heninger:

> The world-soul is constructed by mathematical proportions out of both physical and intellectual components, the incogruous parts being forced into combination by the godhead. Therefore this soul allows the body of the universe, which is physical to participate in the non-corporeal realm. The soul's mathematical proportions, in fact, reproducing celestial harmony, makes the physical world consonant with the conceptual. Harmony expressed as mathematical ratios is therefore the controlling force in the cosmos, introducing into the time-space continuum the perfect order of the godhead's paradigm.[66]

Como vemos hay relación íntima entre los números y la música. Los dos crean la armonía. Los intervalos de la escala musical se basan en las proporciones matemáticas de uno, dos, tres y cuatro. Dice Heninger: "In narrow terms of the Pythagorean quadrivium, music was the science that dealt with relationships between multitudes (whole numbers), expressed as ratios as proportions."[67]

Imponiendo orden a los números y a la descordancia, creamos la armonía. Se establece relación entre número y sonido. Heninger declara que Pitágoras fue el primero en establecer y analizar la base matemática de la armonía musical. La armonía del alma individual recuerda y participa en la totalidad de la armonía universal. Heninger relata que Platón en *Timaeus* explica este fenómeno: "But the individual soul is concordant not only within itself, *musica humana*; but by repeating the pattern of the world-soul at large it participates in universal harmony, *musica mundana*."[68]

El universo ordenado con armonía y belleza se denominaba "Cosmos."[69] El Cosmos era el macrocosmos ordenado, cuya reflexión es el microcosmos, que es el ser humano.

En el centro del cosmos se encuentra el fuego central, alrededor del que gira el sol, la tierra, la luna, los planetas y las estrellas. Conocían sólo nueve planetas, pero ya que la perfección máxima es la del número diez, inventaron otra esfera y la denominaron "contra-tierra."[70]

El movimiento perfecto y armónico de estos cuerpos celestiales produce lo que se denominaba la música de las esferas. Aristóteles y Platón atribuyeron esta teoría a Pitágoras. Comenta De Vogel que según la doctrina, "the sirens... sitting on the heavenly spheres each sounds one note and together produce that cosmic music which is called the harmony of the spheres."[71]

Burkert explica que la armónica interrelación entre distancia, movimiento y velocidad produce esta música cósmica, y a la vez la interdependencia de astronomía y música. Dice:

> A very famous and impressive image, uniting the disciplines of music and astronomy, is that of the "music of the spheres." It is attested by Aristotle, and indirectly by Plato, as being a doctrine of the Pythagoreans, who interpreted the Sirens of mythology as the makers of the music... The coherence of number and sound. Harmonic intervals

correspond to harmonic relationships of distance and velocity; and since a musical tone was distinguished from a mere noise—implies a uniform motion, one can infer from all this a Pythagorean system of astronomy, in which the planets—all seven of them, long knowncircle about the earth in uniform movements, at various distance from one another.[72]

Preguntamos, ya que la música envuelve el universo, ¿por qué no la oye el ser humano? Gracián en su *Agudeza*, hablando de paradojas explica: "Tal fue aquella de Pitágoras, que las esferas celestes hacen al moverse una suavísima armonía sino que por estar acostumbrados a ella desde niños no la discernimos."[73]

Dámaso Alonso, analizando la oda "A Francisco Salinas," de Fray Luis de León, reconoce en ella la referencia a la doctrina pitagórica:

Lo esencial es que esas esferas al moverse emitían una concordancia musical... En el centro estaba el Fuego (puesto o casa de Zeus); alrededor giraba la Contratierra (ésta es una curiosa creación pitagóri-ca); después la Tierra, que con su posición respecto al Sol causa el día y la noche. Los cuerpos celestes que se movían eran diez (porque el diez era el número perfecto). Y dice Aristóteles: "Como sólo se ven nueve, inventaron como décimo la Contratierra." Estos cuerpos celestes al moverse producían cada uno un sonido y todos ellos concertaban como inefable música. ¿Por qué los mortales no la oyen? Sencillamente, porque es una música constante, no contrastada por silencios: es decir, el silencio, nuestro silencio humano, sería una música celeste. ¡Ah! no oímos esta música como el herrero no oye su martillo. Henos aquí, pues, ascendimos a la música pitagórica de los astros.[74]

Aunque ningún ser humano pudiera oír la música de las esferas, Pitágoras por su pureza divina recibía el poder sobrehumano de oírla. El era el único ser mortal que la podía oír. Se le atribuía el poder de magia y hechicería.

Because of his wide knowledge and extraordinary virtues, Pyhagoras was endowed not unexpectedly with superhuman powers... Because of the purity of his life, Pythagoras alone of all men could hear the music of the spheres. He was accorded the power of divination by a variety of means, including a magic mirror and a fortune-telling wheel, and beginning with Porphyry (XXIII-XXIX) a store of miracles was developed for him... Such miracles gave Pythagoras a reputatin for sorcery.[75]

Y más adelante: "Pythagoras, as Porphyry had declared, was the sole mortal who could hear the music of the spheres."[76]

Los filósofos de la antigüedad, se consideraban como seres supremos. Se le considera a Pitágoras como el padre de la filosofía griega y el que inventó la palabra "filósofo," que significa "amante de sabiduría y erudición": "It was unanimously agreed that he had coined the word 'philosopher.' Many saw him as the father of Greek philosophy, and all concurred that he was the most comprehensive of the pre-Socratics... He chose to be called... 'lover of wisdom,' instead of the pretentious... 'wise man' in use until his time."[77]

Ya que el filósofo era amante de la sabiduría y la prudencia, se le elige como la mejor transmigración para reenseñar a la forma, al alma perdida en la oscuridad de la tierra, la educación necesaria para llegar a la perfección y salvación. El filósofo tiene que enseñar al alma la sobriedad, la mesura y la amistad, tanto hacia los seres humanos como hacia los animales. El filósofo educa al alma en el control de los deseos; moderación en actividades, comida, sexualidad y emociones; hablar la verdad, respetar promesas y respetar la vida ajena; no hacer daño a ningún animal o planta beneficiosa para el hombre; no hablar mal del ajeno, y siempre seguir la ley. Todo lo enseñado por el filósofo, ayuda al alma a salvarse.[78] Platón siguiendo a Pitágoras dice en el *Gorgias* que la amistad, el orden, la templanza y la justicia son las fuerzas que unen la tierra y los seres humanos con los dioses, y que por lo tanto, el mundo se denomina *Cosmos* que significa orden.[79]

Lo contrario de la filosofía, la pureza espiritual y la discreción y prudencia es la ignorancia y el fervor materialista. La avaricia de riqueza materialista y honor mundano son los obstáculos que encuentra el alma en su búsqueda de la pureza. Por lo tanto, notamos en Pitágoras un desprecio profundo por la avaricia y el dinero. Shorey interpreta la filosofía pitagórica en el *Fedón* de Platón:

> He who laments at the prospect of death is not a philosopher, a lover
> of wisdom, but a lover of the body, and therefore a lover of wealth
> and of honor. and not only are the body and its appetites perpetual
> impediments to the higher activities of the soul, which they clog with
> loves, desires, fears and phantoms. They are the real causes of war
> and faction and strife, for the pursuit of wealth makes war inevitable,
> and the service of the body compels us to pursue wealth as well as
> deprives us of leisure for philosophy and the pure contemplation of
> reality.[80]

Para impedir la avaricia y el materialismo en la sociedad, Pitágoras aconseja que la propiedad pertenezca a la comunidad y no al individuo.[81]

Iámblico informa que Pitágoras predicaba contra los placeres. Es deshonroso tratar de lograr placer. Es honorable trabajar por el bien, la virtud y el buen juicio. Hay que educar a los niños contra el logro del placer y los deseos materiales. Hay que anhelar simplicidad en la vida, ya que el placer y el lujo arruinan al hombre y a su cuerpo.[82]

La verdad era imperativa para alcanzar perfección. No se debe prometer lo que no se puede realizar. Informa De Vogel: "One of the main commandments of Pythagorean moral doctrine, next to temperance and sobriety, was to speak the truth and to keep one's word with which the precept to take few oaths is connected."[83]

La búsqueda de la bondad para Pitágoras era igual a la búsqueda de la divinidad. Dice De Vogel: "Pythagoras, then feels it is man's primary duty to honour the gods."[84]

En la doctrina pitagórica no había distinción entre ciencia y religión. Las dos se apoyaban y se interdependían. Aclara Heninger: "In Pythagorean scheme, religion and science not only coexisted, but were mutually dependent."[85]

Para los griegos la naturaleza era de Dios o de los dioses, y el hombre era parte de la naturaleza. Filón de Alejandría, que era un judío devoto y estudiante de filosofía griega a la vez, trató de reconciliar y yuxtaponer estas dos influencias de su vida, y efectivamente fue quien introdujo la filosofía griega como parte de la religión entonces moderna. Dice Feibleman: "It was Philo and not Aristotle who first carried the effects of Plato into the western religions."[86] Y más adelante: "Philo was responsible, almost single handed, for the tradition of Neoplatonism."[87] Continúa relatando que cuando se introdujo la filosofía griega entre los sabios judíos de Alejandría, ellos yuxtapusieron el racionalismo filosófico con la revelación religiosa. Dice:

> Historically, Neoplatonism begun when the Jews encountered greek rationalism. The Bible was translated into Greek by Jewish scholars in Alexandria. The Greek language and literature were thus opened up to the Jews, and the Jewish revelations to the later Greeks... Philo was the highest point of the movement to reconcile Greek philosophy with the Hebrew Bible, rationalism with revelation.[88]

Feibleman nos explica la diferencia entre las ideas propias de Platón y las neoplatónicas, introducidas por Filón:

> For Plato, the Ideas had always existed; for Philo, God created them and then, they existed both in His mind and outside His mind objectively, in the divine Logos... For Plato, plants and animals and stars have soul; for Philo, animals have souls, plants do not, and about stars he is uncertain. With man, the terms soul and mind are used interchangeably... Philo's understanding of the world of nature was in terms of human nature, whereas for the Greek the understanding of human nature was in terms of the world of nature. For the Greek, nature was of God or the gods and man was part of nature; for Philo, God was above man and nature beneath him.[89]

El Dios platónico era como un ingeniero que formó el universo de la materia informe encontrada en el espacio vacío. Tanto El como el espacio son eternos. No es un Dios todopoderoso, director de la naturaleza, en el sentido judío-cristiano, sino Dios que es parte de la naturaleza. Aclara Sahakian hablando de la doctrina de Platón:

> Actually, God, the *Demiurge* (literally, one who works for the

people), did not even create matter per se, for he found brute matter
unformed in the Receptacle (*dexamene*) or empty Space (*chora*). The
Deity is essentially a world-forming God. The Receptacle or Space
is coeternal with God as are the ideals. Consequently, God is a
world-builder, a world-designer, or an artistic, skilled worker rather
than a Creator-God in the Judeo-Christian sense of the word.[90]

Según algunos griegos, y Platón después, el mundo físico estaba compuesto de
cuatro elementos esenciales: tierra, aire, fuego y agua. También el ser humano
que era parte del mundo físico, estaba constituido por estos cuatro elementos.
"Earth, air, fire, and water of which Plato spoke, constitute the basic chemical
elements of which the physical world is composed. the elemental composition of
the world Plato derived from the pre-Socratic philosopher, Empedocles of
Agrigentum, Sicily (495-435 B.C.)."[91]

El alma se reencarnaba en los seres vivos, tanto humanos como animales y
plantas. Entre transmigraciones en la materia física, solía viajar a su hogar
original, al firmamento, donde vivía por una temporada en la Luna. Por su
esencia, ella estaba relacionada con los cuerpos celestiales, que se consideraban
divinos.[92]

En *El siglo pitagórico*, la doctrina pitagórica sirve, más que todo, como marco
general a la obra. Ya vimos antes, que Antonio Enríquez Gómez, a la vez,
emplea el marco de la novela picaresca. Efectivamente, el autor emplea
simultáneamente lo picaresco al lado de lo pitagórico: un marco literario que trata
de un personaje abyecto y de nacimiento bajo —el pícaro— y un marco filosófico
que trata de la creación más sublime —el alma—; dos criaturas polarmente
antitéticas, representantes del medio ambiente cultural y espiritual del Siglo de Oro
español.

El siglo pitagórico no es una obra filosófica, sino una que emplea aspectos de
la doctrina pitagórica para probar una tesis de mayor importancia. Así que el
marco del pitagorismo sirve de medio en que se desarrolla su actitud vital.

Como vimos antes, el autor emplea numerosos recursos picarescos en los
acontecimientos principales de la obra. Por lo tanto, aunque el marco general es
el de la doctrina pitagórica, el de la transmigración del alma, los detalles y

referencias más específicas en cuanto al pitagorismo, son menos numerosas, que las de la picaresca.   Hay alusiones a expresiones o palabras relacionadas con el pitagorismo: memoria, sombra, forma, materia, luna, perfección, número, búsqueda de materia, y el personaje de Pitágoras. Pero las incidencias mismas son escasas y limitadas.

Antonio Enríquez Gómez tuvo el genio de ver y emplear las posibles relaciones entre la narrativa picaresca y el motivo de la transmigración del alma, y así crear una obra que es, a la vez, filosófica como entretenida.   La consecuencia es que hay más incidencias picarescas entretenidas que filosófico-pitagóricas.   Vamos a comentar las que aquí se encuentran.

Ya en la dedicatoria del libro dirigida a Monseñor François Bassompierre, anuncia Antonio Enríquez Gómez el motivo del título del libro, *El siglo pitagórico*. La filosofía pitagórica declara la transmigración del alma, la forma espiritual, de una materia corpórea a otra.   La forma espiritual, que es pura e inmortal sobrevive la materia que es falsa y mortal.   No obstante, declara el autor, según su observación de la sociedad contemporánea, lo espiritual no influye nada en lo material.   La decadencia y fealdad humana parecen transmigrar de una generación a otra, mientras que la pureza sigue buscando su semejanza sin lograrlo.   La inteligencia que es esencia del alma, en casos de gente honorada, tal como Bassompierre deja el cuerpo que aquí se denomina "instrumento," y sube al firmamento pitagórico.   Este es el Cosmos perfecto, donde la razón, la idea, la inteligencia o, en una palabra, el alma, puede vivir en armonía entre la de los planetas.   En las propias palabras del autor "A Monseñor François Bassompierre":

El asunto deste libro, saque de la / opinión de Pitagoras, que sintio pasarse las Almas de / unos cuerpos a otros; y si el Philosofo dixera que se pasa-/uan los Viçios, las tiranias, y de mas herrores desta cla-/se, azertara, porque vemos la especie humana, tan su-/jeta a estos daños, que podemos dezir que las Trasmigraciones espirituales en los cuerpos, son falsas, (como / lo son) y Verdaderas las materiales; asi lo sintio Plinio / quando dixo, que el organo mortal tenia poco paren-/tesco con el Cielo, hablo bien si confesara el yntelectual. /... la yntiligençia que le / mueve, deue dexar tarde el ynstrumento, para que el / Mundo goçe de tan suabes conceptos; (armonia de la / raçon)

con que le docto el soberano artifice del Orbe, para / Gloria desta
Cristianissima Monarchia(S.,2-3).

Más adelante, en la dedicatoria "A los que leyeren," observa Enríquez Gómez que
la doctrina del gran filósofo, Pitágoras, es falsa, ya que la virtud del alma no se
transmigra. La doctrina verdadera, desafortunadamente, es la transmigración de
los vicios. Pitágoras se compara a José el soñador de sueños, ya que tenía
esperanza en la caridad y la virtud del hombre. La doctrina platónica que sigue
las huellas de la pitagórica, efectivamente, es patética, ya que su falso optimismo
sólo infunde tristeza, dolor y desilusión:

> El Siglo Pitagorico sale a luz reprouando er-/rores y aprouando
> Virtudes, doctrina que de-/uen feguir los que se quisieren librar de la
> / Transmigracion de los Viçios, que estos sin duda son los que se
> pasan de vnos cuerpos a otros y no / las Almas como lo entendio el
> Philosofo. Mi yntento asi-/do moraliçar el asunto, sacando de vna
> opinion falsa,/ vna Doctrina verdadera. Si la Vida es sueño, pase este
> / discurso por Vigilia de la raçon, y los que le leyeren / Duerman la
> opinion, y recuerden la Virtud, entre tanto / que sale otro soñador de
> sueños, con algun Siglo Peri-/patetico o Platonico. Vale. (S.,75).

El ser vivo está compuesto de dos partes esenciales, la forma y la materia. La
forma es la que anima la materia y en ella pasa unos años. La forma nace de la
pureza cósmica y baja a la tierra oscura y vil. Es un deber desagradable, para el
alma, vivir en la prisión de la materia. La materia es en el léxico pitagórico;
materia bruta, bruto albergue, caverna, cueva, prisión, calabozo, abismo, copia,
sombra, olvido. Sus calificativos son: oscura, impura y vil. El alma tiene la
misión de purificar la materia, porque sólo al vivir en una buena, puede ella subir
de nuevo al firmamento puro. La materia es una copia, no es realidad. Toda
alma tiene memoria del firmamento y su pureza y anhela llegar allí lo más pronto
posible. Después de la creación de nuestra alma, Pitágoras le anuncia que ya está
lista para introducirse en la materia:

> Ya eres forma —me dijo—, ya eres forma;
> tu vida busca, tu valor reforma;

libre del cuerpo estás, no del pecado;
busca otro nuevo, y purga lo pasado (S.,14).

El alma tiene que purgarse de los pecados adquiridos mientras se aponsentaba en la materia. Tiene que reformarse para llegar a la pureza primordial. Cuando se halla sin cuerpo, todavía está contaminada por el pecado de su materia anterior. Ella, descontenta, no quiere materializarse en un cuerpo, como le manda hacer Pitágoras. Pero él insiste: "Busca otro cuerpo, y mira cómo vives, / que el que dejaste, en otro lo recibes" (S.,14-15). El alma tiene que seguir buscando la pureza que en su último cuerpo no consiguió, y tratar de conseguirla en el siguiente. El alma enojada con Pitágoras por forjarla transmigrarse, le llama "Pitagórico embeleco."

La palabra memoria, o reminiscencia en la filosofía pitagórica tiene significado espacial. El alma siempre tiene la vaga memoria de su perfecta vida primordial, y por lo tanto, siempre trata que la copia aquí, en la tierra, llegue a parecerse a la perfecta, en las alturas cósmicas. Nos recuerda nuestra alma: "Que aunque a mi parecer no tuve oídos, / tuve reminicencia de sentidos" (S.,15).

El alma se da cuenta de la separación de su cuerpo anterior: "Yo, que vi que mi cuerpo desalmado / se quedaba perdido de contado" (S.,16). Ahora sabe que es hora de buscar otro cuerpo.

El cuerpo de la primera transmigración, el ambicioso, se denomina aquí "Materia obscura" ((S.,15). El alma le aborrece y le echa la culpa, de nuevo, a Pitágoras que la forzó a transmigrar: "¡Lindo empeño / Pitágoras me dio!, ¡qué noble dueño!" (S.,16). Ella entiende que su mayor oficio es gobernar la materia bruta del cuerpo, dice: "El era el bruto y yo quien le regía" (S.,16).

El alma se queja al soberbio que mientras él no se enmiende, ella se quedará en el abismo de la tierra, sin poder purgarse y subir a la perfección: "Pues, ¿por qué me condenas al abismo, / engañándome a mí como a ti mismo?" (S.,18). Para ella el cuerpo es su prisión: "¿Sabes que estoy en este calabozo?" (S.,18). Los robos, las haciendas, los manjares, las galas y todo el lujo es muy ajeno a su naturaleza de "cometa," astro errante que gira alrededor del sol. Dice: "No es de mi ser universal cometa" (S.,18).

Ella pertenece a los divinos cuerpos celestiales. Aconseja al soberbio, buscar tesoros espirituales, que son los verdaderos, y que le van a ayudar a llegar a la gloria espiritual del firmamento puro y desnudo de la vanidad humana:

> Procura conquistar otros tesoros,
> y con nuevos decoros
> solicita la gloria soberana,
> no deste siglo la arrogancia vana.
> Como naciste, has de salir del mundo (S.,18).

El cuerpo del malsín para ella, también es un albergue oscuro: "Pues este albergue se me da por centro" (S.,23). Le advierte al malsín: "Respeta la justicia soberana" (S.,28). Cuando en su amenaza al malsín se refiere a Dios, no es uno en el sentido cristiano ni judío, sino el soberano movedor del cosmos, es el "señor Mundo" (S.,28).

Al morirse el malsín dice al alma: "Déjelo, como dicen, a la luna" (S.,32). Toma la expresión idiomática "dejar a la luna",[93] y jugando con ella hace una referencia a la filosofía pitagórica que declara que el alma entre transmigraciones, sube al firmamento, y allí por una temporada se ubica en la luna, que también es un cuerpo celestial como el alma.[94]

En la tercera transmigración de la dama, ya se siente cansada el alma de la materia. Tiene que errar nuevamente para buscar otra prisión, donde instalarse:

> Andaba vacilando sin reposo
> qué rumbo tomaría
> la cansada alma mía:
> que como esto de cuerpos materiales
> es fruta de animales,
> entre tantos melones
> andaba mi viaje en opiniones,
> escogiendo el mejor de la conducta
> (perdonarán las almas esta fruta) (S.,35).

Aquí la referencia puede ser a la doctrina pitagórica que decía que la transmigración del alma acontece no sólo en seres humanos sino en animales, plantas y frutas también.[95]

El alma de nuevo anima a la débil materia vil: "Y apenas animé la inanimada,

/ cuando por flojedad de la materia, / me hallé en doña Quiteria" (S.,35).

El alma trata de explicar la teoría pitagórica a Quiteria. Las almas son de lo que sobró de la esencia de Dios. Por lo tanto, son la semejanza de Dios y la copia de su perfección. Pero al contaminarse se alejan cada vez más de su semejanza y se pierden. De nuevo, el Dios mencionado, no es Dios en el sentido religioso cristiano sino creador del mundo:

> Es tu alma, concepto sin segundo,
> la semejanza del autor del mundo;
> llevada sin razón de la materia,
> sigue a doña Quiteria
> y anda tan destraída,
> que ya la semejanza está perdida (S.,43).

En los consejos del alma a Quiteria vemos la interrelación entre la belleza espiritual y la física. La castidad, el honor y la sinceridad son los atributos de mayor valor en el ser humano, y son lo que le acerca a la divinidad:

> La honra, amiga mía,
> ....
> es el armiño de mayor belleza
> que puso en nuestro ser naturaleza;
> ....
> La flor de la hermosura,
> entre la castidad constante dura; (S.,43).

Al morirse Quiteria, el alma, de nuevo, forma sin materia, yerra en busca de nueva transmigración. Hay aquí una referencia a la doctrina pitagórica que dice que el alma entre transmigraciones sube y baja al firmamento, y se queda, por una temporada, en el cuerpo celestial de la luna:[96]

> Chocando con la luna frente a frente.
> Yo que astrólogo fui, mirando atento
> el azul pavimento,
> cuaderno de la máquina del orbe (S.,51).

El alma se compara aquí con el astrólogo, como antes a un cometa, por su naturaleza celestial y por su preocupación con los demás cuerpos celestiales, encontrados en el azul pavimento, que es el firmamento, donde la máquina del orbe funciona con perfección y armonía.

El que se formaba en la próxima transmigración es un valido, a quien se le refiere como, "La materia de estado / estadística forma del privado" (S.,52). De nuevo, se emplean las palabras claves de materia y forma, aunque con juego de palabras.

El alma describe el modo de introducirse en el cuerpo. Para señalar que está bajando de las alturas celestiales, se compara a un halcón que desciende del Olimpo:

> ... y del Olimpo duro
> hice una punta, cual halcón valiente,
> y en su cuerpo excelente,
> sin decir "Aquí estoy", me hallé vestido
> de la tela mejor de mi valido (S.,52).

El alma, mientras toma parte en un cuerpo, está en un estado semejante al sueño. Todavía tiene memoria de lo eterno y puede referirse a lejanos tiempos pasados.

> Y nunca recordaba de su sueño,
> bien que jamás perdí de la memoria
> del rey Nabuco la divina historia,
> pero a veces del pobre me reía,
> que fue sombra su estatua con la mía (S.,53).

Acaba burlándose de Nabuco, que no entendía que su existencia era tanto de sombra como la del alma.

El cuerpo del valido, se dirige al alma, insultándola: "Dime, bestia vestida,/ (hablo cn la materia de mi vida)" (S.,62). El altivo valido que no entiende la filosofía pitagórica, cree que el alma es la bruta materia vestida por su ser, que cree ser la esencia.

En el centro del cosmos pitagórico se encuentra el sol. El cosmos está envuelto en una música perpetua y armónica, en un concierto de perfección causado por el movimiento incesante de los planetas. El alma se siente parte de esta música celestial y está buscando un instrumento que toque las cuerdas de su poesía armónica. Después de partirse del valido dice:

> El señor Apolo me dejó de su mano; y lo estimé, pues, dejando la poesía, me pareció que estaba en el valle de la cordura, si hay alguna fuera del cielo... procurando algún instrumento material bien organizado, donde pudiese tocar las espirituales cuerdas de mi naturaleza (S.,67).

El valle de la verdadera cordura, de la inteligencia pura, es el firmamento. Cuando el alma se encuentra fuera del cuerpo, asciende y desciende hasta que se encuentra un cuerpo para animar. En la transmigración quinta, declara: "Animé a don Gregorio Guadaña" (S.,67).

El ser que más tiene de alma es el filósofo. Los filósofos tuvieron que privarse de los placeres mundanos para estar, sin la preocupación corpórea, más cerca a la perfección espiritual. Pitágoras predicaba la privación, mediante la cual se llegaba a la belleza espiritual, que es el camino a la belleza divina. ¿Quién será el mejor sujeto para explicar la doctrina pitagórica si no un filósofo? Efectivamente, en la venta, es el filósofo quien explica a la niña Beatriz los particulares de la doctrina:

> La cosa más necesaria para la conservación del mundo es la privación y la que más se siente es ella misma; si Vdm. nos priva de su vista, forzosamente mudaremos forma, y no dudo que la del señor don Gregorio sirva de materia a la de Vmd.; pero conviene no mudar muchas por no hacer verdadera la opinión de Pitágoras, que dice se pasean las almas de cuerpo en cuerpo como de flor en flor (S.,119).

Parecería que el filósofo está burlándose de la falta de virtud de Beatriz. La compara al alma, forma, que se introduce, sexualmente, en la materia de Gregorio. Le aconseja que evite la promiscuidad. Beatriz, también conoce filosofía, y jugando con el doble significado de la palabra forma —alma y condición física— insinua que todavía es virgen y contesta: "Pero yo, señor mío, no la he seguido hasta agora, porque mi forma está intacta, y aborrece las materias corpóreas como apostemas" (S.,119). El filósofo, que ve entendido su insulto, inmediatemente lo retira, disculpándose, que en efecto conoce que ella es tan pura como en el día de su nacimiento. Como es filósofo lo hace con vocabulario pitagórico: "-Ya yo sé-dijo el filósofo- que Vmd. es hecha de la materia prima, y que su composición es celeste y angélica" (S.,119).

La teoría de Pitágoras fue adoptada y trasmutada por muchos filósofos, y como no dejó nada escrito, muchas de sus teorías nos han llegado a través de otros filósofos. Parte de la doctrina de Aristóteles tiene nociones pitagóricas. Ya que en ciertas partes la doctrina aristotélica se penetró de la cristiana, no se consideraba aquélla como herejía.

Cuando el fraile acusa al filósofo de herejía, por insistir en la enseñanza pitagórica, éste que sabe filosofar, le atribuye la doctrina a Aristóteles:

> Lo que yo digo sustentaré con Aristóteles, que dice ser hechos los
> cielos de la materia prima o quinta escencia; esta señora es todo cielo,
> luego es compuesta de lo mismo. Que su alma angélica, nadie lo
> duda, siendo de naturaleza intelectiva, y habiéndola criado Dios
> inteligencia separada de materia (S.,119-120).

Al hablar de la edad de Beatriz, dice el filósofo: "Nuestra vida no consta de años, sino de sombra" (S.,121). La materia sólo es una sombra, donde pasa el alma cierta temporada. Más adelante nos recuerda la inmortalidad del alma, cuerpo celestial, en comparación con la vida fugaz y mortal del hombre: "La edad del hombre es flor de almendro, que a la primera luz visita el sepulcro; los años se hicieron para los cursos celestes, que acabados vuelven, pero no para el hombre, que se va y no vuelve a tener parte en el siglo" (S.,121). Mientras el universo y el tiempo son permanentes, la vida del hombre, contada por número limitado de años, es temporaria: "Todos nos vamos, y la tierra permanece;... No es bien que los años vivan con cuenta y la virtud sin ella" (S.,122).

El filósofo sigue filosofando. Llama al alma con el léxico pitagórico de forma, diciendo que ella es la luz verdadera que guía las tinieblas en que yace la materia. Muestra un desprecio al hombre, formado de la materia residua de la construcción del universo. La materia simple, el hombre avaro, nunca puede seguir el ejemplo de privación de la sublime alma.:

> La sustancia de la forma y fuerza de la materia nunca se atrevieron
> a nuestra privación... El daño no viene de la luz de afuera, viene de
> las tinieblas de adentro... Qué guardamos de fábrica amasada con
> agua y polvo, y alentada con fuego y aire. Cuatro simples hicieron
> un simple, tan sujeto a los accidentes de la inorancia, que cada hora
> sabe más desta ciencia (S.,122-123).

El soberbio se burla del vocabulario pitagórico del filósofo, diciendo; "¿Hay
mayor felicidad que dar parecer a la parte que saque el dinero de su faldiquera y
lo ponga en la mía? Esta sí que es materia para reír, forma para llorar, y
privación para sentir" (S.,127).

El oficio de un alma desocupada es buscar materia que la necesite. Al partirse
de Gregorio, ya el señor Apolo la apura a instalarse de nuevo en la siguiente
materia: "Me armó el señor Apolo, / y discurriendo solo / por aquellos que forma
no tenían" (S.,193).

Parece que todos los cuerpos de nuestra alma sabían la doctrina pitagórica. El
hipócrita, también la conocía. Para engañar a la gente con un espectáculo
lucrativo, él anuncia su propia muerte, y trata de fingirse muerto. Quiere que el
alma sea su cómplice, y le manda: "Vete al cielo, alma mía; / deja de mí
memoria" (S.,198). Como los demás cuerpos, tanto el hipócrita le cae mal a
nuestra alma, y ella le insulta. El, enojadísimo con los insultos, imprecaciones y
amenazas del alma le contesta:

> Y sin duda eres alma mal nacida,
> ....
> vete donde quisieres,
> que, aunque eres inmortal y nunca mueres,
> y el daño me avisas
> en Josafá te lo dirán de misas (S.,209).

Así, pues, aunque las almas sean creadas de la pureza, tú eres "mal nacida." Y
aunque las almas sean mortales, yo te voy a hacer daño en el día de Juicio Final.

Al salir del hipócrita, de nuevo, se encuentra sin dueño. Cuenta: "Discurrí peregrino / el natural camino / de la especie mortal..." (S.,213). El alma entre cuerpos anda peregrina, buscando una prisión nueva. Lastimosamente, se materializa en un miserable, a quien aborrece. Hablando de él, dice el alma que él es "digno de eterno olvido" (S.,217). El olvido es el contrario de la memoria. La memoria trae aspiración a lo sublime, el olvido, a lo abyecto. Nuestra alma, como siempre trata de llevar al miserable al buen camino. Ella le explica que los bienes temporales carecen de valor, porque no son los que la van a llevar a su hogar primordial, al firmamento. Ella llegará al cielo, no por riqueza material del miserable, sino por virtudes. La memoria del firmamento la hace aspirar a esta región, con su gloria y divinos tesoros. En sus palabras:

> Esos (que los tienes,
> pues no los gozas) sepultados bienes,
> ¿llevarémoslos yo?, ¿compraré acaso
> con ellos algún raso
> lugar allá en el cielo?
> ¿Piensas que es esta tela terciopelo,
> que crece a pulgaradas,
> tan mal medidas como bien compradas?
> ¿Servírále a tu alma en la otra vida
> esa riqueza a logro defendida,
> o podrás conquistar con su memoria
> los tesoros divinos de la gloria?
> ....
> ¿De qué materia eres?
> ¿A qué región aspiras?
> ¿Por qué gloria suspiras? (S.,218).

El alma sigue enseñando al miserable la falta de importancia del oro. Dice que ya que el oro es materia, es mortal, y ella lo va a sobrevivir, por ser inmortal: "Que la vida se acaba con el oro / y el alma no, que es inmortal tesoro" (S.,220). Sabiendo que hasta que no encuentre la virtud, no podrá llegar al firmamento permanentemente, el alma, aunque sea inmortal, le tiene miedo al miserable: "En fin, amigo mío, / yo, con ser inmortal, de ti no fío" (S.,234).

Al ladrón, también habla el alma con conceptos pitagóricos: "Pues nuestra vida, aunque volar quisiera / como vapor al firmamento sube" (S.,260). El, también conoce la filosofía, y la llama: "Alma, espiritú o sombra" (S.,262).

Transmigrada en el cuerpo de un arbitrista, el alma critica violentamente a su dueño, y luego cansadísima de la diatriba exclama: "Aquí llegaba con su discurso mi potencia primera, ayudada de la memoria y la imaginativa, cuando el hombre dio un profundo suspiro diciendo" (S.,272). El alma reconoce que su conocimiento proviene de la memoria de la inteligencia primordial. El arbitrista le contesta con un lenguaje místico, quejándose que su amante, el alma le es infiel: "Conozco agora que no hay más ingrata señora que un alma, pues en lo mejor, con achaque de 'cielo va, cielo viene', se aparta del mundo en dos palabras y deja su amante el cuerpo a la luna del sepulcro" (S.,272). El la culpa de ser caprichosa e impulsiva. Luego invierte la doctrina pitagórica reclamando que efectivamente la forma es un arbitrista que anima a la materia, que es el alma. Para él sus circunstancias son la fuerza mayor del universo, que controla hasta el alma y su memoria y entendimiento: "Porque la naturaleza da adbitrio a la forma, que anime la materia, y ella a la privación; el entendimiento de adbitrio a la memoria y a la imaginativa: La tierra al agua, el agua al aire, y el aire al fuego: hasta los cielos son adbitros unos de los otros" (S.,272).

Cansada anda el alma de transmigraciones, pero en comparación con otras, no es sino novicia. Se encuentra con un alma madura que ha paseado mediante doce mil quinientos cuerpos, sin encontrar ninguno que le satisfaga "en la media región del aire" (S.,285). El alma anciana está cansada de haber buscando alguien en que se puede salvar. No hay nadie porque la materia del siglo está corrompida. Dice a nuestra alma: "Solía la materia de la especie humana salir de las manos de naturaleza, dócil, blanda, sazonada y perfeta" (S.,285). La materia como la forma se creaban con perfección en la antigüedad. Pero en este siglo, sólo se hallan engaño, soberbia, avaricia y pobreza espiritual. La anciana trata de comunicar a la nuestra que no hay esperanza en este siglo, "teatro de sacrificios nocivos" (S.,286). Como ella está bien enseñada, repasa para el beneficio de nuestra alma y el del lector, toda la creación pitagórica, diciendo:

> Saliste de las manos de su Hacedor perfeta y limpia, y te vas a manchar en ese abismo de corrupción; saliste por creación pura y

santa, y te vas a salpicar de generación pecadora... Buscas posada
mortal, siendo inmortal, bajas de la eminencia al precipicio. ¿Quién
trocó el supremo alcázar de la creación por la humilde cabaña de la
generación? Si no sabes adonde caminas, repara que vas a embarcarte
en un bajel podrido y a vivir en un edificio que pasó siempre por
ruina en la escuela del sabio... Pero este cruel calabozo adonde vamos
a pagar la culpa del primer hombre, horrible casa es de nuestra noble
naturaleza, y tremendo valle, adonde hemos de regar con lágrimas las
flores de la vida, tan breve como la exhalación que gira y tan pronta
como el relámpago que vuela. Salimos de la mano poderosa para
merecer, pero corto merecimiento alcanza quien no hace lo que puede
y sigue lo que no debe (S.,286-287).

Es decir, el alma se crea perfecta y limpia, pura y santa, inmortal, en la eminencia
del firmamento. Tiene que precipitarse e introducirse en la humilde cabaña que
es el cuerpo, también calificado como un bajel podrido, y un edificio arruinado.
Para las almas, con su naturaleza noble, el cuerpo les sirve de calabozo, y con
lágrimas amargas, que no con rocío, riegan el mundo que yace en corrupción.
Exclama el autor que, lastimosamente, por tener tanta corrupción, la materia no
merece ni se aprovecha del enoblecimiento que le puede regalar el alma. El alma
anciana sigue lamentando tener que morar en una prisión frágil y aborrecida, hecha
de elementos simples que se rinden fácilmente a las tentaciones mundanas:

¡Ay del que va condenado a vivir en edificio compuesto de tierra y
agua y levantado con fuego y aire! ¿Qué fin se puede aguardar de
arquitectura tan frágil, adonde se encuentran cada instante los elementos? Si el sabio aborreció la vida, ¿qué juicio estará seguro, aunque
se suba en la firme montaña de la prudencia. Considera, ¡oh música
de los cielos!, ¡oh armonía de las inteligencias!, que vas a tocar un
instrumento hecho de cuatro simples, cuyas cuerdas son formadas de
vitales espíritus que quiebran al menor golpe de un accidente. Sus
clavijas son pensamientos tan varios como torcidos, sus trastes son
impulsos que laten armonía de salud y acaban en parasismos de
muerte... Advierte, amiga, que dejas la perpetua paz de la potencia

por la guerra civil del acto, adonde hallarás tantos enemigos, que se agotará la memoria y se perderá el entendimiento (S.,287).

El cuerpo material fue construido de elementos frágiles y por esta débil arquitectura, permitía corrupción. Si el sabio, Pitágoras mismo, aborrecía la materia, cómo va a poder salvarla el alma, aunque venga de la "montaña de la prudencia," aunque sea "música de los cielos," "armonía de las inteligencias." El cuerpo es instrumento hecho de cuatro cuerdas frágiles, que se rompen de cualquier golpe. Si el autor del mundo creaba esta fragilidad, ¿cómo va a poder salvarse en ella un alma? El alma viene de la "paz de la potencia," pero al introducirse en "la guerra civil del acto," el cuerpo, con su bajeza, no se logrará la salvación nunca. Poco a poco, el alma misma va a perder la memoria y el entendimiento supremo de la perfección, ya que con el paso del tiempo todo se olvida.

Más adelante, el alma anciana mezcla elementos místicos con pitagóricos y describe la relación del alma con el cuerpo como nupcias. El encuentro de los dos debía ser un "dichoso matrimonio," que al fin de los años se deshará en el divorcio de la muerte. No obstante, por los vicios y corrupción, el matrimonio es breve y por lo tanto, la muerte es dolorosa. Como en matrimonioreal el alma no se acostumbra a la compañía del marido y le tiene compasión, sólo para sufrirse al fin de la separción y de su propia perdición. En las palabras del alma:

¡Oh dichoso matrimonio, si como es prestado fuera seguro!, más ¡ay dolor! que cuando llega el divorcio natural, y viene la muerte, desnudando su corva cuchilla, segadora de espigas, racionales, nuestros espíritus interiormente padecen y de mala gana se apartan de la compañía corporal, dejando la fábrica humana, a quien animaron tantos años, a la basta madre que la convierta en polvo. ¡Desposarse para tan corto tiempo, abandonando por el pecado una arquitectura tan soberana, torcida por el apetito y arruinada por la culpa! ¡Oh cuerpos!, ¿Para qué os animamos, si de vuestra compañía salimos lastimadas y vosotras, con nuestra ausencia quedáis perdidos? (S., 287-288).

Otra alma, acompañada de laúd y peregrinando en los "globos de zafir," cielo, estaba quejándose de desengaño que le ofrece el siglo: "Nací llorando la terrible audiencia / que el siglo, entre favores indecentes, / guardaba a mi larguísima inocencia" (S.,289). Frente a la larga inocencia primordial del alma se encuentra la bajeza del cuerpo, envuelto de penas y aflicciones: "Torpes gemidos, rudos accidentes, / nocivos lloros, ásperas prisiones" (S.,289).

El hombre siempre se sorprende de la perfección de la creación y mira el cielo, buscando respuestas. Fray Luis de León, empleó la misma idea platónica, en "Noche serena." El ser humano trata de penetrar en los secretos de la creación, sin poder descifrarlos. Habla el alma de los seres que "penetrar presumían lo infinito," sin lograrlo. Su explicación es: "Sin duda alguna que se cansa en vano / el polvo introducido en agua y fuego / de inquerir el secreto soberano" (S.,289).

El tiempo continúa su movimiento perpetuo, y el alma sigue tratando de conseguir la purificación: "Si se vienen los siglos deslizando / al paso de los cielos, dulcemente / el espíritu puro viene obrando" (S.,292).

Por ser vigilante y siempre en busca de materia libre para materializarse, el alma se compara con el vigilante Argos: Aquel Argos de luz omnipotente / con la vista ideal penetra cuanto / la separada inteligencia siente" (S.,292).

El alma sufre y se queja de la futilidad de la creación. La creación es predestinada. El Creador ha creado una criatura dirigida a la muerte. La materia, conociendo su predestinada mortalidad, trata de vivir gozando del breve momento de su existencia, y por lo tanto, no llega a la virtud que anhela el alma: "Si la causa primera es homicida, / en vano sale del linaje humano / la materia forzada y oprimida" (S.,292). El alma, "la potencia," con su "rayo intelectivo," no va a poder animar con perfección ni salvar al cuerpo, el "discurso soberano," "el acto." El Creador ha fallado en la destinación de su creación de antemano. Lamenta el alma:

> No menos el aliento simple y vano,
> que rayo intelectivo se corona,
> anima este discurso soberano.
> Si la potencia al acto perficiona,
> ¿qué solicita el argumento errante,
> si el triunfo de la esfera galardona?
> Si la primera causa fulminante

ajusta con la fuerza su destino,
disculpemos la fábrica volante.

....

En libros de Zafir, letras de plata
leo la inclinación de mi fortuna
¡hado cruel!, pues sin razón me mata
(S.,292).

El alma mientras estaba volando en las alturas del firmamento, oía las quejas
de las demás almas. Lentamente, está descendiendo, para seguir su deber de la
búsqueda de la materia. Ella no nos describe su descendencia, sino su alejamiento
de los elementos armónicos y de la luz celestial. Percibiendo el alejamiento de la
música celestial, nos damos cuenta de que el alma efectivamente está descendiendo:

La música divina,
sumiller de cortina
fue de mi pensamiento;
y el curioso de luz entendimiento
rogó a Dios, en la mente,
que su sueño moral suavemente
mejórase de estado;
y en un instante me sentí cercado
de cuerpos infinitos,
si pueden serlo los que son finitos (S.,295).

Los cuerpos, en busca de alma, se describen como en un tipo de subasta o de
feria. Hay tantas almas desilusionadas con la creación, que es difícil conseguir
una. Todos ruegan a nuestra alma que se introduzca en ellos. Ella que ya conoce
la maldad humana, rehusa introducirse hasta ver a Pitágoras llorar por la
aniquilación de su teoría. El matrimonio entre forma y materia no es posible,
mientras conoce la forma las imperfecciones de la materia.

Y a Pitágoras veo hecho gitano,
y díjome llorando:

¿hasta cuándo, hasta cuándo
has de andar destraída?
· ¡Métete en este cuerpo, por tu vida! (S.,296).

La respuesta del alma se puede resumir con: "De ninguna suerte / entraré en esa muerte" (S.,297). Aquí la materia ya se identifica con la muerte, que es peor que sombra calabozo o cueva. Pitágoras se enoja con la rebeldía del alma, ya que sólo se puede conseguir la purgación, mientras vive en una materia virtuosa:

Enojóse Pitágoras mi dueño,
y díjome: Recuerda de tu sueño
y busca la virtud. -¿Adónde vive?
-le respondí.- Recibe
la doctrina moral.- Curioso eres.
-Vive en ti mismo, búscala si quieres (S.,298).

La única perfección es la del alma, y sólo allí se puede encontrar que no en la materia. Es la responsabilidd del alma aconsejar y enseñar al cuerpo, hasta que llegue a la virtud, y con ello ganaría el alma su salvación.

El alma errante, de nuevo, sube al firmamento buscando lo que no puede conseguir en la tierra: "Que, nuevo sol de su divina aurora, / rumbo celeste divisé en el cielo, / y así alenté mi divertido vuelo" (S.,299).

Al fin y al cabo, se encuentra con "el mejor viviente." Se introduce en él y espera salvarse mediante su coexistencia: "Y en él sin duda pretendí salvarme" (S.,299). El alma está exaltada por haber encontrado la materia según la descripción pitagórica. Reconoce que un encuentro tal, no es muy común: "Que no hay transmigraciones todo el año" (S.,299). Efectivamente, la nueva transmigración resulta ser virtuosa, divina y sin engaños. Por su buena conducta y mejores consejos, vivía noventa años: "Y en su número el sueño deseara / que nunca recordara" (S.,306). El número de la doctrina pitagórica como hemos visto, significaba la perfección suprema. Era tan perfecto el dueño que el alma ni necesita tener la memoria de su existencia perfecta en el firmamento:

Sirva el letargo agora
de verdadera aurora,

que yo de la opinión tomo lo bueno,
moral triaca y cordial veneno
del siglo pitagórico (S.,306).

Ella podía perder la memoria, viviendo en el olvido de un ser tan virtuoso, gozando de lo mejor que podía ofrecer el siglo pitagórico. Se siente dichosa por haber logrado cohabitar en una verdadera materia pura, y con ello ganarse la salvación:

> Me tendré por dichoso
> (y por más que dichoso, venturoso)
> en haber acertado
> a soñar el estado
> verdadero del hombre,
> para que quede fama de mi nombre (S.,306).

Lastimosamente, se da cuenta el alma de que tal virtud sólo se encuentra en el mundo de los sueños. Deprimidísima declara:

> Otro sueñe mejor, pero repare
> que mi postrero dueño,
> jerolífico ha sido de mi sueño (S.,307).

La última materia en que aposenta el alma no es más que una ilusión, que sólo existe en el anhelo del alma por materializarse en el supremo ser virtuoso, en un filósofo. Esta creación que surge de la fantasía del alma, es un jeroglífico que simboliza la ilusión del alma.

NOTES

[1]José Ferrater Mora, *Diccionario de Filosofía*, Quinta ed. (Buenos Aires: Editorial Sudamericana, 1965), 2:420.

[2]Cornelia J. de Vogel, *Pythagoras and Early Pythagoreanism* (Assen, Países Bajos: Ven Gorcum and Company, 1966), pp. 24, 59-60.

[3]Ferrater Mora, 2:420.

[4]Vogel, p. 3.

[5]Ibid., p. 163.

[6]Ibid., pp. 192-193. (Vogel dedica un capítulo entero, VIII, a las semejanzas entre pitagorismo y platonismo, pp. 192-217.)

[7]Theodore Wayne Jensen, *The Pythagorean Narrative of Dario, Nervo and Lugones* (Buffalo, New York: State University of N.Y. at Buffalo, 1976), p. 39.

[8]Vogel, p. 2.

[9]James K. Feibleman, *Religious Platonism* (London: Ruskin House, 1959), p. 85.

[10]Ibid., pp. 88-89.

[11]Vogel, p. 5.

[12]Ibid., p. 130.

[13]Alister Cameron, *The Pythagorean Background* (Menasha, Wisconsin: Banta Publishing Company, 1938), p. 34.

[14]Jensen, p. 42 y Paul Oskar Kristeller, "Renaissance Philosophy," *A History of Philosophical Systems*, ed. Virgilius Ture Anselm Ferm (New York: New York Philosophical Library, 1950), pp. 457-458.

[15]Paul Oskar Kristeller, *The Philosophy of Marsilio Fucino*, trad. Virginia Conant (1943; rpt. Gloucester, Mass: Peter Smith, 1964), pp. 16-17.

[16]Ibid., "Theory of Immortality," pp. 324-250.

[17]Ferrater Mora, 1:653.

[18]Ottavio Di Camillo, *El humanismo castellano del Siglo XV,* trad. Manuel Lloris (Valencia: Fernando Torres, 1976), p. 137.

[19]Ibid., p. 138.

[20]Ibid., p. 158.

[21]Ibid., pp. 160-161.

[22]Daniel P. Walker, *The Ancient Theology: Studies in Christian Platonism from the Fifteenth to the Eighteenth Century* (Ithaca, New York: Cornell University Press, 1972), p. 49.

[23]Ibid., p. 50, cita a Crinito, *De Honesta Disciplina*, Libri XXV, Basileae, 1533, reimpreso por Garin en su edición de Pico, *De Hominis Dignitate*, (Florencia, 1942), pp. 79-81.

[24]Oelman, *Romance*, p. 95.

[25]Ibid., p. 95.

[26]Ibid., p. 95.

[27]Ibid., p. 109.

[28]*Encyclopedia Judaica* (Jerusalem: Keter Publishing Company, 1972), 10:618.

[29]Harold Bloom, *Kabbalah and Criticism* (New York: The Seabury Press, 1975), pp. 13-14, cita a Henry Reynolds, *Mythomystes* (1632), sin más indicaciones bibliográficas. El libro en general, no tiene ni bibliografía ni notas.

[30]Ibid., p. 15.

[31]François Secret, *Le Zôhar chez les kabbalistes chrétiens de la Renaissance* (París: Librairie Durlacher), 1958). Toda la obra desarrolla este aspecto.

[32]*Encyclopedia Judaica*, 10:643.

[33]S. K. Heninger, *Touches of Sweet Harmony: Pythagorean Cosmology and Renaissance Poetics* (San Marino, California: The Huntington Library, 1974), p. 45.

[34]Ibid., p. 48.

[35]Dámaso Alonso, "La oda a Salinas," *Poesía española* (Madrid: Editorial Gredos, S.A., 1971), pp. 172-175.

[36]Heninger, p. 156.

[37]Vogel, pp. 84, 89, 187.

[38]Jas A. Philip, *Pythagoras and Pythagoreanism* (Toronto: University of Toronto Press, 1966), p. 153.

[39]Paul Shorey, *What Plato Said* (1933; rpt. Chicago: The University of Chicago Press, 1968), p. 174.

[40]William S. Sahakian, *Plato* (Boston: Twayne Publishers, 1977), p. 162.

[41]Ibid.., p. 129.

[42]Shorey, p. 336.

[43]Sahakian, p. 130.

[44]Ibid., pp. 129-130.

[45]Ibid., p. 162.

[46]Shorey, p. 172.

[47]Ibid., p. 173.

[48]Sahakian, p. 149.

[49]ibid., p. 164.   Sahakian cita de la obra de Platón, *La república*, p. 517.

[50]Ibid., p. 164.

[51]Shorey, p. 201.

[52]Ibid., p. 334.

[53]Ibid., p. 173.

[54]Sahakian, p. 137.

[55]Ibid., p. 132.

[56]Ibid., p. 128.

[57]Ibid., p. 129.

[58]Alonso, *Poesía española*, p. 173.

[59]Vogel, p. 196.

[60]John E. Rexin, *Religion in Plato and Cicero* (1959; rpt. New York: Greenwood Press Publishers, 1968), p. 28.

[61]Jensen, pp. 20-22.

[62]Vogel, p. 174.

[63]Jensen, p. 22, cita de la *Metaphysics* de Aristóteles. Trad. Hippocrates G. Aposthe (Bloomington, 1966), p. 21.

[64]Heninger, p. 101.

[65]Jensen, p. 76.

[66]Heninger, p. 48.

[67]Ibid., p. 91.

[68]Ibid., p. 100.

[69]Jensen, p. 251.

[70]Ibid., p. 26.

[71]Vogel, p. 163.

[72]Walter Burkert, *Lore and Science in Ancient Pythagoreanism*, trad. Edwin L. Minar, Jr. (1962; rpt. Cambridge: Massachusetts: Harvard University Press, 1972), pp. 350-352.

[73]Baltazar Gracián y Morales, *Agudeza y arte de ingenio*, introducción y notas de Evaristo Correa Calderón (1601; rpt. Madrid: Clásicos Castalia, 1969), vol. 1, disc. 23, p. 236. También en el *Criticón*, 3, Cr. 10, p. 380, Gracián habla de la armonía de los cuerpos celestiales como teoría sostenida por Pitágoras y Platón.

[74]Alonso, *Poesía española,* pp. 175-176.

[75]Heninger, p. 31.

[76]Ibid., p. 100.

[77]Heninger, pp. 28-29.

[78]Vogel, pp. 84, 150, 177-179, 181-185, 187.

[79]Heninger, p. 30.

[80]Shorey, p. 171.

[81]Heninger, p. 22.

[82]Vogel, pp. 176-178.

[83]Ibid., p. 181.

[84]Ibid., p. 184.

[85]Heninger, pág 22.

[86]Feibleman, p. 98.

[87]Ibid., p. 101.

[88]Ibid., pp. 101-102.

[89]Ibid., pp. 110, 117, 126.

[90]Sahakian, p. 128.

[91]Ibid., p. 136.

[92]Jensen, p. 30, y Vogel, p. 82.

[93]Gonzalo Correas, *Vocabulario de refranes y frases proverbiales*, texte établi, annoté et presenté par Louis Combet, 1627; rpt. (Bordeaux: Bibliothèque de l'école des hautes études hispaniques, 1967), p. 688. "Dexar a la luna. Dexar a uno en la kalle a durmir al sereno."

[94]Vogel, p. 82.

[95]Jensen, p. 30.

[96]Vogel, p. 82.

BIBLIOGRAFÍA

OBRAS DE ANTONIO ENRÍQUEZ GÓMEZ

Academias morales de las musas. Bordeaux: Pedro de la Court, 1642. Ejemplar de la Biblioteca Nacional de la Universidad Hebrea de Jerusalén, Israel.

El siglo pitagórico y Vida de don Gregorio Guadaña. Rouen: Laurent Maurry, 1644. Ejemplar de la Biblioteca del Hispanic Institute of America, Nueva York.

La culpa del primero Peregrino y el pasajero. Rouen: Laurent Maurry, 1644; Ejemplar de la Biblioteca de Columbia University, Nueva York.

La Política Angélica: Primera parte: Dividida en 5 diálogos. Rouen: Laurent Maurry, 1647. Ejemplar de la Biblioteca Nacional de la Universidad Hebrea de Jerusalén, Israel.

La Política angélica sobre el govierno que se deve tener con los reduzidos a la fe catholica, y con los que se apartaron de ella. Diálogos 3. y 4. [Segunda parte]. Rouen: Laurent Maurry, 1647. Vid. Révah.

La Torre de Babilonia. Madrid: B. de Villa Diego, 1670. Ejemplar de la Biblioteca Nacional de Madrid.

Luis dado de Dios á Luis y Ana y Samuel dado de Dios à Elcana y Ana. Paris: Rento Baudry, 1645. Rene Bavdry, 1645. Ejemplar de la Biblioteca de Columbia University, Nueva York.

Sansón Nazareno. Rouen: Laurent Maurry, 1656. Ejemplar de la biblioteca del Hispanic Institute of America, Nueva York.

Triumpho lusitano: recibimiento que mandó hazer Su Majestad el Christianissimo Rey de Francia, Luis XIII, a los embaxadores extraordinarios, que S. M. el Serenissimo Rey D. Juan el IV de Portugal le embió el año de 1641. Fue impresso en Francia, y aora de nuevo en esta ciudad de Lisboa. Com todas a licencias necessarias na officina de Lourenço de Anveres, *Acusta de Lourenco de Quieròs Liureiro* da casa de Bragança, 1641; Vid. Carlos Roma du Bocage, y Edgar Prestage.

OBRAS EN MANUSCRITOS DE ANTONIO ENRÍQUEZ GÓMEZ

"Romance al divín mártir, Judá Creyente (don Lope de Vera y Alarcón) martirizado en Valladolid por la Inquisición." Bodleian Library, Oxford University, MS. Oppenheimer Additional MS. 4^0, 150, fols. 46^v-50^r , Neubauer Catalogue No. 2481; Seminario israelita, Etz Haim, Amsterdam, MS. 48 A 23 (ahora en préstamo a la Biblioteca Nacional de la Universidad Hebrea de Jerusalén, Israel); Talmud Tora de Livourne , Cod. 55(5) (el que empleó Cecil Roth en su "Le chant de Cygne de Lope de Vera," y que se creía destruído durante la segunda guerra mundial), efectivamente, se encuentra también en la Biblioteca Nacional de la Universidad Hebrea de Jerusalén, Israel, MS. Hambourg mic. no. 26.239 (fue descubierto allí por mi colega Cartsen Lorenzo Wilke).

"Ynquisición de Luzifer y visita de todos los diablos." Contiene este libro respuesta/ a una carta de don Juan Bal/des de cosas particulares de/ Amsterdam y sigue un tratado intitulado inquisicion de lucifer/ y visita de todos los diablos y pri/mero y segundo dialogo de Oba/dia ben israel y andres antonio/ su hermano al cabo una car/ta a dicho don Juan/ anno 1686. Encontrado hoy en el Archivo Municipal de Amsterdam, MS.O 826. Fecha desconocida.

"Vida y muerte de D^a. Ysabel de Borbón reyna de España. Vida y muerte de la Reina D^a. Ysabel nra. señ^a. en forma de epitafio o elogio funeral." Un manuscrito autógrafo, descubierto por Antonio Lázaro Cebrián. El licenciado Lázaro informó del descubrimiento del romance en el Congreso Internacional de la Literatura del Siglo de Oro de los Judíos fuera de España, auspiciado por el departamento de Filología de la Universidad Complutense de Madrid, en diciembre de 1992. Antonio Lázaro está preparando una edición crítica y moderna del manuscrito. El manuscrito se encuentra en la posesión del anticuario madrileño Luis Araujo Vidal.

DOCUMENTOS INQUISITORIALES

Archivo Diocesano de Cuenca. Inquisición. "Enríquez, Diego y Antonio. Quintanar de la Orden. 1613. Inhabilidad. Inconcluso." Legajo 384, no. 5440.

---. "Diego Anríquez, natural de Quintanar de la Orden, vezino de la villa de

Madrid, 1623, Judaizante. Reconciliado." Legajo 409, no. 5750.

Archivo Histórico Nacional. Inquisición. "Antonio Henríquez Gómez vecino de Madrid contra Miguel Fernández de Fonseca, portugués, sobre 131 libras de seda." Legajo 3658, no. 16 (1624).

---. "Copia del secuestro de los bienes de Antonio Enríquez Gómez, vecino de Sevilla, alias Fernando de Zárate." Legajo 2067, no. 25 (1660).

---. "Autos de oficio de justicia del Real Fisco sobre el embargo de un juro de 19071 maravediés de renta en la media Anata de mercedes del año de 1650=cincuenta y vno por efetos de la confiscación de don Fernando de Zárate Alias Antonio Enríquez Gómez." Legajo 1872, no. 35 (1677).

OBRAS CONSULTADAS Y CITADAS

Actes: Picaresque espagnole. Director, Edmond Cros. Montpellier Cédex: Etudes Sociocritiques, 1976.

Adler, Elkana N. "Documents sur les Marranes d'Espagne et Portugal." *Revue des études juives* 47 (1904):1-28; 49 (1904):51-73; 51 (1905):53-75, 211-273; 51 (1906):251-264.

Alborg, Juan Luis. *Historia de la literatura española.* Vol. 2. *Epoca barroca.* Madrid: Editorial Gredos, 1972.

Alcalá, Angel ed. *The Spanish Inquisition and the Inquisitorial Mind.* New York: Colombia University Press, 1987.

Alemán, Mateo. *Guzmán de Alfarache.* Ed. Benito Brancaforte. Madrid: Cátedra, 1984.

Allen, Reginold E. *Studies in Plato's Metaphysics.* Nueva York: The Humanities Press, 1965.

Alonso, Dámaso. *Poesía española: Ensayo de métodos y límites estilísticos. Garcilaso, Fray Luis de León, San Juan de la Cruz, Góngora, Lope de Vega, Quevedo.* 5ta. ed. Madrid: Editorial Gredos, 1971.

Alonso Hernández, José L. "Signos de estructura profunda de la narración picaresca." *La picaresca: Orígenes, textos y estructuras.* Director, Manuel Criado de Val. Madrid: Fundación universitaria española, 1979. 39-52.

Altamira, Rafael. *A History of Spain: From the Beginning to the Present Day.* Trad. Muna Lee. New York: D. Van Nostrand Company, Inc., 1949.

Alter, Robert. *Rogue's Progress: Studies in the Picaresque Novel.* Cambridge, Massachusetts: Harvard University Press, 1965.

Alvarez, Guzmán. *El amor en la novela picaresca española.* Utrecht, Holanda: Instituto de estudios hispánicos, portugueses e iberoamericanos de la Universidad estatal, 1958.

Amador de los Ríos, José. *Estudios históricos políticos y literarios sobre los judíos de España.* Madrid: Imprenta de M. Díaz y Comp., 1948.

Amiel, Charles, ed. Introducción, anotaciones y apéndices. *El siglo pitagórico y Vida de don Gregorio Guadaña.* París: Ediciones hispanoamericanas, 1977.

Antonio, Nicolás. *Bibliotheca hispana nova.* Vol. 1. Madrid: Joachimum de Ibarra, 1783.

Asensio, Manuel J. "Más sobre el *Lazarillo de Tormes.*" *Hispanic Review* 28 (1960):245-250.

---. "La intención religiosa del *Lazarillo de Tormes* y Juan de Valdéz." *Hispanic Review* 27 (1959):78-102.

Aubrun, Charles V. "Thèses, amorces de travux, idées a creuser." *Bulletin Hispanique* 65 (1957):89-90.

Ayala, Francisco. "Formación del género 'novela picaresca': El *Lazarillo.*" *Experiencia e invención* Madrid: Taurus, 1960.

Barbosa Machado, Diogo. *Bibliotheca lusitana historica, critica e cronologica*: Vol. 2. Lisboa occidental: Antonio Isidoro da Fonseca, 1741.

Barrera y Leirado, Cayetano Alberto de la. "Antonio Enríquez Gómez." *Catálogo bibliográfico y biográfico del teatro antiguo español: Desde su origen hasta mediados del siglo XVIII.* 1860; rpt. ed. facsímil, Madrid: Editorial Gredos, 1969.

Bataillon, Marcel. *Pícaros y picaresca: La pícara Justina.* Madrid: Ediciones Taurus, 1969.

Beinart, Haim. "Judíos y conversos en España después de la expulsión de 1492."

Hispania 24 (1964):3-13.

---. *Records of the Trials of the Spanish Inquisition in Ciudad Real.* 4 Vols. Jerusalem: The Israel National Academy of Sciences and Humanities, 1974.

---. "The Converso Community in 15th Century Spain." *The Sephardi Heritage.* Vol. 1: *The Jews in Spain and Portugal Before and After the Expulsion of 1492.* Ed. R. D. Barnett. Londres: Vallentine, Mitchell, 1971. 425-456.

---. "The Converso Community in 16th and 17th Century Spain." *The Sephardi Heritage.* Vol. 1: *The Jews in Spain and Portugal Before and After the Expulsion of 1492.* Ed. R. D. Barnett. Londres: Vallentine, Mitchell, 1971. 457-478.

---. "El mártir Lope de Vera y Alarcón y su muerte, martirizado como Judá Creyente." *BeRuaj Mada, Investigaciones en la Cultura de Israel.* Lod, Israel: Instituto, Heberman de Investigación Literaria, 1986 (en hebreo).

Besso, Henry. *Dramatic Literature of the Sephardic Jews of Amsterdam in the XVIIth and XVIIIth Centuries.* New York: Hispanic Institute, 1947.

Biblia de Ferrara. Biblia en lengua española traduzida palabra por palabra dela verdad hebrayca por muy excelentes letrados vista y examinada por el officio dela Inquisicion. Edición facsimilar de Sefarad 92, Comisión nacional quinto centenario. Ed. Uriel Macías Kapón, a cargo de Jacob M. Hassán. Madrid: Ediciones Ciruela, 1992.

Bjornson, Richard. *The Picaresque Hero in European Fiction.* Madison, Wisconsin: The University of Wisconsin Press, 1977.

Blackburn, Alexander. *The Myth of the Picaro.* Chapel Hill: The University of North Carolina Press, 1979.

Blázquez Miguel, Juan. *Madrid: Judíos, herejes y brujas: El Tribunal de Corte (1650-1820).* Toledo: Arcano, 1990.

Blecua, José Manuel. *Sobre poesía de la Edad de Oro.* Madrid: Editorial Gredos, 1970.

Bleznick, Donald W. *Quevedo.* Nueva York: Twayne Publishers, Inc.,1972.

Bloom, Harold. *Kabbalah and Criticism*. Nueva York: The Seabury Press, 1975.

Bocage, Carlos Roma du, y Edgar Prestage. eds. *Relação da embaixada em Francia em 1641, por Joao Franco Barreto*. Reimpressa com noticias e documentos elucidativos. Coimbra: Imprensa da Universidade, 1918: 217-250.

Bona, Raymond. *Essai sur le problème mercantiliste en Espagne au XVIIème siècle*. Bordeaux: Université de Bordeaux, 1911.

Borges, Jorge Luis. "Quevedo." *Otras inquisiciones*. Buenos Aires: Emecé Editores, 1960.

Boyajian, James C. *Portuguese Bankers in the Court of Spain (1629-1650)*. New Brunswick, 1983.

Burkert, Walter. *Lore and Science in Ancient Pythagoreanism*. Trad. Edwin L. Minar, Jr. 1962; rpt. Cambridge, Massachusetts: Harvard University Press, 1972.

Calderón de la Barca, Pedro. *La vida es sueño and El Alcalde de Zalamea*. Introduction and notes by Sturgis E. Leavitt. Nueva York: Dell Publishing, 1964.

Cameron, Alister. *The Pythagorean Background*. Mcnasha, Wisconsin: Banta Publishing Company, 1938.

Caro Baroja, Julio. "El proceso de Bartolomé Febos o Febo." *Homenaje a don Ramón Carande*. Madrid: Sociedad de Estudios y Publicaciones, 1963. 59-92.

---. *Inquisición, brujería y criptojudaísmo*. Barcelona: Ariel, 1974.

---. *Los judíos en la España moderna y contemporánea*. 3 vols. Madrid: Arión, 1969.

Carrillo, Francisco. "Raíz sociológica e imaginación creadora en la picaresca española." *La picaresca: Orígenes, textos y estructuras*. Director, Manuel Criado de Val. Madrid: Fundación universitaria española, 1979. 65-78.

Casalduero, Joaquín. "El estudiante universitario en la picaresca." *La picaresca: Orígenes, textos y estructuras*. Director, Manuel Criado de Val. Madrid:

Fundación universitaria española, 1979. 135-140.

Castro, Américo. *España en su historia: Cristianos moros y judíos.* Buenos Aires: Editorial Losada, 1948.

---. *Hacia Cervantes.* 1957; rpt. Tercera ed. considerablemente renovada. Madrid: Taurus, 1967.

---. *La realidad histórica de España.* Edición renovada. México: Editorial Porrúa, 1962.

---. "Lo picaresco." *El pensamiento de Cervantes.* 1925; rpt. Nueva edición ampliada. Madrid: Editorial Noguer, 1972. 228-244.

---. *The Structure of Spanish History.* Trad. Edmond Liking. Princeton: Princeton University Press, 1954.

Castro y Rossi, Adolfo de. *Historia de los judíos en España, desde los tiempos de su establecimiento hasta principios del presente siglo.* Vol 1. Cádiz: Imprenta de la revista médica, 1847.

---. "Antonio Enríquez Gómez." *Poetas líricos de los siglos XVI y XVII.* Vol. 42. Madrid: Biblioteca de autores españoles, 1951. lxxxix-xci.

Cavillac, Michel. "La conversión de Guzmán de Alfarache: Da la justification marchande a la stratégie de la raison d'état." *Bulletin hispanique* 85 (1983): 21-44.

Cid, Jesús Antonio. "Judaizantes y carreteros para un hombre de letras: A. Enríquez Gómez (1600-1663)." *Homenaje a Julio Caro Baroja.* Reunido por Antonio Carreira, Jesús Antonio Cid, Manuel Gutiérrez y Rogelio Rubio. Madrid: Centro de Investigaciones sociológicas, 1978. 271-300.

Cirac Estopiñán, Sebastián. *Registros de los documentos del Santo Oficio de Cuenca y Sigüenza.* Cuenca-Barcelona, 1965.

Coelho, Ramos. *Manuel Fernandes Villa Real e o seu processo na Inquisiçao de Lisboa.* Lisboa: Empreza do occidente, 1894.

Cohen, Louise, Francis Rogers y Constance Rose. *Fernán Méndez Pinto: Comedia famosa en tres partes.* Cambridge: Harvard University Press, 1974.

Collard, Andrée. *Nueva poesía: Conceptismo, Culteranismo en la crítica española.* Madrid: Castalia, 1967.

Cordente, Heliodoro. *Origen y Genealogía de Antonio Enríquez Gómez, alias don Fernando de Zárate.* Cuenca: Alcaná libros, 1992.

Correas, Gonzalo. *Vocabulario de refranes y frases proverbiales.* 1627; rpt. Texte établi, annoté et presenté par Louis Combet. Bordeaux: Bibliothèque de l'école des hautes études hispaniques, 1967.

Coulton, George G. *Inquisition and Liberty.* Londres: William Henemann Ltd., 1938.

Cros, Edmond. "Aproximación a la picaresca." *La picaresca: Orígenes, textos y estructura.* Director, Manuel Criado de Val. Madrid: Fundación universitaria española, 1979. 31-38.

---. *L'aristocrate et le carnaval des gueux: Etude sur le Buscón de Quevedo.* Montpellier: Etudes sociocritiques, 1975.

Crosby, James. *En torno a la poesía de Quevedo.* Madrid: Editorial Castalia, 1967.

Chandler, Frank Wadleigh. *Romances of Roguery: An Episode in the History of the Novel; The Picaresque Novel in Spain.* 1899; rpt. Nueva York: Burt Franklin, 1961.

Checa Cremades, Jorge. *La poesía en los siglos de oro: Renacimiento.* Madrid: Editorial Playor, 1982.

Di Camillo, Ottavio. *El humanismo castellano del siglo XV.* Trad. Manuel Lloris. Valencia: Fernando Torres, 1976.

Díaz de Escobar, Narciso. "Poetas dramáticos del siglo XVII: Antonio Enríquez Gómez." *Boletín de la Real Academia de la Historia* (abril-junio, 1926): 838-847.

Díaz-Plaja, Guillermo. *El estudio en la literatura.* Barcelona: Sayma Ediciones y Publicaciones, 1963.

Dille, Glen. *Antonio Enríquez Gómez.* Boston: Twayne Publishers, 1988 .

---. "Antonio Enríquez Gómez, alias Don Fernando de Zárate." *Papers on Language and Literature* 14 (1978):11-21.

---. "The Christian Plays of Antonio Enríquez Gómez:" *Bulletin of Hispanic Studies* 44 (1987):39-50.

Domínguez Ortiz, Antonio. *Autos de la Inquisición de Sevilla (siglo XVII).* Sevilla, 1981.

---. *Crisis y decadencia de la España de los Asturias.* 2ª edición. Barcelona: Ediciones Ariel, 1971.

---. *The Golden Age of Spain: 1516-1659.* Trad. James Casey. Nueva York: Basic Books Inc. Publishers, 1971.

Dunn, Peter N. *The Spanish Picaresque Novel.* Boston: Twayne Publishers, 1979.

Durán, Manuel. *Francisco de Quevedo.* Madrid: Ediciones Distribuciones, 1978.

Elliott, John H. *Imperial Spain: 1469-1716.* Nueva York: St. Martin's Press, 1964.

---. *The Count-Duke of Olivares: The Statesman in an age of Decline.* New Haven: Yale University Press, 1986.

---. *The Revolt of the Catalans: A Study in the Decline of Spain.* (1598-1640). Cambridge: Cambridge University Press, 1963.

Empson, W. *Seven Types of Ambiguity.* 1936; rpt. Nueva York: New Direction, 1947.

Encyclopedia Judaica. Jerusalem: Keter Publishing, 1972.

Barghahn, B. von. *Age of Gold, Age of Iron: Renaissance Spain and Symbols of Monarchy.* 2 vols. Lanham, Md.: University Press of America, 1985.

Eoff, Sherman. "The Picaresque Psychology of Guzmán de Alfarache." *Hispanic Review* 21 (1953):107-119.

Feibleman, James R. *Religious Platonism.* Londres: Ruskin House, 1959.

Fernández, S. "Vida de Don Gregorio Guadaña." *Armas y Letras* 2 (1959):18-22.

Fernández de Navarrete, Eustaquio. "Bosquejo histórico sobre la novela española." *Novelistas posteriores a Cervantes.* Vol. 2. Biblioteca de autores españoles. Madrid: Ediciones Atlas, 1950.

Ferrand, Jaime. "Algunos constantes en la picaresca." *La picaresca: Orígenes, textos y estructuras*. Director, Manuel Criado de Val. Madrid: Fundación universitaria española, 1979. 53-64.

Ferrater Mora, José. *Diccionario de Filosofía*. 2 vols. Quinta ed. Buenos Aires: Editorial Sudamericana, 1965.

Fez, Carmen de. *La estructura barroca de "El siglo pitagórico"*. Madrid: CUPSA Editorial, 1978.

Fiore, Robert L. "*Lazarillo de Tormes*: Estructura narrativa de una novela picresca." *La picaresca: Orígenes, textos y estructuras*. Director, Manuel Criado de Val. Madrid: Fundación universitaria española, 1979. 359-366.

Fowler, Alastair. *Kinds of Literature: An Introduction to the Theory of Genres and Modes*. Cambridge, Massachusetts: Harvard University Press, 1982.

Francis, Alán. *Picaresca, decadencia, historia*. Madrid: Editorial Gredos, 1978.

Gallego Morell, Antonio. *Estudios sobre poesía española del primer Siglo de Oro*. Madrid: Insula, 1970.

García Carcel, Ricardo. *La Inquisición*. Madrid: Anaya, 1990.

García Valdecasas Andrada V., José Guillermo. *Las "Academías morales" de Antonio Enríquez Gómez: Críticas sociales y jurídicas en los versos herméticos de un "judío" español en el exilio*. Pról. Francisco Elias de Tejada. Anales de la Universidad hispalense, serie Derecho, 9. Sevilla: Publicaciones de la Universidad de Sevilla, 1971.

Gendreau-Massaloux, Michèle y Constance Hubbard Rose. "Antonio Enríquez Gómez et Manuel Fernandes de Villareal, une vision politique commune." *Revuew des études juives* 13 (1977):368-386.

Gil y Gaya. "Prólogo." *Mateo Alemán: Guzmán de Alfarache*. Madrid: Espasa Calpe, 1969.

Gilman, Stephen. *The Spain of Fernando de Rojas*. Princeton: Princeton University Press, 1972.

Góngora, Luis de. *Sonetos completos*. Ed. Biruté Ciplijauskaité. Madrid:

Clásicos Castalia, 1985.

Gracián y Morales, Baltazar. *Agudeza y arte de ingenio.* Edición, introducción y notas de Evaristo Correa Calderón, 1601; rpt. Madrid: Clásicos Castalia, 1969.

Guillén, Claudio. "La disposición temporal del *Lazarillo de Tormes.*" *Hispanic Review* 25 (1957):264-279.

---. Literature as System. Princeton: Princeton University Press, 1971.

---. "Quevedo y el concepto retórico de literatura." *Homenaje a Quevedo.* Ed. Victor García de la Concha. Salamanca: Editorial Academia Literaria Renacentista, 1982. 483-506.

---. "Quevedo y los géneros literarios." *Quevedo in Perspective.* Ed. e introducción James Iffland. Newark, Delaware: Juan de la Cuesta, Hispanic Monographs, 1980. 1-16.

Guillén, Jorge. *Lenguaje y poesía.* 1961; rpt. Madrid: Alianza Editorial, 1969.

Hanrahan, Thomas. *La mujer en la novela picaresca española.* Madrid: Ediciones José Porrua Turanzas, 1967.

Heninger, S. K. Jr. *Touches of Sweet Harmony: Pythagorean Cosmology and Renaissance Poetics.* San Marino, California: The Huntington Library, 1974.

Hibbert, Eleanor. *The Spanish Inquisition: Its Rise, Growth and End.* Nueva York: The Citadel Press, 1967.

Ibañez Langlois, José Miguel. *La creación poética.* Santiago de Chile: Editorial Universitaria, 1969.

Jensen, Theodore Wayne. *The Pythagorean Narrative of Dario, Nervo and Lugones.* Buffalo, Nueva York: State University of N.Y. at Buffalo, 1976.

Kamen, Henry. *Inquisition and Society in Spain.* Bloomington, Indiana: Indiana University Press, 1985.

---. *The Spanish Inquisition.* Nueva York: The New American Library, 1965.

Kaplan, Yosef. *From Christianity to Judaism: The life and work of Isaac Orobio de Castro.* Jerusalem: The Magnes Press, 1982.

---., ed. *Jews and Conversos: Studies in Society and the Inquisition.* Jerusalem: The Magnes Press, 1985.

Kayserling, Moritz Meyer. *Biblioteca española-portuguesa-judaica. Dictionnaire bibliographique des auteurs juifs, de leur ouvrages espagnols et portugais et des ouveres sur et contre les juifs et le judaïsme, avec un aperçu sur la littérature des juifs espagnols et une collection des proverbes espagnols.* Strasbourg, 1890; rpt. Nieukoop: B. De Graaf, 1968.

Kent, Thomas L. "The Classification of Genres." *Genre* 16 (1983):1-20.

Kerkhof, Maxim. "La 'Inquisición de Luzifer y visita de todos los diablos,' texto desconocido de Antonio Enríquez Gómez. Edición de unos fragmentos." *Sefarad* 38 (1978):320-331.

Kramer-Hellinx, Nechama. Antonio Enríquez Gómez: Lágrimas e poesía." *Nos* (1989):95-104.

---. "Antonio Enríquez Gómez y la Inquisición: Vida y literatura." *Peamim* 46-7 (Primavera 1991):196-221 (el artículo es en hebreo).

---. "*Triumpho lusitano*: Antonio Enríquez Gómez, partidario da liberdade e da justiça." *Nos* (1990-91):96-101.

Kristeller, Paul Oskar. *Medieval Aspects of Renaissance Learning.* Ed. Edward P. Mahoney. Durham, North Carolina: Duke University Press, 1974.

---. *The Philosophy of Marsilio Ficino.* Trad. Virginia Conant. 1943; rpt. Gloucester, Mass.: Peter Smith, 1964.

---. "Renaissance Philosophies." *A History of Philosophical Systems.* Editor, Virgilius Ture Anselm Ferm. Nueva York: New York Philosophical Library, 1950.

---. *Renaissance Thought and Its Sources.* Ed. Michael Mooney. Nueva York: Columbia University Press, 1979.

---. *Studies in Renaissance Thought and Letters.* Roma: Edizioni Di Storia e Letteratura, 1969.

La vida de Lazarillo de Tormes. Ed. Joseph V. Ricapito. Madrid: Cátedra, 1985.

Lapesa, Rafael. *Historia de la lengua española.* Sexta edición corregida y aumentada. 1942; rpt. Nueva York: Las Américas Publishing Company, 1965.

Laurenti, Joseph L. *Bibliografía de la literatura picaresca.* Metuchen, New Jersey: Scarecrow Press, 1973.

---. *Los prólogos en las novelas picarescas españolas.* Valencia: Editorial Castalia, 1971.

Lausberg, Heinrich. *Manual de retórica literarira.* Vol. 2. Versión española de José Pérez Riesco. 1960; rpt. Madrid: Editorial Gredos, 1967.

Lázaro, Antonio. *Antonio Enríquez Gómez: Sonetos, romances y otros poemas.* Cuenca: Alcaná Libros, 1992.

Lázaro Carreter, Fernando. *Diccionario de términos filológicos.* Segunda edición aumentada. Madrid: Editorial Gredos, 1962.

---. *Estilo barroco y personalidad creadora: Góngora, Quevedo, Lope de Vega.* Madrid: Anaya, 1966.

---. "Glosas críticas a los pícaros en la literatura de Alexander A. Parker." *Hispanic Review* 41 (1973):469-497.

---. "Quevedo: La invención por la palabra." Homenaje a Quevedo. Ed. Victor García de la Concha. Salamanca: Editorial Academia Literaria Renacentista, 1982. 9-24.

Lea Henry, Charles. *A History of the Inquisition of Spain.* 4 vols. 1905; rpt. Nueva York: AMS Press, Inc., 1963.

Lida, Raimundo. *Prosa de Quevedo.* 1980; rpt. Barcelona: Editorial Crítica, 1981.

Lindo, E. H. *The History of the Jews of Spain and Portugal.* 1848; rpt. Nueva York: Burt Franklin, 1970.

López, Francisco, ed. *Zelos no ofenden al sol.* Cuenca: El Toro de Barro, 1992.

López-Grigera, Luisa. "La prosa de Quevedo y los sistemas elocutivos de su época." *Quevedo in Perspective.* Ed. e introducción James Iffland. Newark, Delaware: Juan de la Cuesta, Hispanic Monographs, 1980. 81-100.

Llorente, Juan Antonio. *A Critical History of the Inquisition of Spain.* Introducción Gabriel H. Lovett. 1826; rpt. Williamstown, Massachusetts: The John Lilburne Company, Publishers, 1967.

Manrique, Jorge. *Poesía.* Ed. Jesús Manuel Alda Tesán. Madrid: Ediciones Cátedra, 1985.

Marañón, Gregorio. *Antonio Pérez: El hombre, el drama, la época.* 2 vols. Buenos Aires: Espasa Calpe, 1947. La versión inglesa, *Antonio Pérez; Spanish Traitor.* Trad. C. Charles David Ley. Londres: Hollis and Carter, 1954, fue reducida por Marañón a un volumen.

---. *El Conde-Duque de Olivares.* 1936; rpt. Cuarta ed. Madrid: Espasa-Calpe, 1959.

---. "El *Conocimiento de las naciones* y el *Norte de príncipes,* ¿son obras de Antonio Pérez o de D. Baltasar Alamos de Barrientos?," Estudios dedicados a Menéndez Pidal. Vol. 1. Madrid: Consejo Superior de investigaciones científicas, patronato Marcelino Méndez Pelayo, 1950. 317-347.

Maravall, José Antonio. *La oposición política bajo los Austrias.* Barcelona: Ediciones Ariel, 1972.

Márquez, Antonio. "Dos procesos singulares: Los de Fray Luis de León y Antonio Enríquez Gómez." *Nueva Revista de Filología Hispánica* 30 (1981):535-545.

Márquez, Antonio. *Literatura e Inquisición en España (1478-1834).* Madrid: Taurus, 1980.

Martí, Antonio. *La preceptiva retórica española en el siglo de oro.* Madrid: Editorial Gredos, 1972.

Martínez Millán, José. *La hacienda de la Inquisición: (1478-1700).* Madrid: Consejo Superior de Investigaciones ciéntificas, 1984.

Martínez Sánchez, Jesús. ed. *Vida de don Gregorio Guadaña, por Antonio Enríquez Gómez.* Madrid, 1980.

McGaha, Michael. "Antonio Enríquez Gómez and the 'Romance al divín mártir, Judá Creyente.'" *Sefarad* 48 (1988):59-92.

---. Ed. crítica trad., comentarios e Introduction. *Antonio Enríquez Gómez: The Perfect King: El rey más perfecto.* Tempe, Arizona: The Bilingual Press, 1991.

---. "Biographical Data on Antonio Enríquez Gómez in the Archives of the Inquisition," *Bulletin of Hispanic Studies* 69 (1992): 127-139.

McGrady, Donald. *Mateo Alemán.* Nueva York: Twayne Publishers Inc.,1968.

Menéndez y Pelayo, Marcelino. *Historia de las ideas estéticas. Siglos XVI y XVII.* Vol. 2. Tercera edición revisada y compulsada por Enrique Sánchez Reyes. Madrid: Consejo Superior de Investigaciones científicas, 1962.

---. *Historia de los Heterodoxos españoles.* Vol. 3. Madrid: Librería católica de San José, 1880-1881.

Mesonero Romanos, don Ramón de. Prólogo. *Dramáticos posteriores a Lope de Vega.* Vol. 47. Madrid: Biblioteca de autores españoles, 1951. xxxii-xxxiv.

Miller, Stuart. *The Picaresque Novel.* Cleveland, Ohio: The Press of Case Western Reserve University, 1967.

Molho, Maurice. *Introducción al pensamiento picaresco.* Trad. Augusto Golvez-Cañero y Pidal. Madrid: Anaya, 1972.

---. *Semántica y poética: Góngora y Quevedo.* Barcelona: Editorial Crítica, 1977.

---. "Sobre un soneto de Quevedo. 'En crespa tempestad del oroundoso'. Ensayo de análisis intratextual." *Francisco de Quevedo.* Edición de Gonzalo Sobejano. Madrid: Taurus, 1978. 343-377.

---. "Una cosmogonía antisemita: 'Erase un hombre a una nariz pegado'." *Quevedo in Perspective.* Ed. e introducción James Iffland. Newark, Delaware: Juan de la Cuesta, Hispanich Monographs, 1980. 57-80.

Moncada, Sancho de. *Restauración política de España.* 1619; rpt. Ed. e introducción Jean Vilar Berrogain. Madrid: Ministerio de Hacienda, 1977.

---. *Restauración política de España y deseos públicos.* 1619: rpt. Madrid: Juan de Zúñiga, 1746.

Monte, Alberto del. *Itinerario de la novela picaresca española*. Trad. Enrique Sordo. Palabara en el tiempo. Barcelona: Editorial Lumen, 1971.

Montesinos, José F. "Gracián o la picaresca pura." *Ensayos y estudios de literarura española*. Pról. Joseph H. Silverman. México: Ediciones de Andrea, 1959. 132-145.

Moote, A. Lloyd. *The Revolt of the Judges. The Parlement of Paris and the Fronde*, 1643-1652. Princeton: Princeton University Press, 1971.

More, Paul Elmer. *Platonism*. 3ª ed. 1917; rpt. Princeton: Princeton University Press, 1931.

Morel-Fatio, Alfred. *L'Espagne au XVIe et au XVIIe siècle: Documents historiques et littéraires*. Heilbronn: Henniger Frères, 1878.

Navarro González, Alberto. "Literatura picaresca, novela picaresca y narrativa andaluza." *La picaresca: Orígenes, textos y estructuras*. Director, Manuel Criado de Val. Madrid: Fundación universitaria española, 1979. 19-30.

Netanyahu, Benzion. *The Marranos of Spain from the Late XIVth to the Early XVIth Century: According to Contemporary Hebrew Sources*. Nueva York: American academy for Jewish Research, 1966.

Nolting-Hauff, Ilse. *Visión, sátira y agudeza en los "sueños" de Quevedo*. 1968; rpt. Trad. Ana Pérez de Linares. Madrid: Editorial Gredos, 1974.

Ochoa y Ronna, Eugenio de. "Enríquez Gómez, Antonio 1602-1662. *Vida de Gregorio Guadaña*." *Tesoro de novelistas españoles antiguos y modernos*. Introducción y notas de don Eugenio de Ochoa. París: Baudry, 1847.

Oelman, Timothy, "Antonio Enríquez Gómez's *Romance al divín mártir, Judá creyente*." *Journal of Jewish Studies* 26 (1975):113-131.

---., ed. e introducción. *Enríquez Gómez, Antonio, Romance al divín martír Judá creyente [don Lope de Vera y Alarcón] martirizado en Valladolid por la Inquisición*. Rutherford, NJ: Farleigh Dickinson University Press, 1986.

---., ed. y trad. *Marrano Poets of the Seventeenth Century: An Anthology of the Poetry of Joâo Pinto Delgado, Antonio Enríquez Gómez, and Miguel de*

Barrios. Rutherford: Fairleigh Dickinson University Press, 1982.

---. "The Religious Views of Enríquez Gómez: Profile of a Marrano." *Bulletin of Hispanic Studies* 60, 3 (julio de 1983):201-209.

Orozco-Díaz, Emilio. *En torno a las "Soledades" de Góngora.* Granada: Universidad de Granada, 1969.

Palma Ferreira, Joâo. "Antonio Henrique Gomes." *Novelistas e contistas portugueses dos séculos XVII e XVIII.* Biblioteca de autores portugueses. Lisboa: Imprenta nacional, casa de Loeda, 1981. 195-204.

---. *Do pícaro na literatura portuguesa.* Lisboa: Biblioteca Breve, 1981.

Palomo, María de Pilar. *La poesía de la edad barroca.* Madrid: Sociedad General Española de Librerías, 1975.

Parker, Alexander A. "La 'agudeza' en algunos sonetos de Quevedo: Contribución al estudio del conceptismo." *Francisco de Quevedo.* Ed. Gonzalo Sobejano. Madrid: Taurus, 1978. 44-57.

---. *Los pícaros en la literatura: La novela picaresca en España y Europa (1599-1753).* Trad. Rodolfo Arévalo Mackry. Biblioteca románica hispánica. Madrid: Editorial Gredos, 1971.

Pelorson, Jean Marc. *Les Letrados; juristes castillans sous Philippe III.* Poitiers: Université de Poitiers, 1980.

Pérez, Antonio. *Norte de Príncipes.* Nota preliminar, Martín de Riquer. 1601; rpt. Madrid: Espasa Calpe, 1969.

Pérez Ramírez, Dimas. *Catálogo del Archivo de la Inquisición de Cuenca.* Madrid: Fundación Universitaria Española, 1982.

Pfandl, Ludwig. *Cultura y costumbre del puesto español de los siglos XVI y XVII: Introducción al estudio del Siglo de Oro.* 2ª ed. española. Prólogo P. Félix García. Barcelona: Editorial Araluce, 1929.

Philip, Jas A. *Pythagoras and Early Pythagoreanism.* Toronto: University of Toronto, 1966.

Pierce, Frank. *La poesía épica del siglo de oro.* Madrid: Gredos, 1968.

Pike, Ruth. *Aristocrats and Traders in Sevillan Society in the Sixteenth Century.*

Ithaca, 1972. 108-109.

Princeton Encyclopedia of Poetry and Poetics. Enlarged Edition, 1974.

Profeti, María G. "Un esempio di critica 'militante': Il prólogo al 'Samsón nazareno' di Enríquez Gómez." *Quaderni di lingue e letterature* 7 (1982), 203-212.

Puigblanch, Antoni. *Opúsculos: Gramáticos-satíricos.* Vol. 2. 1828: rpt. Barcelona: Curial documentos de cultura facsímils, 1976.

Quevedo, Francisco de. *Historia de la vida del Buscón.* Ed. Domingo Ynduraín. Madrid: Cátedra, 1985.

---. *Poesía Varia.* Ed. James O Crosby. Madrid: Ediciones Cátedra, 1985.

Ramos-Coelho. *Manuel Fernandes Villa Real e o seu processo na Inquisiçao de Lisboa.* Lisboa: Empreza do Occidente, 1894.

Rauchwarger, J. "Antonio Enríquez Gómez's *Epístolas Tres de Job*: A Matter of Racial Atavism?". *Revue des Études Juives* 138 (1979):69-87.

Reis Torgal, L. "A literatura marranica e as edicoes duplas de Antonio Henriques Gomes (1600-1663)." *Biblos* 55 (1979):197-228.

Révah, Israel Salvator. "Antonio Enríquez Gómez." *Annuaire, Ecole pratique des Hautes études* 4 (1966-67):338-341.

---. "La herrejía marrana en la Europa católica de los siglos XV al XVIII." *Herjías y sociedades en la Europa preindustrial: Siglos XI-XVIII.* compilador Jacques Le Goff. Madrid: Siglo veintiuno de España Editores, SA, 1987. 249-260. Título original *Héresies et sociétés dans l'Europe pré-industrielle. 11-18 siècles.* París: Mouton & Co y École Pratique des Hautes Études, 1968.

---. *Le Cardinal Richelieu et la Restauration de Portugal.* Lisboa: Institute Français au Portugal, 1950.

---. "Manuel Fernandes Vilareal, adversaire et victime de l'Inquisition Portugaise." *Ibérida, Revista de filología* (abril, 1959):33-54, y segunda parte (diciembre, 1959):180-207.

---. "Un pamphlet contre l'Inquisition, de Antonio Enríquez Gómes: La seconde partie de la *Política angélica* (Rouen, 1647)." *Revue des Études Juives*: 4me serie. Tome I. 121 (enero-febrero de 1962):83-168.

Rexine, John E. *Religion in Plato and Cicero.* 1959; rpt. Nueva York: Greenwood Press Publishers, 1968.

Rica, Carlos de la y Antonio Lázaro Cebrián. Eds. y Estudios introductarios. *Antonio Enríquez Gómez: Sansón Nazareno.* Edición fascímil. Cuenca: El Toro de Barro, 1992.

Ricapito, Joseph V. *Bibliografía razonada y anotada de las obras maestras de la picaresca española.* Madrid: Editorial Castalia, 1980.

---. "La estructura temporal de *El Buscón*, ensayo en metodología de ciencia literaria." *La picaresca: Orígenes, textos y estructuras.* Director, Manuel Criado de Val. Madrid: Fundación universitaria española, 1979. 725-738.

Rico, Francisco. *La novela picaresca y el punto de vista.* Biblioteca breve. Barcelona: Editorial Seix Barral, 1973.

Rivers, Elias L. *Renaissance and Baroque: Poetry of Spain.* Ed. e introducción Elias L. Rivers. Nueva York: Charles Scriber's Sons, 1966.

Rodríguez-Moñino, Antonio. *Construcción crítica y realidad histórica en la poesía española de los siglos XVI y XVII.* Madrid: Editorial Castalia, 1968.

Rose, Constance Hubbard. "Antonio Enríquez Gómez and the Literature of Exile." *Romanische Forschungen* 85 (1973):63-77.

---. "Dos versiones de un texto de Antonio Enríquez Gómez: Un caso de autocensura." *Nueva revista de filología hispánica* 30 (1981):534-545.

---. "Las comedias políticas de Enríquez Gómez." *Nuevo Hispanismo* 2 (1982):45-55.

---. "The Marranos of the Seventeenth Century and the Case of Merchant Writer Antonio Enríquez Gómez." *The Spanish Inquisition and the Inquisitorial Mind.* Ed. Angel Alcalá. Nueva York: Columbia University Press, 1987. 53-72.

---. "Who wrote the Segunda Parte of *La hija del aire*?" *Revue belge de philologie et d'histoire* 54 (1976):797-822.

--- y Maxim Kerkhof, eds., Introducción y notas. *Antonio Enríquez Gómez: "La Inquisición de Lucifer y visita de todos los diablos".* Amsterdam: Rodopi, 1992.

--- y Timothy Oelman, eds., Introduction y notas. *Los siete planetas of Antonio Enríquez Gómez.* Exeter, England: University of Exeter, 1987.

Roselly López, Cayetano. *Novelistas posteriores a Cervantes.* Vol. 2. Colección revisada y precedida de una noticia crítico-bibliográfica por don Cayetano Rosell. Madrid: Imprenta de M. Rivadeneyra, 1851-54.

Roth, Cecil. *The History of the Marranos.* Philadelphia: The Jewish Publication Society of America, 1932.

---. "Le chant du cygne de Don Lope de Vera." *Revue des Études juives* 97 (1934):97-113.

---. "Les Marrans à Rouen: Un chapitre ignoré de l'histoire des Juifs de France." *Revue des Études juives* 88 (1929):113-155.

---. *The Spanish Inquisition.* 1937; rpt. Nueva York: W. W. Norton & Company, 1964.

Rubio, Jerónimo. "Antonio Enríquez Gómez, el poeta judaizante." *Miscelánea de Estudios árabes y hebráicos* 4 (Granada, 1955):187-217.

Sahakian, William S. y Mabel Lewis Sahakian. *Plato.* Boston: Twayne Publishers, 1977.

Santana Herrera, M. "Metáfora e imagen en *La vida de don Gregorio Guadaña.*" *Anuario de Estudios filológicos* 6 (1983):205-217.

Santiago Otero, Horacio. "Un judío apasionante: Antonio Enríquez Gómez." *Congreso Misgav Yerushlyim ljeker Yahadut sefarad Vehamizraj* 3 (Jerusalén, 4 de Julio, 1988).

Santos, Teresa de. *Antonio Enríquez: El siglo pitagórico y Vida de don Gregorio Guadaña.* Madrid: Cátedra, 1991.

Scholem, Gershon. *On the Kabbalah and its Symbolism.* Nueva York: Shocken Books, 1969.

Schwartz Lerner, Lía. *Metáfora y sátira en la obra de Quevedo.* Madrid: Taurus

Ediciones, 1983.

Secret, François. *Le Zôhar chez les kabbalistes chrétiens de la Renaissance.* París: Librarie Durlacher, 1958.

Shergold, Edith A. *A History of the Spanish Stage.* Oxford: Clarendon Press, 1967.

Shorey, Paul. *What Plato Said.* 1933; rpt. Chicago: The University of Chicago Press, 1968.

Sicroff, Albert A. *Los estatutos de limpieza de sangre: Controversias entre los siglos XV y XVII.* Versión castellana de Mauro Armiño. Madrid: Taurus, 1985. El título original fue *Les controverses des Statuts de 'Pureté de sang' en Espagne du XVe aux XVIIe siècle.* Paris: Librerie Marcel Didier, 1960.

Sieber, Harry. *The Picaresque.* Londres: Methuen Co. Ltd., 1977.

Sobejano, Gonzalo. "El *Coloquio de los perros* en la picaresca y otros apuntes." *Hispanic Review* 43 (1975):25-41.

Spitzer, Leo. *Lingüística e historia literaria.* Madrid: Editorial Gredos, 1968.

---. "Sobre el arte de Quevedo en el *Buscón.*" *Francisco de Quevedo.* Ed. Gonzalo Sobejano. Madrid: Taurus, 1978. 123-184.

Taléns, Jenaro. *Novela picaresca y práctica de la transgresión.* Madrid: Ediciones Jucar, 1975.

Teensma, B. N. "Fragmenten uit het Amsterdamse convoluut van Abraham Idaña, alias Gaspar Méndez del Arroyo." *Studia Rosenthaliana* 9 (1977):127-156.

Terry, Arthur. "Quevedo y el concepto metafísico." *Francisco de Quevedo.* Ed. Gonzalo Sobejano. Madrid: Taurus, 1978. 58-70.

Thacker, M. J. "Gregorio Guadaña; Pícaro Francés o Pícaro-Galán." *Hispanic Studies in Honour of Frank Pierce.* Ed. John England. University of Sheffield, England: Department of Hispanic Studies, 1980.

Torres Mena, José. *Noticias conquenses.* Madrid, 1886.

Trullemans, Ulla. "A propósito do picresco na literatura portuguesa." *Colóquio Letras* 71 (enero de 1983):69-70.

Valbuena y Prat, Angel. *La novela picaresca española*. Madrid: Ediciones Aguilar, 1966.

Vega Carpio, Lope de. *El arte nuevo de hacer comedias en este tiempo*. Ed. y estudio prel., Juana de José Prades. Madrid: Clásicos Hispánicos, 1971.

Vergara y Martín, Gabriel María. *Ensayo de una colección bibliográfica -biográfica de noticias referentes a la provincia de Segovia-Guadalajara*. Taller tipográfico del colegio de huerfanos, 1903.

Vilar Berrogain, Jean. *Literatura y economía: La figura satírica del arbitrista en el Siglo de Oro*. Trad. Francisco Bustelo G. del Real. Madrid: Revista de Occidente, 1973.

Vilareal, Manuel Fernandes. *Epítome genealógico del Eminentíssimo Cardenal Duque de Richelieu y discursos políticos sobre algunas acciones de su vida*. Pampelune: Casa de Juan Antonio Berdum, 1641. Reimpreso el próximo año, según lo que informa I. Révah con el título *El político Christianíssimo o Discursos sobre algunas acciones del Eminentíssimo Señor Cardenal Duque de Richelieu* . 1642.

Villanova, Antonio. "Preceptistas de los siglos XVI y XVII." *Historia general de las literaturas hispánicas*. Ed. Guillermo Díaz-Plaja. Barcelona: Editorial Vergara, 1969.

Vogel, Cornelia J. de. *Pythagoras and Early Pythagoreanism*. Assen, Países Bajos: Van Gorcum and Company, 1966.

Vossler, Karl. *Espíritu y cultura en el lenguaje*. Trad. Aurelio Fuentes Rojo. 1925; rpt. Madrid: Ediciones Cultura, 1959.

---. *Introducción a la literatura española del Siglo de Oro*. Trad. Felipe González Vincen. 1934; rpt. Tercera ed. México: Espasa Calpe Mexicana, 1961.

Walker, Daniel Pickering. *The Ancient Theology: Studies in Christian Platonism from the Fifteenth to the Eighteenth Century*. Ithaca, Nueva York: Cornell University Press, 1972.

Weber, Alison. "Cuatro clases de narrativa picaresca." *La picaresca: Orígenes, textos y estructuras*. Director, Manuel Criado de Val. Madrid: Fundación universitaria española, 1979. 13-18.

Wellek, Rene. "The concept of Baroque in Literary Scholarship." *Concepts of Criticism*. New Haven: Yale University Press, 1963.

Whitbourn, Christine J. *Knaves and Swindlers: Essays on the Picaresque Novel in Europe*. Londres: Oxford University Press, 1974.

Wicks, Ulrich. "The Nature of Picaresque Narrative: A Modal Approach." *PMLA* 89 (1974):240-249.

Yerushalmi, Yosef Hayim. *From Spanish Court to Italian Ghetto*. New York: Columbia University Press, 1971.

Zahareas, Anthony N. "El género picaresco y las autobiografías de criminales." *La picaresca: Orígenes, textos y estructuras*. Director, Manuel Criado de Val. Madrid: Fundación universitaria española, 1979. 79-112.

Zakopoulos, Athenagoras. *Plato on Man*. New York: Philosophical Library, 1975.

Zamora Vicente, Alonso. "Enríquez Gómez, Antonio (1600-1663)." *Diccionario de literatura española*. Dirigido por Germán Bleiberg, Julian Marías. 4ª ed. corregida y aumentada. Madrid: Ediciones de la Revista de Occidente, 1972. 291-292.

---. *Qué es la novela picaresca*. Buenos Aires: Editorial Colombia, 1962.

DATE DUE			